김정은 정치의 프레임

- 체제 · 이념 · 승계 · 시장 · 핵 -

김 창 희 저

法 文 社

머 리 말

북한에 관심을 가지고 연구를 시작한지도 이제 30년이 되었다. 1985
년부터 북한관련 강의를 시작했고, 이 분야로 박사학위 논문을 준비한 것
이 1986년이니 시간이 많이 지났다는 생각이 든다. 나름 북한정치의 연
구에 정진해왔고 몇 권의 저서와 수십 편의 논문들도 내놓았지만, 이것이
얼마나 학문에 기여했는가는 의문이다. 그러나 1998년 처음 선보인 이래
2006년 제4판까지 출간된 『북한정치사회의 이해』는 아직도 애정이 가는
저작물이다.

북한은 김정일 국방위원장의 추도대회가 끝나자 바로 당중앙위원회
정치국 회의를 열어 김정은을 '인민군 최고사령관'에 추대하였다. 김정은
은 김정일의 갑작스러운 사망으로 승계기간이 짧아 후계구도가 완전하게
구축되지 않은 상황에서 자신의 체제를 구축하였다. 그렇기 때문에 김정
은 시기의 정치과정에는 지속과 격변이 연속되고 있다. 김정은은 새로운
통치이념을 제시하고 강압과 유연의 통치행태를 보이면서, 주요 정책으로
'핵무력과 경제건설 병진노선'을 내세우고 있다. 짧은 기간 동안에 두 차
례에 걸친 핵실험도 단행하였다.

이 책은 김정은 시대 북한정치 패러다임에 관한 연구로 크게 5개 분
야로 나누어 서술한다. 정치체제와 정치문화 그리고 구조, 통치이데올로
기의 지속과 변화, 정치권력의 승계와 김정은 유일영도체계 확립의 정치
과정, 계획경제와 시장화 문제, 핵외교와 핵개발을 중심으로 논의하였다.
이렇게 5개의 편으로 구성한 내용은 다시 각 편마다 3~4개의 장으로 나
누어 서술하고 있다.

제1편은 정치체계와 정치구조이다. 북한은 스스로 자신의 정치체제를
사회주의라 하고 있다. 여기에서 사회주의적 민주주의 정치방식을 주장하

면서, 이것이 인민에 의한 인민중심의 '위민정치'라 하고 있다. 그러나 인민중심의 정치를 위해서는 수령의 영도가 필연적이고, 결국 수령에 의한 정치로 귀결시키고 있다. 사회주의에서 내세우는 가치관은 집단주의로 대표적인 표현이 '하나는 전체를 위하여 전체는 하나를 위하여'이다. 사회주의 사회에서 다원주의를 끌어 들이면 개인주의와 자유주의가 조장되어 사회의 공동이익을 침해하게 된다고 한다. 그러므로 북한에는 수령 절대의 유일영도 정치문화가 형성되어, 인민들은 충성과 복종자로 전락되어 있다.

북한은 당·국가 체계를 견지하여 '조선민주주의인민공화국은 조선로동당의 영도 밑에 모든 활동을 진행한다'고 되어 있다. 그러나 김정일 시대 북한정치는 당보다는 군부에 힘을 실으면서, 선군정치를 사회주의의 가장 위력한 정치방식이라 하였다. 2009년 헌법 개정은 이를 완성한 것이고, 2010년 제3차 당대표자회를 통해 당규약을 개정하고 김정은을 후계자로 공식화하였다. 김정일 사후에는 제4차 당대표자회와 최고인민회의를 통한 헌법 개정으로 로동당 제1비서와 국방위원회 제1위원장에 오르면서 김정은 체제가 공식적으로 출범하였다. 여기에서는 헌법의 개정에 따라 권력구조가 어떻게 변화하면서 정치가 작동되었고, 당대회와 대표자회의 개최가 북한 정치과정에서 어떠한 역할을 하여왔는가를 살펴본다. 더불어 북한의 정치구조에서 반드시 규명되어야 할 것이 군대이기 때문에 이 문제도 다루었다.

제2편은 주체사상과 선군사상 그리고 김일성-김정일주의이다. 북한에서 통치이데올로기의 근간을 이루고 있는 것은 주체사상이다. 주체사상은 김일성이 창시하였고, 김정일이 체계화했다고 한다. 주체사상은 '사람중심의 세계관이며 인민대중의 자주성을 실현하기 위한 혁명사상'이라고, 헌법이나 당규약에 명시하고 있다. 북한에서는 과도기에 주체사상의 차별성과 우월성을 부각시키면서, 우리식 사회주의와 붉은기 사상을 내세우기도 하였다. 김정일 시대에는 '강성대국건설'을 주창하면서 그 기둥이 총대중시라 하여 선군정치의 정당성을 확보해 나갔다. 선군정치를 바탕으로 하

는 선군사상은 총대에 의해 개척되고, 혁명발전에서 총대의 역할을 가장 과학적으로 분석한 사상이라 하고 있다. 선군사상은 주체사상의 계속이며 더 높은 단계라고까지 주장하면서, 김정일 시대의 통치이데올로기가 되었다.

김정은 체제가 출범하면서 내세운 것이 김일성-김정일주의이다. 김일성의 주체사상과 김정일의 선군사상은 백두혈통으로 이어져, 김정은의 새로운 통치이념인 '김일성-김정일주의'를 탄생시켰다. 김정일이 김일성의 혁명사상과 주체사상을 김일성주의로 발전시켰고 이를 선군사상으로 정립한 것과 같이, 김정은이 이것을 합법칙적으로 체계화한 것이 바로 김일성-김정일주의라는 것이다. 북한에서는 김정은이 독창성과 정당성이 있는 김일성-김정일주의를 제기함으로써 사회를 새로운 역사적 단계로 올려놓았다고 주장하고 있다. 김일성-김정일주의의 구현을 위해서 필요한 것이 김정일애국주의라 하는데, 이는 통치이데올로기화를 위한 실천 개념으로 볼 수 있다.

제3편은 권력승계의 정치과정과 김정은 체제 구축이다. 북한은 군주국가라고 할 수는 없지만 정치권력이 김일성으로부터 김정일로 넘어왔고, 다시 김정은으로 이어 지면서 혈통요인에 따른 세습적 승계가 이루어졌다. 2009년에는 내부적으로 김정은을 후계자로 결정하면서, 헌법과 당규약을 개정하여 완전한 김정일 체제로 전환하였다. 즉, 김정일은 '최고영도자'인 국방위원장과 당의 최고수반 '총비서'에 추대되어 김정일 시대를 열면서, 자신의 아들 김정은에게 당중앙군사위원회 부위원장 자리를 부여하였다. 김정은에게 최초로 공식적인 직위가 주어졌고, 이것은 후계자를 의미하는 것이었다.

북한은 김정일이 사망하자 바로 '김정은 영도체계'를 선언하였다. 김일성 사망 후 그를 '영원한 주석'으로 모셨던 것처럼, 김정일을 '영원한 총비서'와 '영원한 국방위원장'으로 치켜세웠다. 북한은 제도화 과정을 거쳐 김정은을 당·정·군의 최고지도자로 추대하였고, 그의 유일중심·유일영도를 주창하였다. 김정은은 이러한 과정에서 정치엘리트를 재배치하고, 방해가 되는 인물들을 숙청내지는 제거해 나갔다. 북한 전역에 김정은 유일영도체계의 확립을 위하여 내걸린 구호는 '일심단결, 결사옹위'이다.

제4편은 계획경제와 시장화이다. 사회주의국가들이 1960년대 이후 시장기능을 부분적으로 도입하여 사회주의적 시장경제로 변화해 갔으나, 북한의 경우 중앙집중식 사회주의 계획경제체제를 계속 유지하였다. 1990년대 들어서 북한 배급기능의 악화는 당국의 통제에도 불구하고 주민들이 식량을 구하러 농민시장을 찾는 결과로 이어졌다. 특히 김일성 사망이후 '고난의 행군 시기'라 불렸던 1994년부터 1998년까지는 국가능력의 부재로 시장은 인민들의 삶의 터전이 되었다. 긴정일 체제가 변화하고 있던 경제현상을 현실적으로 수용하고 발전을 꾀하려 했던 것이 2002년의 '7.1경제관리개선조치'였다. 이를 뒷받침하기 위해 당국이 종합시장을 허용하면서, 시장이 공식화되고 그 기능은 더욱 확대되었다. 당국이 생각한 시장은 '관리가능한 시장'으로 언제라도 이를 철폐할 수 있다고 생각했지만 이것은 착오였다.

북한의 시장화 현상은 공식과 비공식, 불법과 합법이 얽혀져 확산되어 졌다. 2009년 11월 30일 전격적으로 단행한 화폐개혁은 화폐의 국가 환수와 시장폐쇄를 목적으로 하였지만 엄청난 부작용이 나타났다. 당국은 시장을 철폐할 수 없었고, 다시 시장은 주민들의 삶터가 되었다. 김정은 체제에서는 시장과 어쩔 수 없이 동거할 수밖에 없는 상황에 처하였다. 북한의 공식경제는 침체를 벗어나지 못하고 있는 반면, 시장을 중심으로 한 비공식경제는 빠르게 발전하고 있어 당국의 시장 의존도가 높아졌기 때문이다. 김정은 체제의 입장에서 보면 해외자금이 아닌 국내 자금의 동원력이 어느 정도 커진 것은, 정권의 안정성을 가져갈 수 있는 요인이 되기도 했다. 물론 시장화에서 발생하는 주민들의 개인주의적 가치관의 팽배는 김정은이 풀어야할 중요한 숙제이다.

제5편은 핵정책과 핵무력이다. 북한이 1960년 초반에 소련에서 연구용 원자로를 도입하였고, 핵문제가 본격화된 것은 1980년대였다. 여기에서부터 북한의 핵개발과 핵외교의 줄타기가 시작되었다. 김일성의 입장에

서 핵문제는 백년 숙적이었던 미국을 협상 테이블로 끌어들이고 체제보장을 받을 수 있는 엄청난 수단이었다. 김일성의 핵외교 노선은 김정일이 이어받아 미국과의 고위급회담을 마무리 지었는데 이것이 '북미제네바합의'였다. 그러나 이후 제네바 합의체제는 끝이 나고 미국의 의지대로 한국과 중국, 일본, 러시아가 참여하는 6자회담으로 귀결되었다. 제6자회담이 지속되고 제4차 6자회담에서 '9.19공동선언'이 채택되었다. 이를 이행하기 위한 '2.13조치'와 '10.3합의'는 북한 핵신고서의 검증문제로 이행되지 못하였다.

김정일은 새로운 오바마 행정부에 기대를 걸었으나, 미국이 '전략적 인내'로 일관하자 제2차 핵실험으로 맞섰다. 김정일 사망 후에 김정은은 핵문제에 집착을 보이면서, 2012년 4월 자신 체제의 새로운 헌법에 핵보유국을 명시하였다. 2013년 2월 12일 제3차 핵실험을 단행하였고 '다종화된 우리 억제력의 우수한 성능'이라며 성공을 자축했는데, 이는 기존의 플루토늄이 아닌 다른 종류(농축우라늄)의 사용을 암시하는 것이었다. 김정은은 자신의 정책으로 '핵무력과 경제건설병진 노선'을 천명하고, 소위 '4.1핵보위법령'을 제정하였다. 북한은 핵개발에 힘을 썼고 2016년 1월 6일 '수폭 실험'이라고 주장하는 제4차 핵실험을 하였다.

2010년에 들어서면서 김정일 시대의 북한정치와 후계구도 문제를 정리할 필요가 있다는 생각을 했다. 2011년 11월말 '김정일 시대 북한정치 연구'를 완성하여 출판사에 넘겼는데, 12월 19일에 북한 당국이 '김정일 국방위원장 12월 17일 오전 8시 30분 서거'라는 소식을 발표하였다. 이러한 상황에서 잠시 출간을 미루고 다시 내용을 보강하는 작업에 들어가, 내놓은 것이 『북한정치와 김정은』이었다. 책이 나온 후부터 바로 개정·증보판을 내야겠다는 생각하고 '김정은 연구'에 전념해왔다. 그리고 이를 실천에 옮기려 했으나, 여기에 만족할 수가 없었다. 그래서 기존 내용의 일부를 살리되 4년 동안 연구 결과를 바탕으로 『김정은 정치의 프레임』을 출간하게 되었다. 김정은 시대를 본격적으로 규명하기 위해서는 불가피한 선택이었고, 여기에 맞춰 김정은의 정치를 조망하고 분석하는 데 최선을 다하였다.

　북한은 우리가 '강 건너 불구경'해야 할 대상이 아니고, 바로 알아야 할 애증의 결합체이다. 북한에서 정치는 경제, 사회, 문화 등 모든 부분을 규율하고 통합한다. 김정은 시대 북한정치의 작동기제를 '체제·이념·승계·시장·핵'으로 본 것은, 이것이 과거와 현재 그리고 변화와 지속을 분석할 수 있는 키워드라고 생각했기 때문이다. 북한에서 김정은 유일영도체계의 완성은 진행 중에 있고, 그의 결사옹위는 온 사회의 화두이다. 이제 김정은은 제7차 당대회를 열어 자신의 영도력을 확실하게 보여주려 할 것이다.

　항상 책을 세상에 내놓으면서 가지는 두려움은 '또 하나의 쓸데없는 작업을 하지 않았나'하는 것이다. 그러나 이러한 연구 결과를 필요로 하는 사람들이 있기에 이 일은 계속되어야 한다고 생각한다. 이 책이 북한을 연구하고 있거나 하고자하는 사람들에게 조금이나마 도움이 되었으면 한다. 북한에 큰 관심이 없었던 사람들이라도, 이 책을 접함으로써 인식을 달리할 수 있는 계기가 마련되기를 소망해 본다. 어려운 여건 마다않고 출판을 해준 법문사에 감사를 드린다. 주말도 없이 연구실로 출근하는 남편인데도, 항상 건강만을 걱정하는 사랑하는 아내에게도 고맙다는 말을 전한다.

2016년 2월
건지산 자락 연구실에서
김창희 배상

차 례

제1편 정치체제와 정치구조

제 2 편　주체사상과 선군사상, 김일성 · 김정일주의

제 1 장　주체사상 (113~132)

제 2 장　주체사상의 하위 담론 (133~144)

제 3 편 권력승계 정치과정과 김정은 체제 구축

제4편 계획경제와 시장화

제 5 편 핵정책과 핵무력

정치체제와 정치구조

정치체제와 정치문화

Ⅰ. 북한의 정치체제와 가치관

1. 사회주의 체제와 정치방식

북한에서 정치는 "일정한 계급이 사회에 대한 계급적 지배와 그를 실현하기 위한 투쟁과 활동으로, 계급의 리익과 그들의 호상관계를 집중적으로 반영"[1]하는 것으로 정의하고 있다. 그러나 많은 저작물에서는 김일성이 교시했다는 "정치는 계급 또는 사회의 공동이익에 맞게 사람들의 활동을 통일적으로 조직하고 지휘하는 사회적 기능입니다"라는 표현을 더 많이 쓰고 있다. 정치체제는 "사람들의 정치생활과정에서 맺어지는 사회관계의 체계와 정치생활질서의 총체로, 사회에 대한 지배계급의 정치를 실현하고 정치생활에서 사회구성원들의 지위와 역할을 규제하며 사회의 모든 정치생활을 제약하는 사회관계의 체계"라 한다.[2] 북한은 자신들의 체제를 사회주의체제라 하고 있다. 헌법도 사회주의헌법이라 하고, 선군정치도 사회주의의 가장 위력한 정치방식이라 한다.

북한 헌법의 공식명칭은 '조선민주주의인민공화국 사회주의헌법'이다. 헌법 제1조도 "조선민주주의인민공화국은 전체 조선인민의 리익을 대표하는 자주적 사회주의국가이다"라고 명명하고 있다. 처음 헌법이 제정될 때 '조선민주주의인민공화국헌법'이라는 명칭을 사용하고, 제1조 "우리나라는 조선민주주의인민공화국이다"로 규정했던 것을 1972년 헌법을 개정하면서 사회주의를 표명하여 그 명칭을 통해 체제의 성격을 나타내고 있다. 사회주의체제는 생산수단의 사적소유와 시장경

---

1) 『정치사전』, 평양: 사회과학출판사, 1973, p. 755.
2) 김현환, 『김정일장군 정치방식연구』, 평양: 평양출판사, 2002, p. 51.

제를 골간으로 하는 자본주의를 부정하고, 서구식 대의제도를 부정하면서 노동계급의 정치적 지배를 실현하기 위해 인민대중이 주인의 지위를 차지하고 주인의 역할을 하는 체제이다.3) 현재 헌법 제4조 주권조항에서 '주권은 로동자, 농민, 군인, 근로인테리를 비롯한 근로인민에 있다'고 명시하고 있다. 제2장 경제편 제19조는 "조선민주주의인민공화국은 사회주의적 생산경제와 자립적 민족경제의 토대에 의거한다"하고 있다. '국가소유는 전체 인민의 소유이며, 생산수단은 국가와 사회협동단체가 소유한다'로 하여 개인소유를 배제하고 있다. 이렇게 사회주의 사회에서 정치는 주권과 생산수단을 장악하고, 사회주의적 근로자인 노동계급과 농민·군인·근로인테리의 공동이익에 맞게 사회를 관리하는 기능을 수행한다고 한다.

사회주의 사회는 인민대중이 정권의 주인이 되어 시행하는 정치인만큼 사회주의사회의 본성에 맞는 정치기능방식이 창조되어야 하는데, 이것이 사회주의적 민주주의 정치방식이라는 것이다.4) 일반적으로 민주주의란 일정한 사회집단에게 주인으로서의 권리와 의무를 부여하고 그것을 행사하도록 하는 국가활동이며 정치방식이라 하고 있는데, 북한의 사회주의적 민주주의 정치방식에서 가장 본질적인 것은 계급적 성격이라는 것이다. 북한에서 민주주의를 어떻게 설명하고 있는가를 보면 알 수 있다. 민주주의에 관한 문제는 근로인민대중의 자주적 문제이고 창조적인 생활과 그들의 운명개척과 직접 관련된 중대한 문제라 하면서, 이는 모든 정치가들과 인민들에게 있어서 중대한 관심사로 정치문제의 초점이 되어왔다고 한다. 그런데 자본주의 사회에서는 민주주의에 대한 왜곡을 가져온다고 비판한다. 근세에 이르러 선거에 의

---

3) 리진규, 『주체의 정치론』, 동경: 구월서방, 1988, p. 237.
4) 김현환, 앞의 책, p. 146.

한 대의정치가 널리 퍼지면서부터 부르주아지들은 민주주의를 자신들의 의회정치와 공화제를 미화하는 이론적 도구로 이용하고 있다고 주장하고 있다. 소수 특권의 의사와 이익을 실현하는 부르주아 통치제도가 민주주의로 분장되고 인민대중의 정치적 자유와 권리를 침해하는 정치가 '국민주권에 기초한 민주정치'로 표방되고 있다는 것이다.5) 제국주의자들이 떠드는 민주주의는 가짜 민주주의이며 그들이 들고 나온 평등이니 자유니 하는 것들은 인민대중을 기만하며 자본주의 제도의 반인민적 본질을 가리우기 위한 위장물에 지나지 않는다고 한다.6) 이는 자유민주주의의 정치를 부정하고, 자신들의 정치방식을 미화하고 있는 것이다.

사회주의적 민주주의는 근로인민대중이 의사와 이익의 대표자가 되어 주인으로서 권리와 권한을 행사하는 정치방식으로 자주성을 실현하기 위한 것이다. 이는 집단주의적 본성을 구현하는 민주주의로 개인의 자주성과 집단의 자주성을 결합시켜 원만히 실현할 수 있다. 북한에서는 이 같은 논리를 전개하면서 '사회정치적생명체'를 내세우고 있다. 사회주의적 민주주의의 본질적 우월성은 수령의 두리에 굳게 뭉쳐 하나의 사회정치적생명체를 이룬 인민대중의 정치사상적 위력에서 집중적으로 나타난다는 것이다. 그러므로 사회주의적 민주주의 정치방식은 인민대중이 의사와 이익의 최고 대표자이며, 인민대중을 하나의 사회정치적생명체로 묶는 정치사상적 통일과 단결은 그 중심인 수령에 의해서만 구현될 수 있다는 것이다.7) 인민대중은 수령의 혁명사상으로 의식화되고 조직화되어 수령을 중심으로 결집될 때 역사의 주체가 되

---

5) 리기섭,『사회주의적민주주의』, 평양: 사회과학출판사, 1987, p. 3.
6) 위의 책, p. 104.
7) 김현환, 앞의 책, pp. 152-159.

고 정치의 주인이 된다는 것이다. 결국 북한 사회주의 체제에서는 수령에 의한 정치만이 인민대중이 주인으로서 책임과 역할을 다할 수 있는 길이라고 본다. 이렇게 볼 때 북한은 자신 체제의 본성에 맞는 정치방식으로 사회주의적 민주주의 정치방식을 주장하고 있지만, 이는 결국 수령에 의한 통치방식으로 귀결시키고 있다.

한편 북한은 2009년 4월 9일 개정된 헌법에서 공산주의라는 용어를 완전히 삭제했다. 제29조 "사회주의 공산주의 근로대중의 창조적 로동에 의하여 건설된다"에서 공산주의를 삭제하였고, 제40조 "모든 사람들을…사회주의 공산주의 건설자로 만들며 온사회를 인테리화 한다"에서도 공산산주의를 삭제했다. 또한 제43조 "국가는…지·덕·체를 갖춘 공산주의적 새인간으로 키운다"에서 '공산주의적' 대신에 '주체형'으로 교체하였다. 이 헌법 조항은 김정은 체제의 헌법에서도 그대로 유지되고 있다.

2. 민주주의 중앙집권제와 다원주의 부정

1) 민주주의 중앙집권제

사회주의체제에서는 민주주의 중앙집권제와 당의 지배를 그 특징으로 하고 있다. 민주주의 중앙집권제의 원리에 의하여 대표기관에 권력이 집중된다. 헌법 제5조는 "조선민주주의인민공화국에서 모든 국가기관들은 민주주의 중앙집권제의 원칙에 의하여 조직되고 운영된다"라고 규정하고 있다. 인민주권론에 기초를 둔 민주주의 중앙집권제는 국민주권의 원리에 기초한 대의제와 권력분립의 원리와는 대립하고 있다. 인민주권의 원리에 의하면 전체국민이 헌법제정에서 법률제정에 이르기까지 직접 담당해야 한다고 주장한다.

여기에서 민주주의를 주장하는 핵심은 선거에 있다. 사회주의적 민주주의의 본질적 우월성은 사회의 주인으로서 정치적 자유와 권리를 보장해 주는 것으로, 성별·민족별·직업·거주기간·재산과 지식정도·당별·정견 및 신앙에 관계없이 모든 인민대중에게 선거권과 피선거권을 보장해 주는 것이다. 일반·직접·평등·비밀투표 원칙에 의하여 일정한 연령에 이르면 어떤 제한도 없이 평등한 자격을 가지고 직접 자기 손으로 정권기관의 대의원 선거를 한다.8) 이같이 북한에서 민주주의는 선거에 의하여 지방인민회의와 최고인민회의 대의원 선거를 하는 것을 말한다. '사회주의에서 선거는 인민대중이 주권기관 대의원을 직접 선출하는 직접적 선거이며, 어떠한 외부 간섭이나 환경의 구속도 받지 않는다'고 하고 있다. 북한의 헌법 제6조에는 "군인민회의로부터 최고인민회의에 이르기 까지 각급 주권기관은 일반적, 평등적, 직접적 원칙에 의하여 비밀투표로 선거한다"고 규정하고 있다. 그러나 선거가 공정한 절차나 경쟁적인 정당과 후보자간에 이루어지는 것이 아니고, 당에 의하여 추천된 단일후보에 투표하는 것이다. 북한에서 선거가 치러지면 일반적으로 쓰이는 주장은 '선거자들은 친애하는 지도자동지가 이끄는 인민정권을 굳게 다지려는 정치적 자각을 가지고 100% 참가하여 100% 찬성 투표하였다'이다. 선거를 민주주의와 완전정치를 꾸미는 도구로 쓰고 있는 것이 북한의 현실이다.

자유민주주의체제에서는 개인의 자유를 보호하기 위하여 국가권력의 분립이 필수적이지만, 사회주의체제에서는 민주주의 중앙집권제의 원리에 의하여 대표기관에 권력이 집중된다. 사회주의체제에서 대표기관은 국가존립의 근원이 되고, 최고국가권력기관으로서 다른 국가기관

---

8) 위의 책, p. 160.

보다 우위에 서게 된다.9) 사회주의체제에서는 권력분립이 부정되고 대표기관이 헌법상 국가최고권력기관의 위치를 차지하고 있지만, 실질적으로는 당이 최고의 권력기관으로서 당의 지배가 이루어지고 있다.10)

당규약 제11조 역시 "당은 민주주의중앙집권제원칙에 의하여 조직하고 활동한다"고 되어 있다. 여기에서 규정하고 있는 세부 항목을 살펴보면 민주주의 중앙집권제가 무엇을 말하고 있는지를 확실하게 알 수 있다. 먼저 지도기관을 민주주의적으로 선거를 통해 구성한다는 것이고, 하급기관은 상급기관에 절대복종하며, 모든 조직은 당의 노선과 정책을 무조건 옹호관철하며 의무적으로 집행한다는 것이다. 여기에 더하여 상급조직은 하급조직의 사업을 지도·검열하도록 되어있다. 민주주의 중앙집권제는 정부조직이건 당 조직이건 선거를 통하여 이루어졌으니, 중앙에 절대 복종하고 노선과 정책은 무조건 완수해야 하고 지도·검열을 받아야 한다는 것이다. 특히 이것은 당과 국가와의 관계에서도 마찬가지이다.

2) 다원주의는 자본주의 방식

자유민주주의의 가장 기본적인 요소는 다원주의이다. 그러나 사회주의사회에서는 다원주의가 허용될 수 없다고 주장한다. 다원주의가 표방하는 사상에서의 자유화, 정치에서의 다당제, 소유에서의 다양화는 개인주의와 자유주의에 바탕을 둔 경쟁이 지배하는 사회의 정치방식이라고 한다. 이는 김정일의 담화에 근거를 두고 있다. 김정일은 1992년 1월 3일 로동당 중앙위원회 담화를 통해 사회주의를 <개혁>하고

---

9) 북한 헌법 제87조 "최고인민회의는 조선민주주의인민공화국의 최고주권기관이다"라고 규정하고 있다.
10) 북한 헌법 제11조는 "조선민주주의인민공화국은 조선로동당의 영도 밑에 모든 활동을 진행한다"고 되어있어, 당 우선의 원칙을 고수하고 있다.

<개편>한다고 하면서 <다원주의>를 끌어들임으로써 사회주의 변질 과정이 촉진되었다고 하였다. 그는 "사회주의 사회에서는 이른바 <다 원주의>가 허용될 수 없습니다. <다원주의>가 표방하는 사상에서의 <자유화>, 정치에서의 <다당제>, 소유에서의 <다양화>는 개인주의 와 자유주의에 기초한 생존경쟁이 지배하는 자본주의 정치방식입니다" 라 하였다.

로동신문에서 서구식 민주주의와 복수정당제에 대하여 그들의 입장 을 피력한 '서방식이 모든 것의 기준이 될 수 없다'는 제목의 글은 다 원주의에 대한 북한의 입장을 잘 알 수 있다. 즉, "제국주의자들은 서 방식 민주주의와 다당제를 <가장 우월한 정치방식>으로 묘사하면서 그와 다른 정치방식을 덮어놓고 부당한 것으로 평가하며 저들의 정치 방식을 다른 나라에 강요하고 있다. 서방식 민주주의, 다당제는 고유 한 의미에서 민주주의적 정치방식이 아니며 그것은 민주주의의 외피를 쓴 부르죠아독재, 권력독점의 정치방식이다. 다당제라는 것도 형형색색 의 사상류파의 정당들이 공생, 공존하는 자본주의사회의 정치생활, 현 실을 반영한 정치방식이다. 사회가 구락부화하여 각양각색의 정치세력 들과 파벌집단들이 저마끔 자기의 주의·주장과 정견을 내세우며 권 력을 장악하기 위해 치렬한 암투를 벌리는 자본주의 사회에서 <다당 정치>가 실시되지 않으면 사회자체가 존재할 수도 유지될 수도 없 다"[11]는 것이다.

사회주의 사회는 자본주의 사회와 달리 다원주의의 필요성을 조건 짓는 사회 계급적 및 경제적 기초가 없다고 주장한다. 다시 말해서 각 각 개인 소유제와 이해관계에서 근본적으로 대립되는 계급·계층과

---

11) 『로동신문』 1997. 12. 07.

집단들이 존재하지 않으며, 따라서 각각의 정치세력들이 영도권을 놓고 다투는 정쟁과 같은 현상이 있을 수 없다고 한다. 그러므로 사회주의 사회에서 다원주의를 끌어 들이면 개인주의와 자유주의가 조장되어 사회의 공동이익을 침해하게 되며, 인민대중의 통일과 단결을 파괴하고 사회적 무질서와 혼란을 조성하게 된다. 사회주의 사회에서 사상에서의 자유화와 정치에서 다당제를 허용하는 것은 결국 사회주의 사회의 기초를 허물고 인민대중 정권을 전복하기 위한 반혁명적 책동에 길을 열어주는 것이 된다는 것이다.12)

3. 사회주의적 가치로서 집단주의

사회주의는 집단에 기초한 사회이며 인민대중의 통합과 단결을 생명으로 하는 사회이므로 자본주의의 고유한 정치방식인 다원주의와 양립할 수 없다. 헌법 제63조는 "조선민주주의인민공화국에서 공민의 권리와 의무는 <하나는 전체를 위하여, 전체는 하나를 위하여>라는 집단주의원칙에 기초한다"고 되어 있다.13) 이렇게 북한은 사회주의 사회의 인민대중의 가치관으로 집단주의를 내세우고 있다. 인민들이 조직과 집단을 위해 자신을 희생하고 복종해야 하며 개인보다는 사회와 집단이 더 중요하고 우선해야 한다는 가치관을 강조하고 있다. 개인주의는 철저히 배격되고 집단주의적 가치관만이 사회주의자들이 지녀야 할 참다운 신조라고 역설하고 있다.

사회주의 국가인 북한에서 주체사상은 당과 국가활동, 혁명과 건설

---

12) 김현환, 앞의 책, p. 57.
13) 이 내용이 헌법 조항으로 규정된 것은 1972년 개정헌법에서 이다. 북한에서는 1972년 '사회주의헌법'을 개정이라 하지 않고 제정이라고 한다. 당시 제49조에 "조선민주주의 인민공화국에서 공민의 권리와 의무는 '하나는 전체를 위하여, 전체는 하나를 위하여'라는 집단주의원칙에 기초한다"로 처음 명기되었다.

의 지도원칙을 결정짓는 최고의 지도이념이다. 1955년 처음으로 북한에서 제기된 주체의 문제는 소련과 중국에서 자신의 보호와 국익을 위한 자주성의 강조와 당시 소위 종파분자의 청산 그리고 동원 극대화의 필요성에서 제기된 것이다. 그 후 북한에서는 지배이념으로 주체사상이라는 말을 사용하게 되었고, 1970년 로동당 제5차 대회에서 마르크스-레닌주의와 함께 당의 공식이데올로기로 내세웠다. 1972년 개정헌법과 1980년 로동당 제6차대회 그리고 1992년 개정헌법을 통하여 주체사상은 북한의 최고의 지도이념으로 규정되었다.14) 여기에 2009년 헌법에서는 선군사상이 추가되었다. 이는 김정은 체제의 헌법에서도 그대로 유지되고 있다.

1982년 김정일의 "주체사상에 대하여"로 체계화되었다는 주체사상은 결국 집단주의를 바탕으로 한 수령지배의 논리이다. 이는 즉, "주체사상은 집단의 리익을 개인의 리익보다 우위에 놓으며 집단의 리익을 옹호하는 것을 매개인의 신성한 의무라고 본다. 집단의 리익은 수령이 대표한다"15)는 내용에서도 확인할 수 있다.

김정일은 1994년에 '사회주의는 과학이다'라는 논문을 발표하였다. 여기에서 왜 사회주의가 집단주의여야 하는지를 밝히고 있다. 즉, "개인주의에 기초한 사회가 집단주의에 기초한 사회로 넘어가는 것이 력사발전의 필연적 요구이다. 집단주의는 사람의 본성적 요구"때문이라는 것이다.16) 또한 "사회주의는 집단주의에 기초한 사회이며 인민대중의 동일을 생명으로 하는 사회이므로 사회주의와 <다원주의>는 양립

---

14) 1992년 4월에 개정된 헌법 제3조의 조항은 1998년과 2009년 그리고 현재에도 지속되고 있다. 즉, "조선민주주의인민공화국은 사람중심의 세계관이며 인민대중의 자주성을 실현하기 위한 주체사상을 자기활동의 지도적 지침으로 삼는다"이다.

15) 리진규, 앞의 책, p. 455.

16) 김정일, "사회주의는 과학이다,"『김정일선집 13』, 평양: 조선로동당출판사, 1998, p. 457.

될 수 없습니다"17)라 하여 집단주의를 강조하고 있다.

현재 북한에서 주장하고 있고 인민들에게 내면화하고자 하는 김정은의 통치이데올로기는 '김일성-김정일주의'이고, 이를 실현하기 위하여 내세운 것이 '김정일애국주의'이다. 북한에서 김정일애국주의는 온 사회를 생사운명을 같이하는 하나의 동지의 세계로 만드는 혁명의 귀중한 사상 정신적 양식이라고 한다. 그러면서 "김정일애국주의는 무엇보다도 혁명의 주력군인 인민군대에서 관병일치, 군민일치의 전통적 미풍을 더욱 활짝 꽃피워나갈 수 있게 한 귀중한 사상정신적 원천이다"라고 한다.18) 사회의 밑뿌리라고 하는 군민일치를 가장 중요한 기치로 내걸고 있는 선군정치나 김정일의 애국·희생정신을 본받고 이를 따라야 한다는 것도 집단주의의 발로로 볼 수 있다. 북한의 모든 정치사회제도는 집단주의에 기초하고 있으며 개인 및 사회생활의 구석구석에 집단방식이 적용되고 있다. 북한의 집단주의는 사회구조와 주민들의 의식 속에 뿌리 박혀 체제유지의 기제로 작동하고 있다.19)

Ⅱ. 북한의 정치문화

1. 정치문화 형성과정

정치문화는 '정치체계에 관련된 태도의 집합 유형화된 정치적 가치체계'로서 가치, 신념, 상징에 대한 태도 등을 총칭하는 것으로, 정치체계 구성원들의 다수가 공유하고 있는 정치적 정향 및 행동유형을

---

17) 위의 책, p. 458.
18) 리성환·박길성, 『조국번영의 위대한 기치 김정일애국주의』, 평양: 사회과학출판사, 2013, p. 93.
19) 통일부 통일교육원, 『북한지식사전』, 통일부 통일교육원, 2013, p. 598.

파악할 수 있는 개념이다.[20] 어떠한 정치체제를 막론하고 그 체제가 지향하는 가치와 신념 및 태도를 국민들에게 내면화시키는 것은 체제의 유지와 발전에 직결되는 문제로 대두되고 있다. 정치사회화는 정치체계를 유지하기 위한 지지를 발전시킬 수 있는 수단이다. 여기에서는 정치문화를 정치사회화에 의하여 내면화 된 통치자에 대한 가치·신념·태도를 총칭하는 것으로 본다. 북한에서 당과 수령 중심으로 이루어진 정치문화는 김일성-김정일-김정은으로 이어져 지속되고 있다.

정치문화는 정치사회화 과정을 통하여 유지·변화되고 새로운 문화를 창출하기도 한다. 북한은 사회주의로 개조사업을 펼치고 정권의 정당성을 확보하기 위하여 초기부터 정치사회화 과정을 중시하여 왔다. 해방이후 북쪽을 점령한 소련점령군 사령부는 새로운 공산주의 정권을 수립하기 위하여 북조선공산당과 김일성을 통하여 공산주의 이데올로기를 주입시키는 데 중점을 두었다. 공산주의 이데올로기를 교양하는데 있어서 북한의 주민들은 새로 이민해온 사람들이나 다름없었다. 북한에 정권이 수립된 이후 지도자는 마르크스-레닌주의의 적용을 지지하고 전달하는 일련의 새로운 태도와 가치, 정향을 발전시키기를 희망하였다. 북한에서 김일성은 항일혁명의 영웅으로 미화되면서, 새로운 북한체제를 이끌어가는 지도자로 추앙되었다. 김일성의 개인적 권위는 정치사회화과정을 통하여 북한주민의 행동패턴을 규정하는 중요한 지표이며 하나의 상징적 힘으로 되었고, 그 힘은 후계체제 확립에까지 이어졌다. 이와 같이 북한의 정치사회화는 실효를 거두어 집권층이 의도한 바와 같이 발전과 안정을 유지하면서 새로운 정치문화를 형성할 수 있었다.

---

20) 김창희, 『비교정치론(제2판)』, 파주: 삼우사, 2013, p. 90.

북한 정치문화의 형성 요인은 공산주의 이데올로기만으로는 설명할 수 없다. 정치문화는 문화현상의 일부라는 역사성을 지니고 있는 것이기 때문에 전통적 정치문화와 함께 검토되어야 한다. 북한의 전통적 정치문화란 해방 이전에 존재하였던 정치문화를 지칭하는 것이다. 북한의 경우도 마찬가지로 주체사상에 의한 새로운 정치문화를 정착시켜 나가는 과정에서 전통적 정치문화의 여러 요소들이 적절히 원용되었다. 대표적인 것은 전통적인 유교적 정치이념일 것이다. 임금에 대한 충성이 '유일 영도자'로 옮겨가 수령으로 이어졌다.

북한이 사회주의를 표방하면서도 국가를 '사회주의 대가정'으로, 김일성을 '어버이'로 부르는 등 가부장적인 정치문화를 가지고 있다. 북한에서는 전통적 정치문화에서 왕권의 적장자 상속을 혈통 계승 내지는 수령 후계자로 전이시켰다. 수령에게 끝없이 충실해야 수령의 후계자가 지니고 있는 역사적 사명을 원만히 수행할 수 있고, 수령의 혁명위업을 대를 이어 계승해 갈 수 있다는 것이다.[21] 이와 같이 북한에서는 김정일의 권력승계의 당위성을 강조하였다. 김일성이 사망한 후에 유훈통치를 강조할 수 있었던 것도 이런 맥락으로 볼 수 있다. 김정일 체제는 수령이 보유했던 수령의 지위와 역할을 그대로 승계받은 후계체제에 기반을 두었고, 김정은 체제에서도 계속 이어 지고 있다. 이는 오래전부터 주장해 온 다음과 같은 논거에 바탕을 두고 있다. 즉, "수령의 후계자는 곧 미래의 수령이다. 따라서 수령의 지위와 역할은 그 후계자에 의하여 변함없이 계승되어야 한다"는 것이다.[22]

수령이 혁명과 건설에서 최고의 절대적 지위를 차지하고 결정적 역

---

21) 북한의 철학사전은 1985년 북한의 사회과학원 철학연구소에서 출판되었고, 이를 토대로 하여 국내에서 다시 편집하여 출간하였다. 북한사회과학원 철학연구소 지음, 『철학사전』, 서울: 도서출판 힘, 1988, p. 408.
22) 리진규, 앞의 책, p. 473.

할을 하는 만큼 인민대중은 마땅히 수령에게 충성을 다해야 한다는
것이다. 또한 수령의 권위를 절대화하여야 온갖 계급적 원수들과 기회
주의자들의 책동을 짓부수고, 수령의 현명한 영도를 높이 받들어 혁명
위업을 완수할 수 있다는 것이다.23) 이러한 정치사회화를 북한에서는
'수령에 대한 충실성 교양'이라 하고 있다. 이는 수령을 진심으로 높이
모시고 끝없이 존경하고 흠모하며 수령이 개척한 혁명위업을 완성하기
위하여 몸바쳐 투쟁하는 참다운 혁명가를 키우기 위한 사상교양사업이
다.24)

북한에서 나타나고 있는 최고지도자에 대한 무조건적 충성, 중앙집
권적 집단주의, 당관료제 등은 새로운 정치문화를 정착시키는 과정에
서 전통적 정치문화를 적절히 원용시킨 결과라 할 수 있다. 북한에서
는 정치사회화의 주요내용으로 '주체사상'을 내세우면서 인민대중이 주
체가 되려면 수령의 지도를 받아야 한다는 논리를 펼쳤다. 김정일 체제
가 형성되면서 정치사회화의 중심 내용이 '주체'에서 '선군'으로 옮겨갔
고, 김정은 체제에서도 당분간 지속될 것이다. 김정은 체제가 통치이데
올로기를 '김일성-김정일주의'로 내세운 것은 이를 말해주는 것이다.

2. 충성과 복종의 행태

북한은 역사적, 정치적, 이데올로기적 범주에서 많은 특이점을 가지
고 있다. 그 중 하나는 유교적 정치문화에 사회주의 정치문화가 활착
하는데 상대적으로 저항이 적었다는 점이다. 중앙집권적 권위주의 체
제는 상대적으로 낮은 조직수준을 발판으로 정치권력의 개인숭배화나
우상화로 어렵지 않게 전이되었다. 북한에는 왕조시대에 보였던 강력

---

23) 『철학사전』, pp. 399-400.
24) 위의 책, p. 402.

한 중앙집권제, 권위주의적 정치방식, 관료제의 경직성, 관존민비 관념 등이 잔존해 있다. 그리하여 국가는 정치영역에서의 통제뿐만 아니라, 인민대중의 일상생활 영역에 대한 간섭에 있어서도 그 전통성을 여지 없이 드러내 보인다. 이러한 곳에서 인간의 정치・경제・문화생활을 이끌어 가는 지향수단으로서의 사회관념은 국가의 통치이념 그 자체이 기 쉽다. 이렇게 북한은 유교적 사회구성체의 전통적 경험을 유지하고 있으며, 가족중심적인 사회구조를 토대로 대가족제도나 혈통을 중시하 는 혈연적 조합주의를 형성하고 있기 때문에 사회의 대중동원이 가능 하였다.25)

북한 정치사회는 치자와 피치자, 당과 인민대중간의 가부장적 권력 관계의 설정을 통해서 정통화 되고 있다. 가부장적 권력관계에서 치자 와 피치자의 관계는 전자가 후자를 친권적으로 후견하는 관계로 상정 되어 있다. 피치자는 자신의 이익을 스스로 인식하거나 방어할 수 없 는 것으로 간주되고 있으며, 치자는 그러한 피치자를 대리하여 후자의 이익을 개념정의하고 옹호해줌을 대가로 자신의 통치권을 정당화하고 있다.26) 상술한 수령과 인민대중과의 관계나 혈통에 따라 승계하는 북 한체제는 왕조시대 절대군주제와 유사한 속성을 보이고 있다.

인민대중은 정치사회 질서에 참여하는 의무를 지고, 당은 인민에게 참여하라고 하지만 인민들의 참여는 제한되고 통제된다. 동지 또는 동 무라고 하지만 지도자와 인민 사이에는 엄청난 차이가 있다. 지도자들 은 정책결정과정에서 자기들의 독점적 역할을 보호하고 확인하려는 엘 리트 의식을 가지고 있다. 지도자들은 존경의 가치에 관심을 기울여,

---

25) 최완규, "북한 국가 성격의 이론과 쟁점," 북한연구학회 편, 『북한의 정치 2』, 서울: 경 인문화사, 2006, p. 355.
26) David Beetham, *The Legitimacy of Power Atlantic*. Highlands: Humanities Press, 1991, p. 88.

인민들로 하여금 믿음과 존경, 헌신의 마음을 조성케 하고자 노력한다. 당 대회나 각종 행사에서 표창이나 훈장은 의식에 지나지 않기는 하지만, 인민들의 믿음과 존경을 자아내는 대단한 가치보상인 것이다. 북한에서 표창이나 훈장을 수여하는 것 외에도 전 가정에 김일성·김정일·김정은의 초상화를 모셔 놓게 한다. 또한 김일성·김정일이 그려진 뱃지를 착용하여 존경과 충성의 마음을 자아내게 한다. 당과 지도자에 대한 절대복종은 북한이 추구하는 인민들의 가치체계이고, 인민들에게 계급의식을 불어넣는 사상교육은 필수적이다. 이렇게 인민대중을 교화하여 체제구축과 유지에 필요한 정당성을 확보하고 지도자에 대한 충성심의 고취로 체제를 영속화하려 하였다. 수령의 개인적 권위는 인민대중의 행동패턴을 규정하는 중요한 지표가 되었으며, 이는 상징적 힘으로 세습이 정당하게 받아들여져 후계체제 확립으로까지 이어졌다. 이렇게 하여 충성과 복종이라는 북한 특유의 정치문화가 형성되었다.

그러면 인민들의 정치적 정향은 어떤가? 인민들의 신념과 태도는 추종자로서의 역할을 오히려 선호하고 있으며 신민적 양상을 띠고 있어 복종적인 참여로써 그들의 역할을 받아들이고 있다.27) 상술한 김일성 사후 김정일이 내세운 유훈통치는 이를 뒷받침하는 것이기도 하였다. 죽은 김일성의 유훈을 받들어야하고 그에게 못다 한 충과 효를 김정일에게 해야 한다는 논리가 먹혀 들어갔던 것이다. 김정일은 김일성 유훈의 관철을 특히 강조하고, 김일성에 대한 최상의 애도를 통해 스스로 '충효의 최고의 화신'임을 과시하였다. 북한은 끊임없는 정치사회화를 통하여 체제가 요구하는 이념과 가치덕목인 '김정일에 대한 충성'

---

27) 김재영 외, 『정치문화와 정치사회화』, 서울: 형설출판사, 1990, p. 365.

을 철저하게 인민들에게 내면화시켜 충성을 강화해 가는 길을 걸어왔다. 이러한 길은 이제 김정은이 충효의 절대자로 등장했고 같은 전철을 밟으며 김정은에 대한 충성으로 이어지고 있다. 김정은 시대에 들어와서 북한에 '김정일애국주의'가 실천이념으로 등장했다. 김정일애국주의는 절세의 애국자인 김정일동지가 조국을 부강케 하고 인민의 행복을 위해 헌신한 숭고한 애국정신이라는 것이다. 즉, "경애하는 김정은동지의 현명한 령도에 의해 오늘 우리 조국에서는 위대한 장군님의 숭고한 애국의 리상이 현실로 꽃펴나고 있으며 우리 인민은 대를 이어가며 참된 애국자로 자라나고 있다"고 하고, "김정일애국주의는 어버이 장군님의 심장의 박동을 그대로 이어가시는 경애하는 김정은원수님의 심장의 불길이다"라고 하고 있다.28) 김정은이 바로 김정일애국주의의 화신이라는 것이다.

북한에서 "수령은 혁명의 최고뇌수이며 혁명대오의 유일중심인것만큼 일심단결을 대를 이어 강화하는데서 그 중심을 확고히 보장한다는 것은 결국 수령의 지위와 역할을 계승하는 령도자를 대를 이어 높이 모시고 받들어 간다는 것을 의미한다"29)고 한다. 이는 김정은이 위대한 영도의 계승자이므로 인민들은 한마음 한뜻이 되어 그에게 충성하고 결사옹위하여 받들어 나가야 한다는 것이다.

---

28) 리성환·박길성, 앞의 책, p. 207.
29) 전길남, "일심단결을 대를 이어 강화하는데서 나서는 중요요구," 『사회과학원학보』 제2호(루계 제87호), 사회과학출판사, 2015, p. 20.

Ⅲ. 최고 뇌수 수령과 영도문화

1. 수령의 위치와 수령관

북한에서 수령은 절대적 지위에 있다. 수령은 당과 국가의 수위에 서서 사회주의 정치체제의 총체를 지휘하는 최고의 영도자인데, 이것은 수령의 지위가 어떤 공직에 의하여 규정된다는 것을 의미하지는 않는다. 가령 대통령이나 총리와 같이 어느 사회에나 국가적인 공직에 의하여 규정되는 최고의 지도자가 있기 마련이나, 그들은 북한사회에서 수령이 차지하는 것과 비교할 수 있는 그러한 지위가 아닌 것이다. 수령은 당규약과 헌법을 초월한 존재이다.

북한에서 김일성을 '수령'으로 부르는 것이 일반화된 것은 1966년 10월 5일 제2차 당대표자회를 앞둔 며칠 전 김일성종합대학 창립 20주년을 맞아 당시 총장이던 황장엽이 연설한 이후부터라고 한다. 그러나 역시 수령이라는 용어가 보편적으로 사용된 것은 1967년 당 전원회의 이후부터이다.[30] 이승현은 1967년 이전에는 존재하지 않았던 김일성 중심의 수령제가 1967년 태동했다고 주장한다. 북한의 정치사를 살펴보면 이때부터 파벌들이 완전히 척결되고 김일성 유일지배가 실현되었다.[31] 1967년 5월 당 제4기 15차 전원회의에서 유일사상이라는 말을 처음 사용하였고, 12월의 최고인민회의 제4기 1회의에서 "주체사

---

30) 백학순, 『북한 권력의 역사: 사상·정체성·구조』, 파주: 한울아카데미, 2010, p. 643.
31) 김일성은 항일혁명전통을 회복하고 김일성 중심의 유일사상체계를 확립하기 위하여 1967년 정치적인 물갈이를 시도했다. 3월 당 중앙위원회에서 박금철, 이효순, 김도만, 고혁 등 소위 자파세력인 갑산파를 숙청했다. 이 숙청은 자신의 정책노선에 이견을 보이던 당의 사상, 문화담당간부들로 까지 파급되었는데, 이는 유일사상체계를 확립하기 위한 것이었다.

상이 공화국정부의 모든 정책과 활동의 확고부동한 지침"이라고 선언
하였다. 김일성 유일체제와 유일사상체계는 수령제로 가는 결정적인
계기가 되었다. 이때를 전후하여 북한 권력구조의 질적인 변화를 가져
왔으며, 그 변화는 수령제로 귀결되었다.[32]

북한에서 수령이란 어떤 존재로 자리매김하고 있는가? 북한에서
1973년에 발행된 정치사전에는 당을 규정하면서, "로동계급의 당은 수
령의 혁명사상을 실현하기 위한 선진투사로써 조직되며 수령의 혁명사
상을 지도적 지침으로 하고 수령의 유일적령도밑에 혁명과 건설을 진
행한다"고 되어있다.[33] 여기에서는 수령을 단일 단어로는 이를 정의하
지 않고, '수령, 당, 계급, 대중의 호상관계'에서 '로동계급의 혁명투쟁
에서의 수령의 역할'을 찾으라고 되어있다. 이를 보면 "당이 로동계급
의 계급적 조직의 최고 형태라면 수령은 당의 최고 령도자이며 프로
레타리아독재체계의 총체를 령도하는 전체 인민의 통일단결의 중심이
다"[34]라고 되어 있다. 철학사전에는 수령을 "혁명과 건설에서 절대적
지위를 차지하고 결정적 역할을 수행하는 당과 혁명의 탁월한 영도자"
라 하며, "수령은 근로인민대중의 최고뇌수이며 통일단결의 중심"이라
고 하고 있다.[35] '조선말 대사전'에 수령은 "인민대중의 자주적 요구와
리해관계를 종합 분석하여 하나로 통일시키는 중심인 동시에 그것을
실현하기 위한 인민대중의 창조적 활동을 통일적으로 지휘하는 중심으
로 되는 분으로서 전당과 전체 인민의 끝없는 존경과 흠모를 받고 있
는 가장 위대한 영도자"[36]라고 되어 있다.

---

32) 이승현, "갑산파의의 숙청과 수령제 형성," 북한연구학회편, 『북한의 정치 1』, 서울: 경
   인문화사, 2006, pp. 347-371.
33) 『정치사전』, pp. 252-253.
34) 위의 책, p. 324.
35) 『철학사전』, p. 395.
36) 『조선말대사전(증보판) 2』, 평양: 사회과학출판사, 2007, p. 833.

리진규의 『주체의 정치론』에서는 수령의 지위와 역할에 대하여 다음과 같이 정리하고 있다.37) 첫째, 수령은 당과 국가의 수위에 서서 사회주의 정치기구체계의 총체를 지휘하는 최고 영도자이다. 이는 수령의 지위가 어떤 공직에 의하여 규정되는 것을 의미하지 않는다. 둘째, 수령은 인민대중의 최고뇌수이며 통일단결의 중심이다. 이것은 수령이 인민대중 속에서 사상과 영도의 유일한 중심이며 통일과 단결의 유일한 중심이라는 것을 의미한다. 셋째, 수령은 인민대중 사상의 중심이다. 이것은 수령이 인민대중의 요구와 이해관계의 최고대표자이며, 사상은 사람들의 요구와 이해관계를 반영한 것을 의미한다. 넷째, 수령은 인민대중의 조직적 결속의 중심이다. 이것은 수령이 모든 정치조직의 최고의 대표자라는 것을 의미한다. 조직은 인민대중의 근본이익을 실현하기 위한 수단이며 사회개조의 무기, 혁명의 무기이다. 다섯째, 수령은 인민대중 영도의 중심이다. 이것은 수령이 인민의 자주적이며 창조적인 활동을 하나의 목적 실현으로 이끄는 최고영도자라는 것을 의미한다.

북한에서는 수령의 지도를 받아야만 혁명과 건설에서 인민대중이 자주적 입장과 창조적 입장에 설 수 있다고 하면서 수령의 지배논리를 유도하고 있다. 그렇기 때문에 수령을 중심으로 전체사회가 전일적인 하나의 틀로 편제되어 있으며, 이론적 체계(혁명적 수령관, 후계자론, 사회정치적 생명체론)38)까지 갖추어 놓았다. 따라서 수령체제는 1인의 절대 권력자가 물리적 강제력을 바탕으로 지도한 체제를 넘어서 이데올로기와 사회문화적 정서까지도 재생산하는 유일지도체제라는 것이다.39)

---

37) 리진규, 앞의 책, pp. 457-560.
38) "주체의 정치론은 사상과 령도의 중심을 자주적인 사회정치적생명체의 최고뇌수인 인민의 수령으로 보고 사회주의사회에서 수령이 차지하는 위치와 역할을 과학적으로 밝혀준다"고 하고 있다. 리진규, 앞의 책, p. 457.

상술한 바와 같이 북한에서 수령은 헌법이나 당 규약에 존재하는 국가와 당의 기관의 지위는 아니다. 그러나 2012년 김정은 체제의 헌법 서문에 "조선민주주의인민공화국은 위대한 수령 김일성동지와 령도자 김정일동지의 사상과 영도를 구현한 주체의 사회주의 조국이다"로 시작하고, 당규약도 역시 "조선로동당은 위대한 수령 김일성동지와 령도자 김정일동지의 당이다"로 되어 있다. 이렇게 김일성의 이름 앞에 수령이라는 직함을 붙이고 있다. '위대한 김일성 수령'은 그의 생전에만 존재하는 것이 아니고, "위대한 수령 김일성동지는 영원히 우리와 함께 계신다"하여 죽은 후에도 존재하고 있는 것이다. 그뿐만 아니라 그 수령을 김정일이 승계했다고 하고 있어, '김정일 수령론'으로 이어졌으며 이제 '김정은 수령'으로 체계화되고 있다.

2. 수령과 인민의 관계

북한에서는 인민대중을 하늘같이 여긴다는 뜻인 이민위천을 내세우며 인민대중을 사회의 주인, 정치의 주인으로 내세우고 그들의 자주적이고 창조적인 실현에 모든 것을 복종시키는 정치를 한다고 한다. 김정일은 이민위천의 정치철학을 심화발전시키고 완성하여 실천하고 있다고 하면서, "이 세상의 모든 것은 인민을 위해 있어야 하고 인민을 위한 것이 되어야 합니다. 정견도 주의주장도 인민을 위하여 있어야 하고 정치나 법, 군사도 인민을 위해 있어야 합니다"라고 지적했다고 한다.[40] 그런데 이민위천의 근본 특징은 수령문제를 근본핵으로 해야 한다는 것이다. 그 논리로 내세우는 것이 인민대중은 탁월한 수령의 혁명사상으로 의식화되고 조직화되어 수령을 중심으로 하나로 결집될

39) 이종석, 『새로 쓴 현대북한의 이해』, 서울: 역사비평사, 2000, p. 121.
40) 김현환, 앞의 책, pp. 32-34.

때 비로소 정치의 주인이 될 수 있다는 것이다. 수령의 영도를 떠나서는 정치의 주인으로서 인민대중의 지위와 역할에 대하여 말할 수 없다는 것이다. 김정일 사후 개정된 헌법의 전문에는 "김일성동지와 김정일동지께서는 <이민위천>을 좌우명으로 삼으시어 언제나 인민들과 함께 계시고 인민들을 위하여 한평생을 바치시였으며 숭고한 인덕정치로 인민들을 보살피고 이끄시여 온 사회를 일심단결된 하나의 대가정으로 전변시키었다"라고 적고 있다.

여기에서 제기할 수 있는 것이 '수령결사옹위정신'이다. 이는 영도자에 대한 충성과 인민대중에게 주어진 과업을 수령의 지시로 여겨이를 목숨으로 관철한다는 것이다. 조선말 대사전에는 수령결사옹위정신을 "수령의 신변을 결사호위하고 수령의 권위를 결사옹위하는 정신이며 수령의 업적을 결사고수하고 수령의 사상과 로선, 정책을 결사관철하는 정신"이라고 표현하고 있다. 이는 항일투쟁혁명기에 창조되어 구현되어 온 전통적인 혁명정신이라고 한다.[41] 그러나 수령결사옹위정신은 1996년 김정일에 의해 혁명적 군인정신으로 재규정되어 위기 극복을 위한 구호가 되었다. 1996년 9월 군인들이 안변청년발전소의 공사를 완공하였을 때, 김정일은 군인건설자들의 위훈을 높이 평가하면서 이를 '혁명적 군인정신'으로 명명하고 그 정신을 전당, 전국, 전민이 따라 배우도록 하였다.[42] 이후 수령결사옹위정신이 김정일 시대 실천적 선동구호가 되었고, 이는 인민대중이 수령 김정일에 목숨을 걸고 일심단결하여 절대 충성하자는 것이었다. 이러한 일심단결은 대를 이어 강화해 나가야 한다는 것이 북한의 주장이다.

북한은 김정일 사후 김정은의 결사옹위를 주장하였다. 2012년 공동

---

41) 『조선말사전(증보판) 2』, p. 833.
42) 통일부 통일교육원, 『북한지식사전』, 통일부 통일교육원, 2013, p. 416.

사설에서 "군대에서는 혁명무력의 최고령도자 김정은동지의 유일적 영군체계를 철저히 세우기 위한 당 정치사업을 심화시켜 나가야 한다"고 주장했고, 로동당에는 "우리 당사업에서 틀어쥐고 나가야 할 사업은 당의 유일적 영도체계를 튼튼히 세우는것"이라고 강조하였다. 군과 당의 일심단결을 대를 이어 강화하여, 수령의 위업을 계승하는 영도자를 단결과 사상영도의 중심으로 높이 모셔야 한다. 그리하여 전당과 전체 군대와 인민이 수령의 위업을 계승하는 영도자와 사상과 뜻을 함께하고 운명을 같이해 나가는 참다운 동지와 전우가 되어 유일적 영도체계를 세우고 그의 두리에 한덩어리로 굳게 뭉쳐야 한다. 수령을 중심으로 하여 굳게 뭉친 일심단결이 백전백승의 원천이라는 것이다. 김일성·김정일을 영원한 수령으로 받들고 김정은의 영도를 따라 새로운 전환기를 열어가는 것이 곧 일심단결을 대를 이어 강화해 가는 것이다.43)

북한은 이민위천을 주장하면서 인민대중에 의거하고 인민대중의 지혜와 힘을 높이 발양시키는 것이 수령의 영도라고 한다. 인민대중의 힘을 믿고 그 힘을 조직 동원하는 수령의 사상과 영도에 의하여 인민대중은 현 정세와 자신들에게 무엇을 요구하는지를 알 뿐만 아니라, 수령의 구상과 의도가 무엇이며 그것을 실현하는 방법을 인식한다.44)

북한은 "국가는 사상혁명을 강화하여 사회의 모든 성원들을 혁명화 노동계급화하며 온 사회를 정치적으로 단합된 하나의 집단으로 만든다"고 헌법에 명시하고 있다. 이런 방침에 따라 우선 외부와 인간관계를 차단하고, 각종 개혁작업을 통해 반대세력이나 거추장스러운 요소들을

---

43) 전길남, 앞의 글, pp. 20-21.
44) 강명철, "일심단결의 정신은 우리의 대고조력사의 기본추동력,"『철학연구』제1호(루계 제141호), 과학백과사전출판사, 2015, p. 7.

제거해 나간다. 그리고 의도적이고 획일적인 정치사회화 과정을 통하여 철저한 '주체형 인간'을 만들려고 의식개혁운동을 전개하여 나간다. 구체적 내용으로는 개인주의와 이기주의를 제거하여 사심 없는 모범인간을 만들어 간다. 이렇게 하여 인민대중이 수령결사옹위정신으로 무장하게 한다는 것이다. 수령과 인민대중과의 관계는 사상적 단결을 통해 일심단결로 수령을 중심으로 굳게 그의 수호자가 되는 것이다.

3. 수령 절대의 유일영도문화

김정일은 "인민대중이 력사의 주체로서의 지위를 차지하고 역할을 다하자면 반드시 지도와 대중이 결합되어야 합니다. 인민대중은 력사의 창조자이지만 옳은 지도에 의해서만 사회역사 발전에서 주체로서의 지위를 차지하고 역할을 다할 수 있습니다.…혁명운동, 공산주의운동에서 지도문제는 다름 아닌 인민대중에 대한 당과 수령의 령도문제입니다"라고 하였다.[45] 수령과 인민대중은 분리할 수 없는 혼연일체를 이루고, 인민대중은 오직 자기의 수령을 모시게 됨으로써 자신의 뇌수를 가진다고 하였다.

수령의 지위와 역할에 대하여 "수령은 인민대중의 단결의 조직자, 투쟁의 조직자이며 승리의 조직자이다. 정치조직을 통하여 인민대중을 하나의 정치적 력량으로 묶어세우고 그에 대한 조직적 령도를 보장하는 것은 인민대중의 운명을 개척하는데서 수령이 노는 역할의 가장 중요한 내용"[46]이라 하고 있다. 또한 "인민의 수령만이 비범한 예지와 과학적 통찰력으로 하여 올바른 전략과 전술을 세우고 인민대중을 혁명과 건설에 능숙하게 동원할 수 있다"[47]고 한다. 이는 수령의 절대영

---

45) 김정일, 『주체사상에 대하여』, 평양: 조선로동당출판사, 1982, p. 18.
46) 리진규, 앞의 책, p, 465.

도와 인민의 동원을 말하는 것이다.

2010년 30년 만에 개정된 당 규약에서 당원의 임무의 첫 조항은 "당원은 당의 유일사상체계와 유일적 령도체계를 튼튼히 세워야 한다"이다. 그리고 부가적 규정에서 "당원은 당과 수령에 대한 끝없는 충실성을 지니고 수령을 결사옹위하며…수령의 유일적 령도 밑에 하나와 같이 움직이는 혁명적 규률을 세워야 한다"고 되어있다. 그런데 수령의 위업은 장기간에 걸치는 역사적 위업이고, 수령의 위업을 고수하고 완성해 나가기 위해서는 대를 이어 계승해 가야 한다는 것이다. 후계자의 지도체제를 확립하는 것은 수령의 영도체계를 강화하기 위한 것이며, 영도의 계승성을 원만히 보장하기 위한 것이라 하고 있다. 북한은 '인민대중의 한결같은 뜻으로 김일성 원수가 김정일 동지를 정치적 후계자로 높이 추대하여 계승문제가 만족스럽게 해결 되었다'고 하였다.48) 이것은 김일성에서 김정일로의 수령승계뿐만 아니라, 김정일에서 김정은으로의 수령승계를 의미하기도 한다.

'김일성동지와 김정일동지를 변함없이 받들고 김일성-김정일주의 기치따라 주체와 선군의 위업을 계승하고 완성해 가는 역사적 시대에 살고 있다'는 주장은, 2013년 6월에 내놓은 [당의 유일적 령도체계 확립의 10대원칙]의 첫 머리의 내용이다. 북한은 당의 새로운 지도지침을 제시하였고, 또한 김정은 유일체계의 강화 차원에서 종전의 [당의 유일적 사상체계 확립의 10대원칙]을 39년 만에 새롭게 바꾸었다. 여기에서 가장 중요한 것은 제10항의 "위대한 김일성동지께서 개척하시고 김일성동지와 김정일동지께서 이끌어오신 주체혁명위업, 선군혁명위업을 대를 이어 끝까지 계승 완성하여야 한다"이다. 이를 다시 다섯

---

47) 위의 책, p. 466.
48) 위의 책, pp. 473-477.

으로 나누어 설명하고 있는데, ① 사업의 심화와 대를 이어 지속, ②
백두혈통의 순결성 고수, ③ 저해 현상과 요소에 견결히 투쟁, ④ 당
의 유일적 영도에 끝없이 충실, ⑤ 당중앙을 목숨으로 사수하며 생사
운명 같이함이다. 결국 당의 유일영도체계는 김정은 영도체계를 확립
하는 것으로 김일성-김정일-김정은의 이어지는 백두혈통을 고수하면
서, 전인민은 그의 유일적 영도에 끝없는 충성을 다하고 목숨으로 사
수해 나가는 것이라고 볼 수 있다.49)

　이는 결국 사회의 발전방향을 결정하는 정치적 의사형성 및 결정과
정에서의 '인민대중의 배제'이다. 실제상으로 북한은 수령의 영도를 통
해 인민대중을 정치적 의사형성과정으로부터 배제하게끔 구조화되어
있는 수령의 유일적 영도체계를 보장하고 있다. 이렇게 볼 때 왕조시
대의 국왕의 직위를 가지고 역할을 수행하는 것이 북한의 수령인 것
이다. 또한 왕권도 세습되는 것처럼 수령도 세습된다는 것이다.

　인민들의 활동은 '인민의 자애로운 어버이'이신 수령의 영도에서 집
중적으로 표현되고, 한 나라의 권위는 수령의 권위에 달렸고 한 민족
의 위대성도 수령의 위대성에 달려있는 것이다. 김일성의 생일을 태양
절이라 하고, '김정일 장군님은 21세기의 위대한 태양'이라고 칭송하고
있다. 그리하여 죽은 김정일의 영정을 '태양상'이라 하였다. 이제 북한
은 그들이 말하는 '민족의 태양', '민족의 어버이'를 잃은 역사를 되풀
이하면서, 또 다른 수령을 내세우고 있다.50) 북한에서는 '위대한 김일
성 조국, 김정일 장군나라'와 '김정은 동지따라 만방에 빛내이자'라는

49) 김창희, "김정은 유일영도체계 확립과정과 함의," 『한국동북아논총』 제19집 제3호, 한
　국동북아학회, 2014, p. 185.
50) 헌법 전문에는 "위대한 수령김일성동지와 위대한 령도자 김정일동지는 민족의 태양이
　시며 조국 통일의 구성이시다"라고 하여, 죽은 지도자들을 '민족의 태양'으로 표현하고
　있다.

구호를 사용하고 있다.

북한에서는 수령의 위업을 계승해가는 영도자는 수령과의 관계에서는 후계자이지만, 인민들과의 관계에서는 수령의 지위와 역할을 그대로 이어 받은 지도자라 한다. 그러므로 일심단결을 대를 이어 강화해 나가야 한다. 즉, '위대한 대원수님들을 영원한 수령으로 높이 받들어 모시고, 이를 완벽하게 체현하고 있는 수령 김정은 동지'를 충직하게 받들어 나가야 한다는 것이다.

이렇게 볼 때 북한의 정치문화는 최고 뇌수인 수령을 인민들이 혼연일체가 되어 옹위하며, 수령의 영도에 의해서만 인민들이 역사적 사명을 수행할 수 있는 수령절대의 유일영도문화인 것이다.

제 **2** 장

헌법의 변화와 정치과정

리진규의 저서 『주체의 정치론』 '정권과 정치조직' 편에서 "정치조직이란 일정한 지휘권과 지휘체계를 가지고 정치적으로 움직이는 사람들의 조직체이다. 정치조직은 정치의 기본수단이다. 이러한 수단 없이는 정치를 할 수 없다. 오늘날 정치조직으로서는 중요하게 국가, 정당, 사회단체와 같은 것을 들 수 있다"[1]고 말한다. 이러한 정치조직에 대하여 포괄적으로 규정하고 있는 것이 헌법이다. 북한은 당-국가체계이기 때문에 헌법에도 "조선민주주의인민공화국은 조선로동당의 령도밑에 모든 활동을 진행한다"로 되어 있다. 여기에서는 헌법이 제정되고 개정되면서 권력구조와 정치과정은 어떻게 변화되었고 작동되었는가를 살펴본다.

Ⅰ. 북한의 헌법 제정과 주석제로 개정

1. 헌법의 제정과 개정

북한에서는 1948년 8월 25일 총선거를 실시하였다. 그리고 9월 2일부터 10일간 평양에서 최고인민회의 제1차 회의를 개최하여 헌법초안을 심의한 후 수정을 가하였고, 9월 8일에는 이 수정안을 '조선민주주의인민공화국헌법'으로 채택하였다. 헌법이 채택되자 최고인민회의는 김일성을 수상으로 임명하고 그에게 내각의 조직을 위임하였다. 최고인민회의 제1차회의에서 김일성이 제출한 내각구성안을 만장일치로 승인하였고, 9월 9일에는 '조선민주주의인민공화국' 수립을 선포하였다.

이 헌법은 전문과 10장 104조로 구성되었는데, 1936년의 구소련

---

1) 리진규, 「주체의 정치론」, 동경: 구월서방, 1988, p, 183.

헌법을 모방하여 당시의 소련과 유사한 권력구조를 갖추었다. 1948년
의 제정헌법을 보면 제1조는 "우리나라는 조선민주주의인민공화국이
다"이다. 최고주권기관은 최고인민회의와 최고인민회의 상임위원회로
구성하였다. 제32조 "최고인민회의는 조선민주주의인민공화국의 최고
주권기관이다"로 되어 있고, 다른 조항에서는 입법권의 행사와 공민들
의 투표에 의하여 선출한다. 최고인민회의의 권한은 헌법의 승인, 최
고인민회의 상임위원회선거, 내각조직, 법령채택, 경제계획승인, 예산승
인, 대사권 행사, 최고재판소 선거, 검사총장임명 등이다. 최고인민회
의 상임위원회는 최고인민회의 휴회 중 최고주권기관으로 되어있는데,
최고인민회의가 열리는 기간은 연중 몇 일에 불과해 실질적으로 거의
모든 권한을 행사하였다.

최고인민회의와 최고인민회의 상임위원회 외에 '국가중앙집행기관'
으로 헌법 제52조는 "내각은 국가주권의 최고집행기관이다"하였다. 내
각은 수상과 부수상, 국가계획위원회위원장과 민족보위상을 비롯한 17
개 상(相)으로 구성하였는데, 수상은 '조선민주주의인민공화국 정부의
수석'이라 규정하고 있다. 1차 내각은 수상 김일성, 부수상은 박헌영
(외무상 겸직), 김책(산업상 겸직), 홍명희 3인 그리고 정준택(국가계획위
원장), 최용건(민족보위상), 최창익(재정상), 주영하(교통상) 등으로 구성
되었다. 그 후 내각의 변화는 자주 있었고, 김일성은 자기에게 충성스
러운 사람들로 내각을 채우면서 그렇지 않은 사람들을 제거해 나갔다.

1948년의 제헌 헌법은 1954년 4월 제1차 개정에서부터 1962년 10
월 제5차 개정까지 다섯 차례에 걸쳐 부분적으로 수정되었다. 개략적
으로 살펴보면 제1차는 제37조 8항의 '도·시·군·면·리'의 행정구
역을 '도·시·군·리(읍 및 구)'로 변경하고 면을 폐지하였다. 1954년
10월 2차 개정에서는 지방행정기관의 의결기관으로 '인민회의'와 집행

기관으로 '인민위원회'를 설치하고, 대의원의 임기를 3년에서 4년으로 하였다. 1955년 3차 개정은 각급 지방행정기관의 권한 변경과 최고인민회의 상임위원회 구성조항 및 내각구성조항의 변경이었다. 1956년 11월 4차에서는 종전에 20세였던 선거권을 18세로 낮췄다. 1962년 10월에는 대의원 1인 선출을 인구 5만에서 3만 명으로 하는 개정이 있었다.

2. 조선민주주의인민공화국 사회주의 헌법

1) 김일성의 사회주의 헌법에서 주석

1972년 12월 27일에 북한의 최고인민회의 제5기 1차 회의는 새로운 사회주의 헌법을 채택하였다. 전문이 없어지고 전11장 149조로 구성된 헌법의 내용은 사회주의국가, 사회주의 체제, 주체사상, 민주주의 중앙집권제원리, 프롤레타리아 독재, 계급노선과 군중노선, 집단주의 원칙 등이 명기되었다.[2] 이 헌법에서는 김일성에게 절대적 권력을 부여하는 주석제를 신설하여 김일성의 유일적 영도를 합법화했다. 또한 국가최고기관으로 중앙인민위원회를 신설하여 권력구조를 수직적으로 재편하였다.

헌법 제1조에 "조선민주주의인민공화국은 전체 조선을 대표하는 자주적인 사회주의 국가이다"라 하여 사회주의를 명시하였다. 제4조 "조선민주주의 공화국은 맑스-레닌주의를 우리나라 현실에 창조적으로

---

2) 헌법은 이외에도 청산리 정신과 방법, 천리마 운동, 계획경제, 세금철폐 등을 규정하고 있어, 사회수의 혁명과 사회주의 건설에 이룩된 성과를 법적으로 총화하였고 사회주의 제도의 본질과 우월성 그리고 발전의 필수적 요구를 법적으로 반영하였다. 김동한, "북한의 법",『북한의 정치 2』, 서울: 경인문화사, 2006, pp. 215-216. 그밖에 1972년 헌법은 선거권을 18세에서 17세로 낮추었다. 또한 종전의 헌법에서 "조선민주주의인민공화국의 수부는 서울시다"에서, 제149조에 "조선민주주의인민공화국의 수도는 평양이다"로 규정하였다.

적용한 조선로동당의 주체사상을 자기활동의 지도적 지침으로 삼는다"
하여 주체사상을 통치이념으로 내세웠다. 제9조 "조선민주주의인민공
화국에서 모든 국가 기관들은 민주주의 중앙집중원칙에 의하여 조직되
고 운영된다"는 내용을 통해 국가기관들의 정치방식을 규정하고 있다.
제10조 "조선민주주의인민공화국은 프로레타리아 독재를 실시하며 계
급로선과 군중로선을 관철한다"고 하였고, 제49조는 "조선민주주의인
민공화국에서 공민의 권리와 의무는 '하나는 전체를 위하여 전체는 하
나를 위하여' 집단주의 원칙에 기초한다"고 되어 있다. 이 책의 제1장
에서 설명한 사회주의체제나 가치관 또는 정치방식 등은 바로 1972년
헌법에서부터 규정된 것을 중심으로 설명하고 있는 것이고, 그 기본적
인 것은 현재까지 이어지고 있다.

　'국가주석'직은 1972년 12월 27일 최고인민회의 제1차 회의에서 사
회주의헌법을 채택하면서, 김일성 유일 지배체제의 제도적 장치를 마
련하고 효율적인 통제를 위하여 신설되었다. 헌법 제89조에서 "조선민
주주의인민공화국 주석은 국가의 수반이며 조선민주주의인민공화국을
대표한다"라고 명기함으로써 명실공히 최고의 위치를 나타내고 있다.
주석은 형식적으로 최고인민회의에서 선출되지만, 주석은 연임금지조
항 없이 최고인민회의의 임기와 같이 5년 임기로 하였다. 주석은 국가
원수인 동시에 전군의 최고사령관이었고 국방위원회 위원장이었다. 그
리고 주석인 김일성은 법령공포권, 특사권, 조약의 비준 및 폐기권을
가졌다. 그러므로 이 헌법을 일명 '주석제 헌법'이라고 부른다.

　김일성은 이전의 헌법에서는 내각의 수상이었다. 같은 인물이 수상
에서 주석으로 자리를 옮겼지만, 그 위상은 비교가 되지 않을 정도였
다. 이 헌법에서 공화국 주석은 단순히 상징적이고 의례적인 수준의
국가원수가 아니었다. 주석은 북한을 대외적으로 대표하는 국가원수이

며, 국가주권을 대표하고 정치권력의 유일한 구심점이었다. 이는 뒤에서 언급할 중앙인민위원회 위원장 자리를 겸한 것에서도 알 수 있다.

2) 중앙인민위원회의 권한 강화와 내각

중앙인민위원회는 구 헌법상의 최고인민회의 상임위원회와 내각 및 당의 일부기능을 통합한 합의제기관으로서 1972년 사회주의 헌법에 의거 형식적으로 국가주권의 최고지도기관이 되었다. 중앙인민위원회는 국가주석과 함께 신설된 기관으로 로동당의 핵심간부들인 중앙위원회 정치국 위원 및 비서국 비서들과 정무원의 고위간부로 구성되어 있다는 점에서 볼 때 '당·정 협의체'의 성격을 지니고 있었다.

중앙인민위원회는 주석이 수위이며, 부주석, 중앙인민위원회 서기장, 위원들로 구성되었다. 또한 당의 권력핵심체인 당정치국위원의 대부분이 중앙인민위원회 위원을 겸하였다. 중앙인민위원회는 헌법상 국가의 대내외적 정책수립, 헌법을 비롯한 각종 명령·지시·결정 등의 집행 상황 감독 및 그에 위반된 국가기관의 결정·지시 폐기, 행정구역 개편 등 다양한 임무와 권한이 부여되었다. 이같이 중앙인민위원회는 대내외적인 국가정책을 수립하고, 국가안보를 확립하며, 정무원 성원, 외교관과 중요군사간부 임명·해임 등 과거의 내각과 최고인민회의 상임위원회 기능을 수행했다. 중앙재판소와 중앙검찰소도 중앙인민위원회의 지도하에 들어가게 되었다.

중앙인민위원회 산하에 신설된 중요한 기관이 국방위원회였다. 국방위원회는 1990년 5월 최고인민회의 제9기 1차회의에서 확대·개편되었다가, 후술하는 바와 같이 1992년 개정헌법에서는 독립된 국가기관이 되었다. 그리하여 상급기관인 중앙인민위원회보다 상위에 위치하여 주석 바로 다음 기관으로 격상되었다.

중앙인민위원회의가 신설되고 권한이 커지면서 내각은 정무원으로 명칭을 바꾸었다. 정무원은 실제적으로 과거의 내각이 가지고 있던 광범위한 정책결정 및 집행권 중에서 오직 행정적 집행권만 가지는 기구로 축소되었다. 주석의 권한이 커지면서 최고인민회의 상임위원회는 상설회의로 축소되면서, 최고인민회의 의장이 겸임하는 상무기관이 되었다.

3) 당에서 국가로 권력이전과 김정일 관리

헌법 개정으로 인한 가장 큰 변화는 공산주의 이데올로기가 김일성의 정치사상으로 대치되고 그의 혁명전통이 북한의 전통으로 확립되었다는 것이다. 주석과 중앙인민위원회가 설치되어 두 중앙조직이 효과적으로 정부의 기능을 수행하였으므로, 당정치위원회와 중앙위원회의 정치적 영향력을 약화시켰다. 김일성은 당총비서의 지위도 계속 유지했다. 처음에는 당중앙위원회 정치위원회 모든 위원들이 동시에 중앙인민위원회 위원으로 선출되었기 때문에 당에서 국가로 권력의 중심이 옮겨졌다고 할 수 없었다. 그러나 당의 정책결정 기능들은 대부분 중앙인민위원회에 의하여 수행되었다. 시간이 지남에 따라 당중위원회의 전원회의 개최가 눈에 띠게 줄었고, 1976년에는 한차례밖에 열리지 않았다.3)

김일성은 신헌법의 제정으로 권력의 중심을 당에서 정부로 이전하고, 당의 운영은 자신의 치밀한 감독 하에 아들 김정일에게 맡겼다. 신헌법과 더불어 권력구조의 개편으로 김일성의 유일체제를 확고히 다졌고, 김정일 후계체제의 준비도 진행시키게 되었다. 김정일은 1973년 9월 당중앙위원회 제5기 7차 전원회의에서 당비서로 선출되고, 1974

---

3) 서대숙 저, 서주석 역, 『북한의 지도자 김일성』, 서울: 청계연구소, 1989. pp. 236-238.

년 2월 제8차 전원회의에서 당중위원회 정치위원으로 선출되었다. 김
정일은 '당중앙'이라는 호칭으로 불리기 시작했다. 실제로 당의 인사권,
감찰권과 사상사업이 그의 수중에 있었다. '당중앙'과 '대를 이어'라는
말을 로동신문에서 사용하여 간접적으로 암시를 하였으나, 김일성의
후계자로 김정일이 대외적으로 선포된 것은 아니었다. 그가 김일성의
후계자로서 명실상부한 2인자가 된 것은 1980년 10월 당 6차대회에서
였다.

김일성이 1973년부터 시작한 중요한 프로그램이 3대혁명 소조운동
이다. 이는 당과 국가의 높은 자리에서 명령만 할 것이 아니라, 공장,
기업소, 농장 등 직접 현지에 내려가 하는 사업으로 사상, 기술, 문화
3대혁명에 청년들의 새 기운을 동원해서 북한경제를 재생하려는 것이
었다. 김일성은 3대혁명 소조운동을 김정일에게 넘겨주었고, 이를 계
기로 이 운동은 건설·운수·과학·교육 등 모든 분야로 확대했다.
그는 3대혁명 소조사업을 독려하기 위해 한해에만 30차례 실무지도를
했고, 400여건의 친필과업을 주었다. 이렇게 김정일은 3대혁명 소조운
동을 지도하는 동안 1975년에 공화국 영웅 칭호를 얻었고, 후계 준비
작업이 끝날 무렵인 1979년 12월에는 아버지로부터 김일성 훈장 제1
호를 수여 받았다.4)

서대숙은 1980년대 북한을 "새로운 시대와 김일성의 준 은퇴"라는
표현으로 묘사하고 있다.5) 제7기 최고인민회의가 1982년 4월 소집되
고 김일성은 제1차 회의에서 4년 임기의 공화국 주석으로 재선출되었
다. 그의 지위에 도전하는 사람이 없기 때문에 이는 요식행위에 지나
지 않았다. 제7기 최고인민회의는 그의 70번째 생일을 기념하여 소집

---

4) 서대숙, 『북한의 지도자 김일성과 김정일』, 서울: 을유문화사, 2000, p. 194.
5) 서대숙 저, 서주석 역, 앞의 책, pp. 251-259.

되었고, 세계에서 가장 큰 기념물이라는 주체탑, 개선문, 김일성 경기장, 그밖에 다른 기념물들을 준공하여 큰 행사가 벌어졌다.6) 이 같은 것은 김정일의 주도하에 추진되었다. 김일성은 일흔번 째 생일 이후 중국, 소련 및 동유럽 국가를 한 달 동안 방문했다. 즉, 1982년 9월에는 중국은 방문했고 1984년 5월 말부터 6월 말까지 소련과 동유럽을 방문했다. 이렇게 장기간 국내를 비울 수 있던 것은 자신의 아들에 대한 믿음이었고, 동시에 김정일의 후견자로 위상을 말해주는 것이었다. 김일성은 절대권력을 행사하고 있었으나, 북한의 제3차 7개년 계획을 출발시킨 1987년 4월의 최고인민회의 제8기 제2차회의에서는 연설하지 않았다. 이러한 것들을 '새로운 시대가 열린 것이다'라고 서대숙은 표현한 것이다. 이 시기를 김일성 영도-김정일 관리시대라고 이야기하는데, 김일성은 외교문제 등만 직접 나서고 나머지는 김정일이 꾸려나간 것을 말한다.

3. 사회주의권 변화 대응과 1992년 헌법개정

1972년의 주석제 헌법은 1992년 4월 9일 최고인민회의 제9기 제3차 회의에서 수정되었다. 1992년 4월 헌법이 개정된 주요 이유는 20년이라는 시간 속의 변화하는 국제정세에 적응하는 것이었는데, 특히 동구 사회주의국가의 급변과 소련의 붕괴는 큰 영향을 미쳤다. 우리식 사회주의의 필승불패를 주장하면서, 자신들의 사회주의 완성이라는 것을 대내외에 선포하는 데에 의미가 있었다. 또한 로동당의 위상 강화와 김정일 후계체제의 구축도 연결되어 있었다.

종전 헌법 제4조의 "맑스-레닌주의를 우리 현실에 창조적으로 적용

---

6) 위의 책, p. 251.

한 조선로동당의 주체사상"을, "사람중심의 세계관이며 인민대중의 자주성을 실현하기 위한 혁명사상인 주체사상"으로 바꾸면서 마르크스-레닌주의를 삭제하였다. 그리고 헌법 제5조를 제9조로 옮겨 내용을 수정하였다. "전국적 범위에서 외세를 물리치고"와 "민주주의적 기초위에서" 대신에, "인민정권을 강화하고 사상, 기술, 문화의 3대혁명을 힘 있게 벌려"와 "자주, 평화, 민족대단결의 원칙에서"로 바꾸었다. 제10조는 "조선민주주의인민공화국은 프로레타리아 독재를 실시하며 계급로선과 군중로선을 관철한다"에서 프로레타리아 독재를 삭제하였다. 대신 "로동계급이 영도하는 로동동맹에 기초한 전체 인민의 사상적 통일에 의거"하고, "모든 성원들을 혁명화 로동계급화하여 온 사회를 동지적으로 결합된 하나의 집단으로 만든다"하였다. 제17조 "국가는 맑스-레닌주의와 프로레타리아 국제주의 원칙에서 사회주의나라들과 단결하고 제국주의를 반대하는"을 삭제하고, "국가는 자주성을 옹호하는"으로 대신하였다. 또한 대외개방정책을 구체화하여 외국과의 합영·합작 규정도 신설하였다. <애국가>를 명문화한 것도 이 헌법에서이다.

중요한 것은 종전의 헌법에 없던 제11조 "조선민주주의인민공화국은 조선로동당의 령도 밑에 모든 활동을 진행한다"를 넣어 당의 국가지도를 명시하였다는 점이다. 즉, 로동당에 모든 국가권력의 사상적 지도와 정책결정뿐만 아니라, 국가기관을 지도·감독하는 권한을 부여하였다. 이는 주석제 헌법이 권력이 국가기관에 집중되었던 것을 다시 당으로 돌려 당의 권한 강화를 의미하는 것이다. 이는 당을 관장하고 있던 김정일에게 힘을 실어주는 권력승계를 위한 포석이었다.

중앙인민위원회 산하에서 분리·확대·개편되었던 국방위원회가 헌법상 독립된 국가기구가 되었다. 헌법에서 국가기구의 제2절 주석과

제4절 중앙인민위원회와는 별도로 '제3절 조선민주주의인민공화국 국방위원회'가 신설되어 규정되고, 제111조 '국방위원회는 북한의 주권의 최고군사지도기관'이 되었다. 제112~117조까지 국방위원회의 조직과 권한 그리고 책임을 규정하고 있다. 국방위원회 위원장은 일체의 무력을 지휘 통솔하고, 그 사업은 최고인민회의 앞에 책임진다하여 주석으로부터 완전히 독립된 존재가 되었다. 이렇게 1992년 헌법이 개정으로 주석의 권한이 축소되고, 국방위원회의 권력 비중을 높이고 주석에게 부여되었던 국가의 일체 무력의 지휘, 통솔권은 국방위원회 위원장에게 이양하였다. 또한 종래 주석이 당연히 겸하던 최고사령관직을 삭제하여 주석이 아닌 사람이 최고사령관직을 겸할 수 있도록 하였다. 그리하여 그동안 주석이 아니면 오를 수 없었던 최고사령관에 오른 김정일에 대한 위헌 시비를 없앰으로써 그의 위치를 더욱 강화했다.

헌법 개정 후 김일성이 국방위원회 위원장, 김정일이 제1부위원장에 선출되었다. 헌법이 통과된 후 김일성이 1992년에 "김정일동지와 당중앙위원회의 두리에 굳게 단결하여 혁명의 대를 이어나갈" 준비가 완료되었음을 공헌한 것을 보면 이러한 제도개혁이 김정일의 권력승계를 마무리하기 위한 작업이었음을 알 수 있다.

이같이 국방위원회의 지위를 격상시키고, 국방위원장에게 무력에 대한 지위 통솔권을 부여한 것은 김정일 시대를 대비한 것이었다. 1993년 4월 최고인민회의 제9기 5차 회의에서 국방위원회 위원장으로 선출된 것은 이를 의미하는 것이었다. 김정일은 1991년 12월 24일 최고사령관직에 올랐고 1992년 4월 20일 원수 칭호를 부여받았다. 그리고 마침내 국방위원회 위원장에 오름으로써 군정권과 군령권을 포함하는 군통수권을 완전히 이양 받았다. 김일성은 그가 생존할 때까지 김정일에게 완전히 권력을 승계하지 않았지만, 군통수권만은 이양하여 김정

일이 권력을 안정적으로 승계할 수 있도록 대비한 것이다.7)

Ⅱ. 김정일 체제와 최고영도자 국방위원장

1. 1992년 헌법의 유지와 유훈통치

1) 김일성의 사망과 유훈통치

1994년 7월 8일 김일성이 사망하였다. 북한 당국은 사망 34시간 만인 7월 9일 특별방송을 통해 '의학적 결론서'를 첨부하고, "겹쌓이는 헌신적인 과로로 인하여 1994년 7월 7일 심한 심근 경색이 발생되고 심장쇼크가 합병되었다. 즉시 모든 치료를 한 후에도 불구하고 심장쇼크가 증악되어 1994년 7월 8일 2시 사망하시었다"고 보도했다.8)김일성 사망 후 김정일이 주석 자리에 오르리라는 일반적인 예견에도 불구하고, 김정은은 주석에 오르지 않은 채 3년을 보냈다. 그러면서 김정일은 새로운 권력형성의 기초로 '김일성 영생화' 작업을 진행하면서 유훈통치를 만들어 냈다. 그것은 김일성의 유훈을 받들어 김정일을 중심으로 단결하여야 체제도 유지하고 미래도 있다는 유훈통치를 하는 것이었다.9) 김정일은 자신의 취약한 정통성을 확보하기 위하여 죽은 수령의 권위를 최대한으로 활용하려는 전략을 펼쳐나갔다. 김정일을 받드는 것이 김일성에게 못다한 충성과 효성을 다하는 길이라는 점이

---

7) 김창희, 『김정일의 딜레마』, 서울: 인물과사상사, 2004, p. 69.

8) 위의 책, p. 70.

9) 북한에서는 "우리의 정치사상진지의 위력은 위대한 령도자를 중심으로 하는 일심단결에 있다. 우리는 김정일 동지의 두리에 단결하고 단결하고 또 단결할데 대한 어버이수령님의 유훈을 필생의 좌우명으로 삼고 우리당과 혁명대오의 통일단결을 눈동자와 같이 지켜야 한다"(『로동신문』 1996. 01. 01)고 주장하고 있다.

바로 유훈통치의 정치적 의도이며 사회적 효과였다. 이렇게 김정일이 주석의 자리에 오르지 않고 통치할 수 있던 것은 김일성 사망 이전부 터 국방위원회 위원장과 인민군 최고사령관 자리를 차지하고 있었기 때문에 가능한 것이었다.

김정일은 김일성 사망 100일이 되는 날 로동당 중앙위원회 담화 '위대한 수령님을 영원히 높이 모시고 수령님의 위업을 끝까지 완수하 자'를 통해 '수령님의 유훈을 꽃피우자'고 강조하였다. 즉, "위대한 수 령님의 심장은 비록 고동을 멈추었으나 수령님께서는 오늘도 우리 인 민들과 함께 계십니다. 수령님께서는 수령, 당, 대중의 혼연일체의 최 고 뇌수로서, 민족의 태양으로 영생하시고 계십니다. 수령님의 유훈의 뜻이 꽃펴나는 우리 조국의 부강번영 속에 수령님의 역사는 계속 흐 르고 있다고 말할 수 있습니다"라고 말한 것이다.

김일성 사망 이후 북한에서는 그를 "사회주의 조선의 시조이며 주 체의 태양", "조선민족은 김일성 민족이다", "조선은 김일성 국가이다" 라는 표현까지 써가며 추앙하였다. 김정일은 김일성 사후인 1994년 11월에 발표된 그의 공식 논문에서 북한의 사회주의가 가장 과학적이 라고 주장했다. 당시 북한의 매스컴은 김정일에 대한 충성을 강조하고 있으면서, 동시에 "김일성의 유훈을 받들어…하자"는 구호가 대부분을 차지하였다. 승계할 수 없는 김일성의 절대적인 카리스마적 지배를 김 정일이 유훈통치로써 대신하였다.

북한은 김일성 영도와 김정일 관리체제에서 김일성 사후에는 체제 를 지속하기 위하여 김일성의 유훈을 받들어야 한다며 유훈체제를 작 동시켰다. 현실적으로는 김정일 영도·관리체제로 가야했으나, 어찌 보면 아직은 준비가 덜 된 상태였다. 김일성이 비록 사망했지만 김일 성 수령에 대한 개인숭배를 더욱 높은 수준으로 끌어올리는 일은, 당시 상황에서 대단히 중요한 일이 아닐 수 없었다.

이와 같이 김일성의 사망에서 발생할 수 있는 인민들의 공허감을 김정일로 대체시키는 방법은 수령에 대한 추앙으로 가져가면서, 그의 유훈을 받들어 단결해서 김정일을 옹위해야 한다는 논리아래 진행되었다. 결국 김정일은 소위 '고난행군 시대'를 김일성의 유훈을 받들어야 한다는 논리로 극복해 나갔는데, 그러다 보니 김일성을 태양 등으로까지 비유하게 되었다. '민족의 태양'이라 부르던 김일성을 추모하고 추앙하여 그의 생일을 '태양절'이라고 개칭한 것도 이와 무관하지 않다.

2) 유훈통치 지속과 군부 포용

북한은 유훈통치를 지속하는 가운데 김정일 체제를 강화해 나가는데 역점을 두었다. 가장 필요한 것이 주민들의 사상적 이탈 등 체제동요를 최대한 억제하여 나가는 것이 급선무였다. 북한의 주민들에게는 수령의 공백에서 오는 심리적 공허감과 경제적 피폐에서 오는 불안감이 존재하였다. 김정일이 주석직에 오름으로써 형식적인 공백은 메울수 있었으나, 경제악화의 상황은 반전시킬 수가 없었다.

여기에서 유훈통치를 확실하게 가져갈 수 있도록 뒷받침 할 수 있던 것이 군부였다. 김일성 생존시부터 김정일은 최고사령관과 국방위원회위원장의 자리에 올라있었고, 김일성 사망이후 김정일의 가장 일반적인 호칭이 '장군님'이었다. 이렇게 유훈으로 이루어진 3년간 통치는 김정일이 혼란기에 책임을 직접 떠맡지 않고 실제적으로 통치하는효과를 거둘 수 있었고, 다른 한편으로 가부장적 국가라고 할 수 있는 북한의 상황에서 주민들이 볼 때 김정일은 죽은 부모에게도 효성을 다하는 그러한 지도자로 비춰졌던 것이다.

김정일은 유훈을 강조하며 인민들을 자신의 두리에 뭉치게 하여 난관을 헤쳐나가고자 하였지만, 권력을 유지하기 위해서는 군부의 뒷받침이 무엇보다도 중요했다. 김정일은 최고사령관으로서 군부를 완전히 장악하기 위해 인사권을 활용하였다. 1995년 10월 10일 당 창건 50주년을 맞아 단행한 인사에서 최광을 인민무력부장10)에 임명하는 등 군 장성 승진인사를 단행하였다. 1995년 2월 인민무력부장 오진우의 사망으로 인해 8개월간 공석이 된 인민무력부장 자리를 메우는 의미도 있었지만, 김정일에게는 군부 장악이 완전함을 과시하며 한편으로는 핵심세력인 군부를 끌어안기 위한 일환이었다. 김일성 사후에 단행된 대대적인 군부에 대한 인사는 김정일의 군부에 대한 포용이었다. 최광은 오진우와 함께 혁명 1세대로 군 경력이 전무한 김정일을 보좌하는 중요한 브레인 역할을 하였다. 그 주요 내용을 보면 총정치국장에는 조명록, 군 총참모장에 김영춘이 그리고 신설된 인민무력부 제1부부장에 김광진이 기용되었다. 이와 함께 승진인사도 단행하였다. 최광과 리을설을 차수에서 원수로 진급시키고, 대장이던 조명록, 리하일, 김영춘을 차수로 승진시켰다. 그리하여 북한에는 김정일을 비롯한 3명의 원수가 존재하였다. 김일성 생존시 오랫동안 총호위국장을 맡은 리을설에게 원수 칭호가 수여된 것은 당분간 급격한 세대교체가 어렵고 당분간 유훈통치의 지속을 말해주는 것이었다. 김일성의 사망으로 인하여 유훈통치를 하는 상황에서 김정일은 군을 자신의 정권을 지탱할 수 있는 마지막 보루라고 생각했다. 그는 군을 통해 체제안정을 유지하겠다는 생각을 하고 있었으며, 이를 위해서 군을 최우선시하는 정책을 펼쳐갔던 것이다.

---

10) 최광의 인민무력부장 기용은 오진우 사망 직후부터 유력하게 거론되었는데, 그는 김일성 사망 백일추모대회에서 군부대표로 추모사를 하였고 김정일 최고사령관 추대 3주년 기념보고대회(1994년 12월 23일)에서 전군의 충성을 다짐하였다. 최성, 『북한정치사』, 서울: 풀빛, 1997, p. 316.

북한에서는 김일성 사후 만 3년이 되는 1997년 7월에 김일성의 생일인 4월 15일을 태양절로 정하였다.[11) 북한에서는 수령 김일성의 3년상을 치룬 것은 수령에 대한 김정일의 충성과 인민들의 충성을 유도하는 작업이었다. 실제로 김정일은 김일성 사후 3년 3개월 후인 1997년 10월 8일 로동당 총비서에 취임하였다. 국가주석직에 오르는 것과 관계없이 공식승계는 마무리 되었다. 그러나 유훈정치는 계속되었다. 1998년 2월 21일자 로동신문은 '민족주체의 단합된 힘으로 조국통일 이룩하자'라는 제목의 사설을 통해 "위대한 수령님의 생전의 뜻과 유훈대로 경애하는 김일성동지를 민족의 태양, 조국통일의 구성으로 높이 모시고 그이의 령도따라 조국통일위업을 앞당겨 이룩하려는 우리 인민, 우리 민족의 의지는 확고부동하다."하였고, 또한 3월 27일 로동신문의 제목에는 '김정일 장군님은 우리의 운명이시고 하늘이시다'라고 하고 있다. 로동신문은 김일성의 생일이 있는 4월 첫날의 사설 제목을 '크나 큰 민족적 긍지를 안고 태양절을 뜻깊게 맞이하자'로 뽑았다. 여기에서 "태양절을 맞으며 지금 우리 인민의 충효의 마음은 더욱 뜨겁게 불타오르고 있습니다. 이런 훌륭한 우리 인빈이 있어 위대한 수령님은 수령, 당, 대중의 혼연일체의 최고뇌수로서 영생하고 계시며 수령님의 역사는 계속 흐르고 있다"[12)고 하여 김일성은 영생하며 북한을 이끌고 있다는 점을 강조하였다.

결국 북한은 김정일을 김일성과 차별화보다는 오히려 일체성을 계속 강조함으로써 김일성 체제의 정통성을 보강하는 것이 김정일 체제에 도움이 된다고 판단했다. 전임자의 성치적 신념이라는 무조건 자극

---

11) 북한에서는 태양절을 "인류의 태양으로 높이 솟아오르신 위대한 수령 김일성동지의 탄생일인 4월 15일명절"이라고 한다. 『조선말대사전(증보판) 3』, 평양: 사회과학출판사, 2007, p. 407.

12) 『로동신문』 1998. 04. 01.

에다, 후계자의 존재라는 조건적 자극을 결부시킴으로써 전임자의 후광을 전이시키는 이론을 도입한 것이다.13) 이 이론의 가장 자리에는 유훈이 있고, 이것은 북한의 가부장적 국가의 성격 때문에 가능했던 것이다.

2. 권력구조의 변환과 1998년 헌법 체제

1) 1998년 헌법과 공식적인 김정일 체제

일반적으로 정치체제란 국가의 정치관계가 어떻게 구성되고 조직되어 운영되는가하는 방법과 수단을 말하는 것이다. 정치체제는 국가경영의 틀 또는 헌정운영 절차를 말하는 것으로 정권담당자의 이름을 붙여 누구 체제라는 말을 쓰지 않는다. 원래 체제와 정권은 다른 차원에서 설명되어야 한다. 이스튼(D. Easton)은 정치체계를 정치적 공동체, 체제, 정부로 분류하고 있다. 정치적 공동체는 대개 국가와 같은 뜻으로 쓰인다. 정치체제란 광의적으로는 국가를 경영하는 기본 틀이나 정부구조 혹은 권력배분 등에 관한 원칙과 규범을 의미하며, 협의로는 정부구조와 형태만을 의미한다. 정부는 노무현 정부, 이명박 정부, 박근혜 정부 등과 같이 어느 정당이 체제의 정책결정기구를 통제하느냐 그리고 어떤 정권담당자에 의하여 정책이 수행되느냐에 초점을 두고 있다. 그러므로 북한의 경우도 김정일 정권으로 표현하는 것이 옳다.

북한을 가리키는 정확한 국호는 조선민주주의인민공화국이고 체제는 사회주의체제에 김정일 정권이었을 것이다. 북한의 정치체제는 사회주의 국가의 보편적인 특성인 당을 중심으로 정치가 조직되는 특성

---

13) 오일환·정순원 지음, 『김정일시대의 북한정치경제』, 서울: 을유문화사, 1999, p. 67.

과 고유 특성인 유일지배라는 구조적 특징을 가지고 있다. 김일성이 생존해 있을 때, 즉 1972년의 헌법에서는 주석에게 모든 권력이 집중되어 있는 주석제라고 할 수 있었다. 그러나 김일성 사망 후 4년이 지난 후 1998년 9월 5일 헌법이 개정되었는데, 이때부터 북한만의 특이한 정치체제를 가지게 되었다.

김정일 체제인 1998년 헌법구조는 어떠했는가? 강성대국을 내세우며 공식적인 김정일 체제가 출범하였지만, 아직도 북한은 김일성에 집착하는 모습을 보여주었다. 1992년에 없었던 헌법의 서문이 만들어졌고 여기에 처음부터 끝까지 김일성의 위대성을 합창하였고 칭송으로 가득 채웠다. 서문은 "조선민주주의인민공화국은 위대한 수령 김일성동지의 사상과 영도를 구현한 불패의 사회주의 조국이다. 위대한 수령 김일성동지는 조선민주주의인민공화국의 창건자이시며 사회주의 조선의 시조이시다"로 시작하여, 김일성을 '공화국의 영원한 주석'으로 모신다 하면서 "조선민주주의인민공화국 사회주의 헌법은 위대한 수령 김일성동지의 주체적인 국가건설사상과 국가건설업적을 법화한 김일성 헌법이다"로 끝내고 있다.

이렇게 김일성을 영원한 주석으로 모신다고 해놓고, 그동안 정치권력을 집중시켜 놓았던 주석과 중앙인민위원회를 없애버렸다. 그리고 헌법은 최고인민회의 상임위원회, 국방위원회, 내각이 균점하는 형식으로 설계되었다. 모든 권력을 김정일에게 집중할 수도 있었지만, 당시의 상황에서 이렇게 하는 것은 그에게 큰 부담이었다. 김정일은 국방위원회의 위원장에 재추대되는 것으로 마무리 지었다. 국방위원회 위원장은 일체의 무력과 국방사업 전반을 지휘 통솔하며, 국방사업 전반을 지도하는 직책이지만, 실질상으로는 '나라의 정치·경제·군사 역량의 총체를 통솔 지휘하는 국가 최고 직책'으로 자리 매김할 수 있었기 때문이다. 1998년 9월 5일 최고인민회의 제10기 1차 회의에서 최고인민회의 상임위원장인 김영남의 다음과 같은 추대연설을 통해서 알 수 있다. 즉, "국방위원장의 중임은 나라의 정치, 군사, 경제 력량의 총체를 통솔지휘하여 사회주의 조국의 국가체계와 인민의 운명을 수호하며 나라의 방위력과 전반적 국력을 강화 발전시키는 사업을 조직령도하는 국가의 최고직책이며 우리 조국의 영예와 민족의 존엄을 상징하고 대표하는 성스러운 중책"이라고 했다. 결국 이렇게 실질적으로 북한 최고영도자였던 국방위원장은 뒤에서 설명할 2009년 헌법개정으로 완전히 법제화되어 국방위원장 중심제인 김정일 체제가 완성되었다.

2) 최고인민회의 · 최고인민회의 상임위원회와 내각

김일성이 사망하자 김정일은 기존의 헌법에 의하여 주석에 오르리라는 것이 일반적인 추측이었으나 그것은 빗나갔다. 고난의 행군과 유훈통치라는 방식으로 4년 동안 북한을 이끌어가면서 김정일은 군사국가화의 경향을 제도화로 굳히는 작업을 진행 시켰다. 그리고 다른 나라에서는 볼 수 없는 특이한 권력구조를 가진 김정일 체제를 출범시켰다.

상술한 바와 같이 김일성 헌법이라고 명명14)된 사회주의 헌법에서 국가기구를 보면 최고인민회의는 국가의 최고 주권기관으로 되어있다. 최고인민회의는 헌법과 법률의 수정 · 보충, 대내외정책결정, 그리고 국가 주요 직책에 대한 선거 · 소환 및 예산심의 · 조약 비준과 폐기 등 국가의 주요사항을 결정하고 처리하는 기관이다. 북한 최고인민회의는 헌법 제87조에 의거 최고주권기관임과 동시에 유일한 입법기관

---

14) 북한의 헌법 서문에 "조선민주주의인민공화국 사회주의 헌법은 위대한 수령 김일성동지의 주체적인 국가건설사상과 국가건설업적을 법화한 김일성헌법이다"라고 제시하고 있다.

으로 규정되어 있다. 따라서 최고인민회의는 국가기구에 있어서 최고 기관으로서의 지위를 가지며 입법권 이외에도 국방위원장, 최고인민회 의 상임위원장, 내각 총리의 선거와 소환, 국가예산의 승인, 중앙재판 소장의 선거와 소환, 중앙검찰소장의 임명과 해임 등의 권한을 가지고 있다.

그러나 이러한 국가 최고주권기관의 책임자인 최고인민회의 의장은 어떠한 권한을 가지고 있는가? 헌법 제94조는 "최고인민회의는 의장 과 부의장을 선거한다. 의장은 회의를 사회한다"고 하여, 의장은 최고 인민회의 부여된 회의를 진행시키는 자에 불과하다. 그러므로 최고인 민회의 상임위원회가 최고주권기관이라 할 수 있다. 상임위원회는 입 법권을 행사할 수 있으며 다른 나라와 맺은 조약을 비준 또는 폐기하 고, 다른 나라에 주재하는 외교대표의 임명 소환, 대사권을 행사하도 록 되었다. 특히 최고인민회의 상임위원회 위원장은 국가를 대표하며 다른 나라 사신의 신임장과 소환장을 접수한다고 되어있다. 주석이 헌 법에서 사라지면서 그동안 주석이 가지고 있던 많은 권한이 상임위원 장으로 이양된 것이다. 종전의 헌법에서 북한의 명실상부한 최고권력자 는 주석이었다. 주석은 "국가의 수반이며 조선민주주의인민공화국을 대 표한다"[15]고 되어있었고, 전군 최고사령관이었고 국방위원회 위원장으 로 법령 공포권·특사권·조약 비준 및 폐기권을 가지고 있었다.

그러므로 헌법상으로만 보면 상임위원장이 국가원수인 셈이었다. 정 말로 북한에서 국가를 대표하고 책임지는 최고 권력자는 상임위원장인 가? 1998년부터 김영남은 상임위원장 자리에 앉아 있지만, 그는 실제 로 최고 권력자가 아니다. 또한 헌법 개정으로 종전의 '행정적 집행기

---

15) 1992년의 헌법 제105조는 "조선민주주의인민공화국 주석은 국가의 수반이며 조선민주 주의인민공화국을 대표한다"고 되어 있었다.

관'에 더하여, '전반적 국가관리기관'으로 내각이 부활하면서 총리는 주석이 가졌던 일부의 권한을 가지게 되었다. 헌법 개정으로 인하여 정무원은 내각으로 다시 개칭되면서 종전의 주석과 중앙인민위원회 기능인 전반적 국가관리를 내각이 맡게 되었다. 또한 내각총리는 "조선민주주의인민공화국 정부를 대표한다"고 헌법에 규정되어 있어, 종전 주석의 대표 권한을 위임한 것으로 보인다. 내각은 최고인민회의와 동일한 임기의 총리, 부총리, 위원장과 종전의 부(部)가 성(省)으로 바뀌며 상(相)으로 구성되었다.

3. 권력분립과정과 국방위원장

북한에서도 주석의 권한 이양 문제에 대하여 고민한 흔적이 보였다. 그래서 국방위원장이 국가와 인민을 대표하는 조항을 신설하려고도 했으나, 김정일이 당과 군대의 중요성을 강조하면서 현재의 헌법 조항대로 가져갔다는 것이다.16) 북한만이 가지는 특이한 국가기구는 국방위원회이다. 상술한 바와 같이 1998년 헌법에서 국방위원회는 법적 지위와 권한이 확대되었는데, '국가주권의 최고군사지도기관'에서 이에 더하여 '전반적 국방관리기관'이 되었다. 김정일은 1993년 4월 최고인민회의에서 국방위원장에 선출되었고, 그후에도 계속 재선출되었다.17) 당시 헌법에서 국방위원장의 권한에 국가 대표권을 부여하지 않았지만, 국방위원장은 북한의 최고의 직책이었다. 그러므로 종전의 주석이

---

16) 헌법 조항에 대하여 담당자가 김정일 위원장에게 '종전의 국가 주석의 권능 중에서 국가주권에 대한 대표권, 인민정권에 대한 전반적 지도권을 비롯하여 중요한 내용들을 국방위원장의 권한에 포함'시키는 것에 대하여 보고했는데, '지금대로 하는게 좋다고 하면서 <나는 수령님의 교시대로 당과 군대를 가지고 혁명을 령도하려고 합니다>'라 하였다 한다. 오현철, 『선군과 민족의 운명』, 평양: 평양출판사, 2007, p. 140.
17) 국방위원회에는 위원장과 제1부위원장, 부위원장, 위원들로 구성하고, 임기는 최고인민회의의 5년 임기와 같다. 최고인민회의에서 국방위원장을 선거하도록 되어있었다.

없어진 상황에서 고민은 최고인민회의 상임위원회와의 순서 문제였다.18) 최고인민회의의 상임위원회이기 때문에 당연히 최고인민회의 조항 다음에 상임위원회를 기술하는 것은 당연한 것이었다. 헌법 수정 초안에도 제6장 국가기구부분의 제1절이 '최고인민회의와 상임위원회'로 되어있었다고 한다. 북한의 헌법학자들은 이 문제를 고민했는데, 그 고민을 김정일 위원장이 풀어주었다는 것이다. 김위원장이 '최고인민회의와 상임위원회를 분리해서 제1절을 최고인민회의로 하고 제2절을 국방위원회, 제3절을 최고인민회의 상임위원회'로 하도록 해결해 주었다는 것이다.19)

새로운 국가기구체계에서 김정일의 최고 위상을 보증하는 것이 국방위원장이며, 이에 따라서 국방위원장을 국가수반으로 규정하면서 선군정치 방식을 가장 추켜세웠다고 볼 수 있다.20) 국가의 정치체제를 국방위원회를 중추로 하는 정치체제로 발전시킨 것이다.21) 후술하겠지만 2009년 개정헌법에서는 이를 확실하게 하고 있다. 헌법에서 11년간 "국가주권의 최고군사지도기관이며 전반적 국방관리기관이다"라고 규정하고 있었는데, 여기에서 '최고군사지도기관'을 삭제하였다. 이것은 군사지도기관으로 한정할 수 있는 국방위원회의 권한 범위를 넓힌 것이다. 또한 국가기구 순서문제로 고민했던 것이 완전히 해결되었다. 최고인민회의 다음에 국방위원장이고 다음이 국방위원회이기 때문이다.

---

18) 1992년의 헌법에서는 최고인민회의 상설회의가 있었고 다음에 주석 그리고 국방위원회 순서로 가는 것이 오히려 정상적인 순서였다.
19) 오현철, 앞의 책, p. 141.
20) 이종석, 『새로 쓴 현대북한의 이해』, 서울: 역사비평사, 2000, p. 547.
21) 정영태, 『북한의 당·군·민 관계와 체제 안정성 평가』 연구총서 06-09, 통일연구원, 2006, p. 41.

Ⅲ. 선군정치와 헌법개정

1. 김정일 체제에서 선군정치

북한의 군사국가화 경향은 김정일 체제가 공식 출범한 1998년에 들어서서 하나의 제도로 굳어졌다. 오늘날 김정일 정치로 선전되고 있는 선군정치는 군 중시의 정치로서 "군대를 중시하고 그를 강화하는 데 선차적 힘을 넣는 정치"로 규정하고 있다.22)

1998년 제10기 최고인민회의 대의원 선거에서는 총 687명의 대의원 중 군인이 107명으로 제9기 때 62명에 비해 대폭 증가되었다. 실제로 북한의 경제활동에서 군의 역할은 중요하다. 군은 국가적 사업의 핵심단위이며 경제건설의 주력부대이다. 사회간접자본 건설에서 군의 역할은 일상화되어 있지만, 군은 농업·수출산업 등지에서 동원된 노동력의 역할을 하고 있다.23) 그러므로 북한에서는 군을 혁명의 기둥으로 내세우고 노동자와 농민을 비롯한 전체 인민들이 혁명적 군인정신으로 사회주의 건설을 밀고 나가도록 독려하고 있다. 이러한 선군정치는 "사회주의 정치방식으로 빛을 뿌리고 있다"고 자평하였다.24)

사회주의는 '인민대중의 자주성을 옹호하고 실현하기 위한 정치이념'으로서, 제국주의와 자본주의와의 투쟁 속에서 진행되어야 한다. 그러므로 사회주의에서 최고의 정치방식, 완성된 정치방식은 군력강화를 우선시하는 정치방식이 본질적으로 요구된다고 하였다.4) 군력중시의

---

22) 이종석, "김정일 시대: 노동당: 위상·조직·기능," 이종석·백학순, 『김정일시대의 당과 국가기구』 세종정책총서 2000-1, 세종연구소, p. 18.
23) 김연철, "최근 남북한 환경변화에 따른 북한의 대남정책 변화," 『통일경제』 40호, 현대경제연구원. 1998, p. 218.
24) 『로동신문』 2000. 01. 01.

정치방식은 1990년대 중반기 <김정일 시대>에 이르러 비로소 가장 과학적이고 혁명적인 사회주의 정치방식으로 출현했다는 것이다. 북한에서는 김정일이 김일성 사망 이후 첫 번째 현지지도를 간 곳이 군부대라는 점에 큰 의미를 부여하고 있다. 즉, "대국상 이후 첫 현지 시찰로 1995년 설날 아침 조선인민군의 어느 한 군부대를 찾으신 김정일 장군…정치적 결심과 의도가 비쳐진 역사적 행보였다"라 하고 있다.[25] 또한, "경애하는 장군님의 다박솔 초소 시찰로 인류정치사에 있어 본 적도 없고 아직은 세상 사람들이 그 이름조차 알 수 없는 김정일 장군님식 정치, 선군정치가 전면적으로 구현하게 되었으며 이름없는 다박솔 초소는 선군정치와 더불어 력사에 길이 빛나게 되었다"라 하고 있다.[26] 이렇게 북한에서 선군정치는 사회주의를 지키고 완수해 가기 위한 필연적인 것이며, 김정일이 창시했다고 한다. 북한에서는 선군정치의 발단은 미국을 비롯한 제국주의 세력의 압살정책에 관련있다고 하면서, 이를 막아내기 위한 생명선으로 제기되었다고 하였다. 김일성 사망 이후 소위 '고난의 행군'시기에 '미국의 강권과 침략전쟁'에 대처할 유일한 힘은 강력한 군력이고 새로운 정치방식의 출현을 요구했다는 것이다.[27]

북한에서는 "사회주의 헌법은 국방중시의 헌법으로 완성되었으며 나라의 국가기구체계는 선군정치실현을 국가기구적으로 담보하는 강위력한 국가기구체계로 될 수 있었다"[28]고 주장하였다. 이것은 1998년 헌법에서 국방위원회의 권한 강화를 의미하는 것이었다. 또한 국방위원장인 김정일이 헌법상 정치·군사·경제 역량을 총체적으로 관장하

---

25) 김철우, 『김정일장군의 선군정치』, 평양: 평양출판사, 2000, p. 16.
26) 오현철, 앞의 책, p. 115.
27) 김봉호, 『위대한 선군시대』, 평양: 평양출판사, 2004, pp. 3-5.
28) 오현철, 앞의 책, pp. 141-142.

여 통솔하는 지위와 권한을 가지고 있다는 것을 말해주는 것이었다.

또한 로동당 중앙위원회에는 군사위원회가 있어 "당의 군사정책을 관철하기 위한 대책을 토의 결정하며 인민군대를 비롯한 전체 무장력을 강화하고 군수생산을 발전시키기 위하여 사업을 조직지도하며 우리 나라 무력을 통솔한다"고 되어 있었다. 로동당 규약의 제7장은 "조선 인민군안의 당조직"으로, 인민군 각급 단위 안에 당조직을 두며 그를 망라하는 조선인민군당위원회를 조직하도록 되어 있다. 이러한 로동당을 대표하여 당중앙군사위원회를 총관리하는 것도 김정일이었다.

김정일은 이렇게 국방위원회 위원장과 로동당 총비서 그리고 당중 앙군사위원장으로 북한 전체를 통치하였다. 이는 일국의 대통령이 단순히 국가 최고 통치자로서 군 최고 통수권을 갖는 것과는 차원이 다른 훨씬 고양된 군사 및 국가 통치권을 행사하는 것이었다.[29] 국방위 원장의 직책을 국가의 최고 직책으로 하고 있고, 선군정치를 기본 정치방식으로 하는 체제가 바로 김정일 체제였다.

2. 선군정치와 선군정치이론

1) 선군정치의 등장배경과 체계화 과정

김일성 사망 후 소위 '유훈통치'를 하면서 김정일이 믿고 의지할 곳은 군부였다. 그렇기 때문에 상술한 바와 같이 김정일이 김일성 사망이후 새해 첫 날 현지지도로 택한 곳이 '다박솔 초소'라는 군부대였다. 이미 이때부터 선군정치라고 공포하지 않았을 따름이지, 선군정치가 구현되었다는 것이다. 김정일의 정치는 사회의 그 어느 부문보다도 군 사를 중시하는 군사선행의 정치이고, 사회의 어느 집단보다도 인민군

---

29) 정영태, 앞의 책, p. 42.

대에 의거하는 선군후로의 정치라는 것을 선언 없이 온 세상에 공포
했다고 북한 문헌들에서는 주장하고 있다.

1998년 5월 27일 평양방송 정론을 통해 언급된 선군정치는 김정일
체제의 지향점이 되었다.[30] 북한에서는 김정일이 "창조적 사색과 탐구
를 기울여 사회주의 헌법의 개정에 직접 간여하여 선군정치를 성과적
으로 실현할 수 있는 법적 담보와 국가기구 체계를 새롭게 마련했
다"[31]고 하는데, 이는 국방위원회의 권한 강화를 말하는 것이었다. 북
한에서는 "우리 당의 령도는 선군령도이고 우리 당의 정치는 선군정
치"라는 것을 1999년 초에 김정일이 내외에 천명하였다고 하고 있다.
그 후 2월 8일 인민군 지휘관들과의 자리에서 "선군정치는 나의 기본
정치방식이며 우리 혁명을 승리에로 이끌어 나갈 만능의 보검입니다"
라고 선언했다고 한다.[32] 그리고 김정일은 2001년 1월 3일 당중앙위
원회 책임일꾼과 같이한 자리에서 "오늘 우리나라에서 선군정치는 하
나의 체계화된 정치방식으로 완성되었습니다"라고 하면서, 선군정치노
선을 일관되게 강조하였다.[33]

김정일이 2001년 7월 5일 로동당 중앙위원회에서 한 "선군정치는
위력한 사회주의 정치방식"이라는 발언은 군대를 중심으로 사회주의를
이끌어가겠다는 것이었다. 북한의 "사회주의체제가 생겨 80여년이 세
월이 흘러오는 동안 지금까지 어느 나라에서도 선군정치와 같은 독특
한 정치방식은 없었다"[34]라고 주장하는 것은, 사회주의의 종주국인 소
련에도 없었던 선군정치의 창조성을 강조하는 대목이었다. 이는 "선군

---

30) 북한의 문헌에 선군정치라는 용어가 처음 나온 것은 1997년 12월 12일 로동신문으로
    단 한 차례 선군정치라는 용어가 사용되었다.
31) 오현철, 앞의 책, p. 139.
32) 『선군태양 김정일 장군 4』, 평양: 평양출판사, 2007, p. 22.
33) 위의 책, p. 21.
34) 오현철, 앞의 책, p. 139.

정치, 선군정치방식은 김정일 시대에 와서 처음으로 출현한 정치방식이다"35)라는 주장과 그 맥을 같이 한다.

북한은 "우리 당의 선군혁명로선은 단순히 오늘의 일시적인 난관을 극복하기 위한 전술적인 조치가 아니다. 선군정치는 주체혁명의 종국적 승리를 이룩할 때까지 계속 구현해 나갈 우리 당의 정치방식이다"36)라고 하여 선군정치의 지속성을 강조하였다. 그 뒤에 김정일은 담화를 통하여 선군정치의 당위성과 우수성을 강조하여 왔다.

2) 선군정치이론

북한이 강성대국건설을 주장하면서 내놓은 '사상중시, 총대중시'의 구체적인 실현을 위한 정치방식이 바로 선군정치이다. 북한에서 정치는 사회생활에 결정적 의의를 가지는 분야이고, 나라와 민족 사회주의의 운명과 전도는 정치에 달려있으며 정치의 위력은 정치방식에 의하여 좌우된다고 하고 있다.37) 그 정치방식이 바로 선군정치이다.

북한에서는 이러한 김정일의 발언들을 <선군정치이론>으로 체계화하였다. 선군정치이론은 선군정치의 본질과 지위, 선군정치의 기본요구, 선군영도체계로 구성되는데, 북한 문헌을 중심으로 살펴보면 다음과 같다.38)

첫째, 선군정치의 본질은 무엇보다도 군사를 제일 국사로 내세우는 정치방식이라는 것이다. 이것은 선군정치가 국가정치에서 군사를 기본으로 보고 군사력 강화에 힘을 집중하는 정치라는 것을 의미한다.39)

---

35) 김철우, 『김정일장군의 선군정치』, 평양: 평양출판사, 2000, p. 13.
36) 『로동신문』 2000. 04. 09.
37) 김동남, "위대한 령도자 김정일동지의 선군정치는 사회주의 경제강국건설의 결정적 담보," 『경제연구』 제2호(루계 제111호), 과학백과사전출판사, 2001, p. 6.
38) 『선군태양 김정일 장군 4』, pp. 22~30.
39) '김정일은 선군정치의 첫째 목적이 미국의 침략책동을 주동적으로 대처하고, 반제 반미

선군정치는 제국주의들과 맞서 자주권을 당당히 행사하는 철저한 반제 자주정치이다. 선군정치는 나라와 운명을 담보하는 반제자주정치이며 나라의 통일과 민족의 융성번영의 길을 열어나가는 참다운 애국, 애족, 애민의 정치라는 것이다. 북한이 선군정치를 내세운 가장 중요한 요인 은 군부와 군사력을 강화하여 체제를 유지하기 위한 것으로, 반제자주 정치가 여기에 해당한다는 것이다.

둘째, 선군정치의 실현의 기본요구는 다음과 같다. 혁명의 군대를 수령의 군대, 당의 군대로 건설하는 한편 정치사상적, 군사기술적으로 튼튼히 준비시키며 온 사회를 군사를 중시하는 사회적 기풍으로 세우 고 군사공업을 건설하는 등 혁명군대강화를 기본으로 틀어쥐고 나가야 한다. 혁명군대를 본보기로 하여 사상정신과 투쟁기풍에 기초한 군민 일치실현에 있다.[40] 사회주의를 굳건히 수호하고 사회주의를 건설하는 정치방식으로, 엄혹한 경제적 난관을 헤치고 높은 목표를 실현하는 유 일한 길이 선군에 있다. 혁명군대가 전반적인 사회주의 건설의 어렵고 힘든 전선을 맡아 돌파구를 열어 가는데 선구자 돌격대 역할을 수행 해야 한다는 것이다.

셋째, 선군정치의 영도체계는 선군정치를 실현하기 위한 당과 수령 의 영도체계이며, 최고사령관의 유일적 영도체계이다. 이렇게 주장하면 서 선군영도체계의 근간으로 하는 것이 선군사상이라고 북한의 신문, 방송, 문헌 등에서 합창하였다. 또한 이는 국방영도의 관리체계라는

대결에서 승리하는 것이라는 것'을 거듭 밝히고 있다고, 북한의 로동신문에서나 문헌에 서 강조하고 있다.
40) 김정일은 "군대는 곧 인민이고 국가이며 당이다"라 하여 선군정치는 군에만 해당하지 않는다는 것을 확산시켰다. 그리고 모두가 선군정치에 따라야 한다는 이유로 김정일이 내세운 이유는 다음과 같다. "군사를 중시하는 사회적 기풍을 세워야 합니다. 우리는 군사를 중시하는 사회적 기풍을 세워 전체 인민이 인민군대를 사랑하고 적극 원호하게 하여 전면무장화와 전국요새화를 철저하게 실현함으로써 그 어떤 적도 덤벼들 수 없게 우리나라를 고슴도치처럼 만들어야 한다". 『로동신문』 2000. 04. 24.

것이다. 국방중시의 관리체계는 군사선행의 원칙에서 국가사회생활을 조직하고 지휘하는 국가체계이며 관리체계라는 것이다. 이는 군대 자체가 정권을 위협하는 세력으로 변화하지 않도록 하기 위한 군통제정책 강화의 일환으로 이해될 수 있다.

이상의 북한에서 주장하는 선군정치이론과 이에 대한 분석을 토대로 선군정치가 가지는 기본 함의는 다음과 같이 정리할 수 있다. 즉, '반미제국주의군사전선', '군민일치사상 함양', '경제에서도 선군노선', '선군영도의 근간인 선군사상'으로 볼 수 있다.

북한에서는 이러한 의미를 가진 선군정치의 정통성 확보를 위해 주체사상과 연결시키는 작업을 하였다. 선군정치를 체계화하면서 그 뿌리는 주체사상에 두고 있다. 즉, "주체사상은 선군사상의 뿌리이다. 총대중시, 군사중시는 주체사상에 뿌리를 두고 있으며 군대는 당이고 국가이며 인민이라는 원리도 주체사상에 바탕을 두고 있다"[41]고 하여 선군정치의 정통성을 찾으려 하고 있다.[42] 또한 "위대한 수령님께서는 오래 전부터 경애하는 장군님께서 나라의 전반무력을 틀어쥐고 선군정치를 실현하실 수 있도록 필요한 모든 것을 다 마련해주셨다"[43]라고 하고 있다. 이를 볼 때 북한은 선군정치가 김일성의 업적과 경험을 기초로 하여 계승하고 현실적 조건에 맞는 독창적인 정치방식으로 발전시킨 것이라고 주장하고 있다.[44] 북한에서는 지속적으로 이러한 주장을 하고 있는데, 가장 대표적인 것은 '선군정치는 주체사상을 구현한 가장 위력한 정치방식'이라고 하는 것이었다.[45]

---

41) 신영남, "위대한 수령 김일성동지는 우리 당 선군정치의 기초를 마련하신 희세의 령장이시다,"『정치법률연구』제2호(루계 제10호), 과학백과사전출판사, 2005, p. 5.

42) 위의 글, p. 5.

43) 위의 글, p. 4.

44) 최대석·윤성식, "북한의 선군정치와 예방적 사회주의 보나파르티즘,"『북한연구학회보』제9권 1호, 북한연구학회, 2005, p. 60.

3. 선군정치 완성의 2009년 헌법 개정

2009년 4월 9일 헌법을 개정하였고 이어서 거행된 최고인민회의 제12기 1차 회의에서 김정일은 계속해서 국방위원장으로 추대되었다. 그러나 이번의 국방위원장의 자리는 종전과 달랐다. 종전의 헌법 조항이 166개조가 172개조로 늘어나 6개 조항이 신설되었는데, 이것이 전부 `국방위원장에 관한 것이다. 1998년 9월 5일 헌법에는 국방위원회 6개 조항만 있고, 여기에서 "조선민주주의인민공화국 국방위원회 위원장은 일체의 무력을 지휘 통솔하며 국방사업전방을 지도한다"고만 되어 있으며, 그 지도권한을 국방부문에만 한정하여 규정하고 있어, 형식상 국가원수는 최고인민회의 상임위원장이었다.

그러나 헌법 제6장 국가기구 편에서 '제2절 국방위원회 위원장'을 신설하여 국방위원회와 분리시키면서, 국방위원장의 국가 전 부문에 통치권을 규정하였다. 각 조항을 살펴보면 다음과 같다. 제100조는 "조선민주주의인민공화국 국방위원회 위원장은 조선민주주의인민공화국의 최고령도자이다"라며 국가의 통치권을 규정하고 있다. 제101조는 국방위원회 위원장의 임기에 대한 규정으로 최고인민회의의 임기와 동일하게 하고 있다. 제102조는 "조선민주주의인민공화국 국방위원회 위원장은 조선민주주의인민공화국 전반적무력의 최고사령관으로 되며 국가의 일체 무력을 지휘통솔한다"고 하였다. 제103조 임무와 권한에서는 '국가 전반사업 지도, 국방위원회사업지도, 국방부문 간부 임명·해임, 조약비준·폐기, 특사권 행사, 비상사태·전시상태·동원령 선포'

---

45) 선군정치는 시대의 요구에 맞게 주체의 사상과 이론, 영도방법과 영도예술을 새로이 높이 발전시키고 풍부화하여 전면적으로 구현하고 집대성한 정치방식이란 것이 북한의 주장이다. 『로동신문』 2008. 04. 18.

를 명시하고 있다. 제104조는 "조선민주주의인민공화국 국방위원회 위원장은 명령을 낸다"고 되어 있다. 제105조는 "조선민주주의인민공화국 국방위원회 위원장은 자기 사업에 대하여 최고인민회의 앞에 책임진다"고 되어있다. 이로써 명실상부하게 국방위원장이 북한의 최고통치자가 되었다.

이렇게 국방위원장을 '최고영도자'라 칭하고 통치권을 강화한 것은 선군정치의 완성을 의미하는 것이라고 볼 수 있다. 형식상이었지만 최고인민회의 상임위원장과 내각총리에 분산되었던 정치권력을 거두어들여 국방위원장에게 집중시켰다. 국방위원장이 국가의 전반적인 사업지도와 명령을 내리게 하였고, 군사에 관해서 인민군 최고사령관 직위를 부여하고 또한 비상사태·전시상태·동원령 선포권을 부여하였다. 군사를 국사의 제일로 내세우고 군력강화에 총력을 기울이는 군사 선행의 정치를 위해서 국방위원장이 이 모든 것을 총괄할 수 있게 규정하였다.

헌법 개정에서 또 하나 중요한 것은 그동안 통치이념인 주체사상에 병렬적으로 선군사상을 추가함으로써 선군사상을 공식화한 것이었다. 헌법 제3조는 "조선민주주의인민공화국은 사람중심의 세계관이며 인민대중의 자주성을 실현하기 위한 혁명사상인 주체사상, 선군사상을 자기 활동의 지도적 지침으로 삼는다"로 규정하고 있다. 선군사상이 공식화되면서 헌법조항의 내용에 주권자 표시된 '로동자, 농민, 근로인테리, 근로인민'에 군인을 새로이 포함시켰다. 사회주의의 위력한 정치방식이라던 선군정치를 실체에서 이념으로 격상시켜 선군사상으로 체계화하였고, 이를 헌법에 통치이념으로 명기한 것이었다.

Ⅳ. 김정은 체제 헌법

1. 김정일의 사망과 정치과정[46)]

김정일 체제를 완성하고 김정은 후계체제를 구축해가는 과정에서 김정일이 사망하였다. 북한 당국은 즉시 '김정은 영도체계'를 공식 선언하였다. 2011년 12월 17일에 북한의 최고영도자인 로동당 총비서 겸 국방위원장인 김정일이 사망하였다. 조선중앙통신은 "김정일동지께서 2011년 12월 17일 8시 30분에 현지지도의 길에서 급병으로 서거하시였다"고 발표하였다. 또한 '김정일 동지의 질병과 서거원인에 대한 의학적 결론서'라는 제목의 보도를 통하여, "겹쌓인 정신육체적 과로로 지난 17일 야전열차 안에서 중증급성 심근경색이 발생되고 심한 심장성 쇼크가 합병됐다", "발병 즉시 모든 구급치료 대책을 세웠으나 17일 오전 8시 30분에 서거했다"고 전했다. 사망 장소를 놓고 북한당국의 발표와 다르다는 주장도 있으나 그것은 큰 문제가 아니었다.

김정일의 사망 원인은 17년 전 김일성과 유사한 것이었다. 상술한 바와 같이 그 당시에도 김일성의 사망 원인이 '과로로 심한 심근 경색과 심장쇼크'였다. 김일성은 만 82살이었고, 김정일은 69살이었다. 김정일은 2008년 와병 이후 사진정치와 보도정치를 하다가, 그해 11월 왼쪽 팔과 손이 부자연스러웠지만 현지지도 등의 활동을 시작하였다.

김정일은 뇌혈관 계통의 이상에서 어느 정도 회복한 이후, 자신의 건재함을 인민들에게 보여주기 위해 의도적으로 왕성한 활동을 하였다. 김정일은 2010년 8월과 다음 해 5월 두 차례에 걸쳐 열차로 중국

---

46) 김창희,『북한정치와 김정은』, 파주: 법문사, 2012, pp. 22-24.

을 방문하였다. 2011년 5월 중국방문에서는 동북지방 창춘(長春)에서 장쑤(江蘇)성 양저우(揚州)까지 약 30시간을 쉬지 않고 열차로 달렸다. 김정일은 중국방문 일주일 동안 6천여km를 기차로 이동하며 '건강악화설'을 일축하려고 하였다. 또한 8월에는 열차로 러시아를 방문하여 중국을 경유하여 돌아오기도 하였다. 김정일의 마지막 공개활동은 12월 15일 평양에 있는 광복지구상업중심이라는 대형마트47)와 하나음악 정보센터 현지지도였다. 현지지도에는 김정은과 여동생인 김경희 당 경공업부장과 매제인 장성택 국방위원회 부위원장이 수행하였고, 최룡해 등의 당비서와 박봉주 등의 중앙위원회 위원들이 함께 하였다.

김정일은 자신이 주장했던 '강성대국건설'을 앞둔 시점에서 가장 중요한 것이 인민생활개선이라는 것을 보여주기 위해 경제분야 현지지도에 심혈을 기울었다. 2012년 '강성대국의 대문을 열어재낀다'고 해 놓았지만, 북한의 실정은 여기에 따라 주지 않았고 여기에 조급함이 더해졌던 것으로 판단된다. 2011년 중국과 러시아 방문의 주 목적이 두 나라로부터 경제적 지원을 얻는 데 있는 것도, 이와 같은 맥락으로 볼 수 있었다. 2008년 뇌경색으로 쓰러지기 직전에도 한 여름동안인 8월 2일부터 14차례에 걸쳐 군부대 등을 현지지도하였다. 8월 15일 이후에는 김정일의 현지지도가 보도되지 않다.48) 김정일은 2008년 와병 이후에도 그의 건재함을 과시하며 북한을 통치하였지만, 그가 지닌 질병과 무리한 현지지도에서 온 과로 그리고 과도한 스트레스를 이겨내지 못하였고 만 69세로 생을 마감하였다.

북한 당국이 사망보도를 통해 "주체혁명위업의 계승완성을 위하여

---

47) 이 대형마트는 김정일이 5월 중국 방문 때 대형할인마트를 방문한 이후 평양에도 이와 유사한 것을 설립할 것을 지시한 곳으로 알려졌다. 이 곳은 평양 제1·2백화점과 함께 북한의 3대 백화점으로 꼽혔던 '광복백화점'이 전신이다.

48) 통일연구원, 『김정일 현지지도 동향: 1994-2009』, 통일연구원, 2010, pp. 221-222.

한평생을 바쳐오시였으며 사회주의조국의 강성번영과 인민의 행복을 위하여, 나라의 통일과 세계의 자주화를 위하여 불철주야 정력적으로 활동하시던 우리의 위대한 김정일동지께서 너무도 갑자기, 너무도 애석하게 우리곁을 떠나시였다. 사회주의강성국가건설위업수행에서 전환적국면이 열리고 있으며 우리 혁명이 중첩되는 난관과 시련을 뚫고 승승장구하고 있는 력사적인 시기에 우리 당과 우리 인민의 위대한 령도자이신 김정일동지께서 뜻밖에 서거하신것은 우리 당과 혁명에 있어서 최대의 손실이며 우리 인민과 온 겨레의 가장 큰 슬픔이다"이라고 하였다. 이는 북한에서 김정일의 위대한 업적을 찬양하면서 인민들에게 애도를 같이 하자는 것이었다.

북한에서는 김정은을 필두로 232명의 국가장의위원회가 구성되었다. 장의위원회의 명단은 북한의 권력서열을 의미하는데 김정은에 이어 김영남 최고인민회의 상임위원장, 최영림 내각총리, 리영호 인민군 총참모장 순이었다. 북한 당국은 보도를 통하여 "오늘 우리 혁명의 진두에는 주체혁명위업의 위대한 계승자이시며 우리 당과 군대와 인민의 탁월한 령도자이신 김정은 동지께서 서계신다"고 하여, 북한의 김정은 체제를 기정사실화하였다.

2. 최고영도자, 최고사령관 김정은[49]

상술한 바와 같이 김일성 사후 김정일은 당시의 북한의 최고 직위인 주석에 오르지 않고, 인민군 최고사령관과 국방위원회 국방위원장으로서 북한을 통치하였다. 김정일 스스로 '수령님의 유훈'에 따른다는 유훈통치의 논리를 펴면서 3년을 지냈고, 1997년에야 총비서 그리고 1998

---

49) 김창희, 앞의 책, 2012, pp. 25-27.

년 공식적인 체제를 출범시켜 국방위원장에 올랐다. 김정은이 중심된 북한도 역시 김정일의 유훈을 강조하지 않을 수 없었다. 2010년 당대 표자회에서 김정은은 로동당 중앙군사위원회 부위원장에 올랐지만, 20여 년간 후계자로서 활동해 완전하게 권력기반을 굳혔던 김정일과는 비교가 되지 않기 때문에 그의 후광이 절대적으로 필요한 상황이었다.

북한 당국은 김정일의 사망보도를 하면서, 김정일의 유훈을 지켜야 한다는 내용을 포함시켰다. 즉, "위대한 령도자 김정일동지를 영원히 높이 우러러모시며 김정일동지의 유훈을 지켜 주체혁명, 선군혁명의 길에서 한치의 양보도, 한치의 드팀도 없을것이며 장군님의 불멸의 혁명업적을 견결히 옹호고수하고 천추만대에 빛내여나갈것이다"였다. 그후 북한은 12월 22일의 로동신문 사설 '위대한 김정일 동지는 우리 군대와 인민의 심장 속에 영생하실 것이다'를 통하여 김정은의 영도와 유훈통치를 언급하였다. 즉, "김정은 동지의 영도에 따라 난국을 이겨내며 더욱 억세게 투쟁해 나가야 한다"면서, "김정은 동지의 두리에 단결하고 단결하고 또 단결하며 영도를 충직하게 받들어 나가야 한다"고 말했고, "김정일 동지를 영원히 높이 우러러 모시며 김정일 동지의 유훈을 지켜 주체혁명, 선군혁명의 길을 꿋꿋이 걸어나가야 한다"고 밝혔다.50) 유훈통치의 핵심은 선군영도이고 선군정치에 기반을 두고 강성국가의 기조를 유지해 나가는 것이다.

김정일 국방위원장의 영결식에서 김정은과 북한 정치체제를 대표한다고 볼 수 있는 7인이 함께 등장하여 김정은 체제를 대내외적으로 선보였다. 김정은은 장례기간 북한의 언론 매체를 통해 '위대한 후계자', '영명한 지도자', '군최고사령관', '21세기의 태양' 등으로 호칭되었

---

50) 『로동신문』 2011. 12. 22.

다. 12월 29일 김일성 광장에서 십만여 군중이 운집한 가운데 김정일 위원장 추도대회가 열렸는데, 이것은 일종의 '김정은 추대대회'였다. 김영남 최고인민회의 상임위원장은 '김정일 위원장으로부터 이념과 성품, 혁명 정신들을 물려받은 존경하는 김정은 동지가 당과 군대와 인민의 최고영도자'라고 분명히 했다. 또한 후계문제를 성공적으로 해결한 것이 김정일의 가장 큰 업적이라고 하였다. 최고영도자의 언론호칭을 십 만여 인민들 앞에서 형식상의 국가원수인 김영남을 통하여 실제호칭으로 바꾼 것이었다.

북한의 로동당 중앙위원회 정치국 회의는 12월 30일 정치국 상무위원회 위원과 중앙위원회 정치국 위원·후보위원이 참가한 가운데 김정은을 '조선인민군 최고사령관'으로 추대하였다. 조선중앙통신에 따르면 최고사령관 선포는 '김정일 위원장의 10월 8일 유훈'[51])에 의한 것이라 하였다. 여기에서는 '위대한 영도자 김정일 동지의 유훈을 받들어 강성국가건설에서 일대 앙양을 일으킬 데 대하여'라는 결정서를 채택하였다. 이렇게 북한은 김정일의 유훈을 받들어 김정은을 최고영도자로 추대하는 데 속도를 냈고, 로동당 정치국을 통하여 제도적으로도 이를 실현하였다.

2012년 1월 12일 로동당 중앙위원회 정치국은 김정일 국방위원장의 생일을 '광명성절'로 제정한다고 발표했다. 그동안 북한에서 2월 16일 김정일의 생일은 '민족최대의 명절'이라고 하였다. 김일성이 사망하자 그의 생일을 '태양절'로 제정했듯이, 김정일의 생일을 광명성절로

---

51) 이에 대한 당시의 보도는 없었기 때문에, 김정일이 핵심 측근에게 발언하였을 것으로 추정한다. 김정일의 추모대회에서 당비서인 김기남의 연설내용에서 이를 말해준다. 즉, "김정일 동지께서는 백두에서 시작된 주체혁명위업의 대를 이어 계승 완성하자면 모든 당원들과 근로자들이 우리 대장님께 충실하고 그의 영도를 잘 받들어 나가야 합니다"라고 지적했다는 것이다.

제정한 것이다. 김일성의 경우 사망 3년 후에 했는데, 김정일의 경우 1개월도 되지 않아 이러한 조치를 취한 것은 김정은에 있어서 김정일의 우상화 조치가 그만큼 다급함을 말해주는 것이었다. 이러한 것은 모두 전체 당원과 인민군 장병, 인민들의 한결같은 염원이라고 하였다. 2012년 신년공동사설의 "전당, 전군, 전민이 김정은 동지를 결사옹위하며 위대한 당을 따라 영원히 한길을 가려는 투철한 신념을 지녀야 한다"는 것은 북한의 김정일 체제가 김정은 체제로 옮겨갔다는 것을 의미한다.

3. 김정은 체제 헌법

북한에서는 2012년 4월 13일 최고인민회의 제12기 제5차 회의를 개최하였다. 회의를 개최하면서 다섯 가지의 의제를 제시하였는데, 중요한 것으로는 헌법을 수정 보충한다는 것과 '김정은동지를 공화국의 최고수위에 추대'하는 것이었다. 최고인민회의 상임위원회 양형섭 부위원장의 보고로 진행된 이 회의에서 헌법의 서문에 김정일의 '불멸의 국가건설업적'을 법령화하고, '공화국의 영원한 국방위원장'으로 추대하였다. 헌법의 서문에 "김정일동지께서는 김일성동지께서 창시하신 영생불멸의 주체사상, 선군사상을 심화발전시키시고 자주시대의 지도사상으로 빛내이시였으며 주체의 혁명전통을 견결히 고수하시고 순결하게 계승발전시키시여 조선혁명을 굳건히 이어놓으시였다"고 하고, '김정일동지가 우리 조국을 불패의 정치사상강국, 핵보유국, 무적의 군사강국으로 전변'시켰다고 하였다. 이렇게 김정일의 업적을 찬양하면서, 자신들이 핵보유 국가라는 것을 공식화하고 헌법 서문에 명시한 것이다.

김정일을 영원한 국방위원장으로 추대했기 때문에, 국가기구부분을 수정·보충하였다. 즉, '조선민주주의인민공화국 국방위원회 제1위원장

직제'를 새로 규정한 것이다. 이 목적은 '공화국의 최고령도자가 누구인가 하는 것을 명백히 밝히고 국가사업전반에 대한 수령의 유일적령도를 확고히 보장할 수 있는 법적·기구적 담보를 마련'하기 위한 것이라고 밝혔다. 국방위원회 직제에 맞추어 헌법 제6장 제2절의 제목과 제91조, 95조, 100조부터 105조, 107조, 109조, 116조, 147조, 156조를 정리하였다. 종전에 국방위원장을 국방위원회 제1위원장으로만 바꾼 것이다. 최고인민회의 상임위원장 김영남의 연설에 의하여 김정은을 국가의 최고 수위인 국방위원회 제1위원장으로 추대하였다. 그리고 김정은의 제의에 의하여 국방위원회 위원으로 최룡해, 김원홍, 리명수를 보선하였다. 국방위원회는 제1위원장에 김정은, 부위원장에 김영춘, 리용무, 장성택, 오극렬, 위원에 박도춘, 김정각, 주규창, 백세봉, 최룡해, 김원홍, 리명수로 구성을 마쳤다.

김정은은 최고인민회의가 개최되기 이틀 전 이미 당대표자회에서 '로동당 제1비서'비서로 추대되었다. 이렇기 제도화를 마무리 짓고 김정은은 명실상부하게 북한의 당·정·군의 자리에 올라, 최고영도자로서 유일영도체계를 구축해 나갔다.

그 후 북한은 한 차례 헌법을 개정하였다. 최고인민회의 제12기 제7차 회의가 2013년 4월 1일 개최하여 헌법을 수정보충하고, '금수산태양궁전법' 채택, '<자위적핵보유국의 지위를 공고히 할데 대하여>' 채택, '우주개발법 채택'<조선민주주의공화국 국가우주개발국을 내옴에 대하여> 채택' 등을 결의하였다. 북한은 김일성, 김정일의 위업과 법으로 만들어진 '금수산태양궁전법'를 헌법화하기 위하여, 헌법서문에 "김일성동지와 김정일동지께서 생전의 모습으로 계시는 금수산태양궁전은 수령영생의 대기념비이며 전체 조선민족의 존엄의 상징이고 영원한 성지이다"의 내용을 새롭게 보충하였다. 최고인민회의에서는 최영

림 내각총리를 상징적인 자리인 최고인민회의 명예부위원장으로 옮기
고 박봉주가 내각총리로 선출되었다. 또한 김정각과 리명수가 국방위
원회 위원에서 소환되고, 김격식과 최부일이 보선되었다.

헌법의 규정에 따라 2014년 3월 9일 제13기 최고인민회의 대의원
선거가 진행되어 5년 임기의 687명의 대의원이 선출되었다. 이 선거로
김정은도 처음으로 최고인민회의 대의원으로 등록되었다. 4월 9일 최고
인민회의 제1차 회의에서 김정은은 국방위원회 제1위원장으로 재 추대
되었다. 북한은 이날의 김정은 제1위원장 재추대를 다음과 같이 보도하
고 있다. 즉, "회의는 온 나라 전체 인민군장병들과 인민들의 일치한
의사와 념원을 담아 비범한 사상리론적예지와 특출한 정치실력, 만사람
을 매혹시키는 고매한 인품을 지니시고 조국과 인민을 승리와 번영의
한길로 이끌어주시는 조선로동당 제1비서이시며 조선인민군 최고사령
관이신 경애하는 김정은동지께서 조선민주주의인민공화국 국방위원회
제1위원장으로 높이 추대되시였음을 내외에 엄숙히 선언하였다"52)였다.

제13기 최고인민회의 1차회의에서 최룡해가 국방위원회 위원에서
부위원장으로 승진 선출되고 리용무와 오극렬은 유임하였다. 국방위원
은 인민무력부장이던 장정남과 조춘룡이 신임위원이 되고, 박도춘, 김
원홍, 최부일은 유임되었다. 최태복은 최고인민회의 의장, 김영남은 최
고인민회의 상임위원장, 박봉주는 내각 총리에 유임됨으로써 안정성을
택하였다고 볼 수 있다.

4. 김정은 체제에서 선군정치의 지속과 변화

북한에서 선군정치는 위기관리 상황을 헤쳐나가는 데 크게 작용을

---

52) 『로동신문』 2014. 04. 10. 1.

했다고 볼 수 있다. 그들이 군대를 통한 인민 통제라는 말을 쓰고 있
지 않지만 선군정치는 중요한 인민통제의 기제인 것이다. 그리고 대외
적 긴장조성을 통해 자국에 유리한 협상 환경도 만들어 체제를 유지
할 정도의 외부 세계 경제적 지원을 받아낼 수 있었다.

김정은 체제의 원년이라고 할 수 있는 2012년 1월 1일 김정은은
'근위 서울 류경수 제105탱크사단'을 방문했다.53) 김정은 체제를 열면
서 첫 공식적인 현지지도라는 의미도 있지만, 이는 유훈을 이어 받아
향후 선군정치방식을 고수하겠다는 의지의 표현이기도 했다. 앞에서
설명한 것처럼 김일성 사후 첫해의 1월 1일 김정일이 군부대인 '다박
솔 초소'를 방문한 것이 선군정치의 시발이라고 했듯이, 김정은이 북
한의 제2인자라 할 수 있었던 장성택과 군부핵심이었던 리영호 등을
대동하고 군부대를 방문함으로써 선군정치의 지속을 피력하였다.

김정은 체제가 공식 출범하면서 당규약과 헌법에 선군정치에 대한
부분은 그대로 유지하고 있다. 당 규약에서 새로운 지도이념으로 김일
성-김정일주의를 내세우고 있지만, 그 내용을 좀 더 들여다보면 김정
일주의가 의미하고 있는 것에는 선군정치가 수를 이루고 있다. 또한
헌법에는 지도이념을 김일성-김정일주의라 하지 않고, '주체사상과 선
군사상'을 그대로 유지하고 있다.

북한에서는 김정은 체제가 출범한 이후에도 선군혁명을 계속 강조
해 왔다. 2013년 마지막 로동신문의 사설 "위대한 최고사령관을 모신
민족적영광을 온 누리에 떨치자"에서, "선군은 조선혁명의 생명선이고
영원한 진군로이다. 총대로 개척되고 총대의 위력으로 전진하는 우리

---

53) 북한에서 선군정치의 시작을 1995년을 강조해 오다가 김정은 후계체제의 구축과정에
서, 김일성-김정일-김정은으로의 정통성을 잇기 위해 1960년 김일성과 김정일 방문한
이곳에서 선군정치의 역사가 개시되었다고 주장하고 있다.

혁명에서 백두혈통은 곧 총대혈통이며 선군영도의 빛나는 계승은 모든 승리와 근본원천으로 된다"고 하고 있다.54) 김정은이 2014년 조선로동당 제8차 사상일군대회에서 당의 유일영도체계와 김일성-김정일주의로의 일색화를 주장하면서, "인민군대는 앞으로 군민대단결의 위력을 강화해 나가는데서 주동이 되고 선구자가 되어야 합니다"라고 강조하고 있다.55) 로동신문은 사설을 통해 "오늘 사회주의 지역적 거점으로서 군의 역할을 높이기 위한 투쟁은 경애하는 김정은동지에 의하여 새로운 단계로 심화발전되고 있다"하면서, 경제강국건설과 인민생활향상에 새로운 전환을 일으켜나가는 데 군의 역할을 더욱 높여야가야 한다고 한다.56) 특히 경제분야에서의 선군정치 실현을 강조한다. 2014년 4월 9일 최고인민회의 제13기 제1차 회의의 김정은 국방위원회 제1위원장 추대사에서 김정은동지를 추대하는 것은 "선군혁명의 새로운 승리의 년대기를 빛내여 가시는 경애하는 원수님에 대한 전체 인민군장병들과 인민들의 절대적인 지지와 신뢰를 표시"라고 하였다.

김정은 체제가 좀 더 확고히 자리 잡고, 진정한 자신만의 새로운 이데올로기를 제시할 때가 되면 그 기조는 바뀔 것이라 생각한다. 그러나 당분간은 선군정치의 기조를 유지해 나갈 것이다. 김정은 시대 이후 선군에서 선경으로 무게중심을 이동하고 있다는 주장들도 설득력이 있다. 실제로 김정은 체제가 경제문제에 해결에 집중하고 있지만, 아직은 아버지 김정일의 정치를 쉽게 떨쳐버릴 수 없을 것이다.

---

54) 『로동신문』 2013. 12. 30. 1.
55) 『로동신문』 2014. 02. 26. 2.
56) 『로동신문』 2014. 03. 18. 1.

제 3 장

로동당의 형성과 변화

Ⅰ. 당·국가체계의 형성과 조직

1. 당·국가체계

북한의 정치구조를 흔히 당·국가체계라고 한다. 이는 마르크스·레닌주의를 근간으로 하고 있는 공산주의 이론의 중심을 이루고 있는 것으로 과거 소련의 소비에트 체제모형을 말한다. 당·국가체계란 오직 하나의 당을 근간으로 한 당 지배국가체제이고, 그 유일당은 하나의 체제로서 당인 동시에 하나의 중복된 국가로서의 성격을 지닌 단일주의체제를 말한다. 따라서 이런 체제는 일당체제와 국가의 결합성, 정치와 행정의 융합성, 당 장치와 국가의 중첩성, 동일 인물의 겸직성 등으로 인하여 고도의 단일화가 이루어진 제도를 채용하고 있다.

이러한 체제에서 정당은 다원주의적 시각에 의한 경쟁의 개념이 아니고 유일한 독점에 의한 독재체제인 것이다. 이로 인하여 권력은 모두 정당에 의하여 독점되기 때문에 정당구조가 동시에 권력구조인 것이며, 이를 통하여 모든 정치과정이 형성되고 있다. 따라서 정치과정의 가장 중요한 핵심은 정당 그 자체인 것이다. 이는 북한이 당을 정의하고 있는 데에서도 알 수 있다. 즉, "당은 계급투쟁의 산물이다. 착취계급과 피착취계급으로 갈라져 있는 계급사회에서는 모든 계급들은 자기의 계급이익을 위하여 싸운다. 당은 그 계급적 성격에 따라 로동계급의 당, 자본가 계급의 당, 소자산계급의 당으로 갈라진다. 자산가계급의 당은 극소수의 자본가, 지주계급의 이익을 대표하는 반동적인 당이다. 소자산계급의 당은 소자산계급의 이익을 대표한다. 로동계급의 당은 맑스레닌주의 당이다. 로동계급의 당은 수령의 혁명사상을 실현하기 위한 선진 투사들로써 조직되며 수령의 혁명사상을 지도적 지침으로 하고 수령의 유일적 영도 밑에 혁명과 건설을 진행한다"[1]였다. 현재는 당의 유일한 지도사상으로 '김일성-김정일주의'를 내세우며, "조선로동당은 위대한 김일성동지와 김정일동지의 당이다"라 하고 있다. 그 성격은 "계급로선과 군중로선을 철저히 관철하여 당과 혁명의 계급진지를 굳건히 다진다"하여, 노동계급적 원칙과 사회주의원칙을 견지한다.

북한의 로동당은 계급노선을 정치권력의 원천으로 하는 정당이다. 당·국가체계를 헌법에도 명시화 하였다. 북한 헌법 제11조는 "조선민주주의인민공화국은 조선로동당의 령도 밑에 모든 활동을 진행한다"고 하는데, 이는 1992년 개정 헌법에서부터 명문화 되었다. 당과 국가의 관계가 영도하고 영도 받는 관계라는 것은 당의 결정이나 결의가 국가의 헌법상 정책결정보다 우선한다는 원칙을 강조하고 있다. 북한의 로동당은 실질적으로 입법·행정·사법의 상위에 군림하는 최고의 권력기관의 성격을 갖는다.

2. 총비서에서 제1비서로

북한에서는 당과 국가의 최고 영도자는 1인이기 때문에 당·정 융합하는 형태를 보이고 있다. 1972년 헌법은 국가에 대한 당의 영도를 규정하지 않았고, 1992년 헌법부터 이를 명시하고 있는 것은 후계구도와 맞물려 있었던 것이다. 앞장에서 설명한 바와 같이 주석제 헌법에서는 국가기구인 주석과 중앙인민위원회 중심이었기 때문에 당을 중시하지 않았다. 김일성 사망 후 북한에서는 유훈통치를 한다 하며, 기

---

1) 『정치사전』, 평양: 사회과학출판사, 1973, p. 252.

존에 김정일의 지위인 최고사령관과 국방위원회 위원장 자리만을 유지
하였다. 물론 1997년 10월 당 총비서에 오르긴 하였지만, 제도에 의한
것이기보다는 유훈이 앞선 통치 수단이었다. 1998년 공식적인 김정일
체제의 출범으로 주석제가 폐지되고, 형식적인 권력분립 형태를 띠고
있었으나 국방위원장을 중심으로 하는 체제였다. 2009년 4월 개정 헌
법에서 국방위원장을 강화하고 '최고영도자'로 규정하여, 어찌보면 헌
법상으로 볼 때 종전의 주석에 버금가는 자리였다. 여기에서 김정일이
내세운 정치방식이 선군정치였기 때문에 역시 당이 크게 중시되지 않
았다. 김정일 시대에 들어 군이 강화된 반면 당은 상대적으로 그 정치
적 기능이 약화되었다. 이렇게 국가권력을 강화한 이후, 2010년 제3차
당대표자회를 통하여 로동당 규약을 개정하였다. 그동안 방치해 오던
중앙당을 복원하여 김정은을 당중앙군사위원회 부위원장 자리에 앉힌
것은, 김정은의 후계체제 구축을 위한 의도였다.

　북한에서는 김정일 사망 후 정책결정을 당이 주도하였다. 당중앙위
원회 정치국은 회의를 소집하여 김정은을 '조선인민군 최고사령관'으로
추대하였다. 그는 제4차 당대표자회에서 당을 대표하며 전당을 영도하
는 제1비서가 되었다. 김정은 체제가 공식 출범한 이후 계속해서 당을
앞세우는 모습을 보여주고 있다. 북한에서 김정은은 당과 국가기구 그
리고 군사부문의 최고 자리를 차지하고 있고, 정치과정이 제도보다는
인치성이 강하기 때문에 최고지도자의 의중에 따라 권력의 향배가 변
하고 있다.

Ⅱ. 로동당의 형성과정과 당 대회

1. 조선공산당 북조선 분국에서 조선로동당

북한의 조선로동당은 1945년 이후에 그 뿌리를 두고 있다.2) 1945
년 10월 10일부터 13일까지 평양에서 개최된 '서북 5도당 책임자 및
열성자 대회'에서 조선공산당 북부 조선분국의 설치를 결성하였다. 북
한에서는 10월 10일 조선로동당 창건이라 하고 있다. 분국 설립 후
10월 23일 서울의 조선로동당 중앙위원회의 승인 절차까지 밟았다.
12월 17일에서 18일 양일간 평양에서 북조선 분국 조직위원회 확대회
의에서 김일성을 책임자로 선임하였다.

1946년 4월말 북조선 분국 제7차 회의에서 명칭이 북조선 공산당
으로 변경되었다. 한편 김두봉, 최창익, 무정을 중심으로 한 소위 연안
파는 1946년 3월 조선신민당을 창당하였다. 1946년 7월 28~29일에
북조선 공산당과 조선신민당이 중앙확대연석회의를 열고 합당을 추진
하였다. 이렇게 하여 8월 28일부터 30일까지 3일간 평양에서 북조선
로동당 창립대회를 개최하고 지도부 구성에 들어가 위원장에 김두봉,
부위원장에 주영하가 선출되었다. 이들과 함께 연안파의 최창익, 소련
파의 허가이가 5인 정치위원회를 구성하였다. 소련점령군사령부의 비
호에 의하여 북한의 좌파연합 정당을 탄생시킨 것이다. 북조선 로동당

---

2) 1925년 4월 17일 김재봉을 책임비서로 하는 조선공산당이 결성되었다. 당 중앙집행위
원에는 김재봉을 비롯해서 조동우, 김찬, 김약수, 정운해, 유진회, 주종건 등 7인이 선임
되었고, 다음날 4월 18일에는 박헌영의 집에서 조선공산당의 청년조직인 고려공산청년
회가 결성되어 박헌영을 책임비서로 뽑았다. 1945년 해방이 되자 서울에서 박헌영을
중심으로 하는 조선공산당 재건준비위원회와 이영, 정백 등에 의한 소위 장안파 공산당
이 결성되어 주도권 다툼을 벌였으나, 박헌영 중심으로 세력이 압도적으로 우세하였다.
조선공산당은 1945년 9월 11일 재건되었다.

이 창립되면서, 당 기관지인 로동신문을 창간하였다. 이를 북한에서는 로동당 제1차 대회라고 부른다. 이렇게 되자 남한에서는 조선공산당, 조선인민당, 남조선 신민당이 통합되어 남조선 로동당이 발족된다.

북한은 1948년 3월 27일부터 4일 간에 걸쳐 평양에서 북조선 로동당 제2차 대회가 개최되었다. 북조선 로동당은 1948년 8월 정부수립을 위하여 남조선 로동당과 연합중앙위원회를 구성하였고, 북한은 정부 수립후인 1949년 6월 30일에는 1국 1당 원칙에 따라 남조선 로동당을 흡수하여 조선로동당으로 변경하였다.

2. 제3차 당대회와 '8월 종파사건' 그리고 제1차 당대표자회

6.25한국전쟁이 종결된 사흘 후인 1953년 7월 30일 북한은 당중앙위 비서이며 사법상인 리승엽을 비롯한 12명을 반역죄로 기소하였다. 이들은 전쟁기간 동안 미국을 위한 스파이 활동 등의 죄목이었다. 박헌영도 당에서 축출되고 체포되었으나 이들과 함께 재판을 받지 않았다. 김일성은 전쟁의 책임을 누구에게 전가시켜야 했고, 그 주를 이룬 것이 박헌영을 중심한 남로당 계열이었다. 박헌영에게 사형을 선고한 재판이 진행되고 있던 1955년 12월 3일 당중앙위원회는 전원회의를 열어, 1956년 4월 제3차 당대회를 개최를 결정하였다.

제3차 당대회가 1956년 4월 23일부터 29일까지 개최되었다. 전쟁 후 처음 열린 당대회에는 소련과 중국에서 대표단이 참석하였다. 소련 대표단 이끌고 온 브레즈네프는 제3차 당대회는 최고위층에서 말단에 이르기까지 모든 당조직에 레닌주의적 집단지도 원칙을 도입하는 데 협력해야 한다고 하였고, 중국 대표도 전쟁 후의 조선 인민들의 노력을 치하했다.[3)

제3차 당대회에서는 로동당이 마르크스-레닌주의적 당임을 강조하면서, 조선인민의 혁명전통을 당이념에 가미하였다. 김일성은 그의 보고에서 박헌영, 리승엽 등 '종파분자들의 파벌투쟁'을 규탄하였으며, 당사상 사업에서의 형식주의 및 교조주의 유해성을 경고했다. 그리고 당간부들을 대폭적으로 교체하였다. 제3차 당대회에서 당중앙위원회 정위원 71명 가운데 단지 28명만 재선되고 43명이 교체되었다. 당중앙위원회를 이끄는 지도부는 김일성을 비롯하여 최용건, 박정애, 박금철, 리종옥, 김창만 등 김일성의 추종자들로 배치되었다. 당정치위원회도 김일성을 제외하고 전원교체되어 정위원 11명과 후보위원 4명 전원 김일성파로 충원되었다.

김일성 반대파에 대한 당과 내각으로부터의 배제는 그들로 하여금 자신들의 입지가 더욱 축소될 위기감을 가져다주었고, 이러한 위기감을 발로가 소위 '8월 종파사건'이다. 김일성이 소련을 비롯한 동구사회주의 국가를 방문하고, 당중앙위원회 전원회의 보고대회가 8월 30일 평양예술극장에서 열렸는데 연안파인 상업상 윤공흠은 김일성의 개인숭배를 비판하면서 소련식 집단지도체제를 주장하였다. 최창익 등이 윤공흠의 입장을 지지하는 토론을 전개하였으나, 반대파의 비판은 성공할 수 없었다. 대세가 불리하자 이들은 중국으로 피신했고, 속개된 회의에서 윤공흠을 위시한, 최창익, 서휘, 리필규 등은 출당과 함께 그들의 모든 직분을 철회하였다. 이 사건이 중국에 알려지자 소련과 중국은 8월 전원회의 결정을 번복하도록 종용하였고, 소련과 중국으로부터 많은 원조를 받고 있던 김일성은 이를 수용하지 않을 수 없었다. 그러나 그 후 김일성은 독자적 노선의 필요성을 인식하고 소련과 중

---

3) 서대숙 저, 서주석 역, 『북한의 지도자 김일성』, 서울: 청계연구소, 1989, pp. 236-238.

국의 개입을 차단하면서, 이른바 반종파투쟁을 대대적으로 전개하였다.

북한은 1958년 3월 3일에서 6일 제1차 당대표자회를 소집하여 종파청산을 공식적으로 선언하고 그간의 종파투쟁을 마무리하고, 제1차 인민경제 5개년계획을 중간 점검하였다. 당대표자회 이전 '8월 종파사건'과 그후 '반종파투쟁'을 통해 종파주의자들을 모두 숙청함으로써 당에서 '사상과 행동의 통일'을 기할 수 있게 되었으니, 이제 중요한 과업은 제1차 5개년계획의 완수를 통한 '사회주의 공업화의 토대를 놓는다'는 것이었다.[4]

3. 제4차 당대회와 제2차 당대표자회

1961년 9월 11일부터 18일까지 열린 로동당 제4차 대회는 모든 파벌주의가 제거된 김일성파의 승리 집회였다. 이 대회는 당의 역사상 최대 규모로 치러졌고, 32개 국가와 공산당을 대표하는 많은 외교사절단이 참석했는데 거기에는 소련의 코즐로프와 중국의 덩샤오핑(鄧小平)도 포함되어 있었다. 실제로 김일성은 승리자답게 그 동안 자신의 승리를 철저히 뒷받침해준 빨치산파를 권력구조의 중심부에 크게 진출시켰다.[5] 제4차 당대회는 김일성과 그의 집단에게 새로운 시대를 열어 주었다.[6] 김일성의 절대적 권력과 각국 공산당들의 독자성을 강조하는 국제공산주의운동의 조류가 로동당에도 불가피하게 반영되었음인지, '마르크스-레닌주의의 창조적 적용'과 '항일무장투쟁의 혁명전통'이

---

4) 백학순, 『북한 권력의 역사: 사상·정체성·구조』, 2010, p. 543.
5) 당 중앙위원회 위원 85명 가운데 28명만이 재선되었고 57명이 새로 뽑혔다. 재선된 사람 중에 빨치산파는 죽은 1명을 빼고는 모두 재선되었고, 새로 뽑힌 57명 가운데 25명이 빨치산파였고 나머지도 이들과 무관하지 않았다. 김창만과 남일처럼 일찍부터 그들의 파벌을 벗어나 김일성에 충성을 한 사람을 제외하고는 다른 파벌의 사람들은 재선되지 않았다.
6) 김창희, 『북한정치사회의 이해(제4판)』, 파주: 법문사, 2006, p. 61.

강조되는 변화가 나타났다.7)

1966년 10월 5일부터 12일까지 제2차 당대표자회가 열렸다. 이와 함께 개최된 로동당 중앙위원회 제4기 14차 전원회의에서는 김일성의 로동당 내의 위치를 더욱 확고히하는 작업이 이루어졌다. 당중앙위원회 정치위원회 안에 김일성을 수반으로 하는 상무위원회를 설치하였다. 또한 당중앙위원회 하에 비서국을 설치하고, 중앙위원회 위원장 및 부위원장의 직제를 총비서·비서직제로 개편하였다.

4. 주체사상의 표명과 후계체제의 제5, 6차 당대회

1) 제5차 당대회 규약과 주체사상

로동당 제4차 대회로부터 제5차대회가 열리기까지 북한의 대내외 환경은 큰 변화를 겪었다. 북한에서 1967년 연안파와 소련파를 숙청하는 데 주된 역할을 했던 갑산파를 숙청한 것이다. 김일성 자신의 혁명동지이자 정권창출의 핵심 멤버였다. 갑산파 숙청 후 정치적으로 크게 부상한 항일빨치산 세력도 숙청되었다. 이러한 과정을 통해 김일성 유일지도, 유일사상체계가 완성되었다. 북한에서의 김일성의 지위는 그 누구도 감히 도전을 생각할 수 없을 만큼 공고해졌다.

1970년 11월 2일에서 13일까지 열린 제5차 당대회에서 규약에 "맑스-레닌주의와 맑스-레닌주의를 우리나라 현실에 창조적으로 적용한 김일성동지의 위대한 주체사상을 자기활동의 지도적 지침으로 삼는다"고 규정하였다. 1967년을 계기로 확립된 '유일사상'으로서의 김일성의 주체사상을 당규약에 보다 분명하게 표명한 것이다. 당구성에 있어서

---

7) 전인영, "조선노동당: 북한 사회의 지도세력," 전인영 편, 『북한의 정치』, 서울: 을유문화사, 1990. p. 207.

는 김일성의 친위세력과 기술, 관료출신의 전문엘리트를 당정치위원회 및 당중앙위원회에 포진시켰다. 정치위원회의 경우 제2차 당대표자회 때 만들어진 상무위원회는 폐지되고, 11명의 정위원을 선출했는데, 김일성, 최용건, 김일, 최현 등 4명만 재선되었고 7명은 탈락했다. 새로 뽑힌 7명 가운데 빨치산 출신은 오진우 하나뿐이었다. 당중앙위원회 비서국의 역할과 위상을 강화시켰다.[8] 비서국 비서에는 총비서 김일성, 그리고 10명의 비서 중 최용건과 김일, 김영주만이 다시 선출되었는데, 그 당시에는 김영주가 김일성의 후계자처럼 보였다.

제5차 당대회에서는 당중앙위원회에 군사위원회가 신설되었다. 군사 부분을 지도하는 당 최고기관이 새로 생겨난 것이다. 이러한 여러 가지 당의 역할 강화에도 불구하고, 김일성 유일영도와 유일사상 체계의 확립은 1972년 '주석제 헌법'으로 완성되었다. 북한의 모든 권력이 김일성 주석으로 옮겨가면서 당은 힘을 잃었다.

2) 제6차 당대회에서 후계자 김정일

1980년 당규약 전문에 첫 번째 문장은 "조선로동당은 위대한 수령 김일성 동지에 의해 창건된 주체형의 혁명적 맑스-레닌주의 당이다" 하고 있지만, "조선로동당은 오직 위대한 수령 김일성 동지의 주체사상, 혁명사상에 의하여 지도된다"고 규정하였다. 제5차 당대회 전문과 비교하면 지도이념에서 '맑스-레닌주의'를 삭제하고 주체사상을 강화하면서 혁명사상을 추가한 것이다.

1980년 10월에 로동당 제6차 대회에 이어 당 6기 1차 전원회의를 개최하였다. 여기에서 최고정책결정기관인 종래의 정치위원회를 정치

---

8) 비서국의 권한이 "간부문제, 당내문제 및 그 밖의 당면문제를 정기적으로 토의 결정하며하며 그 결정의 집행을 조직지도"하는 것으로 강화하였다.

국으로 개칭하고, 정치국내에 상무위원회를 설치하여 당무의 핵심적인 기능을 수행하도록 권력구조의 내부를 개편하였다. 당정치국을 크게 확장시켜 김정일을 당중앙위원회 정치국 상무위원회 위원으로 앉혔다. 김정일을 정치국 상무위원회 위원으로 선출하게 된 것은 권력승계를 위한 김정일의 당적 지위를 확정하고 실질적인 당의 책임자로서 역할을 제고시키고자 한 것이다. 신설 당시 5명(김일성, 김일, 오진우, 김정일, 리종옥)으로 구성된 정치국 상무위원회에서 김정일이 서열 4위에 올랐으나, 다음에 서열 2위에 격상됨으로써 북한의 제2인자의 위치를 점하게 되었다. 또한 비서국 비서,9) 당중앙군사위원회 군사위원10)으로 선출되었다. 당 창건 이래 이렇게 많은 당직을 한꺼번에 차지한 사람은 김정일밖에 없었다. 김정일이 권력의 전면에 부상하면서 실질적인 후계자로 공식화된 것이다. 상술한 바와 같이 1972년 주석제 헌법으로 권력이 당에서 국가로 이전되었으나, 제6차 당대회를 계기로 다시 당조직을 정비하였다. 그리고 김정일에게 상술한 바와 같이 공식직함을 주어 제2인자로서 지위를 확보케 하였다.

1980년 10월부터 김일성이 사망한 1994년 7월까지 당대회는 개최되지 않았다. 당중앙위원회는 당대회 개최기간을 제외한 평상시 당의 최고지도기관의 역할을 수행하는 기관으로 규정하고 있다. 김정일은 당중앙위원회를 통해서 당 지도층을 김일성 혁명세대에서 자신의 젊은 세대로 바꾸어 나갔다. 1980년초부터 1990년 초까지 약 10년 동안 중앙위원회의 엄청난 변화를 가져왔는데, 그것은 정위원과 후보위원의

---

9) 비서국에는 총비서가 있고 김정일이 조직 및 선전선동담당 부총비서격인 조직 및 선전선동비서직을 장악함으로써 당의 실질적이고 전반적인 업무를 수행하게 되었다.

10) 당시 북한의 당규약 제3장 27조는 당중앙위원회 군사위원회가 "당군사정책 수행방법을 토의 결정하며 인민군을 포함한 전체 무력강화와 군수발전에 관한 사업을 조직, 지도하며 우리나라의 군대를 지휘한다"고 밝히고 있어, 이 기관이 북한의 군사정책을 결정하며 일체의 무력을 지휘하는 최고기관이라 할 수 있다.

대폭적인 교체였다. 김정일은 김일성이 사망한 1994년 7월까지 당중앙위원회의 구성원을 교체하여 자신의 지지세력을 확고히 하는 작업을 진행하였다.11) 오진우가 1995년 2월 사망함으로써 김정일을 제외한 정치국 상무위원은 모두 사망하였다.

1997년 10월 8일 김정일 총비서 추대 과정은 당규약 제24조 '당중앙위원회 전원회의가 당중앙위원회 총비서를 선거'한다는 것과 달랐다. 이는 이미 인민군 최고사령관이며 국방위원회 위원장이었으므로, 당중앙위원회 총비서가 아닌, '당 총비서'로 추대하였다. 김정일은 '조선로동당 조선인민군대표회, 도 대표회, 성, 중앙 및 도당 기능을 수행하는 당조직들의 대표회'에서 당 총비서로 추대되었다.12) 김정일은 1998년 국가영도체계를 주석과 중앙인민위원회에서 국방위원회를 중추로 개편하고, 선군정치를 '위력한 정치방식'이라 하면서, 당이 정치의 중심에서 멀어졌다. 당의 통제를 받아오던 총정치국이 김정일의 군대 직할 통치 체제를 보좌하는 역할을 수행하게 되었다.13)

Ⅲ. 당대표자회·당대회와 김정은 체제

1. 제3차 당대표자회

2010년 9월 28일 제3차 당대표자회가 개최되었다. 당 규약 제30조 "당중앙위원회는 당대회와 당대회사이에 소집할 수 있다"는 규정에 의해서 이다. 북한은 당대표자회를 통해 당규약을 개정하고, 김정은을

---

11) 서대숙,『현대 북한의 지도자: 김일성과 김정일』, 서울: 을유문화사, 2000, pp. 208-210.
12) 김갑식, "김정은정권의 수령제와 당·정·군 관계," 북한연구학회,『김정은시대의 정치와 외교』, 파주: 한울아카데미, 2014, p. 154.
13) 위의 책, p. 155.

후계자로 내세웠다. 당규약 첫 문장은 "조선로동당은 위대한 수령 김일성동지의 당이다"이다. 또한 전문에 "조선로동당은 위대한 수령 김일성동지의 혁명사상, 주체사상을 유일한 지도사상으로 하는 주체형의 혁명적 당이다"라 하여, 혁명사상과 주체사상을 지도이념으로 하고, 2009년 헌법에서와 같이 선군사상을 포함시키지는 않았다. 그러나 "조선로동당은 선군정치를 사회주의 기본정치방식으로 확립하고 선군의 기치밑에 혁명과 건설을 령도한다"고 하였다. 또한 당원의 의무 조항에서 "주체사상, 선군사상과 혁명전통으로 튼튼히 무장"하여야 한다고 하고 있다.

종전의 제1장 당원 규정 제1조는 "조선로동당 당원은 당과 수령, 조국의 인민을 위하여 사회주의와 공산주의를 위하여 헌신하는 주체형의 공산주의 혁명투사이다"라고 하였다. 그런데 2010년의 당규약 제1조는 "조선로동당은 위대한 수령 김일성동지께서 개척하시고 위대한 령도자 김정일동지께서 이끄시는 주체혁명위업, 사회주의위업을 위하여 모든 것을 다 바쳐 투쟁하는 주체형의 혁명가이다"라 하고 있다. 당규약이 30년만에 개정되었기 때문에 그동안 반영하지 못한 부분들을 나타내고 있다. 헌법에서 이미 1992년 사라진 공산주의라는 표현이 역시 사라졌다.

당의 중앙조직에서 달라진 것은 당중앙위원회 총비서가 아닌 당의 총비서이다. 이는 앞에서 1997년 김정일의 총비서에 오를 때 상황을 당규약에 반영한 것이다. 제21조 4항은 "조선로동당 총비서는 추대한다"로 하고 있다. 제22조는 "조선로동당 총비서는 당의 수반이다"고 하면서, "조선로동당 총비서는 당을 대표하며 전당을 령도한다. 조선로동당 총비서는 당중앙군사위원회 위원장이 된다"로 되어있다. 이것은 김정일 총비서가 당의 수반으로 전당을 영도한다는 것이다. 또한 당중위원회 군사위원회는 당중앙군사위원회가 되면서, '당대회와 당대회 사이에 군사분야에서 나서는 모든 사업을 당적으로 지도하고, 국방사업 전반을 지도한다"로 있다. 총비서가 당중앙군사위원장을 겸직하도록 되어 김정일이 추대되었고, 김정은은 당중앙군사위원회 부위원장의 직위를 갖게 되었다. 제3차 당대표자회는 로동당 중앙당의 복원을 의미한다.

2. 제4차 당대표자회: 김정은 제1비서

김정일 사망 후 김정은의 공식직함은 당중앙군사위원회 부위원장이었고, 바로 최고사령관에 올랐다. 그러나 이것으로만 북한을 통치할 수 없었고, 바로 공식적인 김정은 체제의 출범이 필요했다. 북한은 김정일 사망 후 당 주도 정책결정 시스템의 구축의 모습을 보여 주었다. 상술한 바와 같이 김정은 최고사령관 추대도 당중앙위원회 정치국회의를 통하여 이루어졌다. 2012년 2월 20일 당중앙위원회 정치국회의는 2012년 4월 중순 제4차 당대표자회를 소집할 것을 공표하였다. 그리고 4월 11일 로동당 제4차 당대표자회를 개최하였다. 대표자회에서는 당규약 개정을 통하여 전문에 "조선로동당은 위대한 김일성동지와 김정일동지의 당이다"하였고, 또한 "경애하는 김정은동지는 위대한 김일성동지와 김정일동지의 혁명위업을 승리에로 이끄시는 조선로동당과 조선인민의 위대한 령도자이시다"라고 규정하였다.

개정된 당규약에서는 종전의 '김일성의 혁명사상과 주체사상'이라는 통치이념을 바꾸었다. 즉, "조선로동당은 위대한 김일성-김정일주의를 유일한 지도사상으로 하는 김일성-김정일주의 당, 주체형의 혁명적 당"이라 하여 '김일성-김정일주의'로 바뀌었다. 새로운 통치이념으로서 김일성-김정일주의를 내세운 것이다. 당의 권력구조 개편은 없었고, 김정일을 '영원한 총비서'로 모신다하고 종전의 총비서 명칭을 로동당 제1비서로 변경하였다. 이렇게 하여 김정은은 로동당 제1비서와 당중앙군사위원회 위원장, 정치국 상무위원에 추대되었다. 김정은 체제가 공식적으로 출범하면서 당을 그대로 두고 헌법만 개정한 것과는 달리 당대표자회를 개최한 것은 김정은 체제의 당 중시 정책을 말해주는 것이다.

북한은 2013년 3월 31일 당중앙위원회 전원회의를 개최하였다. 2012년 당대표자회 후 1년만에 당중앙위원회 전원회의를 개최하였다. 북한은 2012년 12월 인공위성이라고 주장하는 장거리 로켓의 발사에 성공하고, 2013년 2월 제3차 핵실험을 한 이후 그 성과를 바탕으로 새로운 노선을 제시하였다. 김정은은 당중앙위원회 전원회의에서 '핵무력과 경제건설 병진' 노선을 내놓은 것이다. 여기에서는 "나라의 방위력을 철벽으로 다지면서 경제건설에 더 큰 힘을 넣어 사회주의 강성국가를 건설하기 위한 가장 혁명적이며 인민적인 로선"이라고 정당화하였다.

북한에서 김정은 체제에서는 당 우위 체계의 복원은 중요한 결정은 당중앙위원회에서 하고, 이를 최고인민회의에서 추인하는 형식을 취하는 것에서도 알 수 있다. 김정은 시대에 들어 북한의 중요한 공지는 전부 당중앙위원회 명의로 발표되고, 실제적인 결정도 당중앙위원회 정치국회의에서 행해지고 있다. 상술한 3월 31일의 당중앙위원회 전원회의에서 결정사항도 다음날 개최(2013년 4월 1일)된 최고인민회의 제12기 제7차 회의에서 추인하는 과정을 거쳤다. 2014년의 당중앙군사위원회와 당중앙위원회 정치국 회의에서 조율한 '조직문제'도, 최고인민회의 제13기 1차 회의에서 추인하는 모습을 보여 당을 중심으로 하는 김정은 통치체계를 보여주었다. 이렇게 김정은 시대 들어 당의 위상을 정상화하는 가운데 당을 중심으로 변화를 추구한다는 점에서 변화의 주체로서 당의 유일적 영도는 북한의 핵심적 가치이다.14)

3. 제7차 당대회

상술한 바와 같이 북한에서는 6차례의 당대회와 4차례의 당대표자회를 개최하여 중요한 현안을 처리해 왔다. 제3차 당대표자회에서 당규약을 대폭 개정하였다. 특히 당대회에 관한 것은 종전에 5년에 1회 당중앙위원회가 소집하고, 필요에 따라 당대회를 기간보다 빨리 또는 늦게 소집할 수 있다는 조항을 삭제하였다. 대신 당중앙위원회가 당대회를 소집하며 소집날짜는 여섯달 전에 발표하도록 하였다. 북한의 제7차 당대회가 36년만에 개최된다.

당대회는 당의 최고기관으로, 당중앙위원회가 소집하도록 되어 있다. 당대회의 다음과 같은 사업을 한다. 즉, 당중앙위원회와 당중앙검사위원회 사업총화, 당강령과 규약을 채택·수정·보충, 당의 노선과 정책·전략전술의 기본문제 토의결정, 총비서추대, 당중앙위원회와 당중앙검사위원회의 선거이다. 당대회와 당대회 사이에는 당중앙위원회가 모든 사업을 조직지도한다. 그러므로 당중앙위원회는 당대회와 당대회사이에 당대표자회를 소집할 수 있다. 당대표자회는 당의 노선과 정책, 전략전술의 중요한 문제를 토의 결정하며, 당의 최고지도기관을 선거하거나 당규약을 수정보충할 수 있다. 당대회는 개최 그 자체와 그 이후 과정뿐 아니라 개최 준비 과정도 정치적으로 매우 중요하다.

일반적으로 사회주의 국가에서 당대회와 정치적으로 중요한 행사는

---

14) 곽승지, "김정은시대의 국가전략-변화양상과 전략적 함의," 북한연구학회 기획, 『김정은시대의 정치와 외교』, 파주: 한울아카데미, 2014, p. 114.

정권의 공고화와 생산증대의 계기로 활용된다. 예를 들어 당대회 개최를 계기로 이데올로기적 충성의 강화, 당과 근로단체 등 정치조직의 재점검과 재정비, 그리고 생산증대를 위한 동원과 헌신의 강화 선동 등이 전개된다.15)

〈그림 3-1〉 로동당 기구도

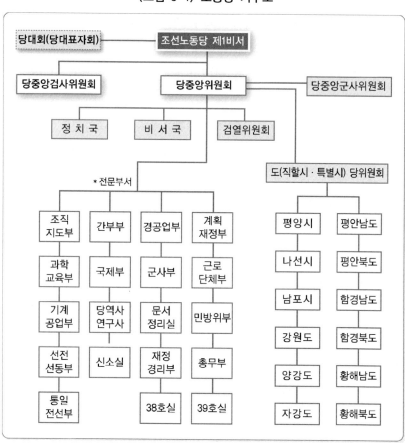

출처: 통일부 통일교육원, 『2014 북한이해』, 2014, p. 61.

---

15) 박형중, "7차 당대회 개최의 배경과 전망,"『Online Series』 CO 15-30. 통일연구원, p. 1.

북한은 2015년 10월 30일 당중앙위원회 정치국 결정서를 통해 로동당 제7차대회를 2016년 5월 초에 소집한다고 밝혔다. 당규약에 따라 6개월 전에 공표하였다. 북한은 2016년 신년사를 통해 제7차 당대회를 강조하면서, <조선로동당 제7차대회가 열리는 올해에 강성국가건설의 최전성기를 열어나가자!>가 당과 인민들이 들고나가야 할 전투적 구호라고 하였다. 제7차 당대회에서 '휘황한 설계도'를 펼쳐놓게 될 것이라 하면서, 이 대회가 강성국가건설을 앞당기는 새로운 이정표를 마련하게 될 역사적인 계기가 될 것이라고 주장하고 있다. 당대회의 성격이나 역할로 보아 제7차 당대회에서는 김정은 시대의 국가발전전략과 방향을 국내외에 선포할 것이다. 김정은의 존재감과 김정은 체제의 공고화를 대내외에 확실하게 과시하고 집권이후의 정책성과를 바탕으로 나름의 청사진을 제시할 것이다. 이를 계기로 김정은 유일영도체계를 더욱 확고히 다져나갈 것이다.

제 4 장

군의 조직과 위상

Ⅰ. 인민군의 조직과 군사제도

1. 인민군의 창설

북한에서 군이 차지하는 비중이나 위상은 일반 국가와는 다르다. 그것은 국가기관에서 국방위원회가 어떠한 역할을 하는가에서도 알 수 있다. 또한 북한에서 인민군은 '당의 군대', '혁명의 군대'라 하여 당중앙군사위원회의 지도를 받도록 되어있다. 북한에서 군은 국가기구와 당 조직을 통한 지도를 받는 이원적 구조로 되어있다.

북한에서 인민군의 창설은 1945년 8월 소련점령군 사령부의 주둔 이후, '건당·건군·건국'의 3대 과제의 하나로 추진되었다. 해방직후 북한지역에는 민족진영이 중심이 되어 결성된 자위대와 치안대가 사회질서 유지하고 있었다. 그러나 소련 점령군 사령부가 평양에 주재하면서 북한 지역의 모든 무장력의 해산 명령으로, 이러한 조직들의 활동은 제한되었다.

1945년 10월 21일 각종 자위대와 치안대가 해산되고, 대신 새로운 군사조직으로 2,000명 규모의 보안대를 조직되었다. 이것이 북한 인민군의 모체였다. '평양학원'과 '보안간부학교'1) 등의 군교육기관도 설립되었다. 보안대의 규모가 커지면서 각 지역에 조직된 보안대를 통합·지도하기 위한 보안간부 훈련대대부(訓練大隊部)가 창설되었고, 사령관에는 최용건이 임명되었다. 이들에게 정식계급장이 수여되고 소련으로부터 군사원조가 이루어져 무장이 본격화되면서, 1947년 5월에는 보

---

1) 평양학원은 해방 후 각지에서 입북한 군 출신을 입교시켜 보안간부와 기타간부 등 정치간부요원 양성이 주목적이었다. 그 후에 설립된 보안간부학교는 순수한 작전 간부요원을 배출키 위한 것이었다.

안간부 훈련대대부는 인민집단군 총사령부로 확대 개편되었다.

1948년 2월 7일 북조선임시인민위원회 내에 '민족보위국'이 신설되고, 2월 8일에는 조선 인민군 창설이 선포되었다.[2] 이로써 인민집단군은 조선인민군으로 개칭되었다. 정부가 수립되자 군대는 민족보위성에 소속되었고, 민족보위상은 최용건이, 부상은 김일이 맡았다.

북한에서는 지상군 외에 해군은 수상보안대와 해안경비대를 거쳐, 1949년 8월에 민족보위성 관할로 변경되면서 정규해군으로 발족되었다. 공군은 민간기구로 발족한 신의주항공대가 군사조직으로 발전하였다. 신의주항공대 출신 300여명을 중심으로 비행대를 창설하고, 조선인민군창설과 함께 항공대대로 증편함으로써 정규공군으로 발전하였다.[3]

현재 북한에서는 조선인민군 창설기념일을 4월 25일로 하고 있다. 1930년대 김일성이 중국에서 항일무장유격대를 창설을 할 때, 이미 인민군은 창설되었다는 것이다. 조선인민군은 '항일빨치산의 귀중한 혁명전통을 계승하여 창건된 조선인민의 혁명적 무장력'이라는 것이다.

2. 인민군과 예비전력

1) 지상 · 해 · 공군[4]

지상군은 9개의 전후방 정규군단, 2개 기계화군단, 평양방어사령부 등 총 15개 군단급 부대로 편성되어 있다. 지상군부대의 특징은 기계화 부대, 전차 부대, 특수부대에 중점을 두고 편성되어 있다는 점이다.

---

2) 북한으로부터의 제1차 소련군 철수는 1947년에 있었고, 제2차 철수도 1년이 안되어 있었다. 김일성은 그 자신의 군대를 건설하는 것이 중요했고, 정부가 수립되기 7개월 전에 군을 공식적으로 창건하였다. 서대숙저, 서주석 역, 앞의 책, p. 91.
3) 통일부, 『2000 북한개요』, 통일부, 1999, p. 144.
4) 통일부 통일교육원, 『2014 북한이해』, 통일부 통일교육원, 2014, pp. 147-152.

지상군의 상비 전력은 102만 정도로 추정하고 있다. 지상군은 신·구형 무기를 혼합한 전투장비를 대량 보유하고 있는 것이 특징이다. 주요 장비 가운데 전차는 T계열 신형전차(T-62/72)가 주종을 이루고 일부 구형전차와 경전차도 보유하고 있다. 고사포와 방사포 등 11,000여문의 방공무기도 보유하고 있고, 개량형 SCUD 미사일 등은 성능면에서 현대화된 무기이다.

해군은 해군사령부 예하 동·서해 2개 함대사와 13개 전대 및 2개의 해상저격여단, 40여개의 기지 등으로 구성되어 있다. 해군은 총 810여 척의 전투함, 잠수함, 지원함을 보유하고 있다. 수상 전투함은 경비함, 유도탄정, 어뢰정, 화력지원정 등 420여척이다. 잠수함 90여척 그리고 지원함정으로 상륙함 260여척 기타 200여척을 보유하고 있다.

공군은 공군사령부 중앙 통제 하에 4개 비행사단, 2개 전술수송여단, 2개 공군저격여단, 방공부대 등으로 구성되어 있다. 전력으로는 전투임무기 820여대, 감시통제기 30여대, 공중기동기 33여대, 헬기 300여대, 훈련기 170여대를 보유하고 있다.

2) 예비전력

북한의 정규군을 제외한 예비전력은 교도대, 로농적위대, 붉은 청년근위대로 나눌 수 있다. 예비전력의 지휘체계는 인민무력부와 당 민방위부로 이원화 되어있다. 교도대는 인민무력서 예하 후방군단의 통제를, 로농적위대와 붉은 청년근위대는 당 민방위부 관할 하에 있다.

교도대는 제대군인을 주축으로 조직되었으며 만 17세 이상 50세까지의 남성과 미혼여성 지원자(17~30세)를 대상으로 구성하며 행정 단위와 직장 규모에 따라 편성된다. 교도대는 정규군에 준하는 편제와 무장 그리고 정규군과 합동훈련(자대, 동원훈련)을 실시하고 있다. 대학생 교도대는 연간 160일간의 교내훈련과 2학년 재학시 6개월간의 입영훈련이 있다.

로농적위대는 17세 이상 60세까지의 동원가능 한 남성, 17세 이상 30세까지의 여성가운데 교도대 미편성자를 대상으로 직장 및 행정 단위별로 편성된다. 로동적위대의 기본임무는 민방위업무와 함께 전시에는 직장 및 주요시설 경계는 물론 지역방위와 대공방어 임무를 수행한다. 훈련시에 개인화기와 공용화기의 일부도 지급된다.

붉은청년근위대는 중학교 4~6학년 남녀학생들을 대상으로 학교단위별 중대 또는 대대급으로 편성된다. 연간 160시간의 교내훈련과 5학년 재학시 일주일간의 입영훈련도 받는다. 유사시에는 후비대·결사대로서의 임무를 수행한다.

3. 군사제도

군사제도는 병역제도, 복무와 계급제도, 당 조직 제도로 나누어 살펴본다. 먼저 북한은 제도는 헌법 제86조에서 "조국보위는 공민의 최대 의무이며 영예이다. 공민은 조국을 보위하여야 하며 법이 정한데 따라 군대에 복무하여야 한다"고 하여, 남자에 한하여 의무병역제도를 택하고 있다. 만 14세가 되면 초모대상자로 등록되고, 16세 때 징병신체검사를 받아 중학교 졸업 후인 17세를 전후하여 입대하게 된다. 신체검사불합격자,[5] 성분불량자, 특수분야종사자 및 정책수혜자[6]는 징집에서 제외된다.

---

5) 신체검사 기준은 신장 150㎝, 체중 48㎏ 이상이었다. 청소년들의 체격이 왜소해지자 신장 148㎝, 체중 43㎏ 이상으로 낮췄다. 통일부 통일교육원, 『2014 북한이해』, p. 142.

6) 안전원, 과학·기술산업 필수요원, 예술·교육 행정요원· 군사학 시험합격 대학생, 특수·영재 학교 학생 등은 정책상이유로 입영대상에서 제외하였다. 통일부 통일교육원, 『2014 북한이해』, p. 142.

하전사는 당성강한 현역이나 전문학교 실무교육이수자 중에서 선발한다. 군관은 2~5년 이상 근무한 현역사병이나 하사관 중에서 선발하여 각급 군관학교에서 양성되고, 고급군관 양성과 재교육은 김일성종합군사대학 등 각종 군사대학이 담당한다. 여성들도 중학교 졸업 후 군에 지원할 수 있는데 증가 추세에 있다.

복무기간은 지상군이 3년 6개월, 해·공군이 4년으로 규정되어 있었으나, 실제 복무기간은 5~8년간이었다. 그러나 1990년대 이후 '10년복무연한제'를 실시하고 있는데, 1996년 10월 군복무 조례를 다시 변경하여 사병들의 복무연령을 남자는 30세, 여자는 26세, 여자군관은 28세로 정하였다.7) 그러나 2003년 최고인민회의에서 '전민군사복무제'를 채택하여 남자는 10년 여자는 지원 시 7년으로 정하였다. 그러나 부대의 특성에 따라 복무기간이 연장되는 경우도 있다. 복무 중에 휴가는 정규휴가 연 1회, 그 밖의 휴가가 규정되어 있으나 지켜지지 않고 있다. 북한 이탈주민들에 따르면 군복무 중 1회 정도의 휴가가 대부분이라는 것이다. 병사들은 특수부대를 제외하고 복무기간 중 거의 절반 정도를 건설, 농업 등에 동원된다. 선군정치를 내세우면서 군인의 희생정신과 책임정신으로 경제활동 분야에 중요한 역할을 담당한다. 군복무를 마치면 직장에 배치되는데, 대학진학을 하는 경우도 있다. 북한에서 계급을 '군사칭호'라 부르는데, 여기에는 원수급, 장령급, 군관급(좌급군관, 위급군관), 하전사, 일반병으로 나눈다.8)

인민군 내의 각급부대에는 군사계통의 참모부, 정치계통의 정치부,

---

7) 통일부, 『2000 북한개요』, p. 155.
8) 구체적으로 ① 원수급: 대원수, 원수, 차수, ② 장성급: 대장, 상장, 중장. 소장, ③ 상급 군관: 대좌, 상좌, 중좌, 소좌, ④ 하급군관: 대위, 상위, 중위, 소위, ⑤ 하전사(사관): 특무상사, 상사, 중사, 하사, ⑥ 전사(일반병): 상급병사, 중급병사, 초급병사, 전사로 분류된다.

보위계통의 보위부가 존재한다. 각급 단위에는 당조직이 구성되어 군에 대한 정치사업을 수행한다. 군대 내에 '당위원회'와 '당 세포'가 있어, 당을 통제하고 정치사업을 전개한다. 별도로 대대급 이상 부대에는 정치부가 있다. 이 밖에도 각 부대에 따라 '김일성사회주의청년동맹(청년동맹)'9)조직이 있어, 각급 당위원회와 정치기관의 지도하에 군대내의 비당원을 로동당의 지도 아래 결속시키고 있다.

Ⅱ. 군의 조직과 위상

1. 국방위원회

상술한 바와 같이 국방위원회는 1972년 채택된 사회주의헌법에 의거해 중앙인민위원회 산하 기관으로 설치되었다. 이때에는 중앙인민위원회의 부문별위원회의 하나에 지나지 않았으며, 국가주석이 국방위원장을 겸임하도록 되어있었다. 그 후 1990년 5월 최고인민회의 제9기 1차 회의에서 확대·개편되었다가, 1992년 개정헌법에서 독립적인 국가기관으로 되었다.10) 1998년 헌법개정을 통하여 국방위원회는 법적 지위와 권한의 승격을 제도적으로 보장하였다. 2009년 헌법에서는 국방위원회 위원장을 국방위원회에서 분리하였고, 국방위원회의 권한도 강화되었다. 김정일 사망 후 김정은 체제 헌법에서는 국방위원장을 국방위원회 제1위원장으로 변경하였다.

---

9) 원래 '사회주의로동청년동맹(사로청)'이었던 이 조직은 김일성 사후 지금의 김일성사회주의청년동맹으로 바뀌었다. 청년동맹은 만 14세에서 30세에 이르는 청년, 학생, 군인, 직장인등 청년들이 가입하게 되어있는 조직이다.
10) 북한이 국방위원회의 지위를 격상시키고 국방위원장에게 무력에 대한 지위 통솔권을 부여한 것은 김정일시대에 대비한 것이었다. 김정일은 제1부위원장에 오른 후, 1993년 4월 최고인민회의에서 국방위원장에 선출되었다.

국방위원회의 조직은 제1위원장, 부위원장, 위원들로 구성된다. 국방위원회는 다음과 같은 임무와 권한을 가진다. 즉, ① 국가의 중요정책을 세운다. ② 국가의 전반적 무력과 국방건설사업을 지도한다. ③ 국방위원회 제1위원장의 명령, 국방위원회의 결정, 지시집행정형을 감독하고 대책을 세운다. ④ 국방위원회 제1위원장의 명령, 국방위원회의 결정, 지시에 어긋나는 국가 결정 지시를 폐지한다. ⑤ 국방부분의 중앙기관을 내오거나 없앤다. ⑥ 군사칭호를 제정하며 장령 이상의 군사칭호를 수여한다.

이 같이 국방위원회가 국가의 중요정책을 결정하고 전반적 무력을 지도하기 때문에, 그 산하에 국가안전보위부, 인민무력부, 인민보안부 등이 배치되어 있다.

2. 당중앙군사위원회

북한이 로동당에 군사위원회를 설치한 것은 1962년 12월 당중앙위원회 제4기 제5차 전원회의에서다. 당중앙위원회 산하기구였던 군사위원회는 1982년 당중앙군사위원회로 명칭이 바뀌었다. 당중앙군사위원회는 당의 노선과 군사정책을 관철하기 위한 대책을 토의·결정하며 혁명무력을 강화하고 군수공업을 발전시키기 위한 사업을 비롯하여 국방사업전반을 당적으로 지도한다. 그리고 당대회와 당대회 사이에 군사분야에서의 모든 사업을 당적으로 조직·지도한다.

2010년 개정된 당규약에서 총비서가 당중앙군사위원장을 겸직하도록 되었고, 김정은에게 부위원장의 직책이 부여됨으로써 후계자로서 면모를 과시하였다. 김정일 사후 당 총비서 대신 제1비서제가 마련되었고, 김정은 제1비서가 당중앙군사위원장을 겸하고 있다. 김정일 체제에서 당중앙군사위원회 위원은 주로 군부의 원로들로 구성하였는데, 김정은 체제에서는 야전 군인들이 많이 포함되어 있다.

3. 총정치국

총정치국은 6.25한국전쟁이 중이던 1950년 10월 당중앙위원회 결정에 따라 군대 내에 당조직으로 만들어 졌다. 1961년 제4차 당대회에서 군대내 당 조직과 관련한 규정을 당규약에 명시하였다. 그 이후 2012년 당규약도 그대로 존재하고 있다. "조선인민군은 모든 정치활동을 당의 령도 밑에 진행한다"고 하고, "조선인민군 각급 단위에는 당조직을 두며 그를 망라하는 조선인민군 당위원회를 조직한다"고 되어 있다. 인민군 내의 조직들의 사업은 전군의 주체사상화, 당의 유일적 영군체계 보장, 당원과 군인들의 당과 수령의 결사옹위, 당의 참된전사 준비 등이다.

인민군 각급단위에는 정치기관을 조직한다고 되어 있고, 이를 바탕으로 총정치국을 규정하고 있다. 즉, "조선인민군 총정치국은 인민군 당위원회의 집행부서로서 당중앙위원회 부서와 같은 권능을 가지고 사업한다"는 것이다. 총정치국장은 주요 군 간부에 대한 실질적인 인사권을 쥐고 있다. 총정치국은 당중앙위원회와 같은 권능으로 군에서 당의 정치사업과 군에 대한 당의 통제 강화 역할을 수행한다. 실제로 군의 대대급까지는 정치부를 두고 연대급 이상은 정치위원, 대대급 이하는 정치지도원를 파견하여 각급 군사지휘관의 사업을 당 차원에서 조정·통제하면서 그 사업결과를 당중앙위원회에 보고한다.[11]

김일성 사망 후 1995년에 조명록은 총정치국장에 임명되어, 그가 사

---

11) 통일부 통일교육원, 『2014 북한의 이해』, pp. 140-141.

망한 2010년 11월까지 15년을 그 직책을 유지하였다. 조명록은 1998
년부터 국방위원회 제1부위원장에 올라 북한의 실질적 제2인자였다.
이것으로도 북한에서 총정치국장이라는 직위가 어떠한 위치인가를 알
수 있는데, 이것은 현재에도 지속되고 있다.

4. 총참모부

총참모부는 당의 철저한 지도 아래 북한의 무력 전반을 총지휘하는
군 최고 집행기관으로, 육해공의 군사적 종합계획을 지휘·관리·통솔
한다. 총참모부는 1948년 2월 8일 '인민집단군 총사령부'에서 그후 '조
선인민군 총참모부' 개칭되었다. 총참모부는 최고사령관의 군령권을 실
제로 집행하는 최고 군사집행기관으로서, 인민군의 각 군종·병종 사
령부의 군사전략 및 군사작전의 종합계획을 수립하고 이들을 지휘 통
솔하고 있다.12) 인민군 무력은 인민무력부장이 아닌 총참모장 예하에
군종·병종별 부대가 편제된 통합군 체제로 인민군의 모든 정치·군
사 제대 및 부서들은 군사적으로는 총참모부의 명령과 지시에 복종하
도록 되어있다.

김정일 시대에는 김영춘이 1995년 총참모장이 되어, 2009년 2월까
지 그 직을 유지하였다. 그 후에 리영호가 총참모장이 되었고, 그는
2010년에는 당중앙군사위원회 부위원장 자리에 올랐으나 2012년 7월
숙청되었다. 김정은 시대에 군부의 주요자리가 계속 교체되고 있는 모
습을 보여주고 있다.

---

12) 통일부 통일교육원, 『북한지식사전』, 통일부 통일교육원, 2013, pp. 618-619.

5. 인민무력부

인민무력부는 1948년 북한정권 수립 시 민족보위성으로 출범하였고, 1972년 사회주의 헌법 채택 시 인민무력부로 명칭이 바뀌었다. 인민무력부는 인민무력성으로 변경되었다가 2000년 9월 9일 다시 환원되기도 하였다. 오진우(1995년 2월 사망)와 최광(1997년 2월 사망)과 같은 소위 혁명 1세대가 인민무력부장으로 있었을 때에는, 이들에게 실제적인 힘이 주어졌었다. 그러나 1998년 9월 김정일 체제가 공식적으로 출범하면서 역할이 축소되었다. 김정일은 인민무력부를 거치지 않고 직접 총참모부를 통해 군을 통제하였다. 또한 총참모장이 실질적으로 군사작전을 지휘·관장한다. 과거에 비해 그 위상과 기능은 약화되었으나, 군의 대표기능을 수행하면서 주로 후방사업을 담당하고 있다.

인민무력부장 역시 김정일 시대에는 오랫동안 그 직을 유지하고 있었지만, 김정은 시대에는 수시로 바뀌고 있다. 김정은은 군부의 완전한 장악을 위해, 원로 군 인사들을 퇴진시키고 그 자리에 상대적으로 젊은 사람들을 기용하고 있다.

Ⅲ. 김정은 체제에서 군대

1. 당의 군대

북한에서는 군을 '당의 군대', '혁명의 군대'라고 한다. 김정일 시대 군대를 '혁명의 주력군이며 나라의 기둥'으로 내세우며 군사우선정책을 펼쳤다. 김정일 체제에서 선군정치는 가장 위력한 정치방식이라고 하면서, 이를 만능의 보검이라고까지 하였다. 이렇게 김정일이 통치하는 과정에서 군인사들의 서열이 급상승했고, 군의 영향력이 사회전반으로 확대되어 '군민일치'는 통상적인 구호가 되었다. 이렇게 됨으로써 '당의 군대'라는 용어가 무색할 정도로 군대에 대한 당의 역할이 축소되었다. 그러나 제3차 당대표자회를 통하여 2010년 30년 만에 당규약을 개정한 것은 당의 복원을 의미하는 것이었다. 당의 위상 강화는 2010년 당규약 개정에서도 나타났다. 당규약의 전문에 "조선로동당은 근로인민대중의 정치조직중에서 가장 높은 형태의 정치조직이며 정치, 군사, 경제, 문화를 비롯한 모든 분야를 통일적으로 이끌어가는 사회의 령도적 조직이며 혁명참모부"라고 규정하고 있다.

특히 눈에 띠는 것은 당중앙군사위원회이다. 종전의 당중앙군사위원회는 "당군사정책수행 방법을 토의결정하며 인민군을 포함한 전 무장력 강화와 군수산업발전에 관한 사업조직을 지도하며 우리나라 군대를 지휘한다"고 되어있었다. 그런데 개정된 당규약은 "당대회와 당대회 사이의 군사분야에서 나서는 모든 당적사업을 조직지도한다"고 하였고, "혁명무력을 강화하고…국방사업 전반을 당적으로 지도한다"고 하였다. 또한 '총비서가 당중앙군사위원회 위원장이 된다'는 것은 총비서의 권한강화의 의미도 있지만, 당중앙군사위원회의 제도적 위상강화를 말해주는 것이다. 여기에 당규약에는 없지만 당중앙군사위원회 부위원장 직을 신설하여 김정은이 여기에 올랐다. 김정은이 공식적이고 공개적으로 직함을 부여받은 것이 당중앙군사위원회 부위원장이었다.

상술한 바와 같이 당중앙군사위원회는 전반적인 무력지휘에서부터 당의 군사정책의 결정 등 모든 군수산업과 인민군대를 지휘하도록 되어 있다. 김정은 체제에서는 정치의 중심이 군부에서 당으로 이전되고 있다. 당의 위상과 역할을 강조하면서, 군대에 대한 당적 통제도 강화시키고 있다. 2013년 8월 25일 선군절을 맞아 김정은은 "당의 령도를 떠나서는 인민군대의 위력에 대하여 말할 수 없다"고 하면서, "인민군대의 총적 방향은 오직 하나 우리 당이 가리키는 방향으로 총구를 내대고 곧바로 나가는 것"이라고 강조했다. 이는 선군체제에서 군의 비대화 현상을 우려하고 당의 영도와 통제의 필요성에서 나온 것이다.13)

물론 군에 대한 당의 강화가 북한에서 군을 중시하지 않는다는 것을 의미하지는 않는다. 북한의 군사국가화 경향은 지속될 수 밖에 없는 상황 하에서, 김정은은 적절하게 당의 군의 견제와 또한 군의 당의 견제 정책을 견지하며 균형점을 잡아나갈 것이다. 김정은은 당 제1비서이며, 당중앙군사위원회 위원장, 국방위원회 제1위원장, 군 최고사령관이기 때문이다.

2. 군 통수권자 김정은

북한에서 '대원수'는 상징적인 군사 칭호이다. 대원수는 1992년 4월 김일성 80회 생일을 기념하여 북한의 당과 국가기관의 결정으로 김일성을 대원수로 추대하여 최초로 탄생한 계급이다. 김정일은 사망 이후에 대원수로 추대되었다. 북한에서 원수 계급에는 '공화국원수'와 '인민군원수'가 있다. 김정일은 생전에 공화국원수였고, 생전에 인민군원수를 부여받았던 인물은 오진우, 최광, 리을설이 있다. 김정은은 2010년 제4차 당대표자회 직전에 대장 칭호 수여받았다. 그리고 김정은 체제가 갖춰진 이후인 2012년 7월 공화국원수에 올랐다.

북한의 군사지도와 지휘체계는 <그림 3-2>에서 보는 바와 같이 김정은이 당 제1비서와 당중앙군사위원회 위원장직을 가지고 중요 군

---

13) 이기동, "김정은 정권의 수령제와 당·정·군 관계, 북한연구학회 기획, 『김정은시대의 정치와 외교』, 파주: 한울아카데미, 2014, p. 167.

사정책을 결정하고 군부인사를 하고 있다. 군대의 최고지도부는 최고
사령부이고 최고사령관은 이를 직접 지휘하고 지도하는 자리이다.

〈그림 3-2〉 북한의 군사지도지휘체계

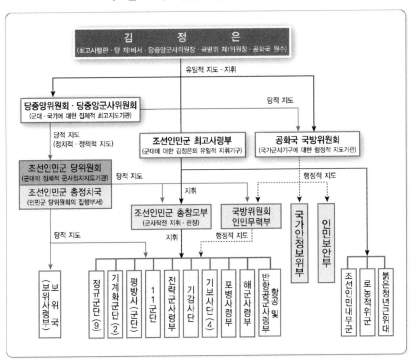

출처: 정성장, 『김정은 시대 북한군 핵심요직의 파워엘리트 변동평가』, 세종정책브리핑
2015-4, p. 6.

국방위원회는 국가군사기구인 인민무력부, 국가안전보위부, 인민보
안부를 지휘하고 있다. 국가안전보위부는 북한의 체제보위업무를 수행
하고 있어, 당과 국가기구의 파워엘리트들을 감시하고 통제한다. 국가
안전보위부는 기본적으로 반혁명분자 색출과 해외정보 수집 공작, 주
민사상 동향 감시 등의 업무를 수행한다. 국가안전보위부는 당·정·

군 기업소까지 파견되어 있고, 지방조직까지 설치하여 전국적인 규모를 갖추고 있다. 특히 군대에는 중대급까지 보위부 요원을 파견하여 동태를 감시하고 있다.14) 김정은 체제에서 군부 핵심 책임자의 빈번한 교체에도 불구하고, 국가안전보위부장은 계속해서 자리를 지키고 있다. 인민보안부는 2010년 4월 국방위원회의 직속 기구가 되면서 인민보안성에서 인민보안부로 개칭되었다. 인민보안부는 '사회의 안전질서를 유지하고 국가와 인민의 재산과 생명을 보호한다'하여, 우리의 경찰에 준하는 기구이다. 김정은 체제에서는 2012년 11월 23일 전국 분주소장 회의를 13년 만에 평양에서 열기도 하였다.

김정은은 권력승계기간이 매우 짧고 충분한 국정운영 능력을 습득할 기회를 갖지 못했다. 그렇기 때문에 김정은은 국정장악을 위해 내부통제를 더욱 강화하지 않을 수 없었다. 무엇보다도 효과적인 군의 통제가 중요했다. 그가 집권한 초기 3년 동안 군부의 3인방이라 할 수 있는 총정치국장, 총참모장, 인민무력부장을 모두 교체했다. 또한 장성들을 진급시켰다 강등시키기도 하고 또 진급시키는 계급정치를 펼침으로써, 자신의 군부장악력을 확대해 나갔다. 여기에는 군부의 세대교체라는 의미도 있지만, 군부의 영향력을 축소하고 충성 경쟁을 유발시켜 자신의 존재감을 과시하는 측면이 강했다. 이는 특정한 인물의 권력강화를 방지하고 군의 주요 장성들로 하여금 그들의 운명을 최고지도자 김정은에게 의존시키고 종속시키는 물리적·심리적 효과를 가져왔다고 할 수 있다. 전반적으로 보면 이러한 군인사는 군의 지위를 하향화하는 경향을 보여주고, 김정일 시절 다소 부풀려졌던 계급의 당적 강화를 위한 일환인 것이다.15)

---

14) 통일부 통일교육원, 『북한지식사전』, p. 67.
15) 백학순, 『김정은 시대의 북한정치 2012-2014: 사상·정체성·구조』, 성남: 세종연구소,

김정은은 이러한 계급정치 외에 군인사들의 숙청이나 처형으로 공포정치를 함으로써 정치력을 강화하는 단면을 보여주었다. 총참모장이었던 리영호의 숙청이나 인민무력부장인 현영철의 총살은 이를 말해주는 것이었다. 군의 특성상 완전한 장악은 상당한 시간이 필요하다고 생각한다. 그러므로 김정은이 자신의 권력 안정성에 대해 더 이상 걱정하지 않아도 된다고 생각될 때까지 상당기간 이러한 행태는 지속될 것으로 보인다. 그러나 지속적인 유혈숙청 등의 통치행태는 권력의 강한 힘을 천명하기도 하지만, 반면에 권력기반이 취약하다는 것을 반증하기도 한다. 강도 높은 통제정치가 반발을 가져와 김정은 체제가 위험에 처할 수 도 있다.

2015, pp. 147-148.

제 **2** 편

주체사상과 선군사상,
김일성·김정일주의

제 **1** 장

주체사상

Ⅰ. 이데올로기로서 주체사상

1. 김일성의 지배이데올로기

이데올로기는 대중에게 일관된 사고체계를 제공함으로써 정치리더십과 사회체제에 대한 정당성을 부여하고, 아울러 이루고자 하는 목표를 위해 대중의 자발적 참여를 동원해내는 역할을 하게 된다.[1] 일정한 정치체제가 혁명적 이데올로기를 표방할 경우에 그 이데올로기가 궁극적으로 추구하는 영상으로서 목표문화를 가지게 된다.[2] 이 목표문화에 달성하기 위한 구체적인 규범으로서 전이문화가 있다. 목표문화가 순수이데올로기라면, 전이문화는 실천이데올로기라 할 수 있다.

일반적으로 사회주의 국가에서 목표문화는 마르크스-레닌주의에서 연유된 계급없는 사회의 추구라고 할 수 있다. 북한의 경우 1950년대까지 북한의 공식이데올로기는 마르크스-레닌주의였다. 그러나 마르크스-레닌주의를 북한에 적용하는 데 문제가 있었고, 이를 북한식으로 풀어나가는 데 필요했던 것이 '주체'라는 실천이데올로기였다. 즉, '마르크스-레닌주의를 우리나라의 현실에 적용한 것이 주체사상'이라고 하였다.

이러한 실천이데올로기로서의 주체사상은 사회주의 발전전략의 차원이 아닌, 김일성 유일체제와 연결되면서 변화되었다. 1967년 이래 주체사상은 유일체제 구축을 위한 지배권력의 통치담론적 성격을 강하게 내재하면서 변화하였다. 이것은 북한에서 수령론이 본격화되는 시

---

1) 김근식, "김정은 시대의 '김일성-김정일주의': 주체사상과 선군사상의 추상화," 『한국과 국제정치』 제30권 제1호, 경남대학교 극동문제연구소, 2014, pp. 67-68.
2) Antony Wallace, *Culture and Personality*, New York: Random House, 1961, p. 418.

기와 일치한다. 주체사상은 마르크스-레닌주의를 대체한 '보편적 사상이론'으로 가져갈 수 있는 계기가 되었다.3)

북한에서 주체사상은 체계화 과정을 거치면서 김일성 유일사상을 골간으로 하는 지배이데올로기가 되었다. 이것은 다음과 같은 주장에서 알 수 있다. 즉, "유일사상체계를 세운다는 것은 당을 창건한 수령의 사상으로 전 당이 무장하고, 그에 기초하여 당대열의 조직, 사상적 통일을 이룩하며 수령의 유일적 영도 밑에 혁명투쟁과 건설사업이 진행되도록 하는 것을 의미한다"4)고 서술하였다. 그러므로 김일성 혁명사상은 유일사상체계의 제1차적 구성요소라고 볼 수 있다. 위에서 살펴본 바와 같이 혁명사상의 진수를 이루는 것은 주체사상이며, 당의 유일사상체계는 주체사상이라는 것이다. 따라서 당의 유일사상체계의 확립은 주체사상의 이론적 체계화로 전개되었다.

그러나 1973년까지만 해도 주체사상은 마르크스-레닌주의와 구별되는 새로운 사상으로 간주되지 않았으며, "맑스-레닌주의의 근본원리에 전적으로 맞는 사상", "혁명과 건설을 성과적으로 수행하기 위한 가장 정확한 맑스-레닌주의적 지도" 등으로 설명되었다. 주체사상은 마르크스-레닌주의를 북한에 적용하는 과정에서 생겨난 '실천이데올로기'로서의 위상을 가졌다.5) 그 후 주체사상은 북한사회에서 당과 국가활동, 혁명과 건설의 지도원칙을 결정짓는 최고의 지도이념으로 순수이데올로기로 격상되었다. 김정일은 마르크스-레닌주의에 대한 독창성을 강조하고, 주체사상의 지위를 '순수이데올로기'로 끌어올리는 데 결정적인 역할을 했다. 그것은 김정일이 1974년 당 중앙위원회 제5기 8차

3) 이종석,『새로 쓴 현대북한의 이해』, 서울: 역사비평사, 2000, p. 129.
4)『정치사전』, 평양: 사회과학출판사, 1973, p. 266.
5) 정성장, "주체사상의 형성·변화의 논리체계," 북한연구학회 편,『북한의 정치 2』, 서울: 경인문화사, 2006, p. 29.

전원회의에서 '김일성주의'를 선포한 것을 말한다. 이렇게 주체사상을 핵심으로 하는 김일성의 혁명사상은 마르크스-레닌주의의 계승성보다는 독창성이 강조된 '김일성주의'로 천명되었다.[6] 북한은 1970년대 중반에 '김일성주의'라는 용어를 사용하면서 김일성 사상 또는 주체사상을 마르크스-레닌주의와 차별하는 데 성공하였다.[7]

1980년 로동당 제6차대회에서 당규약을 개정하였다. 이데올로기 부분에서 "조선로동당은 오직 위대한 수령 김일성동지의 주체사상, 혁명사상에 의하여 지도된다"고 하여 마르크스-레닌주의와 주체사상과의 관계를 전혀 언급하지 않았다. 이는 주체사상이 순수이데올기로 격상되었음을 의미하는 것이었다.

2. 주체사상의 형성 배경과 과정

1) 주체사상의 형성 배경

북한에서는 주체사상을 김일성의 독창적 사상으로 널리 선전하고 있으나, 한 개인에 초점을 맞추기보다는 폭넓게 국내외 환경요인을 검토하는 것이 이해가 잘 되고, 설득력도 지닌다. 주체사상은 북한이 처해 온 환경의 산물인 동시에 오랜 시간에 걸쳐 형성되어 온 과정으로 파악할 필요가 있다. 주체사상이 나오게 된 배경을 몇 가지로 나누어 요약해 본다.

첫째, 주권 국가이며 자주성을 강조했던 북한은 소련과 중국의 영향을 크게 받아왔다. 북한은 정권 출범부터 적대세력인 미국에 의해서 가장 큰 좌절감을 느꼈지만, 우방 세력인 소련과 중국의 정책이나 행

---

6) 이종석, 앞의 책, p. 170.
7) 정성장, 앞의 책, p. 33.

동들도 북한에 많은 제약을 가했다. 북한은 정권 수립 초창기부터 소련과 중국의 지원을 받아왔으며, 양국과 불가분의 관계에 있는 북한은 1960년부터 심화되기 시작한 중·소 분쟁으로 인하여 처신하기 힘든 입장에 놓이게 되었다. 스탈린 사망이후 등장한 흐루시초프의 평화공존노선 채택과 공산권 내부에서 사회주의 체제의 다양성 인정과 마오쩌뚱(毛澤東)의 영향력 증대에 따른 국제공산주의 운동으로 인하여 이데올로기 논쟁이 전개되었다. 중·소간의 이데올로기 논쟁은 국제공산주의운동의 헤게모니적 성격을 띠고 있어, 김일성은 '당 사상 사업에서 주체'의 문제를 제기하며 독자적인 길을 모색하게 되었다. 공산주의 운동의 주도국으로서의 위치가 약화된 소련과 자국의 입장을 강화해 온 중국 사이에서, 자신의 보호와 국익을 위하여 자주적 주장을 강조하지 않을 수 없게 된 것이다.[8]

둘째, 김일성이 주체사상을 강조하게 된 이면에는 자신의 권력을 공고화하기 위한 투쟁의 측면이 있다. 김일성이 북한에서 자기 위치를 확립하는 과정에서 가장 부담이 되었던 인물 중의 하나는 박헌영이었다. 그는 어떻게 보면 국내 공산주의운동에서 가장 정통파인 것이다. 박헌영이 중심이 된 남로당원들은 1950년 전반에 이미 "조선혁명의 주체는 국내인민이다"라는 말을 썼으며, 이 말은 김일성에 의하여 금지되었다.[9] 결국 이것은 주체를 먼저 주장한 사람이 박헌영이요, 국내파가 혁명의 주체되어야 한다는 것을 의미한다. 김일성이 주체를 들고 나온 것도 박헌영이 사형되고 난 이후이다. 또한 김일성이 북한에서 위치를 확립하는 과정에서 소련의 지원은 결정적이었지만, 수적으로나 투쟁경력 그리고 실력 면에서 연안파나 소련파와 힘든 경쟁을 해야만

8) 전인영 편, 『북한의 정치』, 서울: 을유문화사, 1990, p. 80.
9) 허동찬, 『김일성 평전』, 북한연구소, 1987, pp. 297-298.

하였다. 그러므로 김일성은 주체를 내세워 소련파와 연안파를 종파분 자로 몰아 부치는 권력투쟁 속에서 그의 권력독점을 정당화하였다.

셋째, 북한에서는 주체사상이 표방되기 시작한 시기와 동원이 본격 화된 시기가 상당히 일치하고 있다. 김일성은 자립적 민족경제 건설을 위한 동원화의 기제로서 주체를 사용하였는데, 이는 마오쩌뚱의 자립 경제 정책 모델과 유사한 면을 보였다. 당시 마오쩌뚱이 내놓은 것이 '자력갱생'으로 국내자원과 인력을 조직화하는 '사회주의 총노선' '대약 진운동'이었다. 김일성도 중국과 같이 1956년 사회주의 건설과 혁명을 추동하는 '천리마 운동'을 제기하였고, 1958년부터 이것을 본격화하였 다. 주체사상의 지도방식의 하나가 '경제에서의 자립'인데, 이는 실천 이데올로기로서의 주체사상의 일면을 보여주는 것이었다. 북한에서 대 중동원의 가장 전형적인 형태인 천리마 운동이 전면적으로 추진될 때, 주체를 제창하고 경제자립을 선언한 것이다. 북한에서는 천리마 운동 을 사회주의건설을 위한 전 인민적 운동이라 하고 인민대중의 역할을 최대한으로 강조해왔다. 기술과 자본이 부족한 상황에서 경제를 발전시 키기 위해서는 인민대중의 자력갱생이라는 군중노선을 내세울 수 밖에 없었다. 이렇게 볼 때 북한의 주체사상은 사상자극적인 방법에 의한 동 원의 극대화 필요성에 부응한 것이다. 주체사상은 북한의 사회주의 발 전전략의 차원에서 제시되고 유도된 동원적 기제였다.

2) 주체사상의 형성 과정

김일성은 6.25한국전쟁이 종결된 직후 대내적으로는 그의 절대적 권력구조를 확고하게 구축하려던 상황과 대외적으로는 중·소간의 이 념분쟁의 와중에서 소위 주체의 문제를 제기하게 되었다. 김일성은 1955년 12월 28일 로동당 선전선동 일군 앞에서 『사상사업에서 교조주의와 형식주의를 퇴치하고 주체를 확립할 데 대하여』라는 연설에서 주체라는 용어를 처음으로 사용하였다.10) 여기에서 김일성은 내세운 것은 두 가지였다. 첫째, '조선혁명'을 옳게 수행하기 위해서는 소련이나 중국의 경험을 연구함에 있어서 사대주의·형식주의를 벗어나 북한 실정에 맞게 적용해야 한다. 둘째, 북한에서 공산당이 생긴지 10년이 되었으니 자기의 당사(黨史)를 가지고 당원을 교육시켜야 한다.

이 당시 북한은 대외적으로 스탈린의 사망 이후 흐루시쵸프의 등장과 더불어 사회주의에로의 다양한 길의 인정으로 인해 공산권 내부의 독자노선의 길이 열려 소련의 간섭이 약화되어 있었다. 대내적으로는 당내 각 정파들이 소련으로부터의 스탈린 격하운동에 고무되어 김일성의 권력과 정책노선에 도전하였다. 이에 김일성은 소련파 등을 견제하고 당내 리더십을 강화하기 위해 스스로를 정당화할 수 있는 사상적 입장의 확립이 절대로 필요하게 되었다. 김일성은 주체라는 명분을 내세워 1956년 '8월 종파사건'을 전후해서 소련이나 중국에 의존하면서도, 자신의 중심체제에 반대하던 자들을 당의 단결을 파괴하는 반당종파분자·수정주의자·교조주의자 등의 낙인을 씌워 제거해 나갔다. 이 과정에서 자신의 입장을 정당화하고 합리화하는 사상적 무기로 주체를 내세웠던 것이다.

이러한 정치환경의 변화 속에서 경제와 정치에서의 자주성 확보를 통감한 김일성은 1956년 12월 11일 당중앙위원회 전원회의에서 자력갱생의 원칙에 기초한 '경제에서의 자립'과 '정치에서의 자주' 노선을 내세웠던 것이다. 또한 김일성은 쿠바사태를 계기로 1962년 12월 당

---

10) 북한에서는 주체사상을 김일성의 타도제국주의 동맹을 시발로 해서 1930년의 카륜회의를 조선 공산주의 운동과 조선혁명의 새로운 출발점이라 보고 이를 기점으로 기초했다는 것이다. 『정치사전』, p. 1055; 김정일, 『주체사상에 대하여』, 평양: 조선로동당출판사, 1982.

중앙위원회 전원회의에서 '국방에서의 자위'노선을 택하였다.

주체사상을 공개적으로 강조하기 시작한 것은 1960년대 중반이다. 김일성은 1965년 4월 14일 인도네시아 알리아르함 사회과학원에서 행한 연설에서 "주체를 세운다는 것은 혁명과 건설의 모든 문제를 독자적으로, 자기 나라의 실정에 맞게 그리고 자체의 힘으로 풀어나가는 원칙을 견지한다는 것을 의미"한다고 하였다. 이것이 '창조적 입장'이고 '자주적 입장'이라 하였다. 또한 "사상에서의 주체, 정치에서의 자주, 경제에서의 자립, 국방에서의 자위 이것이 당의 견지하고 있는 입장"이라고 강조하였다. 북한에서 지배이념을 지칭하는 뜻으로 주체사상이란 말을 사용한 것은 1967년 12월 16일 최고인민회의 제4기 1차 회의에서였다. 김일성은 '국가의 모든 활동분야에서 자주, 독립, 자위 노선을 철저히 구현하자'는 연설에서 "우리 당의 주체사상은 우리의 혁명과 건설을 수행하기 위한 가장 확고한 맑스-레닌주의적 지도사상이며, 공화국 정부의 모든 정책과 활동의 확고부동한 지침입니다"11)라고 말하였다.

1970년 발행된 북한의 『정치용어사전』에서는 주체사상의 기본 요구와 기본 내용에 대하여 다음과 같이 서술하고 있다. 주체사상은 로동당의 유일사상이며 혁명사상이라 하면서, "혁명과 건설에서 자주적 립장과 창조적립장을 견지하는 것은 주체사상의 기본요구이다"12)라 하고 있다. 또한 김일성의 교시를 제시하면서, "사상에서 주체를 세우며 정치에서의 자주, 경제에서 자립, 국방에서의 자위를 실현하는 것은 주체사상을 혁명과 건설의 모든 부문에 가장 철저하게 구현하기 위한 유일하게 옳은 원칙과 립장"이라는 것이다.13) 주체·자주·자립·자

---

11) 『김일성저작선집 제4권』, 평양: 조선로동당출판사, 1968, p. 533.
12) 『정치용어사전』, 평양: 사회과학출판사, 1970, p. 553.

위의 정신 구현은 지배이데올로기로서의 주체사상으로 구체화되었고, 1970년 11월 로동당 제5차 대회에서는 마르크스-레닌주의와 함께 주체사상을 당의 공식 이데올로기로 내세워졌다.

한편 1972년에 들어서면서 주체사상을 이론적이며 체계화된 사상으로 제시하기 위한 작업이 전개되었다. 북한은 1972년 4월 김일성 탄생 60돌을 기념하기 위해 평양에서 전국사회과학자 대회를 개최하여 김일성의 위대성을 합창하였고, 이 자리에서 양형섭은 주체사상이 2대 지주인 자주적 입장과 창조적 입장을 견지하는 사상이라고 주장하였다.

이러한 주체사상은 1972년 12월 27일 개정된 사회주의 헌법 제4조에 "조선민주주의 인민공화국은 맑스-레닌주의를 우리나라의 현실에 창조적으로 적용한 조선로동당의 주체사상을 자기활동의 지도적 지침으로 삼는다"고 하여, 주체사상이 북한의 지도이념으로 전면화되었다. 1980년 10월 로동당 제6차 대회에서 개정된 당 규약에는 "조선로동당은 오직 위대한 수령 김일성 동지의 주체사상, 혁명사상에 의하여 지도된다"고 명문화함으로써, 마르크스-레닌주의를 언급하지 않고 주체사상을 최고의 지도이념으로 규정하고 있다. 북한에서는 김일성 탄생 70주년을 앞둔 주체사상토론회에 김정일이 "주체사상에 대하여"라는 논문을 내놓음으로 해서 완전한 체계화가 이루어 졌다고 한다. 여기에서 김일성이 50여년간 "조선의 혁명의 앞길을 진두에서 해쳐오신 력사는 위대한 혁명실천 속에서 주체사상을 창시하시고 독창적인 사상리론체계로 완성시켜오신 력사입니다"라 하고 있다. 북한에서 주장하는 바와 같이 1930년에 주체사상을 창시하였으니, 1982년 70회 생일이 되는 이때가 주체사상을 주창한 지 50여 년이 되었다는 것이다. 이 기

---

13) 위의 책, pp. 554-555.

간 역사를 통하여 완성이 되었으니, 이를 김정일 자신이 체계화하여 논문으로 제시하였다는 것이다. 북한에서는 김정일의 이 논문이 주체사상의 '성전'이 되었고, 주체사상을 '김일성주의'로 완성시켰다고 하였다.

1992년 4월에 개정된 헌법 제3조에서는 "조선민주주의인민공화국은 사람 중심의 세계관이며 인민대중의 자주성을 실현하기 위한 혁명사상인 주체사상을 자기활동의 지도적 지침으로 삼는다"라고 하였다. 주체사상을 사람중심의 세계관이라 하여, '인간중시'라는 독자적 측면을 강조하였다.

Ⅱ. 주체사상의 원리와 내용

북한에서는 "주체사상은 당과 인민이 혁명의 주인으로서 자각을 가지고 자기의 힘을 믿고 자체의 힘에 의거하여 모든 문제를 자기 인민의 이익과 자기 나라의 실정에 맞게 풀어나가는 데서 견지해야 할 근본적인 입장과 태도를 밝혀주는 혁명적 사상이다"14)라고 말하고 있다. 이러한 것은 김정일의 논문 "주체사상에 대하여"에서 인간중심의 철학적 세계관, 인민대중의 사회, 역사관, 주체의 지도원칙으로 나누어 이론화시켜 놓았다.

1. 인간중심의 철학적 원리

주체사상에서 주장하는 철학적 원리의 기초로 삼고 있는 것은 인간중심의 세계관이다. 김정일은 "주체사상은 사람 중심의 새로운 철학 사상입니다. 사람이 모든 것의 주인이라는 것은 사람이 세계와 자기

---

14) 『정치사전』, p. 1055.

운명의 주인이라는 것이며 사람이 모든 것을 결정한다는 것은 사람이 세계를 개조하고 자기운명을 개척하는 데서 결정적 역할을 한다는 것입니다. 사람이 세계의 주인으로서 특별한 지위와 역할을 차지하는 것은 자주성과 창조성, 의식성을 가진 사회적 존재이기 때문입니다. 수령님께서는 자주성과 창조성, 의식성이 사회적 존재인 사람의 본질적 특성을 이룬다는 것을 밝히심으로써 사람에 대한 새로운 철학적 해명을 주시였습니다"15)라고 말하고 있다. 이것으로 볼 때 철학적 원리는 두 가지 명제로 되어 있다. 하나는 사람이 세계와 운명의 주인으로 결정적 역할을 한다는 것으로 인간중시 원리이다. 다른 하나는 인간이 자주성과 창조성을 가진 사회적 존재라는 것이다. 김일성이 강조했던 자주성과 창조성에 의식성을 추가하고 있는 것이다.

여기서 자주성이란 세계와 자기운명의 주인으로서 자주적으로 살펴 발전하려는 사회적 인간의 속성이라 하고, 창조성은 목적의식적으로 세계를 개조하고 자기 운명을 개척해 나가는 사회적 인간의 속성이라 하고 있다. 의식성은 세계와 자신을 파악하고 개변하기 위한 모든 활동을 규제하는 사회적 인간의 속성인데, 특히 의식성에서의 기본은 계급의식이며 계급투쟁에 대한 사람들의 태도와 입장은 계급의식에 의하여 규제된다고 하였다. 이 세 가지 때문에 사람은 세계를 숙명적으로가 아니라 혁명적으로 대하며 수동적으로가 아니라 능동적으로 대하고, 세계를 맹목적으로가 아닌 목적의식적으로 개조하게 된다는 것인데, 이것이 주체사상의 인간관이다. 즉, 혁명과 건설의 주인은 인민대중이기 때문에 이들은 마땅히 주인다운 태도를 가져야 하며, 이는 자주적 입장과 창조적 입장으로 표현된다고 하였다.

---

15) 김정일, 앞의 책, 1982, pp. 9-10.

그러나 개별적인 사람의 생명중심이 뇌수에 있는 것처럼 정치사회적 생명의 중심은 이 집단의 최고의 뇌수인 수령이라고 규정하고 있다. 즉, "사회주의 사회에서 수령이 차지하는 지위는 인민대중 속에서 수령이 차지하는 지위에 의하여 규정된다. 사회주의 사회에서 수령은 인민대중의 최고뇌수이며 통일단결의 중심이다"라는 것이다. 이것은 수령이 인민대중 속에서 사상과 령도의 유일한 중심이며 통일과 단결의 유일한 중심이라는 것을 의미한다"16)라고 말하고 있다. 그러므로 북한은 수령의 지도를 받아야만 혁명과 건설에서 인민대중이 자주적 입장과 창조적 입장에 설 수 있다고 하면서 수령의 지배논리를 유도하고 있다. 이렇게 볼 때 인간 중심의 철학적 원리란 인민의 주체를 수령의 주체로 대체시켜 놓은 것이다.

2. 인민대중의 사회 · 역사관

김정일은 "주체사상에 의하여 밝혀진 사회역사원리는 새로운 역사관, 주체사관입니다"17)라고 하여 주체사관이라는 새로운 용어를 제시하고 있다. 또한 "역사의 주체는 근로인민대중이며 반동적 착취계급은 역사의 주체가 될 수 없습니다. 근로인민대중은 역사를 개척하고 발전시키지만 착취계급은 역사의 진전을 멈춰 세우고 되돌려 세우려고 합니다. 계급사회의 전 노정은 근로인민대중과 반동적 착취계급 사이의 첨예한 투쟁의 역사입니다. 사회는 이 투쟁을 통하여 전진하고 발전하여 왔습니다"18)라고 하여 역사는 계급간의 투쟁의 역사이고, 그 주체는 근로인민대중임을 규정하고 있다.

---

16) 리진규, 『주체의 정치론』, 동경: 구월서방, 1988, p. 457.
17) 김정일, 앞의 책, 1982, p. 15.
18) 위의 책, pp. 16-17.

그러나 근로인민대중이 역사의 주체가 되기 위해서는 당과 지도자가 결합해야 한다는 논리를 펴고 있다. 공산주의 운동은 심각한 계급투쟁을 동반하는 만큼 올바른 지도가 없이는 제대로 진행될 수 없다. 즉, "혁명운동, 공산주의운동에서 지도문제는 다름 아닌 인민대중에 대한 당과 수령의 령도문제입니다. 로동계급의 당은 혁명의 참모부이며 로동계급의 수령은 혁명의 최고 영도자입니다"[19]라는 것이다. 이는 역사의 창조자인 인민대중이 사회역사발전의 주체로서 지위를 차지하고 있어 그 역할을 다하기 위해서는 혁명의 최고 지도자인 수령의 영도를 받는 것이 불가결하며, 그것이 없이는 자기의 역사적 사명을 수행할 수 없다는 것을 의미한다.

또한 인류사회의 발전의 역사는 자주성을 옹호하고 실현하기 위한 인민대중의 투쟁의 역사라 하고, 그 성격은 자연과 사회를 개조하고 변혁하는 창조적 운동이라 하고 있으며, 그 추진력은 자립적 사상의식이라는 것이다. 이와 같이 역사 사회관에서는 혁명의 본질을 자주성을 위한 투쟁으로 규정하고 있으므로, 사회제도의 교체만을 혁명의 대상으로 보지 않고 사람들의 자주성과 창조성을 구속하는 낡은 사상, 기술문화를 선진적인 것으로 개조하는 것도 혁명이라 보고 있다.[20] 따라서 한 나라는 사회주의제도를 확립한 이후에도 이 세 영역에서 혁명을 지속해야 한다는 것이 사회역사관의 중심적인데, 이는 결국 영구혁명논리라고 말할 수 있다.

---

19) 위의 책, p. 18.
20) 이상우, "정치이념, 사회변화와 대남관계," 한국공산권연구회 편, 『북한의 오늘과 내일』, 서울: 법문사, 1982, p. 294.

3. 지도원칙

주체사상의 지도원칙은 "당 및 국가의 활동과 혁명과 건설의 모든 분야에서 주체를 세우기 위한 지침"[21]이라 하고 있다. 그리고 북한에서는 자주성의 입장을 견지해야 하며, 창조적 방법을 구현시켜야 하고, 사상을 기본으로 해야 한다는 지도적 원리를 표명하고 있다. 이를 좀 더 구체적으로 살펴보자.

1) 자주적 입장의 견지

김정일의 논문에서는 자주성을 구현하기 위한 원칙으로서 사상에서의 주체, 정치에서의 자주, 경제에서의 자립, 국방에서의 자위 원칙을 내놓았다. 그리고 김정일은 "주체, 자주, 자립, 자위의 원칙은 사상, 정치, 경제, 국방분야에서 자주성을 구현하기 위한 지도원칙입니다"[22]라고 설명하고 있다. 사상에서의 주체는 각 나라의 실정을 가장 잘 아는 것은 그 나라의 당이므로 그 나라의 혁명과 건설에 대해서는 그 나라 당이 책임을 져야 하고, 다른 나라 당의 지배나 간섭을 받아서는 안 된다는 것이다. 사상에서 주체를 세우기 위해서는 높은 민족적 자존심과 혁명적 자부심을 높이기 위한 투쟁을 강화해야 한다고 한다. "미제에 대한 사대주의 사상의 해독성은 남조선에서 집중적으로 나타나고 있다"하면서, "남조선 인민들 속에서 공미숭미사상을 반대하고 민족자주의식을 높이기 위한 투쟁을 강화하지 않고서는 남조선 혁명의 승리도, 조국의 자주적 통일도 이룩할 수 없습니다"[23]라 하고 있다.

---

21) 김정일, 앞의 책, 1982, p. 37
22) 위의 책, p. 37.
23) 위의 책, pp. 41-42.

정치에서의 자주는 남의 감정을 기계적으로 모방하지 않고 자체의 실정과 필요에 따라 개별적으로 판단하고 결정할 문제이지 누구도 이에 간섭할 수 없다는 것이다. 북한은 수령의 현명한 영도 밑에 주체사상을 유일한 지도사상으로 하여 모든 노선과 정책을 집행했기 때문에 혁명과 건설에서 승리를 이룩할 수 있었다 하고 있다. 또한 정치에서의 자주성을 보장하기 위해서는 대외관계에서 완전한 자주성과 평등권을 행사해야 한다는 것이다. 그래서 북한은 대외관계에서 자주권과 평등권을 고수할 것이며 자주성과 국제주의를 결합시키는 원칙을 견지할 것이라 하고 있다.24)

경제에서의 자립의 원칙은 자립적 민족경제를 건설하는 것이고, 이를 위해서는 자력갱생의 원칙을 견지해야 한다는 것이다. 그러나 북한에서는 다음과 같이 자립적 민족경제를 설명하고 있다. 즉, "자력갱생의 원칙에서 자립적 민족경제를 건설한다는 것은 결코 문을 닫아 매고 경제를 건설한다는 것을 의미하지 않습니다. 자립경제는 다른 나라에 의한 경제적 지배와 예속을 반대하는 것이지 국제적인 협조를 부인하는 것은 아닙니다"25)라고 말하고 있다. 이는 자력갱생은 하되 사회주의 국가와는 협조를 하겠다는 것이다.

국방에서의 자위는 자주독립 국가건설의 근본원칙이며, 자기 힘으로 자기의 나라를 보위하는 것이라 한다. 국방에서의 자위원칙을 관철하기 위해서는 자위적 무장력도 갖추어야 하지만, 인민무력의 정치사상적 우월성을 높이 발양시켜야 한다고 주장하고 있다.

---

24) 위의 책, p. 45.
25) 위의 책 pp. 49-50.

2) 창조적 방법의 구현

지도원리로서 창조적 방법에는 인민대중에 의거하는 방법과 실정에 맞게 하는 방법이 있다고 주장하고 있다. 인민대중에 의거하여 혁명과 건설을 성과적으로 수행하기 위해서는 대중의 요구와 지향을 반영하여 옳은 노선과 정책을 세우며 그것을 대중자신의 것으로 만들어야 하며, 인민대중을 하나의 정치적 역량으로 묶어 세워야 하는데 이를 위해서는 계급노선과 군중노선을 옳게 결합시켜야 한다는 것이다. 혁명투쟁을 실정에 맞게 진행하기 위해서는 "수령님께서 가르치신 바와 같이 기성이론의 명제나 공식에 대하여서는 그것이 어떤 시대적 요구를 반영하여 또 어떤 전제 밑에서 나왔는가를 따져보고 자체의 구체적 현실과 특성에 맞게 적용해야 한다"26)고 하고 있다.

3) 사상을 기본으로

혁명운동에서는 자주적인 사상의식이 결정적 역할을 하는 만큼 혁명과 건설에서는 반드시 사상을 기본으로 틀어쥐고 나가야 하며, 이를 위해서는 사상개조사업, 정치사업을 모든 사업에 앞세워야 한다는 것이다. 사상개조는 사람들을 공산주의적 인간으로 개조하는 것이고, 이는 하나의 심각한 혁명이다. 사상개조에서 기본은 혁명적 세계관을 세우는 것인데, 주체의 혁명관에서 핵을 이루는 것은 당과 수령에 대한 충실성이라는 것이다. 또한 혁명과업을 성과적으로 수행하기 위해서는 사람들을 교양하고 발동시키기 위한 정치사업을 모든 사업에 앞세워야 한다는 것이다. 정치사업은 혁명 실천과 밀접히 결부되어야 하며, 정치사업의 주요목적은 제기된 혁명과업을 성과적으로 해결하는 데 있다

---

26) 위의 책, p. 60.

는 것이다. 이상의 것이 김정일의 논문에서 표명된 주장이다.

김정일은 사회의 모든 성원을 혁명화, 노동계급화하여 그들을 주체형의 공산주의적 인간으로 개조하고자 하였다. 그는 이것이 온 사회를 주체사상화하기 위한 풍요한 혁명적 과업이라고 제시하면서 사상개조를 통한 인간개조를 강조하고 있다.

4. 주체사상의 역사적 의의

주체사상의 내용은 철학적 기준에 의거하여 정립되었다기보다는 북한이 처해 있는 상황의 필요에 의하여 점차적으로 형태를 갖추게 되었다. 따라서 주체사상의 본질은 김일성 1인 지배체제의 강화를 합리화하고, 경제건설과 국방력강화의 병진정책을 위한 철저한 사회동원체제를 뒷받침하며, 중·소 분쟁에서의 중립노선과 실리추구외교에 대한 이론적 근거를 제공해 주는 등 정치적 목표달성을 위한 실리주의적 선언이라고 할 수 있다.

그러나 북한에서는 주체사상의 역사적 의의라고 하여 다음과 같이 주장하고 있다. 김정일은 주체사상이 주체시대의 참다운 혁명관을 밝혀주었다고 하면서, 이것은 인류의 사상발전과 해방위업에 이바지한 주요한 역사적 공헌이라 하였다. 즉, "시대의 발전은 세계관의 발전을 동반합니다. 로동계급의 진출과 함께 개시된 혁명의 끊임없는 확대발전은 이제까지 력사의 대상으로 되어온 근로인민대중이 력사의 주인으로 등장하는 새로운 시대의 탄생을 가져왔습니다. 로동계급을 비롯한 근로인민대중이 세계를 지배하는 위대한 력량으로 등장한 새시대는 그들이 자기 운명의 주인이되어 그것을 자주적으로, 창조적으로 개혁하며 민족해방, 계급해방, 인간해방의 력사적 위업을 승리적으로 실현해

나갈 수 있게 하는 새로운 세계관의 출현을 요구하였습니다. 이 력사적과제는 주체사상이 창시됨으로써 빛나게 해결되었습니다"라고 주장하고 있다.27) 이는 주체사상이 자주성을 지향하는 세계인민들의 공통된 염원을 반영하고 있어, 자주의 새 세계를 창조하는 혁명운동발전에 커다란 영향을 미쳤다는 것이다.

그런데 주체적 혁명관에 핵을 이루는 것은 '당과 수령에 대한 충실성'이라는 것이다. 혁명운동은 당과 수령의 영도 밑에 수행되어야 하고, 당과 수령을 받들어야 승리할 수 있다고 한다. 그러므로 혁명관을 옳게 세우기 위해서는 당과 수령에 대한 충실성을 기본으로 틀어쥐고 나가야 한다고 북한에서 주장하고 있다. 이렇게 볼 때 주체사상에서 주장하는 '역사의 주인'이 되기 위해서는 수령의 지도가 필요하다는 것은, 인민의 주체가 아닌 수령의 주체를 의미하는 것이다.

---

27) 위의 책, pp. 73-74.

주체사상의 하위 담론

Ⅰ. 조선민족제일주의

1. 민족자주의식

1980년 중반 동구사회주의체제의 와해는 북한에게 동반자의 상실에 따른 고립감과 사회주의체제의 존속 여부에 대한 위기의식을 느끼게 했다. 이러한 상황에서 김정일은 1980년대 말 사회주의 변혁에 대한 논리로서 '조선민족제일주의'를 주장해 민족 개념을 부각했으며, 1989년 동구 사회주의체제의 대변혁과 구소련의 해체에 대한 이론적 대응으로서 우리식 사회주의를 제기하게 되었다.[1]

주체사상의 이데올로기적 특성 가운데 하나인 민족주의적 특성은 1980년대 중반 이후 제기되었다. 특히 이는 주체사상의 이론체계에서 표면화 내지는 공식화 되었다. 이른바 '조선민족제일주의'론에 나타난 민족 및 민족주의에 대한 인식의 변화가 바로 그것이다.[2] 조선민족제일주의라는 개념은 김정일이 1986년 7월 15일 "자기 나라 혁명에 충실하자면 무엇보다도 자기 민족을 사랑하고 귀중히 여길 줄 알아야 합니다. 나는 이런 의미에서 우리민족제일주의를 주장합니다"라고 말한 것에서 처음 사용하였다. 그러나 조선민족제일주의가 정식화된 것은 1989년 말 사회주의의 대변혁이 있을 때부터였다.

민족주의와 사회주의는 근본적으로 긴장관계를 내포한다. 특히 사회주의가 추구하는 프롤레타리아 국제주의는 민족주의와 양립할 수 밖에 없다. 북한에서는 민족주의라는 용어를 쓰지 않고 있다. 그들이 즐겨

---

1) 김성철, 『주체사상의 이론적 변화』 연구보고서 93-18, 민족통일연구원, 1993, p. 70.
2) 김영수, "북한의 주체사상," 이은호·김영재 공편,『북한의 정치와 사회』, 서울: 서울프레스, 1994, p. 196.

쓰는 용어는 민족자주의식이다. "민족자주의식은 민족의 근본이익과 요구를 반영한 사상의식의 한 형태이다. 민족자주의식을 높이는 것은 민족의 자주성을 보장하고 나라의 독립과 자유를 지키며 사회주의, 공산주의를 성과적으로 건설하기 위한 선결조건이다. 민족자주의식이 높은 민족은 불패이지만 이것 없는 민족은 사대주의, 교조주의, 민족허무주의 등의 낡은 사상에 물들게 되며, 결국은 제국주의의 온갖 지배세력에게 예속되어 혁명과 건설을 망치게 된다"3)는 것이다.

주체사상은 '사상에서의 주체'를 제기한 이래 민족주의적 특성을 강하게 수용하고 있었지만, 민족주의 자체를 표명하지는 않았다. 이는 그 동안 북한에서 민족주의를 어떻게 보아 왔느냐에서 그 해답을 얻을 수 있다. 즉, "전민족적 이익을 내세워 자기민족 내의 부루조아지의 이해관계를 합리화하는 사상으로 민족주의는 또한 대외적으로 자기민족의 우수성을 주장하면서 다른 민족을 멸시, 적대함으로써 민족적 불화와 모순을 격화시킨다"4) 그러므로 북한에서는 민족주의라는 말의 부정적인 입장을 고려하여, 민족자주의식이란 말로 포장하여 우리 민족제일주의를 내세웠다.

2. 차별성 부각의 조선민족제일주의

김정일이 조선민족제일주의를 내세운 목적은 '단순히 우리 민족에 대한 긍지와 자부심을 가지도록 하자는 데만 있는 것이 아니라 자체의 힘으로 사회주의 건설을 더 잘하여 민족의 존엄과 영예를 더욱 높이 떨치는데 있다'고 밝혔다. 당시 북한은 경제위기가 심화되고 사회주의권 몰락이 진행되는 상황에서 여타 사회주의국가와 차별화가 필요

---

3) 북한사회과학원 철학연구소, 『철학사전』, 서울: 도서출판 힘, 1988. p. 229.
4) 위의 책, p. 231.

했으며, 조선민족제일주의는 그런 전략적 논리였다.5) 이를 극복하기 위해서는 지도자를 중심으로 단결해야 한다는 논리를 펼쳤다. 즉, "위대한 수령님과 친애하는 지도자동지를 중심으로 하여 하나의 정치사회적 생명체를 이룬 일심단결의 위력, 바로 여기에 투철한 민족자주정신인 우리 민족제일주의의 위대한 생활력이 있다는 것이다"6)라 하고 있다. 이렇게 우리 민족이 제일이라는 강조는 사회주의권의 다른 나라와 민족이 흔들리거나 다른 길을 가더라도 우리 민족은 그들과 다른 민족이므로 아무런 상관관계가 없다는 것을 내포한 것이었다.7) 결국 조선민족제일주의는 민족의 우월성을 내세워 붕괴된 여타 사회주의국가와의 차별성을 부각시킴으로써 내부적으로 주민들의 사상적 동요를 막고 체제 결속을 도모하기 위해 제창된 하위통치이념이라 할 수 있다.8)

이렇게 볼 때 조선민족제일주의는 뒤에서 설명할 우리식 사회주의와 같은 의미로 쓰여진다. 김정일의 민족주의는 사회주의라는 외형에 민족주의라는 외형을 결합한 사회주의적 민족주의이다. 대내외적 환경변화 속에서 민족 개념을 체제유지 논리와 직접 결합시켜 통치이념화한 것이다.9) 이는 주체사상의 기본 논리에서처럼 인민대중을 김일성과 김정일이 이끌 때, 조선민족이 제일로 될 수 있다는 것도 함축하고 있다.

---

5) 김창근, "북한 지도부의 민족·민족주의 담론," 북한연구학회 편, 『북한의 정치 2』, 서울: 경인문화사, 2006 p. 97.
6) 고영환, 『우리 민족제일주의론』, 평양: 평양출판사, 1989, p. 192.
7) 김영수, 앞의 책, p. 197.
8) 통일부, 『2004 북한개요』, 통일부, 2003, p. 33.
9) 김창근, 앞의 책, p. 98.

Ⅱ. 우리식 사회주의

1. 우리식 사회주의의 제기

북한은 1980년대 후반 이후 동유럽 국가들의 대변혁을 목격했고, 1990년대 들어 북한은 주체사상의 차별성·우월성을 부각시키면서 우리는 이들 나라와 다르다는 '우리식 사회주의'라는 것을 들고 나왔다. 1990년 최고인민회의 제9기 1차회의에서 김일성은 주석으로 재추대되고, '우리 나라 사회주의의 우월성을 더욱 높이 발양시키자'는 시정연설을 하였다. 김일성은 우리 나라의 사회주의가 가장 우월한 사회주의이니 이것을 그대로 믿고 따라야 하며, 다른 나라의 움직임에 신경 쓰지 말라는 것이었다.

우리식 사회주의는 1991년 5월 5일 김정일이 당 중앙위원회 책임일군들에게 행한 "인민대중중심의 우리식 사회주의는 필승불패이다"라는 담화를 계기로 본격적으로 제기되었다. 김정일은 이 담화에서 일부 나라에서 사회주의가 좌절하게 된 원인을 "사회주의의 본질을 력사의 주체인 인민대중의 중심으로 이해하지 못한 점", 또한 "사회주의와 자본주의의 질적 차이를 보지 못하고 사회주의 근본원칙을 일관성 있게 견지하지 못한 데"있고, 마지막으로 "관료주의가 자라나 사람들의 창발성을 억제하고 당과 국가에 대한 신뢰를 떨어뜨리게 되어 인민대중의 통일단결을 파괴하는 엄중한 결과를 가져왔다"는 점을 들고 있다. 이를 정리하면 김정일은 사회주의 체제의 와해가 ① 사상교양을 통한 사회통합에 실패했다는 점, ② 사회주의의 근본원칙을 일관성 있게 고수하지 못했다는 점, ③ 중앙집중식 관리방식이 행정화 경향, 관료주

의라는 사회병폐를 낳았다는 점 등의 원인에서 일어났다고 생각하고 있었던 것이다.10)

1980년대 말엽부터 시작한 동구권 급변과 소련의 붕괴 속에 김정일은 위협을 느꼈다. 물론 이전에도 북한 사회주의 혁명의 특성을 강조하여 왔다.11) 그러므로 북한이 해결해야 할 절대적인 과제는 주체사상으로 대표되는 우리식 사회주의가 이미 붕괴해 버린 다른 나라의 사회주의와 어떻게 다른지 명확하게 차별화하는 일이었다. 이 과제를 해결하기 위해 북한은 주체사상을 참다운 사회주의·우리식 사회주의로 규정하고, 참답지 않은 다른 나라의 사회주의와 차별하는 일에 전력하였다.12) 우리 식대로 살아나갈데 대한 방침은 혁명과 건설에서 주체사상의 요구대로 주체를 철저히 세워나가는 혁명방침이라고 한다.13)

김정일은 5월 5일의 담화와 그 후에 발표한 다른 담화를 통하여 상술한 바와 같이 북한식 사회주의와 다른 나라 사회주의와 차별성을 강조하였다. 그러면서 동유럽의 대 변혁을 사회주의가 진전 도상에서 겪는 일시적 현상이라 하고, 사회주의가 승리하는 것은 역사의 필연적 법칙이니 부르주아 사상의 침투를 철저히 차단해야 한다고 강조하였다. 또한 주체사상에 기초하여 수령과 당에게 모든 운명을 의탁한 채, '우리식대로 살아가자'라고 인민대중에게 호소하였다.

---

10) 김성철, 앞의 책, pp. 80-81.
11) 북한은 정권수립 41주년 기념사설을 통하여 "우리 당과 공화국 정권은 철두철미 주체사상의 원리에 기초하여 우리식대로 사회주의 원리를 세워왔으며 국가건설도 우리식대로 진행했다"고 하고 있다. 『로동신문』 1989. 09. 09.
12) 통일부 통일교육원, 『북한의 이해』, 통일부 통일교육원, 1997, pp. 45-46.
13) 리정남, 『우리 식대로 살아갈데 대한 당의 방침』, 평양: 조선로동당 출판사, 1991, p. 5.

2. 방어적인 차원에서 우리식 사회주의

김정일은 "전체 인민이 당과 수령의 두리에 일심단결하여 혁명의 강력한 주체를 이루고 있고 사회주의사회가 자주, 자립, 자위의 튼튼한 기초우에서 발전하고 있으며 인민들의 자주적이고 창조적인 사회주의 생활이 전면적으로 꽃펴나가고 있는 것은 우리나라 사회주의의 커다란 우월성입니다. 우리 인민은 실생활을 통하여 오직 사회주의만이 온갖 형태의 지배와 예속, 사회적 불평등을 없애고 인민들에게 참다운 자유와 평등을 보장해 줄 수 있다는 것을 체득했습니다"14)라고 하고 있다. 이는 북한의 사회주의가 우월성을 가지기 때문에 사회주의로 나가는 길만이 살길이라는 것이다. 결국 우리식 사회주의는 북한의 체제를 유지하기 위하여 북한식 사회주의 체제의 정당성을 극히 방어적인 차원에서 전개한 논리인 것이다. 북한이 말하는 우리식 사회주의란 영원불멸의 탁월한 주체사상에 기초한 가장 독창적이고 우월한 사회주의, 다시 말해서 인류의 참된 복지생활이 보장되는 이상사회를 구현한 정치제도라고 한다.

북한의 로동신문은 '<우리식대로 살아가자!> 당의 이 구호를 높이 들고 나가자'는 제목의 사설에서 "우리 당의 로선과 정책은 주체사상을 구현하고 있는 가장 정당한 로선과 정책이다. 우리 당의 로선과 정책대로 할 때 우리는 못해낼 일도 없고 점령하지 못할 요새도 없다"15)하여 우리식 사회주의는 주체사상을 구현하는 것이라 설명하고 있다. 또한 당중앙위원회에서는 '우리식 사회주의는 반드시 승리한다는

---

14) 김정일, 『사회주의 건설의 력사적 교훈과 우리당의 총로선』, 동경: 구월서방, 1992, p. 46.
15) 『로동신문』 1997. 12. 06.

신념과 락관에 넘쳐 억세게 싸워나가자'라는 구호를 내걸고 주민들을
독려하였다.

Ⅲ. 전환기의 붉은기 사상

1. 붉은기의 상징성과 붉은기 철학

김일성이 사망한 후 김정일에 의한 유훈통치가 이루어지면서 함께
등장한 것이 붉은기 사상이다. 거의 50년간 북한 정치의 중심에 서있
던 위대한 수령이 사망하고, 경제난이 극도로 악화되는 등 대내적 상
황에 큰 변화가 발생함에 따라 '우리식 사회주의'만으로는 이를 극복
하는 데 한계를 느꼈다. 바로 이러한 상황 하에서 우리식 사회주의와
는 다른 새로운 주체사상의 하위 담론이 필요하게 되었는데, 이것이
'붉은기 사상'이다.

북한은 우리식 사회주의를 강조함으로써 인민들의 불안을 불식시키
고 체제유지에 대한 자신감을 내비치려 하였다. 그러나 김일성 사망이
후 고난의 행군기에 들어서면서 자신감에 대한 피력으로만 문제를 해
결할 수 없다는 것을 인식하고, 극한적 상황을 극복하기 위한 의미가
담긴 붉은기 사상을 내놓게 되었다. 북한에서 붉은기는 '로동계급의
혁명사상을 상징하는 깃발'로 이해되어 왔다. 그리고 "붉은기는 공산주
의자들의 가장 아름다운 리상과 희망의 표대이며 그 실현을 위하여
청춘도 생명도 서슴없이 바쳐 싸우는 굳은 신념의 상징"라고 북한의
사전에 쓰여있다. 붉은기 사상은 북한이 북한이 '고난의 행군'을 한다
면서 내놓은 논리이다. 고난의 행군은 해방전의 항일빨치산들이 1930
년대 만주에서 체험한 극한적인 상황에 빗댄 구호였다. 그 극한 상황

에서도 우리는 이겨냈으니 이까짓 어려움 정도는 고난의 행군정신으로 해쳐 나가자는 것이었다.

북한이 붉은기의 상징성을 본격적으로 강조하기 시작한 것은, 1995년 8월 28일자 로동신문에 '붉은기 높이 들자'라는 정론을 실으면서부터이다. 여기에서는 8월 15일 '조국해방 50주년 경축 군중대회' 상황을 설명하며, 붉은기는 "어버이 수령님을 잃고 위대한 당을 받들어 천백배 힘으로 일떠선 조선의 신념과 의지를 대변하고 있는 것으로 하여 천만사람들을 무한히 감동시켰다"고 주장하고 있다. 또한 '붉은기는 김정일동지의 신념이며 철학'이라고, 강조한 것은 붉은기 사상의 출현을 예고한 것이었다.

1996년도 공동사설의 제목은 "붉은기 높이 들고 새해의 진군을 힘차게 다그쳐 나가자"였다. 여기에서는 "인민들과 청년들은 수령님에 대한 한없는 경모의 정에 넘쳐 있으며 수령님의 유훈을 지켜 계속 억세게 싸워 나갈 굳은 결의를 다지고 있다. 날이 갈수록 경애하는 수령 김일성동지의 한 생이 어려 있는 붉은기는 우리 혁명대오의 진두에 높이 휘날리고 있으며 위대한 령도자 김정일동지의 두리에 굳게 뭉쳐 나아가는 우리 인민의 진군을 힘차게 고무해주고 있다"고 하고 있어, 붉은기가 강조하는 것이 무엇이며 왜였는지를 짐작할 수 있다. 어찌 보면 붉은기는 김일성을 상징하는 것이었다.

붉은기에 대한 담론은 이후 붉은기 철학으로 발전하였다. 1996년 1월 8일자 로동신문에서는 붉은기 철학을 들고 나왔다. 이날의 사설에서는 "김정일동지의 신념과 의지의 철학인 붉은기 철학으로 튼튼히 무장하고 한생을 붉은기 정신으로 살며 투쟁해 나가야 한다"고 강조하였다. 또한 다음날 로동신문에서도 이미 김정일동지는 '사회주의는 과학이다'라는 논문에서 붉은기를 예시하였다고 하며, 역사상 처음으로 붉은기 철학이라는 말이 나오게 된 연우를 설명하고 있다. 그리고 붉은기 철학을 "주체사상에 기초하여 혁명의 근본원리를 밝힌 심오한 혁명철학"이라고 정의하고 있다.

김정일은 1996년 10월 14일 '일군들은 <고난의 행군> 정신으로 살며 일해야 한다'는 로동당 중앙위원회 담화를 발표하였다. 이를 통해 그는 "모든 일군들과 당원들과 근로자들이 혁명적 락관을 가지고 신심에 넘쳐 투쟁하도록 하여야 합니다. 우리가 하는 <고난의 행군>이 아무리 어렵다 해도 항일투쟁혁명시기나 조국해방전쟁시기, 전후복구건설시기와는 대비도 되지 않습니다"16)라 하면서, 이 붉은기의 두리에 굳게 뭉치면 극복하지 못할게 없다고 인민들에게 설파하였다

2. 붉은기 사상

1996년 10월 18일자 로동신문을 계기로 '붉은기 사상'이라는 용어가 등장하기 시작하여 차츰 초기에 사용되었던 '붉은기 철학'이라는 용어를 대체하는 경향을 보이게 되었다. 북한에서는 사상이 철학의 상위개념으로 인식되고 있기 때문에 붉은기 철학이 붉은기 사상으로 정리된 것으로 보인다는 것이다.17) 1997년 신년공동사설에서는 "올해 사회주의 총진군을 데서 중요한 것은 온 사회를 우리 당의 붉은기 사상으로 일색화하는 것"이라며 붉은기 사상의 일색화를 강조하였다. 또한 붉은기 사상은 "본질에 있어서 혁명의 령도자에 대한 절대적인 숭배심이며 령도자와 생사운명을 끝까지 같이하려는 수령결사옹위정신"이라고 정의하였다.

---

16) 『김정일 선집 14』, 평양: 조선로동당출판사, 2000, p. 251.
17) 정성장, "김정일 체제의 지도이념과 성격 연구,"『국제정치논총』제39집 3호, 한국국제정치학회, 1999, p. 331.

1997년의 공동사설 제목이 "위대한 당의 령도 따라 내 나라 내 조국을 더욱 부강하게 건설하자"에서 보듯이 경제문제가 주된 주제였다. '커다란 난관과 장애'·'하늘이 무너져도 솟아날 구멍'·'준엄한 난국' 등의 표현이 공동사설에 등장하였는데, 이는 연이은 수해로 인한 경제의 피폐와 식량난에 기인한 것이었다. 어려운 시기에 주민들의 동요를 막으려는 의지가 엿보이며, 북한은 사회주의 3대진지 중 정치사상진지가 강화되었다고 강조하였다.18) 그리고 "붉은기 사상으로 온 사회를 일색화하는 사업은 전체인민들을 사회주의에 대한 필승의 신념과 수령결사옹위정신으로 튼튼히 무장시키기 위한 일대의 사상전"이라 하여 난관을 극복하기 위해 붉은기 사상을 내세웠던 것이다. 북한당국이 붉은기 사상으로 온 사회를 일색화하여야 한다고 강조한 이유는 인민들을 체제유지와 동원하는데 물질적인 것으로 뒷받침할 수 없기 때문에 정신적인 상징을 통하여 난관을 극복해 보려는 의지였다.

위기극복을 위한 이데올로기로서 붉은기 사상은 1998년에 들어서서 점차 퇴조기를 맞이한다. 4월 21일 로동신문이 게재한 조선로동당 중앙위원회 구호에서 "온 사회를 붉은기 사상으로 일색화하자"라는 내용이 소개된 이후로 이는 거의 언급되지 않았다. 북한 당국은 '주체의 새 시대'로 '김정일 동지의 두리에 굳게 뭉쳐'나가야 한다는 슬로건을 내세우며, 고난의 행군에 필요한 구호가 아닌 다른 것이 필요했던 것이다.

---

18) "풀을 먹는 한이 있더라도 사회주의를 고수하겠다는 철석같은 신념"·"모두다 올해의 고난의 행군에서 영예로운 승리자가 되자"는 식으로 표현했다.

제 3 장

강성대국건설과 선군사상

Ⅰ. 강성대국의 제기와 체계화

1. 고난의 행군에서 강성대국으로

북한에서 강성대국건설이 제기된 것은 공식적인 김정일 체제와 함께 인민들에게 자신감을 불어 넣고자하는 통치전략이었다. 북한에서 강성대국건설의 역사적 의미는 '김일성 주석님의 유훈을 실현하기 위한 충성의 위업'이라 하고 있다. 김정일이 선대 수령에 대한 도덕적 의리를 지녀, 김일성 주석이 바라던 '부강조국건설위업'을 성공적으로 실현하기 위해 강성대국건설의 전략을 제시했다는 것이다.[1]

김정일 체제가 공식적으로 출범하면서 새로운 정치적 의지 또는 새로운 국정지표로 내세운 것이 주체의 강성대국건설이었다. 김정일은 김일성 사망 이후 유훈통치를 한다며, 기존 체제를 계속 유지했지만 언제까지 지속할 수는 없었다. 당시의 상황을 벗어나기 위해서는 희망을 인민대중에게 심어주면서 새로운 비전을 제시해야만 했다. 모든 인민들이 수령의 사상으로 일심단결해서 고난의 행군과 사회주의 대행군 했고, 여기에 바친 인민들의 헌신과 희생이 있었기에 모든 것을 극복하고 강성대국건설에 박차를 가할 수 있다는 것이었다. 여기에서 등장한 용어의 하나가 '고난은 행군에서, 락원의 행군'으로 라는 구호였다.

유훈통치와 강성대국을 연결하는 고리는 다음과 같은 로동신문 정론은 표현에서 알 수 있다. 즉, "온 민족이 땅을 치며 통곡하던 그때에 이 세상 그 누가 조선이 다시 일떠설 수 있으리라 믿었으며 네 해만에는 강성대국의 깃발을 하늘 높이 쳐들것이라고 상상이나 했겠는

1) 김재호, 『김정일 강성대국 건설전략』, 평양: 평양출판사, 2002, p. 38.

가, 우리 민족앞엔 지금 경탄케 할 새로운 위대한 표대가 나부끼고 있다. 위대한 김정일 장군님을 따라 새시대 영마루에 오른 <고난의 행군>승리자들, 강의한 조선민족은 애국의 심장이 터져 이 력사의 물음에 답한다. 주체의 강성대국건설, 이것은 위대한 장군님께서 선대국가수반앞에, 조국과 민족 앞에 다지는 애국충정맹약이며 조선을 이끌어 21세기를 찬란히 빛내이시려는 담대한 설계도이다"이다.2)

김정일 체제가 공식적으로 출범하면서 "위대한 령도자 김정일동지의 사상과 정치를 높이 받들어 나간다는 것은 사회주의 강성대국을 건설하기 위한 결정적 담보이다"3)라는 것이나, "사회주의 경제는 사상의 힘에 의하여 전진되는 경제이다. 돈이 낳는 힘에는 한계가 있지만 사상이 발휘하는 힘은 무한대이다"4)라는 내용은 북한이 처한 상황을 정치·경제적 구호를 통하여 타개해 나가려 한다는 것을 알 수 있다.

2. 강성대국건설의 체계화

김정일은 강성대국을 다음과 같이 지적했다고 한다. 즉, "우리가 말하는 강성대국이란 사회주의 강성대국입니다. 국력이 강하고 모든 것이 흥하며 인민들이 세상에 부럼없이 사는 나라가 사회주의강성대국입니다"이다.5) 북한은 강성대국이라고 할 때 그것은 영토의 크기나 인구 수 그리고 경제의 발전 정도나 군사력의 크기에 의해서만 규정되는 것이 아니다. 인민대중의 자주성을 모든 면에서 훌륭히 실현시켜줄 수 있는 강위력한 정치, 군사, 경제적 힘을 가진 나라여야 참다운 강성대국이라고 말할 수 있다고 하였다.6)

---

2) 『로동신문』 1998. 08. 22.
3) 『로동신문』 1998. 09. 09.
4) 『로동신문』 1998. 09. 17.
5) 김재호, 앞의 책, p. 2.

강성대국건설이 제기된 이후 2000년에 들어서 그 핵심이 무엇인가를 로동신문을 통하여 밝혔다. 1월 1일의 공동사설에서 "사상과 총대, 과학기술은 3대기둥"이라고 하며, 사상이 견결하고 총대가 위력하며 과학기술이 발전하면 그것이 곧 사회주의 강성대국이라고 하였다. 사상중시·총대중시·과학기술중시가 강성대국건설의 핵심으로 여기에서는 김정일의 발언과 북한의 문헌에서 이를 어떻게 체계화하고 있는가를 살펴본다.

1) 사상중시

사회주의강성대국이 그 위용을 떨치기 위해서는 '창조와 변혁의 대진군' '선군혁명의 총진군'을 다그쳐 나가야 하는데, 여기에서 필수적인 것이 혁명과 건설의 당사자인 인민대중을 준비시키고 동원하는 당사상사업을 강화하는 것이라 하였다. 이어지는 주장에서 "사상중시로선은 사회의 모든 분야를 강화발전시키는 위력한 무기"라 하면서, "사상은 사회의 모든 성원들을 하나로 굳게 단합시키는 통일단결의 근본 초석"이라 하고 있다.[7] 북한에서 사회의 단결을 강화하고 정치적 역량을 강화하는 결정적인 역할을 하는 것이 사상인데, 이는 수령과 당, 인민의 통일체를 만들어 낸다는 것이다. 사상중시 노선에서 "강성대국을 건설하는 것은 김정일장군님의 사상을 실현하기 위한 성업"이라고 하면서, "사상에 의거할 때만 김정일장군님의 의도대로 당건설과 군건설, 경제건설을 확고히 밀고나갈 수 있다"고 하였다.

강성대국론은 사상의 강국을 만드는 것에서부터 시작하여 군대를 혁명의 기둥으로 튼튼히 세우고 그 위력으로 경제건설을 하자는 것이

---

6) 오현철, 『선군과 민족의 운명』, 평양: 평양출판사, 2007, p. 239.
7) 김재호, 앞의 책, p. 20.

다. 선군사상은 선군시대의 요구에 맞게 혁명과 건설의 담당자인 인민
대중을 혁명적으로 준비시키고 동원하는 것을 힘있게 다그쳐 나갈 수
있는 정신적 무기라는 것이다. 사상중시 노선은 모든 인민과 사업의
근본조건이고, 군대라도 정신력이 결여되면 군력이 강화될 수 없기 때
문에 인민군대의 사상적 견결성을 강조하는 것이다.

사상중시를 첫째로 내세우는 이유는 인민들이 선군혁명사상과 수령
결사옹위정신으로 튼튼히 무장할 때, 사회주의를 지켜내고 강성대국건
설을 추진할 수 있다고 보기 때문이다. 그러므로 정치사상강국은 당·
군대·인민들이 선군혁명사상으로 일색화 되고, 수령결사옹위정신으로
무장하며, 제국주의와 자본주의의 사상적·문화적 침투를 지켜낼 수
있는 사상적으로 굳건한 국가를 의미한다. 둘째로 군에 의거하여 사회
주의 위업을 수행한다는 것은, 군이 혁명 주력군의 기둥이 되는 정치
사상적 기반으로 혁명과 건설을 전진시킨다는 것이다. 군대를 강성대
국 건설의 주력군으로 내세우는 것은 군대가 정치사상적으로 준비되어
있을 뿐만아니라, 조직성·규율성·혁명성으로 인하여 높은 창조적 능
력을 발휘할 수 있다고 보고 있기 때문이다.

2) 총대중시

총대를 중시하는 것은 평화도 총대 위에 있고 사회주의도 총대 위
에 있다는 신념에 기인한다는 것이다[8] 북한이 체제를 유지하기 위하
여 군사국가화 경향을 보여왔고, 소위 김정일 체제 헌법에서 국방위원
회가 군사부문에서뿐만 아니라 전체국가에서 지도권과 관리권을 행사

---

[8] 김정일은 1996년 12월 24일 조선인민군 지휘관과 함께한 자리에서 "내가 여러번 강조
했지만 정권은 총대에서 나오고 총대에 의하여 유지됩니다.…혁명의 기둥인 인민군대
가 강해야 인민대중중심의 우리식사회주의를 끄떡없이 지켜낼 수 있습니다"라고 하였
다. 오현철, 앞의 책, p. 121.

하는 국가중추기관이 되었다. 김정일은 정치는 사회의 그 어느 부문에
서보다도 군사를 중시하는 군사선행 정치가 되어야 하고, 어느 집단보
다도 인민군대에 의거하는 선군후로 정치가 되어야 한다고 선언했다.[9)
김정일은 1999년 2월 8일 인민군 지휘관들과의 자리에서 "선군정치는
나의 기본정치방식이며 우리 혁명을 승리로 이끌어 나갈 만능의 보검
입니다"라고 한 것이다. 이 발언으로 '선군정치는 만능의 보검'이라는
용어가 보편화되었다. 그 후로 북한에서 선군정치는 하나의 체계화된
정치방식이 되었다. 또한 김정일은 2001년 7월 5일 당중앙위원회 담
화에서 "선군정치의 요구에 맞게 온 사회의 총대중시·군사중시기풍
이 차 넘치게 전인민무장화와 전국요세화의 실현을 관철해야 한다면
서, 전체 인민이 총대를 사랑하고 군사를 철저히 배우도록 하여야 한
다"라고 가르쳤다고 하고 있다.[10)

총대를 중시하여야 사상중시도 확고히 견지할 수 있고 경제강국도
건설할 수 있으며 인민들에게 자주적이며 창조적인 생활도 마련해 줄
수 있다는 것이다. 그리고 "강성대국건설에서 총대중시로선을 구현해
나가기 위해서는 인민군 장병들이 최고사령부를 목숨으로 사수하고,
최고사령관이신 김정일장군님을 결사옹위하는 혁명적인 기풍을 세워야
한다"는 것이 북한이 일반적으로 주장하는 것이었다. 군사는 국사 중
에서 제일국사이며 총대중시·군사중시노선은 사회주의를 지키고 성과
적으로 건설하기 위한 가장 정당한 노선이라 하고 있다.[11)

총대중시를 견지하다는 것은 선군정치의 구현으로 군사선행의 원칙
에서 국정을 운영하다는 것이다. 왜 총대를 중시해야 하느냐의 이유로

9) 김창희, "김정일 체제와 '선군정치'의 함의와 평가," 『사회과학연구』 제32집 1호, 전북
   대학교 사회과학연구소, 2008, pp. 101-102.
10) 『선군태양 김정일장군 4』, 평양: 평양출판사, 2007, p. 129.
11) 오현철, 앞의 책, p. 245.

'제국주의 침략과 전쟁책동 그리고 고립압살정책을 저지하기 위하여'를 들고 있다. 사회주의 강성대국을 완전하게 건설해 나가기 위해서는 어떠한 책동도 저지할 수 있는 군사력을 강화해야 한다는 주장이다.[12] 또한 강성대국건설에서 총대중시를 구현해야 하는 것은 인민군대가 사회주의건설의 믿음직한 주력군이기 때문이라는 것이다.[13]

총대가 튼튼한 군사강국은 제국주의 무력침공도 물리칠 수 있고 국가의 자주권도 지킬 수 있는 강한 군대와 군사력을 가진 국가를 의미한다. 강성대국의 지위는 국력에 의하여 담보되며 군사력은 국력의 핵을 이룬다. 진정으로 국가의 부국강병을 바란다면 군사력 강화에 최대의 힘을 써야 한다는 것이다.

3) 과학기술중시

과학기술 육성을 통한 사회주의 강성대국 주장은 단순한 경제회복만이 아니라 북한식 사회주의 체제가 지향하고자 하는 것이다. 이는 김정일의 "과학기술을 하지 말하자는 것은 사회주의 혁명을 하지말자는 것이다"라는 발언에서도 알 수 있다. 북한은 강성대국 3대기둥의 핵심정책수단의 하나로 과학기술중시노선을 제시하였다.

1999년 1월 1일에 김정일이 강성대국의 목표와 성격 그리고 본질적 특징을 밝히면서 다음과 같이 지적했다고 하였다.[14] 즉, "세상사람들도 인정하는 것처럼 지금 우리의 정치사상적위력과 군사적위력은 이미 강성대국 지위에 올라설 수 있다고 볼 수 있습니다. 이제 우리가 경제건설에 힘을 집중하여 모든 공장, 기업소들이 제 궤도에 올라서서 생산을 꽝꽝하게 만들면 얼마든지 경제강국의 지위에 올라설 수 있습

---

12) 김재호, 앞의 책, p. 27.
13) 위의 책, p. 28.
14) 강충희·류승일, 『영원히 인민과 함께』, 평양: 평양출판사, 2007, p. 227.

니다"라는 것이다. 여기에 필요한 것이 과학기술중시노선으로 과학기술을 확실하게 담보해야 경제강국으로 갈 수 있다는 논리를 펼쳤다. 공장이나 기업소들이 과학기술에 기초하여 선진적인 생산공정을 수립해 나갈 때, 생산 잠재력과 노동생산성을 높여 경제강국의 면모를 갖출 수 있다는 것이다.

북한은 1999년을 '과학기술 해'로 정하였다. 그들이 주장하는 과학기술중시와 그 이유는 다음에서 알 수 있다. 즉, "과학기술은 강성대국건설의 힘있는 추동력으로, 혁명과 건설의 모든 부문에서 이를 앞세워 사회주의건설에서 제기되는 문제를 풀어갈 수 있다. 과학기술중시를 강조하는 이유는 과학기술이 경제발전, 국방력강화, 인민생활 향상을 통해 강성대국을 성공적으로 추진시킬 수 있는 기초가 되기 때문이다"15)라고 설명하고 있다. 강성대국건설이 새로운 과학기술을 경제의 모든 부분에 받아들여 경제를 튼튼히 하고 다그치기 위한 사업이고, 현대적인 첨단과학기술로 나라의 방위력을 강화하기 위한 사업으로 보고 있다. 여기에서 제시하고 있는 것은 국방공업을 최우선에 두어야 한다는 논리이다.

국가는 과학기술의 수준을 높여 국방공업을 반석에다 올려 놓아야 정치군사적 위력을 더욱 강화하고 국가경쟁력도 강화시킬 수 있다는 것이다. 이는 또한 인민들의 생활을 향상시켜 줄 수 있는 중요한 동력이 된다는 것이다. 북한에서는 '선군시대의 경제노선을 관철하는 것이 인민들의 생활향상을 다지고 유족하고 행복한 생활을 보장해 줄 수 있다'고 본다.16) 사회주의건설에서 언제나 풀어야할 중요한 문제는 확

---

15) 김재호, 앞의 책, p. 33.
16) 김원국, "선군시대 경제건설로선을 관철하는 것은 인민생활향상의 확고한 담보," 『경제연구』 제3호(루계128호), 과학백과사전출판사, 2005, p. 9.

대재생산이고, 이를 빠른 속도로 보장해 주어야 자본주의와의 경제적 대결에서 승리할 수 있다. 자기 나라와 자기 인민을 위하고 값 높고 보람찬 생활에 이바지 할 수 있는 참다운 번영은 사회주의사회에서만 실현될 수 있다고 주장한다.17) 강성대국은 국력이 강하고 모든 것이 흥하며 인민들이 세상에 부러움 없이 잘사는 나라라는 것이다. 국력의 기초이며 경제발전의 추동력인 과학기술을 김정일이 제시하고 실현에 적극 나서 구체적인 과업을 명백하게 제시했기 때문에 확고한 담보가 마련되었다는 것이다.

Ⅱ. 선군사상의 내용과 일색화

1. 선군정치와 선군사상의 연계

김정일은 새 환경과 새 시대의 요구에 맞게 당 사상사업을 어떻게 전환시켜야 할 것인가에 대한 확고한 의지를 밝혔다. 2001년 전국당 초급선전일군대회에서 "선군혁명로선은 강성대국을 건설하고 주체의 혁명위업을 완성하는데 우리 당이 견지하고 있는 기본전략로선입니다. 모든 당원과 근로자들이 인민군군인들의 혁명적군인정신과 투쟁기풍을 적극따라 배워야 합니다"18)라고 하였다. 이것은 새 세기의 중시사상은 선군사상이라는 것을 분명히 한 것이다. 새로운 헌법을 '김일성 헌법' 이라는 상황에서 주체사상을 강조하지 않을 수 없으나, 김정일 시대의

---

17) 제국주의자들은 <자유시장경제하의 번영>에 대하여 요란스럽게 광고하고 있지만, 그 것은 약육강식과 <부익부> <빈익빈>을 합리화하는 궤변에 불과하다. 자본주의사회에 서는 강한자가 약한자를 착취할 수 있는 자유, 소수만이 부귀영화를 누리고 다수는 빈 궁에 시달려야 번영이 있을 뿐이라 하고 있다. 오현철, 앞의 책, p. 241.
18) 『선군태양 김정일장군 4』, p. 199.

새로운 사상이 필요했던 것이다. 북한의 학자들은 사회를 선군사상으로 일색화하는 것이 주체사상의 계속화이고 이를 심화발전 시킨 것이라고 규정하였다. 이러한 선군사상은 그 진리성과 정당성을 심화하고 발전시킨 김정일만이 내세울 수 있다는 것이다.

북한에서는 선군정치가 점차 그 정당성과 논리성을 획득해 가면서 주체사상에 입각해 수령의 혁명 방식을 계승·발전시킨 선군사상으로 일반화되고 정당화 된 것이라고 주장하고 있다. 선군정치를 선군사상으로 연결시키면서 선군정치에 철학적 의미를 부여하였다. 즉, "선군정치는 심오한 철학적사색으로 정화된 것으로 하여 시대와 혁명발전의 길을 옳바로 밝혀주는 정치"라 하면서, "시대와 혁명발전의 합법칙성에 대한 심오한 철학적 분석에 기초할 때 정치방식은 인민대중의 자주성실현을 힘있게 추동하는 위력한 무기로 된다"라 하고 있다. 또한 "선군정치는 시대화 혁명원리를 전면적으로 집대성하고 있는것으로 하여 자주시대가 제기하는 모든 리론실천문제에 대한 명백한 해답을 주는 정치방식이다"라 하고 있다.19)

이렇게 강성대국건설을 김정일 통치전략의 기본에 놓고, 제도 면에서나 실제의 정책면에서 이를 실현시키려 하였다. 북한의 당국과 학자들은 이를 뒷받침하기 위하여 이론화를 시도하고 실제 정책에 접목시켰다. 선군사상으로 무장하는 것이 강성대국건설의 원칙을 구현하는 것이고, 선군사상을 핵심으로 하는 선군정치는 정치·경제·사회·문화를 전부를 아우를 수 있는 정치방식이라는 것이다. 새로운 과학기술로 국방공업을 발전시켜 선군경제의 축을 형성하고, 이로 부터 사회주의 원칙을 견지하면서 실리주의를 추구하려고 하였다. 그러므로 실리

---

19) 리금옥, "선군정치는 철학적 사색으로 정화된 정치,"『김일성종합대학학보(철학, 경제학)』제54권 제1호(루계 409호), 김일성종합대학출판사, 2008, pp. 10-13.

주의 추구도 그 기저에는 선군사상이 자리 잡고 있어야 한다는 것이
었다.

선군정치와 선군사상은 무엇인가? 김정일이 사망이후 두 권의 저서
가 북한에서 출판되었는데 『위인 김정일』과 『선군-김정일정치』이다.
이를 중심으로 선군정치와 선군사상에 관하여 살펴보자. 선군정치의
본질을 설명하면서 김정일의 발언20)을 제시하고 있는데, "군사를 제일
국사로 내세우는 정치"와 "인민군대를 혁명의 주력군으로 내세우는 정
치"를 가장 기초적이고도 중요한 문제로 들고 있다. 선군정치는 선군
사상을 원리적·사상적 기초로 하고 있는 정치방식이다. 선군정치가
정당하고 불패의 위력을 지닌 정치방식으로 인정되는 것은 바로 그
사상적 기초인 선군사상이 정당하고 과학적이기 때문이라는 것이다.21)
그런데 선군사상과 선군정치도 역시 주체사상으로부터 출발하고 있으
며 그것을 구현하는 과정에 정립된 사상이고 정치방식이다. 주체사상
을 시대의 영원한 기치로 내세우고, 선군사상을 높이 치켜든 것이 김
정일이다. 김정일은 선군사상을 전일적으로 체계화하면서 선군사상의
기초원리를 명백히 규정하고 있는데, 그것은 "혁명은 총대에 의하여
개척되고 전진하며 완성된다는 총대철학"이라 하고 있다. 선군사상에
서 선군혁명영도와 선군정치를 실현하는 두 가지 원칙이 있는데 그것
은 '군사선행의 원칙'과 '선군후로의 원칙'이다.22)

---

20) "우리 당의 선군혁명령도, 선군정치는 군사를 제일국사로 내세우고 인민군대의 혁명적
기질과 전투력에 의거하여 조국과 사회주의 혁명, 사회주의를 보위하고 전반적사회주
의건설을 힘있게 다그쳐나가는 혁명령도방식이며 사회주의정치방식입니다". 『선군-김
정일정치』, 평양: 평양출판사, 2012, p. 54.
21) 위의 책, p. 61.
22) 위의 책, pp. 71-76.

2. 선군사상의 내용

선군사상의 본질이 무엇이고 어떻게 개념을 정의하고 있는가는 북한에서 발간한 저작을 중심으로 살펴보자. 선군사상은 한마디로 군대를 앞세우고 혁명군대를 주력군으로 하여 혁명과 건설을 밀고 나가는데에 대한 사상이라고 정의하고 있다. 더불어 선군사상은 총대에 의하여 개척되는 혁명운동의 본질적 특성과 사회역사 발전, 혁명발전에서 총대의 역할에 대한 가장 과학적인 분석에 의한 사상이라고 주장하고 있다.[23]

오현철은 선군사상이 무엇인가를 다음과 같이 서술하고 있다. 즉, "선군사상은 혁명군대를 주력군으로 하여 혁명의 주체를 강화하고 그 역할을 비상히 높이기 위한 사상이다. 혁명의 주체를 이루는 사회적집단들 가운데는 보다 주도적이고 선도적역할을 하는 집단이 있게 된다. 혁명투쟁의 주공전선을 담당하여 돌파구를 열어가는 집단이 주력군이다."[24] 또한 "선군사상은 력사상 처음으로 혁명위업에서 혁명군대가 차지하는 지위와 역할문제에 대하여 새로운 견해, 새로운 관점으로부터 출발하여 군대를 혁명적 주력군으로 내세웠다"[25]는 것이다.

선군사상은 주력군인 군대의 역할을 강화하여, 사회의 모든 면에서 앞장세워 전체 인민들을 전사로 만들겠다는 것이다. 군대가 혁명의 기둥이고 주력군이기 때문에 군사선행의 원칙에서 군대를 먼저 강화하고 전 사업의 핵심 역량으로 내세워 선도적 역할을 해야 하는데, 이를 위해서는 군대의 정예화와 강군화로 그 역할을 최대한으로 높이는 것이

---

23) 강충희·류승일, 앞의 책, p. 207.
24) 오현철, 앞의 책, p. 42.
25) 위의 책, p. 43.

선군사상이다.

선군사상에서 요구되는 것이 무엇인가를 다음과 같이 서술하고 있다.26) 첫째, 선군사상은 군사선행의 원칙에서 당과 국가의 노선과 정책을 작성하고 혁명군대를 강화하는 데 선차적인 힘을 넣을 것을 요구한다. 둘째, 선군사상은 온 사회에 총대중시, 군사중시기풍을 확실히 세우고 군사력을 강화하는 사업을 전인민적 사업으로 전국가적인 사업으로 힘있게 밀고 나갈 것을 요구한다. 셋째, 선군사상은 국방공업을 선차로 내세우고 그 강화발전에 최대한 힘을 넣게 함으로써 군수생활을 원만히 보장하고 군수산업의 현대화를 다그쳐 무장장비들의 질적수준을 높일 것을 요구한다.

이렇게 선군사상에서는 주력군으로써의 혁명군대 강화와 전국적인 군사력 강화사업 그리고 군수산업의 현대화가 요구된다는 것이다. 특히 북한에서 선군사상의 실현과정에서 중시하는 것이 국방공업의 강화이다. 국방공업이 전반적인 경제를 추동하는 힘이라 하여, 국방공업에 힘을 실어주는 선군사상에 의하여 경제가 빠른 속도로 발전한다는 것이다. 2009년의 '광명성 2호'와 '제2차 핵실험'의 성공은 선군사상이 가져온 빛나는 결실이라고 북한은 주장하고 있다.

김정일은 새 세기의 변화된 환경에 맞게 당사상사업에서 새로운 전환을 가져와야 한다고 강조하였다. 김정일은 현실적 조건에 맞게 사상교양사업을 강화해야 한다면서 "우리의 가장 위력한 무기는 일심단결이다, 지금 우리 당에 대한 충성심은 매우 높지만 여기에 만족하지 말고 사상교양사업을 더욱 강화하여 우리 인민의 일심단결을 더욱 철통

---

26) 김미란, "선군사상은 선군조선의 국력을 최성기에 올려세울수 있게 하는 위력한 사상리론적무기," 『김일성종합대학학보(철학, 경제학)』 제56권 제4호(루계 442호), 김일성종합대학출판사, 2010. p. 8.

같이 다져나가야 한다"고 강조했다.27)

이기동은 선군사상에 대한 그의 연구에서 "선군사상은 주체사상의 대체 이데올로기적 성격을 충족시키고 있다"고 하면서, 선군사상이 "총대철학, 선군정치이론, 그리고 선군정치 내용으로 구성되어" 주체사상과 유사한 체계화 과정을 거치고 있다고 하였다. 결국 강성대국건설의 사상중시를 강화시키는 선군사상은 김정일 체제를 이끌어가는 통치이데올로기가 된 것이다.28) 이는 "선군사상은 총대 혁명군대에 의거하여 선군조선의 국력을 최성기에 올려세우기 위한 길을 가장 과학적으로 밝혀주는 혁명사상이다"라는 주장에서도 알 수 있다.29)

2009년 헌법 제3조는 "조선민주주의인민공화국은…주체사상과 선군사상을 자기지도적 지침으로 삼는다"하고 있어, 주체사상과 함께 선군사상을 북한 지도이념으로 공식화하고 있다. 이를 위한 병행 조치로 기존 헌법 제4조의 "조선민주주의 인민공화국의 주권은 로동자, 농민, 근로 인테리와 근로인민에게 있다"에, 군인을 새로 포함시켜 "로동자, 농민, 군인, 근로인테리를 비롯한 근로인민에게 있다"로 하고 있다.30) 이렇게 헌법에서 군인을 주권자로 규정한 것은 선군정치하에서 군사국가를 강화하겠다는 의지의 표현이었다.

3. 선군사상의 일색화

강성대국건설은 북한이 말하는 대로 김정일 시대의 국가발전전략이

---

27) 『선군태양 김정일 장군 4』, pp. 194-195.
28) 이기동, "'선군사상'의 통치이데올로기 성격에 관한 연구," 북한연구학회 편. 『북한의 정치 2』, 서울: 경인문화사, 2006, p. 126-130.
29) 김미란, 앞의 글, p. 7.
30) 1972년 북한 사회주의 헌법 제7조에 "조선민주주의 인민공화국의 주권은 로동자, 농민, 병사, 근로인테리에게 있다"하여, 주권자로 병사를 포함시킨 적이 있었다. 그러나 1992년 헌법이 개정되면서 병사가 제외되었고, 역시 1998년 헌법에서도 마찬가지였다.

며 통치수단이 되었다. 2002년 신년공동사설에서 '우리사상, 우리수령, 우리군대, 우리제도 제일주의'를 21세기 강성대국건설를 위한 기치로 내걸었다. 북한이 3대 중시를 주장하면서 모든 것은 김정일과 연결시 키고 있다. 사상, 정치, 경제의 모든 면을 김정일 중심이 되어 이끌어 나가야 한다는 것이다.

2003년 신년공동사설에서 선군사상을 본격적으로 내세웠다. 즉, "공화국창건 55돐을 빛나게 장식하기 위한 올해의 투쟁은 정치, 경제, 문화의 모든 분야에서 주체의 선군사상과 로선을 전면적으로 구현하기 위한 보람의 투쟁이다. 주체사상에 기초한 우리 당의 선군사상은 사회주의위업수행의 확고한 지도적 지침이며 공화국의 륭성번영을 위한 백전 백승의 기치이다"이다. 또한 2004년의 공동사설에서는 "오늘 우리의 혁명은 위대한 선군사상을 지침으로 하여 강성대국건설을 전면적으로 다그쳐가는 격동적시대에 들어섰다"고 하였다. 이후 선군사상으로 사회를 일색화해야 한다는 주장이 로동신문을 비롯한 모든 문건들에서 발견되었다. 북한의 문헌 『선군태양 김정일장군 4』의 제13장 "선군혁명총진군의 길에서"의 제1절이 "온 사회를 선군사회로 일색화하자"이다. 여기에서 김정일이 주체사상강령 30돌 로동당 사상일군대회에서 한 토론이 온 사회를 선군사상으로 일상화하기 위한 투쟁을 벌려나가는 중요한 계기가 되었다고 하고 있다.[31]

북한에서는 새 세기 당사상사업를 개선하는 방법으로, 온 사회의 선군사상의 일색화를 위한 선전교양사업을 해야 한다고 하였다. 선군사상의 일색화는 주체사상의 계속이며 그 높은 단계라 표현하고 있다. 선군사상의 일색화는 선군정치를 실현하는 과정에서 김정일이 그 진리

---

31) 『선군태양 김정일 장군 4』, p. 208.

성과 역사성을 검증하고 심화 발전시켰다는 것이다. 선군사상은 김정일 시대의 혁명과 건설의 지도적 지침이므로, 선군사상의 일색화는 선군혁명 총진군을 힘 있게 다그쳐 나갈 수 있는 사상 정신적 무기라 하였다.32)

로동신문에서는 "총대의 위력으로 혁명과 건설을 전진시키고 세기를 주름잡는 창조와 변혁을 이룩하며 온 사회가 군대의 모습으로 일색화되어 가는 것이 선군시대 우리 조국의 참모습이다"33)고 선군사상의 일색화의 당위성을 주장하였다. 또한 "선군사상은 지난 40성상 천재적 예지로 시대의 앞날을 밝히시고 원숙하고 세련된 영도로 우리 당과 군대와 인민을 빛나는 승리와 영광의 한길로 이끌어오신 경애하는 김정일동지의 위대한 혁명활동의 사상적 총화이다"34)

'선군조선'을 내세우면서 선군사상으로 일색화시키는 것은 인민들 전체를 '수령결사옹위정신'으로 무장시켜나가고자 하는 의도였다. "오늘 우리당의 선군사상은 새 세기 자주위업승리의 길을 밝혀주는 휘황한 등대로 되고 있으며 위대한 장군님의 선군정치는 나라와 민족의 존엄과 위력을 떨치신 백전백승의 정치로, 불패 강국을 건설하는 만능의 보검으로 공인되고 있다"35)고 하였다. 여기에서 보듯이 선군사상은 김정일을 결사옹위하여 선군정치를 펼쳐나가야 한다는 통치이데올로기인 것이다.

---

32) 위의 책, pp. 200-201.
33) 『로동신문』 2004. 02. 24.
34) 『로동신문』 2004. 06. 16.
35) 『로동신문』 2006. 12. 20.

Ⅲ. 통치이념으로 선군사상

1. 김정일 시대의 통치이념

이상에서 보아 알 수 있듯이, 주체사상은 그 체계화 과정에서나 실제 적용 면에서 볼 때 국내외의 변화 속에서 생성되고 발전되어온 환경의 산물인 것이다. 이는 주체사상의 이데올로기적 가변성을 의미하는 것이다. 북한이 조선민족제일주의나 우리식 사회주의, 붉은기 사상 그리고 주체 강성대국 건설을 내세우면서 새로운 변용을 시도하는 것도 이러한 맥락에서 보아야 한다. 북한 통치이데올로기의 기저를 이루는 것은 주체사상이고, 이후 다양한 이데올로기와 담론이 양산되었다. 특히 선군사상이 주체사상을 변용한 것인지 아니면 대체한 것인지를 파악해 보고자 한다.

북한에서는 선군정치의 정통성 확보를 위해 이를 주체사상과 연결시키는 작업을 하였다. 선군정치를 체계화하면서 그 뿌리는 주체사상에 두고 있다. 즉, "주체사상은 선군사상의 뿌리이다. 총대중시, 군사중시는 주체사상에 뿌리를 두고 있으며 군대는 당이고 국가이며 인민이라는 원리도 주체사상에 바탕을 두고 있다"36)고 하여 선군정치의 정통성을 찾으려하고 있다. 이는 "선군정치는 주체위업완성의 보검"이라는 표현에서도 알 수 있는데, "선군정치에는 김일성주석의 생전의 뜻이 어려있고 사회주의 승리가 함축되어 있다"는 것이다.37)

이렇게 볼 때 강성대국건설에서 제시하고 있는 사상중시는 선군사

---

36) 신영남, "위대한 수령 김일성동지는 우리 당 선군정치의 기초를 마련하신 희세의 령장이시다,"『정치법률연구』제2호(루계 제10호), 과학백과사전출판사, 2005, p. 5.
37) 강충희·유승일, 앞의 책, p. 213.

상을 김정일 시대 지배이념으로 공식화한 것이다. 그동안의 주장을 2009년 개정헌법과 2010년 개정 당규약에 법제화함으로서 선군사상이 통치이데올기라는 것을 천명한 것이다. 헌법과 당규약의 전체 내용에서 '공산주의'를 삭제한 것은 주체사상과 선군사상의 강화를 위한 것으로 볼 수 있다. 그러나 이것은 주체사상을 선군사상으로 대체한다는 의미는 아니다. 주체사상의 연속선상에서 선군사상을 중시하고 있고, '주체사상의 계속이며 더 높은 단계'라는 주장도 마찬가지이다.

2. 주체사상에 기초한 선군사상

2010년 8월 25일 '김정일 선군혁명령도 50돐' 기념 중앙보고대회에서 북한 최고인민회의 상임위원장 김영남은 "위대한 령도자 김정일동지의 선군령도 업적에서 가장 빛나는 자리를 차지하는 것은 어버이수령님께서 창시하신 선군사상을 전면적으로 발전시키시여 선군혁명의 가장 옳바른 지도적 지침을 마련하신 것입니다"[38]라고 하여 선군사상의 창시를 김일성이 하였고, 이를 김정일이 발전시켰다는 것이다. 이는 선군사상을 주체사상과 마찬가지로 김일성 창시-김정일 발현으로 보고함으로써, 2009년 헌법에서와 같이 주체사상과 선군사상을 동일선상에 놓는 통치이데올로기로서의 양립적 관점으로 볼 수 있다. 또한 계속되고 있는 "우리당의 선군사상은 영생불멸의 주체사상에서 출발하고 선군사상의 요구에 맞게 주체의 사상과 리론, 령도방법과 령도예술을 새로이 높이 구현하고 있는 가장 철저한 반제국주의 사상이며 군사를 앞세우고 인민군대를 핵심으로. 주력으로 하여 혁명과 건설에서 모든 사업을 힘있게 밀고 나가기 위한 길을 뚜렷이 밝힌 과학적인 전

---

38) 『로동신문』 2010. 08. 25.

략전술입니다"[39]라는 언급은 주체사상의 지속성과 중요성을 거듭 강조한 것이다.

선군사상은 주체사상과 같이 사상체계를 갖추고 있지는 않다. 북한의 문헌에서도 보면 선군사상이 주체사상에 기초한 것이라고 하고 있어, 통치이데올로기로서 주체사상을 대체한 것이라고 것으로 볼 수 없다. 그러나 주체사상이 순수이데올로기로 격상되고, 선군사상은 실천이데올로기로 발전할 수는 있다.[40]

북한의 로동당 규약 중 각 조항에서 주체사상과 선군사상을 강조하고 있지만, "조선로동당은 위대한 수령동지의 혁명사상, 주체사상을 유일한 지도사상으로 하는 주체형의 혁명적 당이다"라든지, '당면 목적은 사회주의 강성대국 건설'이고, "최종목적은 온 사회를 주체사상화하여 인민대중의 자주성을 완전히 실현하는데 있다"는 것을 볼 때 통치이데올로기로서 주체사상의 위력은 계속될 것이다. 실제로 뒤에서 설명할 김정은의 통치이데올로기인 '김일성-김정일주의'는 주체사상을 근본으로 하고 있고, 여기에 선군사상을 부가시키고 있는 것을 볼 수 있다.

---

39) 『로동신문』 2010. 08. 25.
40) 부승찬, "주체사상과 선군사상의 상관관계," 『사회과학연구』 제19집 2호, 서강대학교 사회과학연구소, 2011, pp. 133-134.

제 4 장

김일성–김정일주의와
김정일애국주의

Ⅰ. 새로운 통치이념 김일성-김정일주의

1. 김일성-김정일주의의 제기

김정은은 "위대한 김정일동지를 우리 당의 영원한 총비서로 높이 모시고 주체혁명위업을 빛나게 완성해 나가자"라는 긴 제목의 담화를 당중앙위원회 책임일꾼들에게 내놓았다. 이것이 2012년 4월 6일에 발표되었다 해서 '4.6담화'라고 한다. 김정은은 '4.6담화'에서 "김일성주의를 시대와 혁명발전의 요구에 맞게 발전풍부화시키신 장군님의 특별한 업적"을 김정일주의라고 하고 있다. 김정일은 자신의 이름에 주의를 붙이는 것을 적극 만류해 왔는데, 이제 이를 '영원한 지도사상'으로 확고하게 천명할 때라고 김정은은 말하였다. 4.6담화를 통해 김정은은 "김일성-김정일주의는 주체의 사상, 리론, 방법의 전일적인 체계이며 위대한 혁명사상"이라 하면서, "김일성-김정일주의를 지도적 지침으로 당건설과 당활동을 진행"시켜 나가야 한다고 하였다.

이러한 김정은의 담화는 4월 11일 제4차 당대표자회를 통하여 채택한 로동당 규약에 그대로 반영되었다. 즉, "조선로동당은 위대한 김일성-김정일주의를 유일한 지도사상으로 하는 김일성-김정일주의 당, 주체형의 혁명적 당"이라고 규정하고 있다. 또한 "조선로동당은 위대한 김일성-김정일주의를 당건설과 당활동의 출발점으로, 당의 사상적 공고화의 기초로, 혁명과 건설을 령도하는데서 지도적 지침으로 한다" 하여, 김정은 체제에서의 새로운 통치이념으로 김일성-김정일주의를 내세우고 있다.

북한은 김정일 사후 개정된 당규약의 서문에서 김정일이 주체사상을 위대한 지도사상으로 심화발전시키고, 온 사회의 김일성주의화를 당의 최고 강령으로 내세워 모든 분야에서 기적과 변혁의 새 역사를 창조하였다고 한다. 이는 김정일의 업적은 주체사상을 심화 발전시켰을 뿐만 아니라, 김일성주의화로 발전시켜 변혁과 새로운 역사를 썼다는 것이다. 그리고 북한을 "정치사상강국, 무적의 군사강국으로 일떠세워 강성번영의 전성기"를 펼쳤다고 하여, 김정일의 선군정치와 선군사상을 강성국가의 건설에 연결시키고 있다. 김정일주의는 이렇게 김일성주의가 자주시대의 지도사상으로 뿌리내리게 하고, 김일성의 총대중시사상을 선군혁명사상으로 심화·발전시켜 사회주의 강성국가로 이끈 사상과 업적을 말하는 것이다.

2. 김일성주의와 김정일주의는 무엇인가?

1) 주체사상과 김일성주의

상술한 바와 같이 김일성은 1967년 12월 16일 최고인민회의 제4기 1차 회의에서 '우리 당의 주체사상은 모든 정책과 활동의 지침'이라는 발언을 하였다. 그 후 제5차당대회와 1972년의 사회주의 헌법에서 지도적 지침으로 명기되었다.

김정일은 1974년 2월 당중앙위원회 제5기 8차 회의에서 정치위원회 위원으로 선출되면서 소위 '당중앙'이라는 호칭이 붙었다. 그가 가장 먼저 시도한 것은 김일성의 주체사상을 핵심으로 하는 혁명사상을 '김일성주의'로 정식 선포한 것이었다. 김정일은 1974년 2월 19일 '전국당선전책임일군강습회'에서 "온 사회를 김일성주의화하기 위한 당 사상 사업이 당면한 몇 가지 과업에 대하여"를 당의 사상사업의 기본 임무로 제시하였다. 김정일은 '온 사회의 김일성주의화'는 유일사상교양·혁명교양·계급교양 철저, 사상전의 추진, 경제선동의 전개, 당 사업 체계화 등을 통하여 이루어진다고 하였다. 북한에서는 이를 '2월 선언'으로까지 명명하면서 김일성주의의 절대화를 꾀하였다.

김정일이 주체사상을 김일성주의로 선포한 다음, 1974년 4월 14일 그 실천적 지침이라 할 수 있는 '당의 유일사상체계 확립의 10대 원칙'을 공식 발표하였다. 여기에서 "주체시대의 위대한 혁명적기치인 김일성동지의 혁명사상은 현시대와 공산주의의 미래 전력사적시대를 대표하는 혁명의 위대한 지도사상, 지도리론, 지도방법이다"고 하면서, 당의 유일사상체계를 확립하고 이를 철저하게 지켜야 한다고 하였다. 그런데 유일사상체계를 완수하기 위해서는 김일성의 유일적 지도에 충실해야 한다는 것이다. 이것의 결정적 의도는 김일성의 유일사상을 김정일이 대를 이어 완성해 나가야 한다는 것이었다.[1]

김일성주의는 주체사상을 정수로 하는 혁명사상이 마르크스-레닌주의의 하위개념이 아니라 독창적인 개념이라는 것을 내세운 것으로, 이론이나 방법은 북한 사회주의 건설과정에서 김일성이 내놓았다는 각종 혁명이론과 영도방법을 가리킨다.[2] 백학순은 이를 좀 더 들여다보면 차이가 있다고 하면서 주체사상, 혁명이론, 영도방법의 3대 요소로 구성된다고 하고 있다. 특히 김정일이 후계자로 결정된 이후에 지배권력의 통치담론으로 김일성주의가 등장했다는 데 주목하고 있다.[3]

김일성주의의 핵심은 결국 주체사상에 근거를 둔 것이다. 그 후 김정일은 주체사상에 대한 해석권을 독점함으로써 김일성을 주체사상의

---

1) 제10조의 주 내용은 "김일성동지께서 개척하신 혁명위업을 대를 이어 끝까지 완성해나가야 한다" 면서, "당중앙의 권위를 백방으로 보장하며 당중앙을 목숨으로 사수하여야 한다"는 것이다.
2) 이종석, 『새로 쓴 현대북한의 이해』, 서울: 역사비평사, 2000, pp. 136-137.
3) 백학순, 『북한 권력의 역사: 사상·정체성·구조』, 파주: 도서출판 한울, 2010, pp. 630-631.

창시자로, 자신을 구현자로 부각시켜 사상적 후계자로서의 이미지를 구축하였다.4) 김정일은 1982년 3월 31일 김일성 탄생 70돌 기념 전국주체사상토론회에 "주체사상에 대하여"5)라는 논문을 보냈다고 발표했다. 그 후 북한의 여러 저작물에서 이 논문이 주체사상을 김일성주의로 정식화한 것이라고 주장하고 있다. 이같이 김일성주의의 정식화 업적은 김정일이 수령 후계자로서의 정통성을 구축하는 데 가장 중요한 요인으로 작용하였다.6) 김정일은 1986년 7월 15일 '주체사상 교양에서 제기되는 몇 가지 문제에 대하여'라는 담화를 통해 '사회정치적 생명체론'과 '조선민족제일주의'를 부가하여 제시하였다.

이렇게 볼 때 1974년을 기점으로 주체사상을 핵심으로 하는 김일성의 혁명사상은 마르크스-레닌주의에 대한 계승성보다는 독창성이 강조된 김일성주의로 천명되었다.7) 김일성주의를 처음 제기한 김정일은 주체사상을 체계화하는 작업을 통하여 김일성주의를 더욱 확고하게 가져간 것이다. 이는 김일성 유일체제를 다지기 위한 사상적인 수단으로 추진되었는데, 김정일은 이 과정을 통하여 확실하게 주체사상의 구현자가 되었다.

2) 김정일주의와 선군사상

김정일주의는 1992년 7월 김정일이 보여준 은덕에 대해 작성한 글 중, '친애하는 지도자동지를 우리혁명의 최고령수, 통일단결의 중심으

---

4) 김창희, 『북한정치와 김정은』, 파주: 법문사, 2012, p. 51.
5) 이 논문에서 주체사상의 원리와 의미를 인간중심의 철학적 세계관, 인민대중의 사회·역사관, 자주적 입장을 견지하고 사상을 기본으로 해야 한다는 지도원칙의 세 가지로 나누어 설명하고 있다.
6) 전미영, "김정은 시대의 정치언어: 상징과 담론을 통해 본 김정은 정치," 『북한연구학회보』 제17권 제1호, 북한연구학회, 2013, p. 17.
7) 이종석, 앞의 책, p. 170.

로 받들어 모시고 영원히 따르며 우리조국을 <김정일주의> 조국으로
빛내이기 위한 투쟁에서 생명도 가정도 다바쳐 싸워갈것'이라는 내용
에서 등장했는데, 이 내용이 8월 1일 로동신문에 공개되었다.[8] 김일성
사후에는 '김정일주의 연구소조' 등의 내용이 로동신문 등에 등장한다.
북한에서는 김정일 체제를 구축하는 과정에서 김정일주의를 적극 활용
하였다. 김정일주의는 김일성주의를 계승하고 발전시켜나가는 것을 함
축하는 의미로 제시했던 것이다. 그러나 김정일 사후에 북한에서 주장
하고 있는 김정일주의는 김정일의 업적과 선군사상을 포함하고 있다.

1998년의 김정일 체제에서 선군정치는 하나의 지향점이 되었다. 김
정일이 "창조적 사색과 탐구를 기울여 사회주의헌법에 직접에 간여하
여 선군정치를 성과적으로 실현할 수 있는 법적 담보와 국가기구 체
계를 새롭게 마련했다"[9]고 주장한다. 이는 9월 5일 헌법 개정에서 종
전의 주석제가 폐지되고, 국방위원회의 권한이 강화되어 북한 체제의
중심으로 자리 잡게 되었다는 것을 말하는 것이다. 김정일 체제에서
선군정치는 하나의 위력한 정치방식으로 자리를 잡았고, 김정일은 기
회가 있을 때마다 선군정치를 강조하였다.[10]

북한에서는 온 사회를 선군사상으로 일색화하기 위한 투쟁을 벌여
나가야 한다고 주장하였다. 김정일이 강조한 선군정치는 북한정치사회
에 전면적으로 확대되었는데, 일상생활에서 군민일치, 경제에서 선군노
선, 대외전략에서의 선군외교전법이 바로 그것이다. 김정일이 선군혁명
영도에 의하여 또한 당은 선군의 위력으로 사회주의 건설에서 대비

---

8) 북한에서는 1980년 후반부터 김정일주의라는 용어를 써온 것으로 알려졌으나, 이 용어
는 당내에서만 조심스럽게 사용했을 뿐 정식화하지는 않았다.
9) 오현철, 『선군과 민족의 운명』, 평양; 평양출판사, 2007, p. 139.
10) 김정일은 2001년 1월 3일 당중앙위원회 책임일군과 같이 한 자리에서 "오늘 우리나라
에서 선군정치는 하나의 체계화된 정치방식으로 완성되었습니다"라고 하였다. 『선군태
양 김정일장군 4』, 평양: 평양출판사, 2007, p. 22.

약·대혁신을 일으켜 북한을 강성부흥의 전성기를 펼쳐놓았다고 한다.11) 그런데 북한에서 '선군조선'을 내세우면서 선군사상으로 일색화하자는 의도는 전체인민들을 '수령결사옹위정신'으로 무장시키려는 의도였다. 다음의 내용이 이를 말해 준다. 즉, "김정일동지의 령도에서 중요한 것은 무엇보다도 먼저 인민군대를 투철한 수령결사옹위정신을 지닌 정신력의 최강자들의 대오로 강화발전시키는 것이다. 수령결사옹위는 수령의 군대, 당의 군대인 우리 인민군대의 제일생명이며 정신력의 근본핵이다"라고 주장하고 있다.12)

이렇게 볼 때 김정일주의는 김정일이 남긴 유산이며, 여기에서 궁극적인 것은 주체사상을 선군사상으로 발전시킨 것이라는 점이다. 김정일은 주체사상을 김일성주의로 정식화시켰으며, 주체사상을 시대의 기치로 내세우고 선군사상을 높이 치켜들었다. 그리하여 사회역사와 혁명발전에서 군대가 주력군이 되고 기둥역할을 하는 선군사상은 김정일시대의 지도적 지침이 된 것이다.

3. 김일성-김정일주의의 의미와 내용

1) 김일성-김정일주의 체계와 내용

북한에서 김정은의 발언, 당 규약, 당 지침 그리고 학자들과 문헌에서 주장하고 있는 김일성-김정일주의의 사상과 내용은 무엇이며 어떻게 구성되어 있는가? 김일성-김정일주의는 사상, 이론, 방법으로 구성되어 있다.

---

11) 표권, "선군의 위력, 일심단결의 위력은 위대한 김정일동지의 제일유산," 『철학연구』 제3호(루계 제130호), 과학백과사전출판사, 2012, p. 8.
12) 김경철, "정력적인 전선시찰로 인민군대를 무적필승의 혁명강군으로 강화발전시키신 위대한 령도," 『김일성종합대학학보(력사, 법률)』 제58권 제2호(루계 462호), 과학백과사전출판사, 2012, p. 38.

첫째, 김일성-김정일주의는 인민대중의 자주성을 실현하기 위한 혁명사상이다. 이것은 인간의 본성에 내제되어 있는 자주성의 실현을 통하여 사회변혁을 하려는 데 근본목적을 두고 있다. 그러므로 이는 인민대중의 창조적 활동에 의한 자주성을 완전히 실현시키는 사회를 건설하려는 사상이다. 김일성-김정일주의는 새로운 사회주의사회건설을 위한 것이고, 더 말할 필요도 없이 거기에는 인민중심의 세계관이 있다[13] 이같이 김일성-김정일주의는 그 근본을 주체사상에 두고 있다. 주체사상은 사회주의 사회가 인민대중이 주인으로 된 사회라는데 그 본질이 있다. 인민대중이 주인인 사회는 오직 사회주의 사회뿐이다.[14] 김정은도 김일성-김정일주의의 본질은 '인민대중 제일주의'라고 2013년 당 제4차 세포비서대회에서 밝히고 있다.

둘째, 김일성-김정일주의의 구성체계는 혁명이론으로 인민대중의 자주성을 실현하기 위한 사회변혁에 관한 이론과 전략전술이다. 혁명이론은 인민대중의 지위와 역할을 바탕으로 해명한 사상의 일반적 합법칙성에 함께, 민족해방과 계급해방을 위한 투쟁, 사회주의건설, 조국의 통일과 세계의 자주화에 관한 이론이 체계화된 것이다. 북한에서는 김일성-김정일주의의 구성체계와 내용을 다음과 같이 몇 가지로 나누어 설명하고 있다.[15] 즉, ① 인민대중의 자주적 지향과 요구에 맞게 투쟁의 목표와 방향제시, ② 사회주의 사회의 본질적 특성과 그 발전의 합법칙성을 새롭게 천명, ③ 주체혁명의 새 시대인 선군시대의 요구에

---

13) ハンドンソン, "金日成・金正日主義の体系と基本内容," 金日成・金正日主義研究會, 『金日成・金正日主義研究』 144, 2013, p. 34.

14) 김기철, "주체사상에 의한 사회주의와 민주주의의 호상관계에 대한 과학적 해명," 『김일성종합대학학보(철학, 경제학)』 제58권 제3호(루계 463호), 김일성종합대학출판사, 2012, pp. 25-26.

15) 오천일, "김일성-김정일주의는 주체시대를 대표하는 위대한 혁명사상," 『철학연구』 제4호(루계 제131호), 과학백과사전출판사, 2012, p. 5.

맞게 선군혁명사상과 선군정치이론의 체계화, ④ 조국통일문제의 본질
과 성격·주체·방도 제시, ⑤ 자주성에 기초한 국제관계이론과 새
세계건설에 관한 이론을 포함하고 있다는 것이다.

셋째, 김일성-김정일주의의 지도방법은 사회변혁의 주체인 인민대
중의 이익을 옹호하는 역할을 높이기 위한 지도방법이다. 김일성-김정
일주의는 과학적인 세계관과 혁명이론과 함께 지도방법을 제기하고 있
다. 즉, 혁명과 건설에서 제기된 모든 문제를 인민대중의 혁명적 열의
와 창조적 적극성을 불러일으켜 그 역할을 최대한 높이고 동시에 해
결해 나가고 있다.[16] 주체사상의 자주성 견지, 창조적 방법, 사상을 기
본으로 해야 한다는 지도원리에 더하여 혁명과 건설에 인민대중의 지
지를 끌어들이는 방법이 내포되어 있다.

이렇게 볼 때 김일성-김정일주의는 김일성주의의 혁명적 계승이다.
김일성-김정일주의는 김일성주의와 마찬가지로 주체의 사상, 이론, 방
법의 전일적 체계이다. 김일성-김정일주의는 "로동계급 혁명사상발전
의 가장 높은 단계를 이루는 완성된 혁명사상으로서 주체시대, 선군시
대의 유일하게 올바른 지도사상, 지도리론, 지도방법"[17]이라고 한다.
이것은 김일성주의나 김일성-김정일주의 모두 그 핵심을 이루는 구성
요소에서 공유하고 있는 것은 혁명사상과 주체사상 그리고 선군사상이
라는 것을 의미한다.

북한에서는 김일성-김정일주의가 "주체시대를 대표하는 위대한 혁
명사상이라는 것이 과학적으로 정식화됨으로써 주체시대를 향도하고
자주성을 위한 인민대중의 혁명위업을 끝까지 승리적으로 완성해나가
기 위한 영원불멸할 혁명의 지도사상으로서의 력사적지위가 명확히 규

---

16) ハンドンソン, 앞의 글, p. 36.
17) 오천일, 앞의 글, p. 4.

정되었다"면서, 김정은이 김일성-김정일주의를 과학적으로 정식화한
것은 시대와 역사 앞에 쌓은 불멸의 업적이라고 하고 있다.18)

2) 김일성-김정일주의화

이러한 김일성-김정일주의를 당의 영원한 지도사상으로 규정한 것
은 김정은이 시대와 인류 앞에 쌓은 업적이라 하면서, 온 사회의 김일
성-김정일주의화가 당의 최고 강령이라는 역사적 선언을 김정은이 하
였다고 한다. 그러면서 "온 사회의 김일성-김정일주의화는 온 사회의
김일성주의화의 혁명적 계승이며 새로운 높은 단계로의 심화발전"이라
고 한 김정은의 말을 인용하고 있다.19) 김정은은 김일성탄생 100돌
기념 논문 <위대한 김일성동지는 우리 당과 인민의 영원한 수령이시
다>에서 "김일성-김정일주의를 유일한 지도사상, 영원한 지도적지침
으로 삼고 오직 김일성-김정일주의의 요구대로 혁명과 건설을 진전시
켜나가야 한다"고 주장하고 있다. 당의 사상과 이론을 지도하고 연구
하는 기관인 사회과학원 60돌을 기념하여 보내는 김정은의 서한에서
구성원들에게 "우리의 사회과학은 온 사회의 김일성-김정일주의화 위
업수행에 적극 이바지하여야 한다"고 하였다. 또한 사회과학자들은 '모
든 문제를 철두철미 김일성-김정일주의를 유일한 지침으로 삼고 풀어
나가야 한다'고 제시하였다20) 2013년 신년사에서도 김정은은 '위대한
김일성-김정일주의'를 내세우면서, 이 기치를 높이들고 자주의 길, 선

---

18) 리광명, "경애하는 김정은동지께서 김일성-김정일주의를 과학적으로 정식화하신 사랑
    리론의 기본내용,"『정치법률연구』제1호(루계 49호), 과학백과사전출판사, 2015, p.
    10.
19) 손영수, "온 사회의 김일성-김정일주의화는 온 사회의 김일성주의화의 혁명적계승이며
    새로운 높은 단계로의 심화발전,"『철학연구』제4호(루계 제131호), 과학백과사전출판
    사, 2012, pp. 2-3.
20)『로동신문』2012. 12. 02. 4.

군의 길, 사회주의 길을 따라 끝까지 곧바로 나가야한다고 강조하고
있다.

최고인민회의 상임위원장 김영남은 2012년 12월 17일 김정일 1주
기 추모사를 통하여 그의 사상·이론적인 면에서 이룬 업적을 최고로
들고 있다. 즉 "김일성의 혁명사상을 김일성주의로 정식화하고 자주시
대의 위대한 사상으로 뿌리내리게 했고, 김일성의 총대중시사상을 선
군혁명사상·선군정치이론으로 심화 발전시켜 사회주의 강성국가건설
론을 제시했다"는 것이다. 김정은은 금수산태양궁전 개관식의 감사
문21)에서 "김일성-김정일주의를 수령님과 장군님이 한평생 쌓아올린
고귀한 혁명업적"이라고 하고 있다.

3) 김일성·김정일 사상의 계승

북한에서는 김정은으로 혈통세습이 이루어지면서 선대인 할아버지,
아버지의 사상도 계승해야만 했고, 나름의 새로운 사회건설을 위한 통
치이념을 제시해야만 했다. 이것을 전부 만족시킬 수 있는 것으로 제
시한 것이 김일성-김정일주의이다.22) 이기동은 김일성-김정일주의가
통치이데올로기로서 지속성이 상당히 지속될 것으로 예상하면서, 이는
이미 체계화된 전대수령들의 사상을 계승하는 것이 효과적이라고 판단
했기 때문이라 하였다.23) 김일성-김정일에 대한 최고의 충성과 효성
을 보여줌으로써 이들에 대한 충실한 후계자임을 증명하는 의미와 김

---

21) 북한에서는 김정일 사후 금수산기념궁전에 그를 안치하고, 이를 금수산태양궁전으로 명
    칭을 변경하였다. 김정일 1주기를 맞아 12월 17일 개관식을 거행하였다. 2013년 4월 1
    일에는 최고인민회의에서 금수산태양궁전법을 제정하기도 하였다.
22) 김창희, "김정은 체제 구축을 위한 북한의 정치사회화에 관한 연구,"『한국동북아논총』
    제18집 제2호, 한국동북아학회, 2013, p. 132.
23) 이기동, "김정은의 권력승계 과정과 권력구조,"『북한연구학회보』제16권 제2호, 북한
    연구학회, 2012, p. 15.

정은의 위대성 만들기와 백두산 혈통승계의 정당성 부여 측면도 김일성-김정일주의에 담겨있는 것이다.24) 이는 유일적영도체계 10대 원칙의 제10조 "위대한 김일성동지께서 개척하시고 김일성동지와 김정일동지께서 이끌어오신 주체혁명위업, 선군혁명위업을 대를 이어 끝까지 완성해서 계승하여야 한다"에 함축되어 있다.25) 김근식은 김정은이 '공식이데올로기로 김일성-김정일주의를 내세워 혈통승계의 정당성을 확보하는 동시에 향후 이데올로기 해석권을 독점하면서 자신의 시대에 새로운 노선을 제시하고 있다'고 하였다.26)

이렇게 볼 때 김정일이 자신의 위치를 확고히 하기 위해 김일성주의를 당의 최고 강령으로 선포한 것 같이, 김정은 역시 자신의 체제를 구축하는 과정에서 새로운 이념으로 김일성-김정일주의를 내놓은 것이다. 북한에서 후계자는 전임자의 사상이론적 업적을 고수하고 발전시키는 역할을 하고 있는데, 이것은 자신의 가장 큰 정치적 자산이 된다. 김정일 또한 아버지의 혁명전통을 절대화하고 주체사상을 발전시켜 나가는 과정에서 자신의 권력을 강화시켰다.27) 김정은의 경우 압축승계가 이루어져 김정일의 선군사상을 나름 체계화할 시간적 여유가 없었다. 그러므로 김일성-김정일주의를 통치이념으로 내세우면서 사상적 승계를 통하여 자신의 유일체계 확립에 하는데 몰두하고 있다.

그러면 김일성-김정일주의는 새로운 것인가? 상술한 바와 같이 김

---

24) 정영철, "김정은 체제의 출범과 과제: 인격적 리더십의 구축과 인민생활 향상,"『북한연구학회보』제16권 제1호, 북한연구학회, 2012, pp. 2-3.

25) 제10조 5항은 "당중앙을 목숨으로 사수하며 영원히 우리 당과 생사운명을 같이 하여야 한다"이고, 마지막은 "백두에서 개척된 주체혁명위업, 선군혁명위업을 끝까지 완성해야 한다"라고 하고 있다.

26) 김근식, "김정은 시대의 '김일성-김정일주의': 주체사상과 선군사상의 추상화,"『한국과 국제정치』제30권 제1호, 경남대학교 극동문제연구소, 2014, p. 82.

27) 김갑식, "김정은 정권의 출범과 정치적 과제,"『통일정책연구』제21권 1호, 통일연구원, p. 4.

일성-김정일주의는 김일성주의의 계승이고 새로운 단계로 심화 발전된 것이라고 하지만, 김정일이 갑작스럽게 사망하면서 김정은 체제를 구축하는 과정에서 새로운 통치이념이 필요했다. 북한은 '김일성은 영생불멸의 주체사상을 창시하여 새로운 혁명의 길을 열었고, 김정일은 주체사상을 체계화하고 선군사상을 발전시키어 지도사상으로 뿌리내리게 하였다'는 주장에 근거를 두고 김일성-김정일주의를 체계화 하였다.

Ⅱ. 김일성-김정일주의화: 김정일애국주의

1. 김정일애국주의의 제기와 내용

1) 김정일애국주의 제기

김일성-김정일주의를 어떻게 구현해 나갈 것인가? 온 사회를 김일성-김정일주의화하기 위하여 필요한 것이 김정일애국주의의 교양이다. 북한에서는 김정일 동지의 유훈을 지켜야 한다는 것 뿐만아니라, 최종 목적이 온 사회를 김일성-김정일주의화하여 인민대중의 자주성을 실현하는 것이라 하고 있다. 로동신문의 사설 '온 사회의 김일성-김정일주의화를 힘있게 다그쳐나가자'에서, 전체 인민들이 김일성-김정일주의화를 실현해 가는 중대한 시기에 살고 있기 때문에 역사적 사명감과 자부심을 가지고, 이를 위한 일대의 사상전과 정치사상공세를 힘있게 벌여야 한다고 주장하고 있다.28)

여기에서 제기되는 것이 김정일애국주의로 김정은이 이를 직접 창안·발기했다고 한다.29) 김정일애국주의가 등장한 것은 로동신문의

---

28) 『로동신문』 2012. 05. 25, 1.
29) 즉, '김정은이 2012년 3월 2일 달리는 야전차 안에서 직접 창안했다' 『로동신문』 2012.

'위대한 김정일애국주의 기치높이 내나라, 내 조국의 부강한 번영을
위하여 힘차게 일해나가자'에서 였다. 로동신문 2~3면에 걸쳐 이 긴
제목을 싣고, 몇 개의 하위제목30) 글에서 김정일애국주의를 설명하고
강조하고 있다.31) 이렇게 처음으로 제기된 김정일애국주의는 계속해서
북한에서 인민들을 독려하는 중요한 담론으로 사용되고 있다.

김정은은 2012년 7월 26일 당중앙위원회 담화 <김정일애국주의를
구현하여 부강조국건설을 다그치자>에서 처음으로 김정일애국주의를
언급하고 공식화하였다.32) 그는 여기에서 그동안 기회가 있을 때 자신
이 김정일애국주의를 강조하였지만, 이에 대하여 잘 이해하지 못하고
있을 뿐만 아니라 실천활동을 위한 사업도 올바르게 해나가지 못한다
고 지적하였다. 김정일애국주의는 구호나 깃발을 들고 나가라는 것이
아니라, 김정일이 보여준 숭고한 모범을 따라 배우고 실천하는 것에
목적이 있다는 것이다.

이를 놓고 북한에서는 "경애하는 김정은 동지께서는 위대한 장군님
께서 한 평생 마음 속에 소중히 안고 계신 조국과 인민에 대한 열렬
한 사랑과 헌신의 사상감정을 김정일애국주의로 명명하시고 그 본질적
내용에 대한 전면적이고 완벽한 해답을 주시었다"33)고 한다.

2) 김정일애국주의 내용

김정은이 말하는 김정일애국주의는 애국의 정신과 실천을 말하는

---

05. 30. 1.
30) 여기에는 "절세위인의 한생의 리념", "숭고한 후대관으로 일관된 애국주의", "휘황한
미래를 밝힌 위대한 설계도"라는 제목 하에, 김정일애국주의의 내용이 어떤 것이고 후
대관은 무엇이며 그 실행의 예를 들고 있다.
31) 『로동신문』 2012. 05. 12. 2, 3.
32) 『로동신문』 2012. 08. 03. 1, 2.
33) 리성환·박길성, 『조국번영의 위대한 기치 김정일애국주의』, 평양: 사회과학출판사,
2013, p. 7.

것으로 그 핵심은 '조국관, 인민관, 후대관'이다. 북한은 "김정일애국주의가 사회주의적애국주의의 최고정화로 수령중심의 조국관, 이민위천의 인민관, 미래사랑의 후대관에 기초하고 있다"고 주장하고 있다.34)

(1) 조국관

김정일의 조국관은 무엇인가? 조국이란 '인민의 자주적이며 창조적인 보람찬 삶과 후손만대의 행복이 되는 요람'인데, 일제에 빼앗긴 조국을 찾아 건국을 한 사람이 김일성 수령이라는 것이다. 그러므로 김정일은 "우리 인민에게 있어서 조국은 수령님이시며 수령님은 곧 조국입니다"라고 했다는 것이다. 김정일애국주의는 김일성민족의 영원한 넋이고 숨결이며 부강조국건설의 원동력이다.35) 수령의 헌신에 의하여 인민들의 참된 삶과 후손만대의 영원한 행복을 가져 온다는 것이다. 특히 김정은은 "위대한 장군님께서 한생을 애국의 마음으로 불태우시며 험난한 길을 헤쳐오신 애국헌신의 장정은 우리조국의 면모를 일신시키고 부강조국건설의 만년초석을 마련했다"고 한다. 조국과 인민의 운명은 수령과 떼어 놓고 생각할 수 없다고 하면서, '조국에 헌신하는 것은 수령에 충성하는 것이고 수령에 대한 충성이 애국심의 발현이고 애국주의의 최고의 표현'이라고 김정은은 주장한다.

조국관은 수령은 국가이고 애국심이란 수령에 충성하는 것을 의미한다. 김정은은 김정일이 '우리 인민의 애국 전통 가운데 수령에 대한 충실성의 전통을 가장 귀중히 내세우시며 대를 이어 영원히 계승해 나가도록' 하였고, 또한 '수령에 대한 충실성과 수령결사옹위를 우리 인민의 자랑스런 애국전통'으로 만들었다고 했다. 그러므로 여기에서

---

34) 위의 책, p. 26.
35) 『민주조선』 2013. 01. 02, 1.

말하고자 것은 "수령결사옹위에 최대의 애국도 최대의 충정도 있다"로
이야기 할 수 있다.36) 이렇게 볼 때 조국관은 수령결사옹위정신으로
김정일애국주의의 핵심이라 볼 수 있다.

(2) 인민관

김정일애국주의는 인민을 하늘처럼 여기는 숭고한 인민관에 바탕을
두는 것으로 사회주의애국주의의 최고정화이다. 김정일의 인민관은 인
간중심의 철학관으로 인민의 이익을 모든 것의 중심에 놓고 풀어간다
는 것이다. 사회주의는 인민의 생명이며 생활이다. 그러므로 인민생활
을 향상시켜 우리식 사회주의의 우월성을 높이 떨치려는 것이 김정일
의 애국의 의지였다는 것이다. 여기에는 인민에 대한 절대적인 믿음과
사회주의제도의 정당성과 사회주의위업의 승리에 대한 확고부동한 믿
음이 새겨져 있다고 한다. 즉, 오직 사회주의사회만이 착취와 압박이
없고 사람들이 자유롭고 평등하게 살며, 인민대중의 자주적이며 행복
한 삶이 실질적으로 보장된다고 주장하고 있다. 이러한 것을 바탕으로
김정일은 '조국에 대한 사랑과 헌신은 인민에 대한 사랑과 헌신이라는
애국지침'을 마련했다고 한다.37) 그러므로 조국과 인민에 대한 뜨겁고
열렬한 사랑, 사회주의 조국의 부강 번영과 인민의 행복을 위한 가장
적극적이고 희생적인 헌신이 바로 김정일애국주의라는 것이다.38)

김정은은 이러한 김정일의 인민관이 자신의 것과 일치한다는 것을
말하고 있다. 김정은은 "세상에서 제일 좋은 우리 인민…다시 허리띠

---

36) 리성환·박길성, 앞의 책, pp. 36-37.
37) 위의 책, pp. 48-49.
38) 김정일 사망이후 그를 추모하는 글에서 "인민생활이라는 말만 외워도 우리는 위대한
장군님의 평생로고를 가슴저리게 새겨안게 된다"하였다. 또한 "생애의 마지막 나날까
지 인민생활향상기지들을 쉬임없이 찾으셨다"하여 현장지도를 하다가 열차에서 사망했
다는 것을 강조하고 있다(『로동신문』 2012. 08. 09. 1). 김정일의 4.6담화에서도 김정일
이 인민의 행복을 위하여 한평생을 다바쳤다고 강조하고 있다.

를 조이지 않게 하며 사회주의부귀영화를 마음껏 누리게 하자"는 것
이 자신의 확고한 결심이라고 하였다. '인민을 최우선, 절대적으로'가
김정은의 모든 사색과 활동의 출발점이고 정치의 본질이며 최고의 원
칙이고 목표라는 것이다.39) 김정일의 인민에 대한 사랑을 계속 이어
가, 자신이 인민이 사랑하는 영도자가 되겠다는 것이다.40) 그러므로
당의 일꾼들도 이러한 인민관을 지니고 인민을 위하여 일하는 참된
일꾼이 되어야 한다는 것이다. 2013년 신년사에서 일꾼들은 "'모든 것
을 인민을 위하여, 모든 것을 인민대중에 의거하여!'라는 구호를 높이
들고 헌신적으로 투쟁하여야 합니다"라고 독려하고 있다. 이것이 김정
일애국주의의 인민관이다.

(3) 후대관

애국은 조국과 인민을 위한 것인 동시에 후대들을 위한 아름답고
숭고한 위업이다. 참다운 조국은 오늘의 새대뿐아니라 후손만대의 영
원한 행복이 담보되는 곳이다. 그래서 조국을 위해 헌신하다는 것은
후대들을 위해 헌신한다는 것을 의미한다.41) 후대관에 대하여 김정은
은 "무슨 일을 하나 하여도 자기 대에는 비록 덕을 보지 못하더라도
먼 훗날에 가서 후대들이 그 덕을 볼 수 있게 가장 훌륭하게, 완전무
결하게 하여야 한다는 것이 장군님의 숭고한 뜻이였으며 늘 간곡한
당부였습니다"라고 말하고 있다. 오늘은 어렵더라도 인민의 염원이 활
짝 꽃 필 내일을 위해 애국의 피와 땀을 아낌없이 바친다는 것이 후
대관이라는 설명이다.42)

---

39) 『로동신문』 2012. 06. 02, 1.
40) 김창희, "김정은 체제 권력구조와 정치행태 분석," 『통일전략』 제13권 제1호, 한국통일
전략학회, 2013, pp. 120-122.
41) 리성환·박길성, 앞의 책, pp. 56-57.
42) 안문석, 『김정은의 고민』, 서울: 인물과 사상사, 2012, p. 74.

김정일은 새 세대를 훌륭히 키우는 것을 당과 국가의 중대사로 놓고 후대 육성사업에 커다란 심혈과 노고를 바쳤다는 것이다. 김정일은 "청년들을 단순히 혁명의 후비대로서만이 아니라 대를 이어 혁명을 계속 할 숭고한 사명을 지니고 있는 혁명의 계승자, 혁명을 앞장서 이끌어나가야 할 청년전위"로 보았다. 그리하여 후대들에게 생활을 위한 물질적 재부도 넘겨주어야 하지만, 혁명의 대를 이어나가갈수 있도록 고귀한 정신도덕적 재부를 물려주는 것이 더 중요하다고 했다. 김정일의 세련된 영도와 극진한 보살핌으로 청년들이 당과 수령을 맨 앞장에서 결사옹위하는 청년전위로 자라게 했다는 것이다.43) 이를 볼 때 후대관은 청년 김정은의 통치에 대한 정당화와 그를 옹위하여 지속적으로 혁명을 이어나가야 한다는 것을 핵심으로 하고 있다.

김정은은 김정일의 애국·애민을 강조하면서, 자신의 통치의 정당성을 내세우고 인민들의 실행을 독려하고 있다. 김정은이 김정일애국주의를 직접 언급하고 이의 실행에 대한 문제점을 지적하자, 로동신문은 사설 '온 나라에 김정일애국주의의 열풍을 세차게 일으키자'를 통하여 이를 부각시켜나갔다. 여기에서는 김정은의 담화를 '불후의 고전로작'이라고 하면서, 인민들이 심장에 새기고 구현해야 할 삶과 투쟁의 교과서라 하고 있다. 그리고 이것이 가지는 의미를 "김정일애국주의는 이 땅에 태를 묻은 모든 사람들에게 있어서 없어서는 안될 소중한 사상정신적 량식이며 애국의 용기를 안겨주고 투쟁의 활력을 부어지는 힘있는 원동력이다"44)라 하고 있다.

---

43) 리성환·박길성, 앞의 책, pp. 67-69.
44) 『로동신문』 2012. 08. 09.

2. 김일성-김정일주의와 김정일애국주의의 연계

1) 자주시대의 인민대중동원

로동신문 '김정일애국주의교양을 강화하자'45)에서는 김정일애국주의 교양은 온 사회를 김일성-김정일주의화하기 위한 사업의 일환이라 하고 있다. 이렇게 처음으로 김일성-김정일주의와 김정일애국주의를 연계시켜 제기한 후 이 주장은 계속 이어졌다. 이를 내용과 방법의 측면에서 규명해 보면 다음과 같이 설명할 수 있다.

내용에서 보면 김일성-김정일주의의 가장 기본적인 것은 김일성의 혁명이론이고 이를 주체사상으로 승화시키면서 김일성주의가 되었다는 것인데, 이는 김정일애국주의의 조국관·인민관과 연결되는 것이다. 김정일애국주의의 뿌리는 김일성의 혁명사상에 시원을 두고 있고 사람중심의 세계관에 기초하고 있다. 특히 인민대중의 절대적인 신뢰와 지지를 받고 주체혁명의 대를 굳건히 이어왔다고 한다. 이것은 "김정일애국주의의 본질적 특징과 절대적 우월성, 불패의 위력과 감화력, 보편성과 영원성은 주체사상과 선군사상으로부터 우러나온다"46)는 표현에서도 알 수 있다. 그리하여 김정일애국주의에는 자주시대를 대표하는 유일한 지도사상인 주체사상과 선군사상이 맥박치고 있다는 것이다.

김일성-김정일주의의 지도방법에는 혁명적 지도의 본질 원칙, 영도의 지도체계, 혁명적 지도방법과 인민의 활동작풍 등 인민대중을 혁명과 건설에 동원하는 데 제기되는 모든 문제가 집대성되어 있다고 한다.47) 결국 이것을 구현하기 위해서 필요한 것이 김정일애국주의라고

---

45) 『로동신문』 2012. 05. 21. 1.
46) 『로동신문』 2012. 06. 21. 2.
47) ハンドンソン, 앞의 글, p. 37.

할 수 있다. 김정일애국주의는 애국위업의 모든 단계, 모든 부분과 영역에서 그리고 모든 일들을 최상의 수준에서 풀어가게 할수 있는 만능의 보검이라고 생각하고 있기 때문이다.

그러면 지도방법에서 김정일애국주의를 어떻게 연결시켜 풀어나가자는 것인가? 바로 여기에 동원의 문제가 있다. 후대관이 김정은의 정통성의 강조와 현재는 어렵더라도 보다 나은 미래를 위하여 헌신적으로 일심동체가 되어야 한다는 것이다. '새로운 주체 100년'을 시작하면서 전체 인민들은 김정은을 따라 총 공격전을 벌여나가자는 것이다.

북한은 오늘의 시대가 김정은의 영도 밑에 새로운 변혁이 일어나는 장엄한 시대라 하면서도, 김정은의 시대정신은 인민생활향상과 경제강국건설에서 개혁이나 개방보다는 구호의 정치경제를 차용하고 있다. 인민들의 애국심을 불러일으키고 애국적 열의에 의거하는 대중동원방식으로 체제안정을 위해 기존 김정일의 방식을 유지하고 있는 것이다.

2) 김정일애국주의 교양사업

김정은은 김정일애국주의를 깊이 심어주기 위한 교양사업을 강조하였다. '애국주의교양을 강화하여 모든 당원과 근로자, 군인과 청소년 학생들이 이의 참뜻을 잘 알고 가슴깊이 간직하도록 하여야 한다'는 것이다. 김정은에 대한 충성과 '김정일애국주의'에 대한 강조는 각종 행사를 통해 이루어지고 있다. 소년단 창립절, 전국어머니대회, 청년절 등 오랫동안 개최되지 않은 행사를 다시 개최하거나, 여기에서 김정은의 존재감을 각인시키고 김정일애국주의로 무장을 강조하면서 체제결속을 도모하고 있다.[48]

---

48) 한승호·이수원, "김정은 시대의 새로운 구호 '김정일애국주의' 의미와 정치적 의도," 『국방정책연구』 제29권 제2호, 한국국방연구원, 2012, pp. 123-124.

김정은은 청년절 축하문에서 "최후승리를 위한 오늘의 투쟁은 위대한 김정일애국주의를 구현하여 세상에서 두려운 것이 없는 당당하고 강대한 나라, 전체 인민이 사회주의 부귀영화를 누리는 인민의 락원을 건설하기 위한 성스러운 애국투쟁입니다"라 하면서, 김정일애국주의로 심장을 불태우는 수백만 청년들의 힘은 무궁무진하고 막강하다 하였다.49) 또한 사회과학원 창립 60주년 기념서한에서도 그는 '사회과학원의 과학자와 일군들은 온 사회의 김일성 김정일주의화 위업수행에 이바지하여 김정일애국주의자가 되어야 한다'고 강조하고 있다.

2013년 신년사가 발표50)된 이후에 '위대한 김일성-김정일주의기치' 높이 들어 관철하자는 각 도당 군중대회가 각지에서 개최되었다. 1월 5일 평양시 군중대회를 시발로 6일에는 평안남도, 평안북도, 자강도, 황해남도, 황해북도, 함경북도에서 군중대회가 진행되었다. 여기에서 김일성-김정일주의기치 높이들고 김정은동지의 영도따라 김정일애국주의를 구현을 위해 힘차게 싸워나가자고 강조하고 있다.51)

3. 김정일애국주의의 실천-1970년대 시대정신 재현과 당중심의 동원

김정은의 김정일애국주의에 대한 강조는 계속되고 있으며, 그가 보여주는 통치행태도 그 일환인 것이다. 북한에서 현재 필요한 것은 제2의 천리마운동과 같은 노력동원운동이고, 김정은이 이를 위하여 인민

---

49) 『로동신문』 2012. 08. 28. 3.
50) 김정은은 조선중앙TV를 통해 2013년 1월 1일 직접 신년사를 발표하였다. 북한의 신년사는 김일성의 사망 다음 해인 1995년부터 2012년까지 로동신문, 민주조선, 청년신보에 공동사설이라는 보도로 대신하였다. 그러므로 19년 만에 김일성이 했던 것 처럼 신년사를 김정은이 직접 육성으로 발표한 것이다.
51) 『민주조선』 2013. 01. 08. 1.

들 속으로 파고 들어가는 통치행태를 보여주고 있다. 북한에서는 1970
년대를 계속해서 언급하며 당시의 시대정신과 투쟁정신을 강조하고 있
다. 오늘의 시대가 요구하는 시대정신은 1970년대 당시의 수령의 후
계자였던 김정일의 절대적 충성과 수령의 위업을 계승하고 있으므로
그의 정책을 믿고 따르라는 것이다. 1970년대 시대정신의 구현이 바
로 김정일애국주의의 실천이라는 것이다. 북한은 김정일 체제가 지향
해야 할 시대정신으로 40년 전 김정일 후계체제 구축기의 모델을 답
습하자는 것이다.52)

김정은은 2013년 신년사에서 당 조직의 기능과 역할을 더욱 고양
시켜야 한다고 하면서 강조한 것 역시 김정일애국주의이다.53) 즉, "당
사업을 1970년대처럼 화선식으로 전환시키고 김정일애국주의를 실천
활동에 철저히 구현하도록 하는데 당사업의 화력을 집중해야 한다"고
하였다. 그러면 1970년대의 화선식이란 무엇인가? 로동신문 사설 '당
사업을 1970년대처럼 화선식으로 전환시키자'에서 이에 대해 설명하고
있다. 1970년대는 전당과 온 사회의 김일성주의화가 전면에 나서고
그 실현을 위한 투쟁의 시대였다. 1970년대 당사업은 화선식이라는데
근본적인 특징이 있다.54) 그 당시 인민들이 보여주었던 뜨거운 열정을
재현하자는 것이다.

---

52) 전미영, "김정은 시대의 정치언어: 상징과 담론을 통해 본 김정은 정치,"『북한연구학회
보』제17권 제1호, 북한연구학회, 2013, pp. 22-24.

53) 여기에서 2013년을 '김일성-김정일주의기치따라 새로운 주체100년대의 승리와 영광의
년대'라 하였다. 구체적으로 "새해 2013년은 김일성, 김정일조선의 새로운 100년대의
진군길에서 사회주의강성국가의 전환적국면을 열어나갈 거창한 창조와 변혁의 해입니
다"라 하고 있다.

54) 당사업은 결사전에 나가는 용사들의 심장을 뜨겁게 달구듯이 빈구호나 군더더기가 없
이 산 현실속에서 실감있게 진행된 화선식이었다. 화선식당사업은 지도와 대중을 하나
로 결합시켜 혁명대오의 통일단결을 불패의것으로 다져나가게하는 위력한 보검이다.
당사업을 화선식으로 전환시켜나간다는 것은 위대한 장군님께서 창조하신 당사업방법
을 따라배운다는 것을 의미한다.『로동신문』2013. 01. 15. 1.

김정일애국주의와 당의 강화는 당 사업에서뿐만 아니라 통치체계에서도 변화를 보여준다. 이는 김정일의 개인통치에서 김정은의 당 중심 시스템 통치로의 전환을 의미하는 것이다. 여기에는 여러 가지 이유가 있으나, 그가 젊은 지도자여서 카리스마적 리더십보다는 제도적 리더십을 택했기 때문이다. 권력의 공고화를 위해 제도의 활용과 역할 분담을 통한 김정은 특유의 지도 방식을 택한 것이다.55) 북한에서는 '우리 당과 혁명의 영도 중심은 경애하는 김정은 동지이며, 비범한 예지와 정력적인 사상이론활동으로 김일성-김정일주의를 견결히 옹호하며, 이 기침 밑에 당을 이끌고 계신다'고 하고 있다.56) 당을 통한 통치와 사업은 중앙당 뿐만아니라 지방당 그리고 말단 조직의 정비와 제도화에까지 미치고 있다. 2013년 1월 23일에는 "조선로동당 중앙위원회 정치국 보도"를 통하여, 정치국의 결정서 <조선로동당 세포비서대회를 제도화할데 대하여>를 채택하고 공표하였다.

여기에서 당세포는 당의 말단기층조직으로 군중을 당과 혈연적으로 이어주는 기본단위라 하면서, 그동안의 세포비서대회를 1, 2, 3차로 규정하고 '당 제4차 세포비서대회'를 소집하였다. 1월 28일 치러진 대회에서 김정은은 "현재 당세포의 가장 중요한 과업은 당원들을 참다운 김일성-김정일주의자로 준비시키는 것"이라 하였다. 그리고 "당세포가 김정일애국주의의 열풍을 일으키기위한 조직정치사업을 벌려나가야 한다"고 강조하였다. 김정은은 중앙당 조직과 지방당 조직뿐만 아니라, 가장 말단조직인 당세포조직의 중요성을 강조하면서 그들의 활동을 독

---

55) 정성임, "김정은 정권의 제도적 기반: 당과 국가기구를 중심으로," 『통일정책연구』 제21권 2호, 통일연구원, 2012, p. 52.

56) 주일웅, "경애하는 김정은 동지는 우리 당과 혁명의 단결의 중심, 령도의 중심," 『김일성종합대학학보(철학, 경제학)』 제58권 제3호(루계 463호), 김일성종합대학출판사, 2012, p. 13.

려하면서 체계화를 꾀하고 있다.

북한에서는 김정일이 젊은 시절인 1970년대에 당사업을 했던 것처럼, 당 전체가 그 뜨거운 열정을 재현해 나가자는 것이다. 청년 김정은의 영도 밑에 김정일애국주의로 부강한 조국을 건설해 나가자는 것이다. 다음의 주장을 보면 김정일애국주의가 의도하는 바가 무엇인지를 알 수 있다.57) 즉, "김정일애국주의가 전체 인민의 사상의지가 되고 투쟁기풍이 되고 생활방식으로 체질화된 것이 강성국가이다. 천만 군민이 김정일애국주의를 실천활동에 철저히 구현해나갈 때 누구나 수령결사옹위의 투사가 되고 부강조국건설에 자기의 고귀한 피와 땀, 량심을 바쳐 고결한 애국자, 량심의 인간이 될 수 있다"라는 것이다. 김정일애국주의는 인민대중들이 수령 후계자인 김정은을 결사옹위하면서, 이 한 몸 다바쳐 조국의 부강을 위해 충성하자는 것으로 요약할 수 있다.

Ⅲ. 김일성-김정일주의의 분석과 함의

1. 김정일-김정일주의의 분석

북한은 통치이념을 지도사상이라 하고 김정은의 지도사상으로 '김일성-김정일주의'를 내세웠다. 김정일이 김일성의 혁명사상과 주체사상을 김일성주의로 발전시켰고 이를 바탕으로 선군사상을 정립하였는데, 이것을 합법칙적으로 체계화한 것이 바로 김일성-김정일주의라는 것이다. 북한은 김정은이 독창성과 정당성이 있는 김일성-김정일주의를

---

57) 리성환·박길성, 앞의 책, p. 207.

제기함으로써 사회를 새로운 역사적 단계로 올려놓았다고 한다. 그러므로 북한은 언론보도나 문헌을 통해 "위대한 100년대가 시작되는 역사의 분수령에서 김일성-김정일주의의 기치를 추켜든 경애하는 김정은동지의 사상과 령도를 따라야 한다"는 주장을 펴고 있다. 여기서 위대한 백년대가 의미하는 것은 2012년이 김일성 탄생 백주년이기 때문에, 이를 기점으로 또 다른 100년이 시작한다는 것이었다. 김정일이 생존시에 2012년은 '강성대국완성의 해'라고 하면서 인민대중에게 희망을 주고자 나름 매진하였지만, 좋은 결과를 가져오지 못했을 뿐만 아니라 그는 2012년을 보지도 못하였다. 김정은 체제에 와서는 강성대국이라는 표현 대신 강성국가를 쓰고 있다. 북한을 대국이라고 하기에는 너무나 많은 부족함을 느꼈을는지도 모른다. 어쨌든 김일성-김정일주의는 김정은이 북한을 강성국가로 이끌어가는 지도적 지침이 되었다.

김정은은 김일성-김정일주의를 천명하고 나름 정식화시켜 놓았기 때문에, 김정일이 주체사상을 체계화한 것처럼 여기에 계속해서 의미를 부여할 것이다. 새로이 개정된 <당의 유일적령도체계확립의 10대 원칙>도 이러한 측면으로 볼 수 있다. 여기에서 김일성은 주체사상을 창시하여 인민이 자주적·창조적으로 나갈 수 있는 새로운 길을 열어놓았고, 김정일은 주체사상을 체계화하고 주체사상과 선군사상을 발전시켜 자주시대의 완성된 사상으로 뿌리내리게 했다고 평가하고 있다. 그러므로 '수령님과 장군님의 업적'을 그대로 이어 받아 당과 국가의 혁명과 건설에서 최선을 다해야 한다는 것이다. 김일성은 주체사상과 혁명사상을 근간으로 '조국'을 건설하였고, 김정일은 선군혁명사상으로 사회주의 강성국가의 위업을 달성했다는 것이다. 그리하여 "주체사상, 선군사상의 기치밑에 개척되고 승리적으로 전진하여온 우리 혁명은 오늘 새로운 높은 단계에 들어섰다"[58]고 주장하고 있다.

북한에서는 '우리는 위대한 김일성동지와 김정일동지를 변함없이 높이 받들어 모시고 김일성-김정일주의 기치따라 주체혁명위업, 선군혁명위업을 빛나게 계승하여 완성해 나가는 역사적 시대에 살며 투쟁하고 있다'고 하여, 김일성-김정일주의의 계승성과 혁명성에 의미를 부여하고 있다. 그러므로 "모든 일군들과 당원들과 근로자들은 온 사회의 김일성-김정일주의화의 요구에 맞게 경애하는 김정은동지의 령도따라 자주의 길, 선군의 길, 사회주의의 길을 따라 억세게 싸워나가야 할것이다"59)고 주장하고 있다. 북한은 "조선로동당이 새로운 주체 100년대에 선군혁명의 위대한 향도자로서 그 위용을 떨칠 수 있는 근본요인은 경애하는 김정은 원수님을 진두에 높이 모시는데 있다"60)고 하고 있다.

김일성-김정일주의를 좀 더 분석해 보면 김일성과 김정일의 업적과 사상을 연결시켜 인민들의 통합성과 동원을 극대화하려 하고 있는 것을 알 수 있다. 북한의 정치과정이 이 같이 위로부터의 조직화나 통제에 의하여 진행되고 있으나, 인민들의 동의나 마음을 잡지 않고서는 성공하기 어렵다. 그러므로 김일성-김정일주의는 인민대중의 자주성을 실현하기 위한 혁명사상으로서 사회 변혁을 위한 구성체계와 내용을 포함하는 동시에 사회변혁의 주체인 인민대중의 이익을 높이기 위한 지도방법을 내포시켰다고 한다.61) 김정은이 후계자로서 정통성을 구축하고 인민통합을 위해서는, 자신의 할아버지와 아버지를 벗어나지 않고 유지하는 것이 최선이라고 생각했을 것이다. 그러므로 김일성-김정

58) 홍일명, "온 사회의 김일성-김정일주의화는 온 사회의 김일성주의화의 새로운 높은 단계에로의 심화발전,"『사회과학원학보』제2호(루계 제87호), 사회과학출판사, 2015, p. 13.
59) 위의 글.
60)『로동신문』2014. 01. 06. 1.
61) 통일부 통일교육원,『2014 북한이해』, 통일부 통일교육원, 2014, p. 44.

일주의의 지도방법으로 인민대중의 혁명적 열의와 창조성을 불러일으켜 그 역할을 높여나가는 것이다. 이것을 김정일애국주의의 조국관·인민관·후대관에 연결시켜 인민들에게 조국과 수령에 대한 헌신과 당 일군들의 희생정신을 요구하고 있다. 김정은은 조국의 부강번영을 위하여 인민을 최우선으로 하는 김정일애국주의를 실현하겠으니, 자신을 믿고 따르라는 것이다. 북한이 여기에서 제기하고 있는 '1970년대 시대정신'의 재현은 김정일이 당사업 추진에서 일떠세웠던 방법의 따라 배우기이다. 김정일의 당 기초축성시기의 업적을 기리면서, 김정은도 그때와 같은 뜨거운 열기로 모든 사업을 당이 중심이 되어 끌고나가겠다는 것이다. 이것은 현재 북한사회가 인민대중의 자주성을 강조하면서 애국심을 끌어내어 당이 추진하는 사업에 동원을 극대화하는 것이 급선무라는 것을 보여주는 대목이다.

2. 김일성-김정일주의의 함의

상술한 바와 같이 김정은은 수령의 사상적 업적을 고수하고 발전시켜야 한다는 생각에서 통치이념으로 김일성-김정일주의를 공식화시켰다. 정치에서 계승성을 보장하는 것은 사회주의 정치의 필수 요구이고, 이것이 당의 사상과 유일성을 보장해 줄 수 있다는 논리에 대한 신념에서일 것이다. 북한에서는 김정은이 '당의 지도사상을 김일성-김정일주의로 천명하고 온 사회의 김일성-김정일주의화를 당의 강령으로 선포하여, 당을 유일적 영도체계가 확고히 서게 하고 조직성과 규율성이 강하며 인민대중 속에 깊이 뿌리내린 혁명적 당으로 강화 발전시켰다'[62]고 하고 있다. 김정은은 당 창건 70주년의 담화를 통하여, "김일

---

62) 허철수, "선군혁명위업은 필승불패의 혁명위업," 『김일성종합대학학보(철학, 경제학)』 제61권 1호(루계 493호), 김일성종합대학출판사, 2015, p. 20.

성-김정일주의는 조선로동당의 유일한 지도사상이며 영원한 승리의
기치이다. 우리는 위대한 김일성-김정일주의가 가리키는 주체의 한 길
로 변함없이 끝까지 나가야 한다"고 밝혔다.63)

이것은 당을 중시하는 김정은의 정치를 다시 확인시키는 것이고,
당을 완전체로 만드는 것이 김일성-김정일주의화하라는 것이다. 또한
김일성-김정일주의를 주창한 "경애하는 김정은동지는 인민에 대한 절
대적 숭배에 기초하여 인민을 열렬히 사랑하시고 자신의 모든 것을
다 바치시는분, 혁명선배들과 혁명동지들을 귀중히 여기고 따뜻이 보
살펴주시는 혁명적동지애의 최고 화신, 숭고한 후대사랑, 미래사랑을
지니시고 어린들과 청소년들을 위해 억만금도 아까지 않으시는분, 한
없이 넓은 도량과 포용력으로 천만사람의 정치적 생명을 지켜주시고
민족대화합에로 온 겨레를 이끄시는 위대한분이시라고 하신다"라고 하
고 있다.64) 이것은 김정일애국주의에서 말하는 인민관과 미래관을 김
정은이 지니고 있다는 것으로, 수령결사옹위 정신으로 김정은을 받들
고 충성을 다해야 한다는 것이다.

북한에서 김일성-김정일주의와 김정일애국주의는 그들이 주장하는
바와 같이 인민대중에 천착되어 신념화되어 있지는 않다. 그렇기 때문
에 막강한 선전수단과 학자들을 동원하여 인민대중들이 이를 받아들여
자발적 지지를 끌어내려고 지속적인 노력을 하고 있다.

김정은은 김일성-김정일주의화가 북한의 역사를 한 단계 업그레이
드하여 새로운 사회주의 강성국가로 발전할 것이라고 하고, 김정일애
국주의를 내세워 인민대중의 동원적 지지를 끌어내는 나름의 발전전략

---

63) 『로동신문』 2015. 10. 06. 2.
64) 김영혁, "경애하는 김정은동지는 혁명의 령도자가 지녀야 할 특출한 위인적풍모를 가장
　　완벽하게 체현하신 절세의 위인이시다,"『사회과학원학보』 제1호(루계 제86호), 사회과
　　학출판사, 2015, p. 17.

을 펼쳐나가고 있다. 그러나 '새로운 김정은 시대'를 제시하면서 김일성-김정일주의를 당의 지도사상을 내세우고 것은, 자신의 특별한 업적이 마련된 단계가 아니기 때문이다. 김정은은 일단 자신의 통치이념을 신속히 내세움으로써 체제의 안정화를 도모하였다. 그러므로 북한에서 김일성-김정일주의는 지속성을 가지고 체계화해 나갈 것이지만, 김정일애국주의는 현재의 상황을 타개해 나가는 유력한 수단으로 한시성을 가질 가능성이 있다고 본다.

제 3 편

권력승계 정치과정과
김정은 체제 구축

제 1 장

후계체제 구축과정

Ⅰ. 권력승계의 이론적 배경

1. 정치권력의 정통성과 전통적 지배

정치체제의 구조와 성격이 정치권력의 성격을 방향지우는 것이 일반적이지만, 정치권력 1인이나 소수에 독점되어 있는 경우에는 권력이 체제 자체를 구속한다. 다원주의 민주사회에서는 합법적인 제도화를 통하여 정치권력이 이전되지만, 권위구조의 다원성이 보장되지 않고 합리적 이전장치가 없는 체제에서는 다른 양상을 보여준다. 경쟁성을 바탕으로 하지 않는 정치권력은 후견성을 바탕으로 구조화된다. 후견성이 강하게 작용하는 경우는 권력승계가 혈통요인에 따라 추진될 때이고 이를 세습적 승계라 한다. 권력의 세습화는 군주주권의 산물로 세습 자체가 정통성이 되는 것이다.[1)]

북한은 군주국가라 할 수 없지만 김일성으로부터 김정일로 정치권력 이전은 대표적인 세습에 의한 것이었고, 이는 다시 김정은으로까지 이어졌다. 여기에서는 먼저 베버가 주장한 정치권력의 정통성의 유형 중 전통적 지배에 대하여 살펴본다. 그리고 북한이 후계체제의 정당성을 확보하기 위하여 내세워 왔던 지도자론도 분석해 본다. 베버의 지배유형은 어떤 기존 질서에의 복종을 명령하는 공개적으로 선언되고 받아들여진 요구를 다루고 있다. 여기에서 전통·신념·합법성을 가장 중요한 가치로 보고, 형태와 정당성을 중심으로 지배의 유형을 전통적, 카리스마적, 합리적으로 나누어서 놓고 있다. 베버는 근대국가의 두드러진 특징이 정당성의 합리적·법적 기반에 있다고 지적하고 정당성

---

1) 이우정, 『권력승계와 정당성: 사회주의 체제의 정치변동』, 서울: 신양사, 1997, p. 103.

의 다른 두 기반, 전통적 정당성과 카리스마적 정당성을 비교하여 설명하였다. 정당성의 유형은 본질적으로 규범의 원리이며 복종의 현실적인 동기 내용보다는, 통치의 명령에 대한 순종을 규칙적으로 또 공개적으로 정당화시키는 도리를 말한다.2) 합리적・법적 정당성은 특정의 권위에 명령권을 부여하여 발효된 법령을 준수하고 복종하는 것을 바탕으로 한다. 이에 반해 전통적 정당성은 "복종은 발효 중인 법이 아니라 전통에 의한 지배적 지위를 점령한 사람이나, 전통적 지배자에 의해 그 자리에 발탁된 사람을 향하게"된다.3)

베버는 근대국가라면 합법적 지배를 바탕으로 되어야 한다고 생각했고, 그러므로 전통적 지배로부터 합리적인 지배로 발전되었다고 규정하였다. 현대에서 많은 국가들은 정치권력의 정당성의 기반을 합리적・법적 지배에 두고 있다. 정치권력의 이전도 합법적인 제도화를 통하여 이루어지고 있다. 그러나 군주국가가 아니면서도 아직도 정치권력을 전통적 지배논리에 의하여 승계하는 국가가 있고, 그 대표적인 예는 북한에서 찾아볼 수 있다. 북한은 헌법상 왕권 국가는 아니기 때문에 군주국가로 분류할 수는 없지만, 그러한 행태를 보여주고 있다.

김일성 시대에 북한은 매스미디어를 통해 "김일성수령의 온 가족은 대를 이어 오면서 모두가 혁명가족이다. 세계의 모든 인민들이 그 가정의 력사 대대로 내려오는 일가의 투쟁력사를 따라 배우는 것은 응당한 일이다. 이처럼 빛나는 가정을 모신 우리 인민을 세계인민들이 한없이 부러워한다. 그렇기 때문에 우리는 이 일가에 충성을 다해야 한다"고 한다.4) 이는 어찌 보면 김일성은 새로운 왕가를 형성하였고,

---

2) 이종수 편, 『막스 베버의 학문과 사상』, 서울: 한길사, 1983, p. 168.
3) 전통적 권위에 대한 복종은 상황에 따라 다르겠지만 "나의 아버지에게 받아들여질 수 있었던 것은 나에게도 충분히 받아들여질 수 있다"거나, "그렇게 일이 처리되어 갔지 않았느냐"는 논리에 의해 공식적으로 정당화 된다. 위의 책, pp. 168-169.

통치자에 대한 절대적 충성심을 보여 후계로까지 이어지고 있다는 것을 말하려는 것이었다.

김일성에서 김정일로의 권력이전은 '유훈통치'라는 것에서 보여준 바와 같이 세습에 의한 것이었고, 김정일이 사망하면서 김정은이 이어 받는 3대 세습의 후계정치가 이어졌다. 북한은 김정일 사후 '역사적시기에 김정일동지를 단결의 중심 영도의 중심으로 모시고 백두혈통을 굳건히 고수하여 왔다'면서, '오늘 우리의 일심단결의 역사와 전통은 꿋꿋이 이어져 김정은동지가 대를 이어 계승되는 우리 일심단결의 중심이다'라고 하였다.5) 물론 이렇게 혈통에 의한 계승을 내세우면서도, 당이나 국가기구에 의한 추대라는 제도화를 통해 세습이라는 전통적 지배를 합법화하여 정당성과 정통성을 부여하고 있다.

2. 북한에서 권력승계론

북한은 권력세습의 이론전개와 후계체제의 정당성을 확보하기 위하여 이른바 '지도자론'이라는 교리를 나름대로 체계화하여 김정일 후계지위의 정당성을 인식시키기 위한 노력을 집중하여 왔다. 김정일이 김정은을 지도자로 만들기 위한 후견기간은 짧았지만, 그 근간은 김일성 -김정일로 이어지면서 제시했던 논리를 답습하였다.

북한에서는 김정일의 수령승계를 가능케 하고 정당화한 이론으로 수정된 과도기론, 계속혁명론, 혁명전통계승론, 후계자론을 내세웠다.6) 이들 중 김정일과 김정은에게 공통적으로 적용될 수 있다고 생각되는 혁명전통계승론과 후계자론에 대하여 살펴본다.

---

4) 『평양방송』 1977. 09. 02. 재인용; 유석렬, "김일성 개인 숭배 및 권력승계," 전인영 편, 『북한의 정치』, 서울: 을유문화사, 1990, p. 291.

5) 『로동신문』 2012. 01. 09. 1.

6) 백학순, 『북한 권력의 역사: 사상·정체성·구조』, 파주: 한울아카데미, 2010, p. 649.

혁명전통계승론은 수령이 개척한 혁명위업은 한 세대에 끝이 나는 것이 아니라, 대를 이어 나가야 완수될 수 있다는 논거이다. 혁명투쟁이 장기성을 띠고 진행되므로 계승성을 보장하며 계승의 대를 순결하게 이어주는 것이 중요하고, 혁명의 대를 이어주는 피줄기가 혁명전통7)이라는 것이다. 이 혁명전통의 계승문제는 후계자가 될 김정일에게 맡겨졌고, 김정일이 주도적으로 해결했다는 것이다. 북한에서는 김정일이 혁명전통의 순결성을 보장하고 혁명전통교양사업을 강화하는 데 관심을 두었다고 하면서, 이에 대하여 다음과 같이 발언했다고 한다. 즉, "수령께서 이룩하신 혁명전통은 우리 혁명의 만년초석이며 우리 혁명의 명맥을 이어주는 피줄기입니다"라고 하면서, "혁명전통은 오직 대를 이어가면서 순결하게 고수하여야 합니다"라고 했다.8)

북한에서 후계자론의 제기는 1971년 김일성의 사회주의로동청년동맹 개막연설에서 였다. 여기에서 김일성이 새로운 세대들이 혁명을 계속해 나가야 한다고 한 것은 후계문제를 염두에 둔 것으로 볼 수 있다.9) 일반적으로 후계자론에서 내세워진 것은 혁명계승론, 세대교체론, 역사적 준비단계론, 김일성 화신론이었고, 여기에 따르면 김정일이 아닌 다른 인물은 후계자가 될 수 없다는 논리였다. 리진규의 『주체의 정치론』 제V편의 지도자론에서는 최고지도자인 수령은 정계의 정점에 서있고 인민대중의 최고 뇌수라고 주장하고 있다.10) 수령의 후계자는 반드시 세 가지 조건을 갖춘 사람만이 추대될 수 있으며, 추대되어야 한다고 말하고 있다.11) 첫째는 수령에게 끝없이 충실할 것, 둘째는

---

7) 혁명전통은 김일성 이외의 어떤 계파나 혁명전통을 인정하지 않고 오직 길일성의 항일 빨치산혁명에 기반을 둔 전통을 의미한다.
8) 『선군태양 김정일장군 1』, 평양: 평양출판사, 2006, pp. 387-388.
9) 이교덕, 『북한의 후계자론』 연구총서 03-12, 통일연구원, 203, pp. 27-28.
10) 리진규, 『주체의 정치론』, 동경: 구월서방, 1988, pp. 458-459.
11) 위의 책, p. 474.

온 사회에 대한 정치적 영도를 원만히 실현할 수 있는 품격과 자질,
셋째는 정치실현과정에서 쌓아올린 공적으로 인하여 절대적 권위를 얻
는 것이라 하였다. 북한에서는 "친애하는 지도자 김정일동지께서 정치
적수령의 후계자로 높이 추대되심으로 하여 조선에서는 정치적령도의
계승문제가 만족스럽게 해결되었다"12)고 하였다. 그러면서 북한의 여
러 문헌에서 주장하고 있는 후계자는 '충성의 귀감, 비범한 예지, 탁월
한 영도력, 고매한 덕성'을 가져야 한다고 하였고, 김정일을 '충실한
혁명가, 예지의 체현자, 탁월한 영도력 있는 덕성의 지도자'라 하였다.

김정일은 그의 생전에 "수령님께서는 나의 사상이나 성격, 취미와
습관을 두고 신통히 백두산을 닮았다고 하시었는데 우리 대장은 나를
닮았습니다. 우리 대장의 정신과 기질은 백두산의 정기와 기상 그대로
입니다"13)라 하였다. 이렇게 볼 때 혁명전통론과 후계자 논리는 김일
성-김정일 승계과정에서 북한이 내놓은 논리였지만, 김정은으로의 승
계문제도 그 연장선상에서 볼 수 있다. 김정일 사후에 출간된 저서에
서 '김정일의 위대한 계승자 김정은'은 '충정의 역사' '계승의 역사' 속
에 있다고 하면서, '고결한 충정과 숭고한 도덕의리, 탁월한 사상이론
적 예지와 비범한 군사적 풍모'를 지니고 있어 선군위업을 빛나게 계
승하고 있다고 하였다.14) 김정일에 맞춰 제기된 후계자론을 김정은에
게도 그대로 적용시켜나갔는데, 여기에서 특히 강조한 것은 선군혁명
전통과 강성국가건설의 위업에 대한 계승이었다.

12) 위의 책, p. 477.
13) 『위인 김정일』, 평양: 외국문출판사, 2012, p. 354.
14) 위의 책, p. 355.

Ⅱ. 권력세습을 위한 후계자 선정 문제

1. 정치권력 세습에 대한 논의

정치권력을 세습하는 것은 승계과정의 위험과 딜레마를 감소시킬 수 있다. 일반적으로 독재자가 강력한 후계자를 키우면 권력을 찬탈 당할 수 있고 또한 내부분열 요인으로 작용할 수 있다. 그러나 독자적 권력기반 구축을 허용하지 않거나 분명한 후계자가 없으면 권력투쟁이 야기될 가능성이 있다. 이러한 문제를 해결할 수 있는 것이 권력세습 이다. 아들을 후계자로 지명하는 것은 현재 권력자의 지속과 안전을 보장할 수 있고, 정치체제의 지속성이 담보될 수 있다.

북한에서 권력의 3대 세습이 가능할 것인가? 이 문제에 대해서는 가능성과 회의가 교차하였다. 먼저 3대 세습의 가능성을 주장했던 사람들이 내세웠던 논거는 다음과 같다. 첫째, '김일성의 유훈에 의한 김정일 승계'의 경험을 들었다. 이러한 경험에 의한 학습효과로 2대 세습에 비해 3대 세습은 훨씬 순조롭게 진행될 것이라고 주장하였다. 둘째, 김정일의 권위가 김일성처럼 당을 초월한 수령의 지위에 있고, 수령의 후계자가 곧 미래의 수령이라는 인식이 북한 내에 확산되어 있다는 것이다. 셋째, 북한은 혈통계승을 공식적으로 후계자 선출방법으로 정당화하는 후계자론을 가지고 있기 때문에, 3대 세습 가능성이 매우 높다는 것이었다. 이에 대한 회의론도 만만치 않았는데, 김일성-김정일 승계 때와는 상황이 다르기 때문에 세습이 어렵다는 주장을 다음과 같이 내놓았다.15) 첫째로 수령의 제도적 기반약화를 들면서 김정

---

15) 이승열, "북한 '수령체제'의 변화와 '3대 세습'의 구조적 한계,"『북한연구학회보』제13권 제1호, 북한연구학회, 2009, pp. 128-135.

일은 수령의 지위가 아닌 수령의 후계자의 지위에 머물러 있어, 수령의 제도적 정통성에 한계가 있다는 것이다. 둘째로 김정일이 모든 권력을 겸직함으로써, 후계자의 조직공간을 갖출 수 있는 조직적 한계가 있다는 것이다. 셋째로 시장화 등으로 인한 집단주의적 가치관의 약화로 인민대중의 자발적 동의를 끌어낼 수 없다는 점을 들었다.

북한에서 권력승계가 3대에 걸쳐 이루어질 것인가? 만약 이루어진다면 세 아들 중 누구일 것인가는 중요한 문제였다. 김정일 후계문제에 대한 연구는 2008년 중반 이후 본격적으로 진행되었다. 처음에는 후계자로 장남 김정남 그리고 차남 김정철에 초점이 맞춰졌었는데, 후에 3남 김정은으로 옮겨졌다. 물론 학자들의 의견 중에는 이와 달리하고 있는 것도 있었다. 종합해보면 "김정일의 경우 10년 이상의 조직경험과 치열한 권력투쟁을 거쳐 후계자가 되었는데, 세 아들에게는 그런 징후가 없다", "김정일의 후계자는 패밀리 구도로 가지 않을 것이고 3대에 걸친 세습은 없을 것이다", "군부나 테크노크라트가 승계할 가능성도 있다", "북한에서 다음 권력을 잡을 수 있는 것은 군부밖에 없다" 등 다양했었다.

한때 김정일이 북한에서 후계자 문제에 대한 거론을 금지하기도 하였는데, 이는 자신의 권력누수를 염려했기 때문이었다. 그러나 2008년 여름 북한에는 김정일 건강이상설이 나돌았고, 실제 뇌경색이 있었다는 것은 여러 경로를 통하여 확인되었다. 이때 그의 매제인 장성택이 김정일을 대신해서 전반적인 것을 관리하고 있다는 말이 나왔다. 후계체제구축 문제가 정치의 핵심으로 떠올랐고, 이후 권력구도 변화 및 모든 정치 일정이 여기에 맞춰졌다.

2. 김정일의 후계자로서 세 아들

김정일에게는 3명의 아들이 있는데 장남이 김정남이다. 김정남은 김정일과 배우 출신인 성혜림과의 사이에서 태어났고, 고영희를 어머니로 둔 김정철과 김정은이 있다. 김정일 후계구도의 움직임이 전해지던 2009년 이전에는 김정남을 후계자로 점치던 사람들이 적지 않았다. 북한의 전통적인 정치문화 속에서 장남인 김정남이 다음 후계자가 되는 것은 당연하다는 논리였다. 그가 우리 사회에 알려지게 된 계기는 2001년 일본 불법 입국혐의를 받고 추방되었던 사건을 통해서였다. 김정남은 지도자로서의 자질과 정치적 감각 등을 가지고 있음에도 불구하고, 생모의 문제로 인하여 후계자로 지명되는 데 결정적인 결함을 가지고 있다는 주장이 설득력이 있었다.16) 김정일의 요리사로 2001년까지 13년간 일했다는 일본인 후지모토 겐지는 '아무리 장남이라고 하지만 유부녀였던 성혜림과 사이에서 낳은 자식인 정남을 후계자로 지명할 수 없었을 것이다'고 하면서, 실제로 김정남은 '김정일 곁에 있던 13년 동안 당의 최고 간부나 군대장들이 모인 파티에 한 번도 참석하지 않았다"하였다. 그는 김정일이 일찌감치 머리 속에서 김정남을 후계자 후보에서 제외시킨 것으로 보았다.17)

당시 국내에서 보도된 내용들을 보면 김정철을 주목하였다. 국내의 전문가들의 간헐적으로 언급한 것을 보면 "소식통들은 한 때 군부가 정철, 정은을 후계자로 내세우려는 의도에서 고씨를 우상화하는 데 나섰다가 김위원장의 반대로 중단된 것에 주목한다. 특히 그 당시 불었

---

16) 정성장, "김일성 시대 북한의 후계문제: 징후와 구도,"『한국정치학회보』 제39집 2호, 한국정치학회, 2005, p. 360.
17) 후지모토 겐지 지음, 한유희 역,『북한의 후계자 왜 김정은인가?』, 서울: 맥스미디어, 2010, pp. 120-121.

던 고영희의 국모추대운동18)은 김정일위원장이 후계자로 지목되기 전 그의 어머니 김정숙이 국모로 추대되었던 과거 역사로 볼 때 더욱 주목받고 있다"19)고 하였다. 그런데 '존경하는 어머님'으로 우상화하려 했던 고영희의 중병설이 끊임없이 나돌더니, 연합뉴스가 베이징의 중국 소식통을 이용하여 사망사실을 보도했다. 그 후 확인된 바에 의하면 고영희는 2004년 6월 프랑스에서 암 치료 중 숨진 것으로 밝혀졌다. "신병치료차 파리에 머물고 있던 고씨가 숨지자 북한은 고려 항공 특별기 편으로 시신을 평양으로 운구했다. 북한은 고씨의 장례식을 가족과 핵심 권력층만 참석한 가운데 극비리에 치렀다"20)고 보도했다.

고영희 사망으로 관심을 끌고 있는 것은 역시 후계구도 문제였다. "일본 시사 주간지 '이에라'가 8월 30일 고영희의 큰 아들인 정철이 지난 4월 당조직 지도부 요직에 취임했고 이는 후계자가 정철로 굳어졌음을 의미한다"21)는 보도가 있었다는 등 후계구도를 둘러싼 이야기는 계속 나왔다. 2005년 11월 21일 독일의 시사주간지 슈피겔지는 '김정일 국방위원장의 후계자로 차남 정철이 결정되었다'고 보도하면서, 2005년 10월말 후진타오 중국 국가주석의 만찬에 김정철이 참석했다는 것이 이를 말해준다는 것이었다. 중앙일보는 2005년 11월 24일 베이징 유광종 특파원의 "북, 김정일 후계자로 '김정철 옹립' 작업 노동당에 특별조직신설"이라는 글을 실었다. 이 내용은 베이징 외교소식통의 주장이라 하여 "고영희 우상화작업을 최근 인민군부에서 다시 추진하기 시작했다"는 것과 "노동당이 2004년 전면적인 기구개편을

---

18) 북한에서는 성혜림이 모스크바에서 사망한 직후인 2002년 여름부터 고영희에 대한 개인숭배가 체계적으로 시작되었다. 정성장, 앞의 글, 2005, p. 351.
19) 『통일정보신문』 2004. 07. 12.
20) 『중앙일보』 2004. 09. 02.
21) 『한국일보』 2004. 08. 31.

단행할 때 조직지도부 산하에 6과와 7국을 신설했는데, 이 부서는 김
정일 위원장의 후계문제와 관련된 기구"라는 것이 중심을 이루고 있
었다. 그러나 후지모토 겐지는 김정철과 김정은과 함께 지낸 경험을
바탕으로 두 사람의 행동과 성격을 분석하면서, 김정일의 이들에 대한
생각을 추론해 놓았다. "김정일은 여성적인 성격과 리더십이 부족한
정철 대신에, 강인하고 치밀한 성격의 소유자인 정은이 지도자의 자질
을 갖추었다고 보았다."22)

　이렇게 외부의 추측이나 보도에도 불구하고 김정일은 건강에 이상
이 생기기 전까지 권력승계문제에 대하여 소극적인 태도를 보였다. 이
것은 다음과 같이 몇 가지로 나누어 설명할 수 있다.23) 첫째, 북한이
처한 대내외적 상황과 여건이 권력승계문제를 논하기에 적절하지 못한
시기라는 인식에서였다. 인민들의 경제생활도 어렵고 북미관계도 정상
화되지 않았기 때문에 어느 정도 기반이 닦인 상황이 되어야 후계문
제도 구체적으로 제기할 수 있다고 했다. 둘째, 김정일 자신의 권력
누수도 고려했을 것이다. 조기에 후계자가 결정될 경우 권력의 속성
상 자신의 절대성이 흔들릴 가능성도 있기 때문이었다. 셋째로 김정일
자신이 누구를 후계자로 해야 할지에 대한 고민 때문일 수 있었다. 3
남인 김정은을 염두에 두었다면, 그의 나이가 아직은 후계자로 내세우
기에 너무 빠르다는 판단이었을 것이다. 그러나 2008년 8월 그의 건
강에 이상이 발생하자 후계문제를 더 이상 미루어서는 안되겠다는 판
단을 했던 것 같다.

---

22) "김정일은 평소 정은에 대해서는 '나를 닮았다'고 만족스럽게 이야기하며 남다른 리더
십과 사회에 대한 강한 관심에 주목했고, 음악과 여성에 관심이 컸던 정철에 대해서는
불만을 표시했다고 한다". 후지모토 겐지, 앞의 책, pp. 127-144.
23) 이관세, "김정은 후계체제 구축 평가와 전망," 경남대학교 극동문제연구소, 『한반도 정
세: 2010년 평가와 2011년 전망』, 경남대학교 극동문제연구소, 2011. pp. 27-28.

3. 후계자의 가시화

김정일 후계문제가 다시 가시화되기 시작한 것은, 2008년 8월 김정일이 뇌졸중으로 쓰러지면서부터였다. 그동안 후계문제를 자제케 했던 김정일도 건강에 이상이 생기자 본격적으로 이 문제를 추진한 것으로 판단된다. 상술한 바와 같이 김정일의 후계자로 장남 김정남과 차남 김정철이 거론되기도 했으나, 김정은이 후계자로 내정되었다는 정보와 증거들이 제시되면서 김정은 후계체제는 기정사실로 받아들여졌다.

김정은의 후계체제 수립문제는 국방위원회 강화와 연결시키는 주장이 있었다. 국방위원회의 통제강화와 장성택의 국방위원 임명은 후계체제 연장선상에서 보아야 한다는 것이었다. 먼저 김정일이 국방위원회를 강화한 것은 파워엘리트들에게 자신의 후계자로 통보한 김정은에 대한 일부엘리트의 이반가능성과 주민동요 가능성 차단에 대한 고려였다. 또한 장성택이 새로 국방위원으로 임명된 것은 국가안전보위부와 인민보안성 등을 지도하는 당중앙위원회 행정부의 최고책임자였다는 점과 김정은 후계구도구축과 관련하여 중심적 역할을 맡고 있었던 점도 고려되었다는 것이다.[24] 장성택은 2007년 12월 조직지도부로부터 분리한 행정부장에 취임했고, 그가 이 자리를 맡으면서부터 행정부는 조직지도부의 일부 기능을 흡수하는 등 권한을 확장했었다. 이렇게 당에서도 장성택이 공안기구를 관장하는 위치에 있어, 권력엘리트들을 통제할 수 있었기 때문에 김정은을 후계자로 세우는 데 큰 역할을 할 수 있었다.

또 다른 측면에서 후계자 김정은에 대한 주장은 절대복종 측면 그

---

24) 정성장, "김정일 시대 북한 국방위원회의 위상·역할·엘리트,"『세종정책연구』제6권 1호, 세종연구소, 2010, p. 267.

리고 부자간 세습이 권력 갈등이 발생할 여지가 낮다는 점을 들고 있었다. 김정은이 권력 승계과정에서 김정일과 갈등을 일으켜 대립할 가능성이 낮고, 아버지인 김정일의 권력에 도전할 가능성이 희박하다는 점이다. 김정은은 나이가 어리고, 정치적 경험이 미숙하다는 약점을 보완하기 위해서라도 김정일의 권위에 기댈 수밖에 없을 것이다. 그렇기 때문에 김정일이 김일성에게 했던 것처럼 절대복종함으로써, 김정은이 후계자의 위상을 굳히고 자신의 권력기반을 강화할거라는 것이었다.25)

북한에서 2009년은 권력구조의 변화의 분기점이었다. 2008년 여름 김정일이 건강에 이상이 생겨 모습을 나타내지 않고, 보도정치와 사진정치만으로 권력을 행사하기도 하였다. 김정일이 다시 건강을 찾기는 하였지만, 이전과 같지 않았기 때문에 후계체제 구축에 좀 더 박차를 가하였다. 2009년 1월 8일 김정은의 생일에 그를 후계자로 지명하고, 후속조치인 권력구조를 개편작업에 들어간 것이다.

Ⅲ. 후계구도를 위한 권력기반 조성

1. 제도적 장치마련

북한은 내부적으로 정치권력의 후계자가 정해진 다음 제도적 장치를 완비하기 위하여 헌법 개정에 착수했다. 김정일 공식체제 출범을 하면서 개정된 헌법은 형식상으로 국가권력의 분점의 성격을 띠고 있었다. 2009년 개정 헌법에서는 국방위원장의 위상을 확실하게 하고,

---

25) 오경섭, "북한 권력승계의 특징과 3대세습체제의 지속가능성," 『세종정책연구』 제6권 1호, 세종연구소, 2010, pp. 304-305.

권한과 임무 조항을 신설하였다. 이는 권력승계의 측면까지 의도한 것으로 보였다. 국가권력을 완전하게 김정일 위원장으로 집중시켜 놓고, 당을 재건하여 아들에게 맡기려고 하였다.

이는 김정일이 김일성으로부터 권력을 이양 받을 때와 유사한 양상을 보여주었다. 김일성이 1972년 헌법 개정을 통해 주석제를 신설하면서, 권력의 중심을 당에서 정부로 이전시키고 당의 핵심부서의 자리를 김정일이 맡게 했다. 1973년 김정일이 당중앙위원회 비서국 조직선전담당비서로 선임되고 다음해 2월 정치위원이 된 것은, 김일성 유일사상을 안전하게 승계하기 위한 작업의 하나로서 당 지도체계를 장악케 한 것이었다. 김정일은 국방위원장을 국가기구에서 과거의 주석과 같은 위치로 격상시켜, 후계권력을 단일화시키기 위한 조치를 취하였다. 후계자가 국방위원회 지배를 통해 자신의 권력을 보호하고, 전체를 장악할 수 있도록 하기 위한 것이었다. 정성장은 헌법개정은 당중앙위원회나 당중앙군사위원회와 같은 핵심기구들에 대한 권한을 후계자로 결정된 김정은에게 서서히 이전하기 위한 것으로 보았다. 그리고 김정일은 김일성이 주석과 중앙인민위원회 위원장으로 통치했던 것처럼 국방위원장과 국방위원회를 중심으로 통치하면서, 외교와 국방정책 및 경제관련 현지지도 등을 주로 맡겠다는 의지의 반영으로 판단했다.[26] 실제로 이러한 것은 2010년의 제3차 당대표자회에서 현실화되었다.

결론적으로 북한에서 2009년 헌법 개정으로 김정일 국방위원장이 명실상부한 '북한의 최고영도자'가 된 것은 다음의 당규약 개정까지 염두에 둔 것이었다. 김정일은 김일성이 국가기구에 주석을 신설하는

---

26) 정성장, 앞의 글, 2010, p. 244.

헌법을 만들고, 자신에게 '당중앙'을 주었던 과거의 시나리오를 다시 썼던 것이다. 이것은 김일성이 김정일 후계구도를 만들어 갔던 것과 같이, 김정일이 자신의 아들을 후계자로 세우는 전철을 밟아가는 것이 었다. 그러므로 헌법 개정은 최고영도자로서의 김정일 국방위원장체제 의 공식적인 완성과 3대 세습의 길을 열어 놓은 데 그 의미를 두었다 고 볼 수 있다.

2. 국방위원회의 권한 강화

상술한 바와 같이 국방위원장이 '조선민주주의인민공화국 최고영도 자'로 자리매김하는 헌법의 개정은 더불어 국방위원회의 권한을 강화 시켰다. 종전의 군사문제만이 아닌 최고국방 지도기관이 되어 국가전 반의 정책을 다루는 기관으로 거듭났다. 헌법 제109조는 ① 선군로선 을 관철하기 위한 국가의 중요정책을 세우고, ② 국방위원장의 명령, 국방위원회의 결정, 지시집행 정형을 감독하고 대책을 세우고, ③ 국 방위원장의 명령, 국방위원회의 결정, 지시에 어긋나는 국가기관의 결 정 및 지시의 폐지 등 여섯 가지의 국방방위원회의 권한과 임무를 규 정하였다. 이것은 국방위원장의 영도권 강화와 더불어, 이를 실행하는 국방위원회가 국가의 최고 통치기구가 되었다는 것을 의미한다.

헌법을 개정한 제12기 최고인민회의 제1차 회의에서 국방위원회의 구성원이 대폭 확충되었다. 국방위원이 위원장 김정일을 포함한 13인 으로 늘어난 것이다. 다음날인 4월 10일 로동신문에는 12명[27])의 국방 위원 사진이 프로필과 함께 큰지막하게 게재되기도 하였다. 국방위원 의 수가 늘어난 것도 중요한데 더 큰 의미는 다른 데 있었다. 체제유

---

27) 조명록, 리용무, 김영춘, 오극렬, 장성택, 전병호, 백세봉, 주상성, 우동측, 주규창, 김정 각, 박도춘.

지에 필요한 하드파워를 국방위원회에 집결 시킨 것인데, 이것은 권력 변화를 의미하였다. 다시 말하면 군 수뇌부뿐만 아니라 국가안전보위부와 인민보안부, 검찰소 등을 지도하는 당중앙위원회의 장성택 부장과 우동측 국가안전보위부 제1부부장이 새로이 위원으로 임명됨에 따라 국방위원회의 사회통제기능이 크게 강화되었다.[28)

장성택이 국방위원에 임명된 것은 김정은 후계구도 구축과 관련하여, 그가 중심적 역할을 맡고 있는 것으로 판단되었다. 또한 김정일은 국방위원회가 김정은 후계체제를 가장 충실하게 보좌할 수 있도록 하기 위해, 장성택 외에도 핵심엘리트들을 국방위원회에 포진시켰다. 김정일은 20여년에 걸쳐 김일성의 후계자로 자리를 잡아왔다. 그렇기 때문에 김일성 사후에 유훈통치라는 명분만으로도 북한을 통치할 수 있었으나, 3대 후계구도는 양상이 달라 이들의 역할이 필요했다.

국방위원회의 확대 개편방향은 북한에서 당·군 일체화가 더욱 가속화 되고 있으며, 당과 군의 구분이 점차 없어지고 있음을 단적으로 보여주었다. 선군정치 하에서 전개되었던 이러한 변화는 국가 권력 내에서 중심적인 역할을 했던 당엘리트들이 군엘리트로 교체되면서 당과 군의 일체화가 가속화되고 있다는 것을 말해주었다.[29) 또한 국방위원회의 개편은 그동안 머리만 있고 실체가 없는 국방위원회를 내실화해 최후의 최정예 친위대로 만들려는 김정일의 구상이 반영된 것이었다. 이에 대하여 헌법이 국방위원장의 권한을 강화시킨 것이지, 국방위원회의 외연적인 확대만으로 국가의 중심기구로 부상했다는 평가는 성급한 예단이라는 주장도 있었다. 그 이유로 국방위원회가 당·정·군의

---

28) 정성장, 앞의 글, 2010, pp. 265-267.
29) 이승열, "북한 '수령체제'의 변화와 '3대 세습'의 구조적 한계,"『북한연구학회보』 제13권 제1호, 북한연구학회, 2009, p. 125.

복합기능을 하기 위해서는, 당의 핵심부장이나 내각총리가 포함되어야 하나 그렇지 못하다는 것과 당중앙군사위원회 인물들이 더 중량감 있는 인물로 구성되어 있다는 점을 들었다.[30]

북한에서 헌법 개정과 국방위원들의 충원 내용 등을 볼 때 분명히 국방위원회의 권한이 강화되었다. 여기에 2010년에 국가안전보위부와 명칭을 바꾼 인민보안부가 국방위원회의 직할이 되면서 조직과 권한을 확대한 것은 국방위원회의 권한강화를 말해준다. 물론 북한에서 권력이 어느 기관에 경도되어 있느냐는, 김정일 체제의 성격상 전적으로 김정일의 의중에 달려있었다. 김정일은 김정은 후계구도 구축을 위하여 국방위원회와 당중앙군사위원회에 역할을 분담시키려는 의지를 가지고 있었다.

3. 후계구도를 위한 권력엘리트 배치

북한의 권력구조 변화에서 가장 중시해야 할 측면은 권력엘리트들의 재배치였다. 2009년부터 2010년 당대표자회까지 세 번에 걸쳐 권력엘리트의 배치가 있었는데, 여기에서 가장 중점을 둔 것은 안정적으로 후계자의 기반을 마련하는 것이었다. 김정일은 김정은을 후계자로 만들어 가는 과정에서 권력이 한 곳으로 모이지 않고 견제와 협력을 이룰 수 있는 시스템 구축에 고민하였던 것 같다.

북한에서는 2010년 6월 7일 제12기 최고인민회의 제3차 회의를 개최하였다. 김정일 국방위원장도 참석한 이 회의에서 내각총리가 김영일에서 최영림으로 교체되었고, 김정일의 제의로 2009년 처음 국방위원이 된 장성택이 부위원장으로 승진하였다.[31] 평양시 당위원회 책임

---

30) 정성장, 앞의 글, 2010, pp. 269-271.
31) 로동신문은 최고인민회의 제12기 제3차회의 진행사항을 보도하였는데, 그 내용에는 김

비서인 만 80세 최영림을 내각 총리로 발탁한 것은 과거인물의 재기용이었다.32) 그의 경력이 오히려 김정일의 신임을 받을 수 있게 하였다. 왜냐하면 최영림의 총리 기용은 후계구도를 위한 포석이었다. 그러나 김일성과 연결된 인물이라 해서 누구나 발탁한 것은 아니었다.33)

후계체제와 관련하여 가장 주목되는 권력엘리트 인물군은 당·정·군 모두에 권력 집중성을 가지고 김정일과 높은 접근성을 보였다.34) 헌법 개정으로 국방위원회의 권한과 임무가 확대되면서 처음으로 국방위원이 된 장성택은 1년 2개월 만에 부위원장이 되었다. 이와 같은 고속 승진으로 장성택이 명실상부한 북한의 '2인자' 자리를 굳혔다는 평가를 받았다. 특히 장성택은 김정은의 후견인으로 알려져 있어, 그의 승진은 이후 김정은으로의 후계구도 전면화를 위한 포석으로 풀이되었다.

권력이양기 핵심 권력엘리트 교체 및 변동은 후계체제 구축이라는 김정일 위원장의 의중이 반영된 조치였다. 장성택의 핵심권력으로 부상은 친인척으로서 후계자의 후견그룹을 주도할 수 있는 점이었다. 또한 당 행정부장으로서 권력이양기 사회질서와 기강을 확립할 수 있으

정일 위원장의 참석과 내각총리의 소환 및 선거를 포함하고 있다. 즉, "로동양 중앙위원회 정치국의 제의에 따라 김영일 대의원을 내각 총리에서 소환하고 최영림 대의원을 내각총리로 소환하였다.…김정일 동지의 제의에 따라 장성택 대의원을 국방위원회 부위원장에 선거하였다"이다. 『로동신문』 2010. 06. 08. 1. 그리고 2면에는 내각 총리, 부위원장, 내각 부총리 사진과 간단한 약력을 싣고 있다.

32) 최영림 신임 총리는 故 김일성 주석의 책임서기를 세 차례 지낸 뒤 1990년 정무원 부총리 겸 국가계획위원회 위원장, 98년 중앙검찰소장과 최고인민회의 상임위원회 서기장을 거쳐 2009년부터 평양시당 책임비서로 재직해 왔다.

33) 북한에서는 '조선민주주의인민공화국 국방위원회' 결정, '김일철동지를 모든 직무에서 해임할데 대하여'에서 김일철 동지를 년령상 관계(80살)로 국방위원회 위원, 인민무력부 1부부장의 직무에서 해임한다고 2010년 5월 13일자 발표(『로동신문』 2010. 05. 15. 1)하였다.

34) 박영자, "북한의 집권엘리트와 Post 김정일 시대," 『통일정책연구』 제18권 2호, 통일연구원, 2009, p. 59.

며, 국방위원회 부위원장으로서 군을 통제할 수 있고, 대중국 인맥관
리를 통해 중국의 후원을 유도할 수 있는 가장 적합한 인물이라는 점
이 작용한 것이었다.35) 로버트 스칼라피노 버클리대 명예교수는 한국
전쟁 60주년 국제학술대회에서 "최근 김정일 국방위원장의 매제인 장
성택 국방위 부위원장의 임명과 오랫동안 김정일 일가와 친분을 이어
온 최영림을 내각 총리로 발탁한 것은 경험이 부족한 3세대 지배자의
계승을 위한 친족 지배력을 강화하는 노력으로 보인다"고 밝혔다.36)

　장성택이 김정은 후계구도의 안착을 위한 핵심인물이지만, 그의 처
이며 김정일의 동생인 김경희가 실세라는 주장도 있었다. 2010년 상
반기 김정일 현지지도 수행 빈도를 보면 56회를 한 김경희가 1위이고,
45번을 하여 장성택이 2위라는 것에서도 알 수 있다.37) 김정일이 후
계체제를 구축하는 과정에서 장성택보다도 더 믿을 수 있었던 사람이
동생인 김경희일 수 있다는 것은 같은 핏줄이기 때문이다. 김경희의
부각은 김정은의 친모인 고영희를 대신하고 있는 의미도 있었다. 북한
에서는 고모인 김경희가 김정은을 키웠다하며 혈통승계의 의미를 부여
하기도 하였다. 이러한 점을 감안해서 오히려 김경희가 장성택보다도
김정은 후계구도를 형성해 가는 데 더 핵심적 인물이었지 않았냐는 추
측이었다.

---

35) 이기동, "북한 노동당대표자회와 후계체제 전망," 『통일시대』 10월호, 민주평화통일자
　　문회의, 2010, pp. 24-25.
36) 『통일신문』 2010. 06. 28. 2.
37) 전현준, "북한의 제3차 당대표자대회 개최 의미와 전망: 김정은 후계체제 안정적 구축
　　을 위한 포석," 『통일시대』 8월호, 민주평화통일자문회의, 2010, p. 24.

Ⅳ. 선군혁명전통계승과 후계자 공식화

1. 선군혁명전통의 계승

북한에서는 선군의 끈을 김일성-김정일에서 후계자 김정은으로 연결시켰다. 북한은 강성대국건설에서 사상중시를 주장하면서, 선군사상은 새 세기의 중시사상으로 '김정일 장군의 성업'이라고 하였다. 이렇게 김정일의 사상이라고 하던 선군사상의 시원을 김일성으로 옮겨 놓았다. 김정일이 제시했다는 "김일성민족은 이 세상에서 가장 강한 정신력을 지닌 민족이며 우리가 건설하는 강성대국은 우리 인민의 무한대한 사상의 힘, 위대한 정신력에 의하여 일떠서는 주체의 사회주의강국입니다"에서도 나타났다. 2010년 당규약에서도 김일성 사상의 승계를 적시하였다.38) 이렇게 김정일 체제가 완전히 구축된 상황에서 다시 김일성을 과도하게 내세우는 이유는 무엇이었을까? 아직도 젊은 김정은에게 정통성을 부여할 수 있는 것은 혈통과 김일성의 선군혁명전통밖에 없었기 때문이었다.

북한이 선군혁명전통을 강화한 것은 후계문제에서 정통성을 찾으려하는 측면도 있었다. 김정일은 김정은에게 인민군 대장을 부여하고 당대표자회에서 당중앙군사위원회 부위원장으로 임명하기 전에 중국을 방문하였다. 2010년 8월 26일부터 30일까지 김정일과 일행이 방문한 지역은 소위 '김일성 유적지'이다. 위원(毓文) 중학교는 김일성 주석이

---

38) 당규약의 서문이라 할 수 있는 '조선로동당'에 대한 설명에서 "위대한 령도자 김정일동지는 위대한 수령 김일성동지의 당건설사상과 업적을 옹호고수하고 빛나게 계승발전시키시여 조선로동당을 유일사상체계와 유일적령도 체계가 확고히 선 사상적순결체, 조직적전일체로, 선군혁명을 승리적으로 전진시켜나가는 로숙하고 세련된 향도적 력량으로 강화발전시키시였다."하고 있다.

'공산주의청년동맹'을 결성한 곳이며, 베이산(北山)은 김일성이 항일운동을 하다 옥고를 치른 곳으로 알려져 있다. 김정은의 동행 여부는 알 수 없었으나, 선군통치이념을 김일성-김정일-김정은의 정통성으로 이어줄 수 있는 성지(?)가 바로 이곳이었다. 그 어느 누구도 김정일의 혈통이 아니고서는 후계를 이을 수 없다는 것을 말해준 것이다. 김정은의 대장 호칭 부여는 북한에서 김일성, 김정일로 이어지는 백두혈통의 성격을 재확인한 것이었다.39) 혁명가계의 일원이기 때문에 김정은이 대장 칭호를 받을 수 있다는 점을 분명히 했던 것이다. 북한체제의 정당성이 항일빨치산 전통에 있음을 재강조함으로써, 정치체제를 정당화하고 이에 대한 도전을 예방하는 역할을 할 수 있다고 보았다.40) 그런데 북한에서는 이미 이러한 작업을 해왔다는 것은 로동신문 2009년 2월 6일자 "만경대 가문의 투철한 혁명관과 미래관이 깃들어 있다"나, 2월 16일의 "백두의 혈통을 빛나는 계승 속에 주체혁명의 앙양한 전도가 있다"는 것에서 알 수 있다. 이 외에도 당국은 학자들을 동원하여 혈통계승의 정당성을 계속해서 주장하였다.

북한은 "우리가 대를 이어 걸어가는 백두의 행군길은 주체의 길이다. 선군혁명방식으로 세기적인 승리와 변혁을 이룩해온 것이 백두에서 시작된 조선혁명의 력사와 혁명의 전통이다. 백두에서 시작된 혁명의 길은 우리의 영원한 행군의 길이며 민족번영의 지름길이다"라고 신문이나 문헌에서 계속 주장해 왔다. 북한은 백두산으로 올라가는 길에 "백두산은 나의 고향입니다 김정일"이란 엄청나게 큰 기념비를 건

---

39) 북한은 백두산 밀영의 신화를 선전해 혁명가문의 정통성을 강조하는 김정일 위원장이 정치에 개입하기 시작한 1960년대 후반부터 그가 북한사회에 쌓은 업적을 내세워 민심을 얻으려 했다. 『한겨레 21』 2010. 10. 11. p. 21.
40) 이정철, "조선로동당 3차 당대표자회 평가: 선군이데올로기의 제도화," 『KNSI 특별기획』 제31호, 코리아연구원, 2010, p. 3.

설해 놓았다. 이것은 김정일이 백두산에서 태어났다는 것을 말하려는
것이다. 백두에서 시작된 김일성의 혁명전통은 김정일의 선군혁명 노
선이 되었고, 이는 백두혈통인 김정은으로 이어진다는 것이었다.

2. 제3차 당대표자회와 중앙당 복원

북한에서는 고난의 행군이후 선군정치를 내세우면서 당을 방치하는
모습을 보여왔다. 1997년 10월 당중앙위원회를 통하여 김정일이 총비
서에 올랐지만, 30년이 지나도록 제7차 당대회는 열리지 않고 있었다.
북한은 연초부터 당의 기능을 복원하여 정상화하려는 움직임이 보였
다. 제3차 당대표자회는 이런 의미에서 보면 사실상 로동당 중앙당을
복원하는 의미를 가진 것이었다. 북한은 2010년 6월 23일에 '당중앙위
원회 정치국 결정서'로 오는 9월 상순에 당대표자회를 소집한다고 발
표했다. 44년 만에 열리는 당대표자회는 9월 28일 개최되었다. 당대표
자회는 김정은을 후계자로 공식화하면서 측근들을 재배치하고 그들의
단합을 촉구하는 성격을 가지고 있고, 중앙당 복원은 그러한 새로운
단합을 제도적으로 공고화하는 것으로 볼 수 있었다. 또한 내부적으로
는 군부 내부의 권력엘리트 서열을 바꾸는 장이기도 하였는데, 후계체
제 구축에서 군부의 지원과 장악이 필연적이기 때문에 주목되는 대목
이었다.

북한은 당대표자회가 열리기 전부터 계속해서 당의 조직 강화와 당
중앙위원회의 역할을 강조하여 왔다. 2010년 신년공동사설에서 당 창
건 65돌을 맞아 "올해의 총공세에서 빛나는 승리를 이룩하기 위해서
는 당을 강화하고 당 조직들의 역할을 비상히 높여야 한다"고 하여,
당 강화와 당조직들의 역할 제고를 촉구하였다. 5월 1일에 있은 중앙

보고대회에서 "당 중앙위원회를 사수하자"라는 구호가 재등장하였고, 당의 역할을 강조하는 로동신문의 사설의 빈도도 증가하였다.41) 당중앙위원회 정치국이 대표자회 소집을 발표한 것은 자신들의 역할을 강조한 것이었다. 또한 당대표자회에서 당내의 기관 구성원의 충원을 위한 선거를 함으로써, 당중앙위원회의 최고지도기관의 조직과 기능의 재활성화를 예고한 것이었다. 당중앙위원회는 당대회가 열리지 않을 때 최고 지도기관이다.

당대표자회의 개최가 발표되자 북한은 본격적으로 분위기를 띄우기 시작했다. 즉, "조선로동당 대표자회를 높은 정치적 열의와 빛나는 로력적 성과로 맞이하자" 등의 로동신문 사설을 통해 "당조직들은 당대표자회를 계기로 자기의 전투적 기능과 역할을 백방으로 높이며 온 사회에 앙양된 정치적 분위기가 차 넘치도록 정치조직사업을 짜고들어 진행시켜야 한다"고 주장하였다.42) 또한 "조선로동당대표자회를 높은 정치적 열의와 빛나는 로력적 성과로 맞이하기 위해서"는 '수령결사옹위' 노래를 부르며 새 역사를 창조해야 한다고 하였다.43) 이러한 보도들이 의미하는 것은 중앙당 복원을 포함한 정치조직의 정상화와 김정일의 후계자를 옹립하여 새 역사를 쓴다는 것으로 볼 수 있었다.

2010년 9월 28일의 당대표자회의 안건은 김정일 당총비서의 추대, 당규약 개정, 당 중앙지도기관 선거였다. 당대표자회는 당 규약 개정

---

41) 로동신문은 2010년 초부터 로동신문의 사설을 통해 '우리 당의 선군혁명령도업적을 끝없이 빛내어 가자', '<인민을 위하여 복부함!>, 당의 이 구호를 더욱 높이 들고 나가자'는 제목을 달고, 당의 선군령도업적이 비약의 보검이라 하고, 당이 선군을 하는 것도 인민사랑 정치의 구현이라 하고 있다. 『로동신문』 2010. 02. 02.; 02. 10. 특히 눈에 띄는 대목은 "위대한 령도자 김정일동지께서 조선로동당 중앙위원회에서 사업을 시작하신지 46돐"이라는 것이다. "인민대중의 절대적 지지와 신뢰를 받는 조선로동당"이라고 당중앙위원회 사업시작 46돐을 강조하고 있다. 『로동신문』 2010. 06. 10.; 06. 17.

42) 『로동신문』 2010. 06. 30. 1.

43) 『로동신문』 2010. 07. 22. 1.

을 통해 총비서는 '당의 수반으로서 당을 대표하고 전당을 영도한다'
하여 위상을 강화시켰다. 총비서를 종전의 선출직에서 추대로 바꾸고,
총비서에 김정일을 추대하였다. 또한 당총비서는 당중앙군사위원회 위
원장을 겸직토록 함으로써, 김정일 체제를 공고히 하고 김정은 후계구
도의 구축을 위한 토대를 마련하였다. 당대표자회를 통해 당중앙위원
회, 당중앙군사위원회, 당검사위원회를 비롯한 비서국, 정치국 등의 위
원·후보위원, 전문 부서장 등을 총망라하여 선출함으로써 당의 조직
을 재정비하였다. 당대표자회에서 당중앙위원회를 구성원들을 사실상
전면 재충원하는 것을 통해, 그들에게 소속감과 정체성을 부여하였다.
그동안 김정일 외에 공석으로 있던 중앙당의 최고의사결정기구인 정치
국 상무위원회 상무위원에 김영남 최고인민위원회 상임위원장, 최영림
내각총리, 조명록 국방위원회 제1부위원장, 리영호 총참모장이 임명되
었다. 정치국 정위원 17명과 후보위원 15명44)도 임명하였고, 비서국의
비서들도 충원하였다.45)

3. 후계자 김정은과 군부

제3차 당대표자회가 개최되기 전에 김정은에게 대창칭호가 부여되
었다. 그리고 김정일 총비서가 위원장을 겸직하게 된 당중앙군사위원
회 부위원장 자리에 김정은이 오름으로써 후계자로 정식화되는 모습을
보였다. 당중앙군사위원회는 제1편에서 자세히 설명한 바와 같이 당의

---

44) 정위원은 김정일, 김영남, 최영림, 조명록, 리영호, 김영춘, 전병호, 김국태, 김기남, 최태
   복, 양형섭, 강석주, 변영립, 리용무, 주상성, 홍석영, 김경희이고, 후보위원은 김양건, 김
   영일, 박도춘, 최룡해, 장성택, 주규창, 리태남, 김락희, 태종수, 김평해, 우동측, 김정각,
   박정순, 김창섭, 문경덕이다.
45) 비서국의 총비서는 당을 대표하는 하는데 김정일이 계속해서 총비서에 올랐고, 이를 보
   좌하는 소관 분야별로 김기남, 최태복, 최룡해, 문경덕, 박도춘, 김영일, 김양건, 김평해,
   태종수, 홍석형 등 10명이 비서 직책을 받았다.

군사정책 수행방법을 토의 결정하며 그 결정의 집행을 조직지도하는 기관으로, 인민군 각급 부대에 설치된 당 조직전체를 유일적으로 망라하는 군사부분의 당 정책 결정기관이다. 당중앙군사위원회는 군 총참모부와 인민무력부를 일상적으로 지도할 수 있는 중앙위원회 군사부의 책임자와 군 총정치국을 통해 핵심 군부엘리트들을 통제하는 조직지도부 제1부부장을 포함하고 있어 당중앙위원회와 공동으로 북한군 전체를 지도·지휘하기에 적합한 인적구성을 갖추고 있다.46) 그러므로 김정은의 직위는 상징적으로 제2인자라는 의미를 부여한 것이었다. 이렇게 김정일은 당대표자 대회를 통해 당 규약을 개정하고 김정은을 후계자로 공식선출하고 공표하였다. 북한은 권력의 역사에서 오랫만에 로동당의 위상과 역할을 전면적으로 회복시키는 조치를 취했다.47)

한편 북한은 당대표자회를 통해 군부의 세대교체를 단행하였다. 국방위원회의 수뇌부인 조명록 총정치국장, 김영춘 인민무력부장, 오극렬 국방위원회 부위원장은 그동안 군부의 최고의 실세들이었다. 이들 중 정치국 상무위원에 임명된 것은 상징적으로 조명록뿐이었다. 조명록은 병중에 있어 거의 역할을 하지 못하고 있는 상태였고, 당중앙군사위원회의 위원에는 임명되지 않았다. 그 후 얼마 있지 않아 조명록은 사망하였다. 1989년 7월부터 작전부장으로 재직중이던 오극렬은 2009년 2월 국방위원회 부위원장으로 승진했다. 1995년 10월부터 인민군총참모장이었던 김영춘은 같은 달 인민무력부장으로 승진했다. 그러나 비록 이 두 사람이 명목상 더 높은 자리로 승진했지만, 실질적 권력행사는 포기해야만 했다.48)

---

46) 정성장, 앞의 글, 2010, p. 271.
47) 백학순, 앞의 책, p. 739.
48) 박형중, "2010. 9. 28 당대표자회의 재평가," 『Online Series』 CO 11-25, 통일연구원, 2011, p. 3.

제3차 당대표자회에서 가장 주목받은 인물은 리영호였다. 그는 평양방위사령관에서 총참모장에 오른지 1년 밖에 되지 않았는데, 차수로 승진하면서 정치국 상무위원과 당중앙군사위원회 부위원장으로 선출되었다. 군부 인사로는 당 최고위직에 오른 것이다. 리영호에게 당중앙군사위원회의 직제에 없던 부위원장 자리를 만들어 김정은과 함께 임명한 것은 확실하게 김정은의 후견인 자리를 맡겼다고 볼 수 있었다.

북한 군부의 실권은 리영호 총참모장과 김정각 총정치국 제1부국장으로 전이되었다. 당대표자회에서 장성택은 제2인자로까지 여겨졌고 정치국 상무위원이 되리라 예측했었는데, 정치국 후보위원과 중앙군사위원회 위원에만 임명되었다. 장성택의 권력이 지나치게 확대되는 것에 대한 견제인지는 알 수 없었으나, 이것으로 그의 실권이 훼손된 것은 아니었다. 장성택의 답보는 리영호의 약진과 극명히 대비되는 것으로 권력엘리트간의 견제와 균형을 취해 일인에게 과도한 권한이 쏠리는 것을 억제하는 김정일의 전형적인 통치술의 산물로 볼 수 있었다.

장성택과 리영호는 후계체제 구축과정에서 결정적 역할을 할 것으로 보였다. 장성택은 군부 외의 모든 측면에서 후견인 역할을 할 것으로 예견되었다. 그는 이미 최고인민회의에서 국방위원회 위원에 선출되었고, 그 후 바로 부위원장이 자리에 오른 것이 이를 말해주는 것이었다. 리영호는 당대표자회에서 그동안의 다른 군부 인물들을 제치고 제1의 권력서열로 부상하였다. 당 정치국 상무위원과 당중앙군사위원회 부위원장에 오른 리영호는 김정은의 군부 후견인 역할을 확실하게 부여받은 것이었다. 그러므로 장성택과 리영호는 다른 그룹의 권력엘리트들을 리드하며 후계체제 구축과정에서 역할을 하게 될 것이고, 김정일은 상호 견제와 협력을 하게 함으로써 조정자로서 힘을 발휘하려는 포석이었다.

진체적으로 당대표자회를 통해 선출된 당 간부들의 면모를 보면 대체로 김정일의 친족들과 최 측근 실세들이 최고 지도부를 장악했으며, 전통적인 노·장·청 엘리트들이 다양하게 등용·배치되었다. 김정일 측근과 친족들이 고위 핵심보직에 유임 및 재배치된 것은 김정일 이후를 대비, 김정은 후견세력을 강화하여 안정적인 후계체제구축과 직할통치를 지속해 가겠다는 것으로 이해할 수 있었다.49)

4. 권력엘리트의 견제와 협업구축

김정일은 김정은에게 당중앙위원회 부위원장의 직위를 줌으로써 위원장인 김정일 바로 밑의 제2인자로서 자리매김을 하게 만들었다. 그러나 이렇게 후계자의 위상을 부여하면서도 실질적 역할을 맡기지 않은 것은 김정일의 권력누수를 방지하기 위한 것일 수도 있었지만, 재배치된 권력엘리트들의 이해관계 등 보다 복잡한 정치적 계산이 깔려 있었다. 어쨌든 김정은의 정치적 활동무대를 당중앙위원회 정치국이나 비서국이 아닌 당중앙군사위원회로 가져간 것은 그에게 책임이 따르지 않게 하기 위한 방편이기도 하였다. 그러면서도 김정은이 선군혁명전통의 계승자임을 분명히 각인시키고 군부의 당적 지도원칙을 고수하기 위함이었다고 볼 수 있었다. 이는 향후 후계체제 구축과정이 당과 군의 교량적 역할을 수행하는 당중앙군사위원회를 통해 김정은이 군대를 장악하고 군 사업에서 업적을 쌓는 데서부터 본격화 될 것임을 시사하는 대목이었다.50)

또한 2009년 이후 김정일이 권력엘리트들을 재배치하는 과정에서

---

49) 이관세, 앞의 책, pp, 30-31.
50) 이기동, "김정은 후계공식화 중앙군사위 중심으로 당 영도,"『통일한국』10월호, 평화문제연구소. 2010, pp. 28-29.

나타나는 특징은 자신 외에는 권력의 집중을 막고 있었다. 기관과 인물들의 역할을 모호하고 중첩되게 만들어 김정일 이외에는 그 어느 곳에도 권력이 쏠리기 어렵게 하는 권력기술이 장착된 체제라고 할 수 있다.51) 이것은 당중앙군사위원회에 충원된 권력엘리트들의 면면에서 나타났다. 전반적으로 후견그룹을 이끄는 장성택과 군부의 핵심 실세로 부상한 리영호는 김정은 후계체제 구축을 위한 핵심적인 인물이었다. 그 외에 당의 핵심으로 부상한 인물은 최룡해였다. 최룡해는 김일성과 함께 생사고락을 같이한 전 인민무력부장 최현의 아들로 비교적 젊은 나이에 당중앙군사위원이 되었다. 그는 황해북도 책임비서에서 일약 중앙당 비서로 발탁되었고, 군대장 칭호도 부여 받아 김정일의 두터운 신임이 있음을 알 수 있었다.

후계체제구축에서 절대적 지휘권을 행사하는 것은 김정일이고 여기에 김경희가 직속대리인 역할을 하고 있다는 분석도 있었다. 그 이유는 장성택은 자기 세력 확장이라는 뚜렷한 이해관계가 있는 데 비하여, 김경희는 독자세력이 없고 오직 김정일의 신임과 위임에 의해서만 권력을 행사할 수 있기 때문이라는 것이었다.52) 그러나 역시 가장 믿을 수 있는 것은 자신의 핏줄이라는 생각도 있었을 것이고, 상술한 바와 같이 김정은의 약점이 될 수 있는 친모에 대한 부분을 보완해 줄 수 있는 것이 김경희이기 때문이기도 했다.

---

51) 박형중, "당대표자회와 과도적 권력체계의 출범," 『Online Series』 CO 10-38. 통일연구원, 2010, p. 8.
52) 박형중, 위의 글, p. 5.

Ⅴ. 김정은의 후계자 이미지 부각

김정은이 당대표자회를 통해 당중앙군사위원회 부위원장에 임명되면서 후계자로 공식화되었지만, 확실하게 그를 인민대중에게 각인시키는 것이 필요했다. 김정일의 경우 후계자로 공식화되기 이전부터 '당중앙'으로 불렸고, 제6차 당대회 이후 10여년 간 제2인자였다. 이와는 달리 김정은의 나이나 경력 면에서 김정일과 비교가 되지 않았으므로, 후계자의 이미지를 부각시키기 위해 여러 가지로 노력하였다. 후계자로 공식화된 며칠 후 당 창건일 행사에 서방언론 등을 초정하여 그 장면을 보도케 함으로써 김정은을 세계에 알린 것도 그 일환이었다. 이후 북한은 혁명전통의 계승자로 김정은을 부각시켰고, 청년 김정은의 이미지를 고려하여 청년단체의 역할을 제도화하였다. 김정일은 김정은을 대동하고 현지지도를 하여 인민생활 향상을 위해 노력하는 모습을 보여 주었다.

1. 선군역사의 조정과 김일성의 화신

북한의 권력승계에서 가장 중요한 변수는 역시 권력을 승계해 줄 김정일과 후계자 김정은 그리고 김정은을 후계자로 만들 권력엘리트들이었다. 그러나 김정은의 후계자로의 옹립은 권력엘리트의 충원과 배치만으로는 어렵고 김일성-김정일-김정은으로 연결되는 고리를 찾아야 했다. 바로 그것은 김정일이 창시하고 주창했다는 선군정치였다. 북한에서는 선군정치를 선군사상으로 승화시키면서, 선군사상의 창시를 주체사상과 마찬가지로 1930년 항일혁명전통에서 찾으려 하였다.

김일성은 1912년생으로 항일혁명운동을 하면서 주체사상을 주창한 나이가 18세였으니, 김정은이 어린 나이가 아니라는 것이었다. 그렇기 때문에 김정일 처음 선군정치를 주창했다는 시점도 1995년이 아닌 1960년으로 거슬러 올라가는 작업을 진행시켰다.53) 선군정치의 시작이 1960년이므로, 2010년 북한은 '선군승리 50'이라는 용어를 공론화시켜나갔다. 김정일이 1942년생이기 때문에 18살의 젊은 나이에 '혁명령도의 첫 자욱을 떼신 우리의 장군'이라 하고, '다박솔언덕에서 다시 선군의 자욱을 찍었다'는 것이다. 이것은 선군사상을 창시한 김일성과 선군정치를 만들어낸 김정일은 같은 나이에 선군혁명전통을 이어갔고, 그보다 훨씬 나이가 많은 김정은 대장54)이 이를 이어갈 수 있다는 것이었다.55) 북한이 선군정치의 시발을 종전의 1995년에서 1960년으로 조정한 시점은 김정은이 후계자로 공식화되고 인민대중에게 노출된 뒤의 일이었다. 로동신문을 비롯한 각종 매체들은 김일성은 김정은보다 더 어린 나이에 항일운동을 하였고, 김정일도 이미 18세에 선군정치를 주장했다하여 청년 김정은을 합리화하였다. 그러나 이것으로는 약하기 때문에, 그의 모습마저도 젊은 시절의 김일성을 연상케 연출하였다.

---

53) 북한은 『로동신문』의 정론 "김정일장군-선군승리의 50년에서 무궁번영할 천만년을 내다보며"에서, "1960년 8월 25일, 우리 장군님께서는 어버이 수령님을 모시고 근위 서울 류경수제 105땅크사단을 찾으신 이날은 인민군대에 대한 첫 현지지도의 시작인 동시에 선군혁명에 대한 우리 장군님의 전면적령도가 개시된 력사적 날로 기록되어 있다"하여, 선군정치의 시작을 주장하고 있다. 『로동신문』 2010. 08. 24.

54) 조선중앙통신은 "김정일 동지께서 27일 인민군 지휘성원들의 군사칭호를 올려주는 데 대한 명령 제0051호를 하달하셨다"면서 "명령에는 김경희, 김정은, 최룡해 등 6명에게 대장의 군사칭호를 올려준다고 지적되어 있다"고 전했다. 당 대표자회가 열리기 전에 김정은에게 대장칭호가 수여된 것이다.

55) 로동신문에서는 "참으로 신통한 력사의 일치이다. 우리 수령님께서 18세에 카륜회의후 고유수에서 항일대전의 첫무장대오인 조선혁명군을 결성하시였는데 우리장군님께서는 바로 그 18살에 한 세기에 두 제국주의를 타승한 무적의 대강군을 휘하에 통솔하시게 되시였으니 정녕 그이이시야말로 백두의 천출명장이었다"고 한다. 『로동신문』 2010. 08. 24. 2.

북한은 2010년 10월 10일 로동낭 창당 65주년 기념식을 성대하게 거행하였다. 그동안 기피대상으로 여겨왔던 서방언론까지 초청하여 열병식 장면을 생중계하는 것을 허용함으로써, 단상에서 손을 흔드는 김정일 부자의 모습을 세계에 보여 주었다. 이때 김정은은 영락없는 김일성의 젊었을 때의 모습이었고, 이것은 후계체제 구축을 위한 고도의 연출이었다. 조선 중앙 TV 등은 김정은의 지도자상 부각에 치밀한 연출을 하였다. 김정일을 수행한 김정은이 무언가를 설명하는 장면을 자주 보여주어 정책에 적극 참여하는 인상을 부각시켰을 뿐아니라, 당의 원로인 최태복·김기남 당비서가 김정은에게 깍듯이 인사하는 모습을 노출시켜 2인자로의 위상도 부각시켰다.56)

북한은 김정은의 모습을 계속해서 언론에 노출시켰다. 어찌 보면 북한에서 지도자상으로 비춰지는 모습이 풍성한 몸매였는지 모른다. 그렇기 때문에 김정일과 현지지도에서 보여주는 모습도 항상 이를 감안하였다. 군부대 시찰도 김정일과 동행하였고, 여기에서 군사를 지도하는 미래의 지도자상을 확보하였다.

2. 청년사회단체의 역할중시

북한의 사회구조는 모든 인민대중이 당의 통제하에 있는 사회단체를 통하여 필연적으로 조직생활을 하게끔 제도화되어 있다. 김일성 사회주의 청년동맹(청년동맹)57)은 만 14세부터 30세에 이르는 청년, 학생, 군인, 직장인 등 모든 청년을 의무적으로 가입대상으로 하고 있어, 그 숫자로 보면 당원보다 훨씬 많다. 청년동맹은 당의 전위대와 인전

---

56) 『중앙일보』 2011. 09. 22. 6.
57) 이 단체는 1945년 민주청년동맹으로 창단되어 1964년에 사회주의 로동청년동맹(사로청)으로 개칭하였다. 김일성이 사망한 후 1996년 1월 창립 50주년을 기념해 '김일성사회주의청년동맹'으로 그 명칭을 바꾸고 오늘에 이르고 있다.

대로써 역할을 하고 있는데, 북한이 나이 어린 김정은을 후계자로 내
세우면서 그 역할이 눈에 띤다.

당 규약 "제9장 당과 근로단체"에서는 로동당과 사회단체와의 관계
등을 규정하고 있는데, 특히 청년동맹을 중시하고 있다. 제56조에서
종전에 "사회주의청년동맹은 우리의 혁명위업을 직접이어나갈 청년들
의 혁명적 조직이며 당의 전투적 후비대이다"라고 했던 것을 개정하
여, "김일성사회주의청년동맹은 조선청년운동의 개척자이신 위대한 수
령 김일성동지께서 몸소 무어주신 주체적인 청년조직이며 주체혁명 선
군혁명의 대를 이어나갈 정치적 후비대이다"라 하였다. 여기에서 젊은
시절의 김일성 떠올리는 '조선청년운동의 개척자'와 '주체혁명 선군혁
명의 대를 이어나갈 정치적 후비대'라는 표현은 바로 김정은을 지칭한
것이다. 또한 제57조에 종전의 당규약에는 전혀 없던 '근로단체들을
당에 충실한 정치조직으로 만들며 정치적으로 지도한다'는 표현 역시
사회단체들의 정치성을 강조하고 있다. 북한에는 농근맹, 직맹, 여맹
등의 사회단체들이 있으나 특히 당규약 개정에서 청년동맹만 지칭하고
강조하였다. 즉, "당은 청년중시로선을 일관되게 틀어쥐고 김일성사회
주의청년동맹이 당에 끝없이 충실한 청년전위의 대오, 조국보위와 사
회주의 강성대국건설에 앞장서는 돌격대가 되도록 지도한다"이다. 당
규약을 개정하면서 청년 김정은이 후계자라는 것을 전제 하에 전에
없던 '청년중시로선'을 제창하고 나섰다.

이러한 것은 북한을 이끌 갈 세대가 바로 청년 자신들이라는 자긍
심과 함께 김정은의 두리에 뭉쳐 그들 받들어야 한다는 점을 강조한
대목이다. 제58조에서도 "청년동맹을 비롯한 근로단체"라 하여, 북한
의 모든 사회단체를 대표하는 것으로 부각시켰다.

북한에서는 당대표자회에서 김정은이 등장하기 전부터 '청년대장'이

라는 표현을 써왔다. 이는 2009년 김정은 생일 이후 나온 것으로 끊임없이 김정은을 인민대중에게 각인 시키는 치밀한 작업이었다. 또한 그해 2월부터 김정은을 상징하는 샛별장군, 김대장이 들어가는 구호와 노래도 등장하였고, 김정은 찬양가요인 '발걸음'을 북한사회 내의 각급 단위에 전파하였다.58) 김일성 주석이 큰 별을 상징하는 '한별'이란 가명을 쓴 적이 있고, 김정일 위원장은 '장군별'로 불렸기 때문에 북한에서 '샛별'은 후계자를 의미하였다.

북한에서는 2011년 2월 26일 당중앙위원회 주관으로 '선군청년총동원대회'를 개최하였다. 대회축하문에서 "주체사상, 선군사상으로 튼튼히 무장하고 조국보위와 사회주의건설의 주역을 담당하고 있는 활력있는 전투부대인 500만 청년대군을 가지고 있는 것은 우리당의 크나큰 자랑이며 이런 훌륭한 청년들이 있기에 선군조선의 미래가 창창"하다고 하며, "청년들은 김일성사회주의청년동맹의 기발을 펄펄 휘날리며" 돌격대의 역할을 수행하여야 한다고 하였다.59) 다음날 로동신문은 '전국의 청년들에게 보내는 호소문'이라 하여, "청년들이여, 강성대국의 대문을 열기위한 최후돌격전에서 모두가 청년영웅이 되자"라는 정론을 실었다. 청년들이 모든 면에서 앞장서서 "위대한 김일성동지의 후손답게, 경애하는 김정일장군님의 선군청년 전위답게 강성대국건설대전에 피끓는 청춘을 바치자!"는 것이었다.60)

이와 같이 계속 청년들을 강조하면서도 김정은이라는 이름은 여기에서 전혀 찾아볼 수가 없었다. 그러나 이와 같은 축하문과 보도문 형식의 정론을 실으면서 함께 로동신문의 한 면의 절반을 할애하여 "조

---

58) 이수석, "김정일 후계구도와 북한체제 전망,"『통일연구』제14권 제1호, 연세대학교 통일연구원, 2010, p. 46.

59)『로동신문』2011. 02. 26.

60)『로동신문』2011. 02. 27.

선청년행진곡" 노래 1, 2, 3절을 음표와 함께 소개하고 있다. 눈에 띠는 대목은 각 절에서 "발걸음도 우렁차게 김장군 두리에 뭉치자", "붉은 기발 하늘 김장군 두리에 뭉치자", "동무들아 어깨겯고 김장군 두리에 뭉치자"이다. 여기에서 김장군은 바로 김정은을 말하고 있다. 실제로 김정은은 청년층 100만 명을 당원으로 입당시키는 목표를 세워 이들의 지지를 이끌어 내려하였다.

3. 인민생활 향상과 김정은

김정은은 얼굴마저도 알려지지 않은 상황에서 대장동지와 CNC[61] 창조자로 주민들에게 간접적으로 후계자로 암시하여 왔다. 북한에서는 '총대와 CNC는 수호와 창조의 두 전선이며 두 개의 보검'이라며, 김정일의 선군과 김정은의 CNC를 연결시켰다.[62] 혁명전통의 계승만이 아니라 인민생활을 향상시키는 인물로 김정은을 상징화할 필요성에서 내놓은 것이 CNC이다. 북한은 2012년을 강성대국완성의 해라고 주장하여 왔고, 이를 위하여 중요한 것이 '과학기술중시'이다. 북한에서는 김정은이 완성했다는 CNC를 포스터를 만들어 평양의 제1백화점 앞에 설치했다. '민족경제 잠재력의 핵 CNC', '자체의 힘과 기술로 공장의 CNC화 실현', 'CNC돌파전' 등을 내세우면서, 과학기술의 혁신으로 경제를 발전시켜 인민들을 잘살게 하겠다는 것이다. 후계자로 공식화한 이후에는 북한의 공장들이 CNC 기술을 토대로 '공장 무인화'를 추

---

61) 북한에서는 컴퓨터 수치 제어(CNC: Computerized Numerical Control)를 산업 전반에 걸친 정보화로 규정하고 경제분야의 선전구호로 활용하고 있다. CNC는 김정은이 강조한다는 첨단기술의 상징이다.

62) 또한 여기에서는 김정은을 상징하는 CNC를 '차가운 철과 프로그람의 결합체인 CNC 기계' 'CNC강행군' 'CNC승리'로 언급하면서 "CNC를 핵으로 하는 새 세기 첨단공업화"라 하고 있다

진하고 있나고 김성은 업적 쌓기를 하였다. 그 중심에 김정은이 있고 김정은만이 이것을 해나갈 것이라고 계속해서 정당성을 부여해 나갔다.

북한에서 신년사격인 공동사설의 제목은 그해 당국이 무엇을 가장 염두에 두고 있는가를 보여주는 것이었다. 2011년에는 "올해 다시 한 번 경공업에 박차를 가하여 인민생활향상과 강성대국건설에서 결정적인 전환을 일으키자"로 인민생활향상에 초점을 맞추었다. 김정일의 현지지도도 여기에 맞춰 진행되었다. 이렇게 경공업과 인민생활을 강조하면서 평안북도 내에 있는 공장들을 현지지도하는 모습이 로동신문 2011년 1월 15일자 1면을 차지하였다. 다음날도 역시 북한 인민생활품 중에서도 대표적인 경공업 품목인 유리제품 공장방문을 실었다. 김정일이 '대관유리공장'을 현지지도하는 내용을 "위대한 령도자 김정일 동지께서 CNC화를 높은 수준에서 실현한 대관유리공장을 현지지도하시었다"는 제목으로 보도하였다. 이 모든 현지지도에 김정은이 동행하였다. 김정은의 인민생활을 위해 노력하는 모습을 인민대중에게 전하였다. 그 후에도 계속되었는데 '평양남새과학연구소'와 '평양화초연구소' 방문에서 김정은과 함께 하는 김정일의 모습을 볼 수 있다. 배추와 토마토를 가꾸는 비닐하우스 안에서 '식생활과 건강증진'을 강조하고 있다는 김정일의 사진에는 김정은 물론 장성택의 모습도 보여주고 있다.63)

이러한 것은 인민생활 속에 김정은의 활동을 각인시켜 인민생활제품을 생산하고 관리하는 것도 CNC화 되어있다는 점을 부각시킨 것이다. '수경온실과 태양열박막온실' 등을 소개하며, 비료주기, 온습도 등 모든 작업공정들을 컴퓨터로 조정하고 있다고 하였다. 그 중심에 김정

---

63) 『로동신문』 2011. 03. 04.

은이 있다는 것을 말하고자 하였다.

이와 같이 김정은은 인민생활 활동에 노력을 하는 이미지를 부각시
킴으로써, 김정일이 1980년대 인민소비품향상운동을 하면서 인민 속에
파고들었던 그 모양새를 만들어 내려고 하였다. 물론 김정은의 이러한
행보는 김정일 사망 후에도 계속되었다.

VI. 김정은 체제의 출범과 권력엘리트

1. 장의위원회 구성과 최고사령관 김정은 추대

김정일은 이상과 같은 김정은 후계구도의 구축을 준비하면서, 아직
은 김정은이 젊기 때문에 자신이 후견자로서의 역할을 하면 이를 공
고화시켜 나갈 수 있으리라 생각했다. 그러나 김정일의 사망은 자신의
의지와는 아무런 상관이 없는 것이었으나, 어찌 보면 그 후 북한의 정
치과정은 그의 의지대로 진행되었다고 볼 수 있다.

북한의 5대 기관 명의로 김정일의 사망소식이 발표되었고, 곧바로
장의위원회가 구성되었다. 구 소련과 사회주의 국가에서의 예를 보면
장례위원장이 다음 권력의 1인자였고, 그 순위는 권력서열의 순위를
의미하기도 하였다. 김정일의 영결식에 비춰진 모습에서 가장 눈여겨
볼 대목은 영구차를 중심으로 김정은과 7인이 영구차를 호위하며 걷
는 것이었다. 여기에서 김정은 체제의 권력구조와 실질적으로 그를 후
견할 인물들을 볼 수 있었다. 이것은 김정일의 의도가 유훈으로 관철
된 셈이었다.

김정은을 필두로 장성택 국방위원회 부위원장, 김기남 로동당 비서,
최태복 최고인민회의 의장이 우측에서 영구차를 따랐다. 좌측에는 리

영호 인민군 총참모장, 김영춘 인민무력부장, 김정각 총정치국 제1부국장, 우동측 국가안전보위부 제1부부장 순으로 이어졌다. 이들은 북한의 최고의 국가기구인 국방위원회, 로동당, 최고인민회의, 인민군 그리고 최고공안기관의 책임자들이었다. 장성택은 김정일 국방위원장에 이어 제1부위원장이고, 김기남은 로동당 총비서 다음의 책임비서의 자격으로, 최고인민회의는 김영남 상임위원장64)이 있기는 하나 최고인민회의 상징적인 대표는 의장인 최태복이었다. 리영호는 인민군 총모장이면서 당중앙군사위원회 부위원장이고, 김정은 후계체제가 구축되는 과정에서 밀렸다고는 하나 인민무력부장은 김영춘이었다. 김정각의 경우 총정치국장인 조명록이 사망한 후 공석인 총정치국의 제1부국장었고, 남한의 국가정보원에 해당하는 국가안전보위부 제1부부장이 우동측이었다. 물론 호위대열에 참가하지는 않았지만 앞에서 설명한 김경희와 김영남 그리고 최영림도 김정은 체제를 이끌어갈 핵심세력이었다.

김정일에서 김정은으로 이어지는 후계체계는 철저하게 준비하였다고 하지만 '번갯불에 콩튀어 먹는 식'의 압축승계가 단행되었다. 김정은은 김정일이 사망한 후 13일 만에 로동당 정치국 회의를 통하여 '조선인민군최고사령관'에 추대되었다. 국가급변사태에서 가장 중요한 것이 군부의 완전한 장악이었기에 이를 위한 긴급한 조치였다. 국내정치적 안정이 다급한 상황에서 김정일 체제와 강한 연속성을 가질 수 밖에 없는 상황이었다.

김정일 사망 이후 첫 해인 2012년을 맞으면서 내놓은 신년공동사설에서도 "우리 당과 우리 인민의 최고령도자 김정은 동지는 선군조

---

64) 김영남의 경우 김정일 장의위원회가 구성될 때 위원장인 김정은의 다음 순위였고, 이 행렬에 참여하지는 않았지만 헌법상 국가원수로 확실하게 김정은 체제를 뒷받침할 인물이었다.

선의 승리와 영광의 기치이시며 영원한 단결의 중심이시다. 경애하는 김정은 동지는 곧 위대한 김정일 동지이시다. 전당, 전군, 전민이 성새, 방패가 되여 김정은 동지를 결사옹위하며 위대한 당을 따라 영원히 한길을 가려는 투철한 신념을 지녀야 한다"고 하고 있다. 위에서 언급한 7인은 북한 정치권력 각 분야의 상징적인 인물들로 각 분야에서 김정은에 대한 충성을 끌어 모으고 후견 역할을 할 것이었지만, 그 중에서 장성택과 리영호는 핵심적인 인물이었다.

2. 김정은 체제의 권력엘리트

김정일 사후 북한은 김정일의 유훈을 내세기는 했지만, 김일성 사망 후의 유훈통치와는 다른 모습을 보였다. 2012년 4월 11일 제4차 당대표자회를 소집하고 당규약을 개정하여 김정일 총비서를 영원한 총비서로 모신다고 하고 로동당 제1비서를 신설하여 김정은이 제1비서가 되었다. 지도이념도 김일성의 혁명사상과 주체사상에서 김일성-김정일주의 유일지도사상으로 바꾸면서, '새로운 주체의 시대'의 개막을 선언하였다. 권력기반은 당 주도의 특성에 맞추어 당중앙위원회, 정치국, 비서국, 당중앙군사위원회에 중요 권력엘리트들을 충원하였다. 혁명 1세대는 권력의 요직에서 퇴진하고, 고등교육을 받은 50~60대의 혁명세대들이 김정은 세대를 이끌어 갈 새로운 핵심 엘리트집단으로 떠올랐다.65) 정치국 상무위원에는 김정은, 김영남, 최영림, 최룡해, 리영호가 올라, 김정은 외에 4인은 김정일 시대에 김정은 후계체계 구축을 위해 핵심역할을 했던 인물들로 충원되었고, 정치국 위원에는 김경희, 김정각, 장성택 그리고 비서국 비서에도 김경희의 이름이 가장 먼

---

65) 통일부 통일교육원, 『2014 북한 이해』, 통일부 통일교육원, 2014, p. 77.

저 올라있었다. 당중앙군사위원회는 위원장 김정은 그리고 부위원상에 리영호 외에 최룡해가 등용되었다. 당 행정부장에는 장성택이 유임되었다.

바로 이어진 13일의 최고인민회의 제12기 제2차회의에서 헌법을 개정하였는데 서문 등을 제외하면 권력구조면에선 국방위원장 대신 국방위원회 제1위원장으로 대체시키는 선에서 마무리 지었다. 헌법의 서문은 김정일의 업적을 열거하면서 김일성과 김정일을 '민족의 태양'이라 하고, 김일성을 영원한 주석이라 했듯이 김정일을 영원한 국방위원장이라 하였다. 여기에서도 국방위원회를 강화하면서 권력엘리트들을 충원하였다. 북한의 특성상 권력엘리트들의 당-정 일원화 현상을 보이고 있는데, 역시 그대로 진행되었다. 국방위원회 부위원장에 원로인 김영춘과 리영무를 상징적으로 앉히고, 장성택과 오극렬이 이름을 올려 장성택이 실세임을 보여주었다. 이들을 포함하여 12명이 국방위원회 위원이 되었다.66) 국방위원회 산하의 인민무력부 부장에는 김정각, 대표적인 공안기구인 국가안전보위부 부장 김원홍, 인민보안부 부장에 리명수가 임명되어, 권력엘리트들이 유임되거나 교체되었다. 북한 권력구조를 대표하는 최고인민회의와 내각은 최고인민회의 의장 최태복, 상임위원장 김영남, 내각 총리 최영림은 유임되었다.

이상에서 볼 때 김정은 체제에서 처음으로 시행된 당과 국가기관의 충원에서 자신의 아버지가 짜놓은 판을 크게 변화시키지 않고, 장성택과 최룡해 그리고 리영호를 중용하는 안정성을 택하였다.

---

66) 국방위원회 명단은 제1위원장 김정은, 부위원장 김영춘, 리영무, 장성택, 오극렬, 위원 최룡해, 김정각, 박도춘, 김원홍, 리명수, 주규창, 박세봉이었다.

제 2 장

김정은 체제 구축을 위한 정치사회화

Ⅰ. 헤게모니이론과 북한 정치사회화

북한에서는 김정은이 최고지도자가 되면서 인민대중에게 각인시키고, 그가 확실하게 영도권을 틀어쥘 수 있도록 정치사회화를 진행시켰다. 백두혈통이라는 누구도 가질 수 없는 정통성 그리고 김정일 유훈과 영생화 작업은 정치사회화의 중요한 내용으로 수령제라는 북한 체제의 특성에 기인한 것이었다. 당제1비서와 국방위원회 제1위원장이라는 제도화를 통한 자리매김과 함께 자신의 성과를 보여줌으로써, 인민들의 지지를 끌어내려고 노력하였다. 북한 정치현상의 분석에서 중요한 것은 김정은 체제에서 어떠한 권력엘리트를 어떻게 중용과 배치하는가를 살펴보는 것이다. 여기에 더하여 최고지도자의 위엄·존경의 가치와 업적을 인민대중에게 내면화시켜 체제를 안정시키려하는 정치사회화적 접근 또한 중요하다. 정치사회화이론을 새로운 김정은 체제에 접목시키기 위하여 헤게모니이론을 도입하여 설명한다.

1. 헤게모니이론

정치사회화에 대한 개념정의는 여러 학자들에 의하여 다양하게 내려지고 있으나, 공통적으로 제시하고 있는 것은 정치적 태도를 형성하는 학습과정으로 보는 것이다. 정치사회화의 헤게모니이론은 도슨(R. E. Dawson)에 의하여 제기된 것으로, 그는 헤게모니의 개념을 정의하는데 그람시와 밀리반트 연구의 도움을 받았다.[1] 헤게모니는 특정한

---

[1] 그람시(A. Gramsci)는 국가개념과 헤게모니 개념을 기초로 하여 자본주의사회에서 적용가능 한 혁명전략을 도출하고자 하였다. 헤게모니의 행사는 강제력과 동의의 조합으로 특징지어 지는데, 강제력이 동의에 기반한 것임을 믿게 만들려 사회화 매체를 사용한다는 것이다. 밀리반트(R. Miliband)는 지배계급의 지속적인 지배는 국가의 강제적

생활양식과 사고가 지배하는 질서 속에 현실에 대한 단일개념이 전체 사회에 만연되어, 그 정신을 반영하는 정치적 원칙과 관습 등이 확산 되게 하는 것이다. 헤게모니의 정상적인 행사는 동의와 강제력의 조합 을 특징으로 한다. 이 양자는 서로 균형을 이루어 강제력이 과도하게 동의를 압도하지 않도록 한다. 그러나 사실상 강제력이 다수의 동의에 기반한 것을 믿도록 만들려는 시도가 계속되며, 이것은 정치사회화 매 체를 통하여 표현된다. 지배집단이 통치력을 확보할 수 있는 방법은 피지배계급으로 하여금 그들이 의도한 대로 사회적 습관이나 정치적 신념을 습득케 하는 것이다. 그러므로 지배집단이 피지배집단으로 하 여금 통제관계를 유지하는 사회적 가치와 질서를 수용케 하는데 정치 사회화 매체를 강조하는 것이 헤게모니이론이다. 지배집단이 정치적 권위의 합법성을 위하여 근본적으로 허위의식을 도입하여 국민들을 우 민화시켜 나가는 것이다.2)

헤게모니이론에 의하면 효율적인 정치사회화는 지배집단의 안정을 가져오는 것으로 보고, 체제유지를 위하여 의도적이고 일방적인 의식 을 국민들에게 내면화하려는 과정이다. 정치권력을 장악한 지배집단이 그들의 통치를 공고히 하고 지배의 정당성을 설명하기 위하여 사용하 는 것은 상징, 선전, 검열 등이다. 대규모의 정치의식, 각종 기념일 지 정, 동상설립과 훈장과 표창 수여 등은 선전선동에 해당하는 것이다. 국가의 모든 보도기관을 총괄하고, 비판을 감시하고 구금하는 등 국민 소리를 아예 막아버리는 것이 검열에 해당한다. 정치사회화의 헤게모 니이론은 선전과 검열에 관심을 집중하고, 사회에서 지배적 이익을 소 유하는 지배계층의 적극적 역할에 관심이 있다.3) 이는 최고 정치지도

역할 뿐만아니라 정당화 내지 정치사회화에 의하여 가능하다는 것이다.
2) 김창희, 『비교정치론(제2판)』, 파주: 삼우사, 2013, pp. 121-126.

자에 관련된 사상교양이나 우상화 같은 상징조작을 국민들이 어떻게 받아들이느냐 하는 것인데, 자발적인 것처럼 보이지만 강제력이 동의를 압도한다는 것이다.

2. 헤게모니이론의 접목

김정은 체제의 구축과 정치사회화의 헤게모니이론의 접목에서 규명되어야 할 것은 인민들이 김정은을 최고영도자로 왜 그리고 어떻게 받아들이냐 하는 것이다. 즉, 김정일이 사망하고 유훈통치를 강조하며 '김정은의 영도성'을 부각시키는 상황에서 무엇을 어떠한 방식으로 내면화시키나가고 있느냐 하는 것이다. 이를 분석하려는 것으로 <그림 2-1>과 같은 틀을 제시한다. 김정은 체제는 정치사회화의 대상인 인민들의 동의를 얻고자 하는 내용으로 김정은 권력승계의 정통성과 유훈 그리고 새로운 지도사상과 김정은의 업적을 내세우고 있다. 정치사회화의 방법으로는 김정일 애국주의를 강조하며 지지를 끌어내고 있는데, 이 과정에서 김정은의 새로운 통치스타일을 보여줌으로써 인민과 함께 한다는 것을 보여주려 하고 있다. 그러나 헤게모니이론에서 말하는 것과 같이 선동과 검열 등의 통제가 동의를 압도하는 형태를 띠고 있다.

---

3) R. E. Dawson, K. Prewitt and K. S. Dawson, *Political Socialization*, New York: Little Brown & Co., 1977, pp. 29-30.

〈그림 2-1〉 김정은 체제의 정치사회화 과정 분석 틀

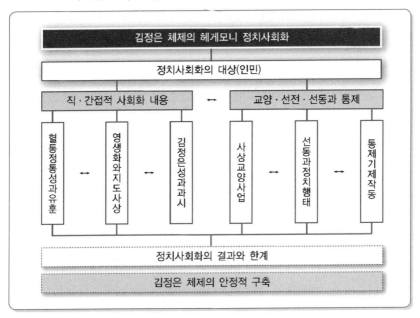

Ⅱ. 김정은 체제의 구축

1. 혈통계승자 김정은

김정일이 사망한 이후 북한에서 바로 김정은을 영도자로 내세우면서, 진행한, 정치사회화의 주된 내용은 후계자로서의 정통성과 정당성을 내세우는 것이었다. 또한 김정은이 아직 나이가 어리고 경험이 부족하기 때문에 김정일의 업적과 유훈을 강조하면서, '김정일의 영생화'와 '김정은의 영도성'을 결부하여 인민들에게 내면화시키고자 하였다.

김정일 체제의 후반기에 가장 역점을 둔 것이 김정은이 후계자로서

의 정통성과 정당성이 있다는 것을 인민들에게 심어주는 것이었다. 후계자로서의 정통성을 찾는 대목은 백두산 혈통이었다. 젊은 김정은에게 정통성을 부여할 수 있는 것은 혈통이 유일한 것이었다. 김정일이 사망하고 최초로 당과 국가기관의 명[4]으로 나온 것이 "전체 당원들과 인민군장병들과 인민들에게 고함"이라는 조선중앙통신을 통한 보도문이었다. 그 내용은 김정일의 사망소식을 알리며 그의 일대기를 영웅적으로 서술하면서, 계승자 김정은의 영도를 주장하였다. 즉, "혁명의 성산 백두산에서 빨찌산의 아들로 탄생하여 위대한 혁명가로 성장한 김정일은 백두의 혁명전통을 견결히 옹호고수하고 순결하게 계승"했다고 하면서, 이 뒤를 이어 계승할 '우리 당과 군대와 인민의 탁월한 령도자이신 김정은'이 있다고 하였다. 그리고 "김정은동지의 령도는 위대한 수령 김일성동지께서 개척하시고 위대한 령도자 김정일 동지께서 승리에로 이끌어오신 주체의 혁명위업을 대를 이어 빛나게 계승완성해나갈 수 있는 결정적담보로 된다"고 하였다. 12월 25일의 로동신문에서 "경애하는 장군님께서 젊고 젊으신 백두산의 아들 김정은 동지를 대오 앞에 거연히 세워주신 것은 성스러운 혁명위업"이라는 주장은 권력승계의 정통성이 백두혈통에 있다는 것을 강조한 것이다. 2012년 북한의 신년공동사설에서 올해가 김일성 탄생 100주년 대축전의 해라고 하면서, "하나의 혈통을 꿋꿋이 이어나가는 조선혁명의 확고부동한 계승성을 과시"해 나갈 것이라고 하였다.

이지순은 북한의 문학작품에서도 이를 발견할 수 있다며 2012년 2월 김정일 70회 생일기념으로 발표된 서사시 <영원한 선군태양 김정일동지>를 들고 있다. 이 작품은 김정일을 김일성과의 혈통적 유대와

---

4) 조선로동당 중앙위원회, 조선로동당 중앙군사위원회, 조선민주주의인민공화국 국방위원회, 조선민주주의인민공화국 최고인민회의 상임위원회, 조선민주주의인민공화국 내각.

정치적 계승성을 동시에 보여주면서, 김정은 승계의 정당화를 보여준
다는 것이다. 3세대 후계구축은 직접적인 혈연관계로서 "위대한 혁명
일가"의 구성원이라는 점에서 정통성을 갖고, 정치적 혈연관계로서
"대가정안에서 한 운명 속에 묶으면서 백두혈통과 만경대 가문의 연
속성을 통해 후계의 정당성 구축하고자 하였다"고 한다.5) 김정일 사
망 이후 출간된 『위인 김정일』에는 "모습과 기상도 어버이 수령님과
위대한 장군 그대로이신 김정은"라고 하면서, 김정은의 고결한 충정과
역사 속에 "김일성-김정일민족이 창조한 수령영생의 숭고한 력사"가
재현되고 있다고 했다.6)

북한에서 이러한 것을 '주체혁명위업의 대, 선군의 대'라는 표현을
쓰고 있다. 그러면서 "백두산혈통을 그대로 이으신 경애하는 김정은동
지는 백두에서 개척된 주체의 선군혁명위업, 사회주의강성국가건설위업
의 대를 이를 또 한분의 걸출한 위인"7)이라고 했다. 전통적인 권력승
계인 세습은 혈통을 잇는 정치이고, 이것이 북한정치의 핵심이 되었다.

2. 김정일의 업적과 영생화

김정은 체제 구축과정에서 인민들의 동의를 이끌어 내기위해 절대
적으로 필요한 정치사회화의 내용은 바로 '김정일'이다. 그리하여 김정
일은 영생하며 그의 업적은 영원히 빛날 것이라 하면서 영생화를 위
한 작업이 사망이후 진행되었다. 2012년 1월 1일의 로동신문 1면에
예년에는 공동사설을 싣는 것과는 달리 "인민들은 부르네 어버이 그

---

5) 이지순, "북한 서사시의 김정은 후계 선전 양상," 『북한연구학회보』 제16권 제1호, 북
    한연구학회, 2012, pp. 240-241.
6) 『위인 김정일』, 평양: 외국문출판사, 2012, pp. 354-356.
7) 전 일, "주체혁명위업의 대는 선군의 대," 『정치법률연구』 제3호(루계 제39호), 과학백
    과사전출판사, 2012, p. 8.

이름…우리의 김정일 장군 그이는 조선의 힘이다”라는 내용의 <조선
의 힘>을 전면에 게재하였다.8)

당중앙위원회 정치국은 2012년 1월 12일 김정일을 영원한 영도자
로 모시고 주체혁명의 완성해 가는 것이 인민들의 요청이라 하면서
다음과 같이 네 가지 결정을 한다고 발표하였다.9) 김정일 사망 후 처
음 맞는 생일 전에 그에게 ‘대원수’ 칭호를 수여하였다. 북한은 스스로
최고의 성지라고 부르는 김일성 시신이 있는 장소에 김정일 시신도
안치하여 참배의 정치를 이어가고, 김정일의 생일도 역시 김일성의 태
양절 같이 광명성절로 지정하여 영원히 기린다는 것이다. 1994년에도
김일성 주석이 사망하자 영생화 작업을 진행하였다. 이때에는 상당한
시간을 가지고 진행한 반면에, 김정일 사망 후에는 바로 김정은이 속
도를 내어 영생화를 주도하였다. 김정은의 경우 그만큼 김정일 우상화
조치가 더 시급하고 필요하다는 것을 말해준 것이었다.10) 당시 헌법의
개정을 통해 김일성을 ‘영원한 주석’으로 모셨던 것처럼 이번에는 김
정일을 ‘영원한 국방위원장’으로 모셨을 뿐만 아니라, 당규약도 개정하
여 ‘영원한 총비서’로 모심으로써 김정은의 충성과 효성을 인민들에게
보여주었다.

북한에서는 김정일의 업적을 크게 세 가지로 내세우고 있다. 위민

---

8) 이후에도 “인민위해 바치신 어버이 사랑 무궁토록 빛을 뿌린다. 장군님은 우리와 함께
계시며 태양으로 영생하신다”라는 내용의 <장군님은 태양으로 영생하신다>를 싣고 있
다. 『로동신문』 2012. 01. 16. 1.

9) 즉, “ ① 주체의 최고성지인 금수산기념궁전에 위대한 령도자 김정일동지를 생전의 모
습으로 모신다, ② 위대한 령도자 김정일동지의 동상을 정중히 걸립할 것이다. ③ 위대
한 령도자 김정일동지께서 탄생하신 민족최대의 명절인 2월 16일을 광명성절로 제정한
다. ④ 전국각지에 위대한 령도자 김정일동지의 태양상을 정중히 모시고 영생탑을 건
립할 것이다”였다.

10) 김창희, “북한 권력승계의 정치: 이념·제도화·인적기반·사회화,”『한국동북아논총』
제17집 제3호, 한국동북아학회, 2012, p. 97.

과 핵과 선군이 바로 그것이다. 실제로 모든 북한의 정치과정은 이와 연결되고 있다. 김정일의 정치로 내세우고 있는 것이 '애민헌신의 인덕정치'이다. 김정일이 현지지도를 위해 달리던 열차 안에서 사망했다고 발표한 것도 이와 연관된 맥락인 것이다.11) 로동신문은 "인민생활이라는 말만 외워도 우리는 위대한 장군님의 평생로고를 가슴저리게 새겨안게 된다. 인민생활을 두고 늘 마음쓰시며 위대한 생애의 마지막 나날까지 인민생활향상기지들을 쉬임없이 찾고 찾으신 경애하신 장군님의 불굴의 모습은 영원히 잊을 수 없다"고 하면서, "위대한 장군님의 위민위천의 한생, 인민사랑의 한생 우리 일군들이 삶과 투쟁의 거울로 삼아야 할 최고귀감이다"하고 있다.12) 첫 번째로 공개된 김정은의 4.6 담화에서도 '김정일이 한평생 인민의 행복을 위하여 모든 것을 다바쳐 초강도 강행군 길을 이어가다가 열차에서 순직했다'고 하고 있다.

김정일의 업적 중 가장 중요하게 내세우고 있는 것이 바로 선군정치로 이것을 선군사상으로 심화발전 시켰다고 하고 있다. 북한에서는 "조선민주주의인민공화국의 존엄을 굳건히 수호하시고 최상의 경지에 올려세운 김정일령도자의 선군정치는 오직 그이의 위대한 존함과만 결부시켜 부를수 있는 백전백승의 김정일정치이다"라 하고 있다.13) 장례가 치러진 후 '김정일동지의 혁명유산'이라는 정론에는 "핵보유국과 위성발사는 대국의 틈에 끼어 파란많던 이 땅을 영영 누구도 넘겨다보지 못하였다"고 김정일의 업적을 평가하고 있다. 4월 13일 개정된 헌법의 서문에서도 김정일의 선군정치로 정치사상강국, 핵보유국, 무적의 군사

---

11) 북한의 조선중앙통신은 김정일 사망보도에서 "김 위원장이 2011년 12월 17일 8시 30분 현지지도의 길을 이어가시다가 겹쌓인 정신육체적 과로로 하여 열차에서 서거하셨다"라고 발표하였다.
12) 『로동신문』 2012. 01. 20. 1.
13) 『선군-김정일정치』, 평양: 외국문출판사, 2012, p. 191.

강국으로 전변시켜 강성국가 건설의 통로를 열어 놓았다고 하였다.

3. 김정은의 지도사상과 '인민중심의 정치'

2012년 4월 6일 김정은의 로동당 중앙위원회 책임일꾼들과의 담화
했다는 내용이 4월 19일 로동신문에 게재되었다. 이는 김정은의 이름
으로 첫 번째 공개된 담화로 김정일의 영원한 총비서 추대와 지도사
상·국가관리·위민정책 등을 담고 있다. 김정은이 자신의 정치권력을
확고히 하고자 하는 핵심적인 정치사회화의 내용이 여기에 포함되어
있는데, 하나는 자신의 통치이념에 관한 것이고 다른 하나는 인민들에
게 보내는 메시지였다.

김정은은 '4.6담화'에서 로동당의 지도사상이 무엇인지를 제시하고
있다. 이 문제는 제2편에서 상세하게 설명한 바 있다. 김정은 체제를
공고화하는 과정에서 새로운 통치이념이 필요한 북한은 '4.6담화'의 내
용을 당규약에 그대로 담아내었다.[14] 그리하여 주체사상과 선군사상에
기반을 두고 있는 김일성-김정일주의를 당의 유일한 지도사상으로 삼
는다고 하였다. 김일성의 혁명사상을 김일성주의라 하여 김정일이 체
계화했는데, 이제 김정일의 업적을 김정일주의라하여 김정은 자신이
공식화한다는 것이었다.

김일성-김정일주의는 어떻게 생겨난 것일까? 김정은은 자신의 체제
를 출범시키기 위하여 자신만의 특별한 통치이념이 필요했다. 주체사
상과 선군사상을 그대로 쓸 수 있었지만 무엇인가 새로운 이념을 원

---

14) 이 담화에는 제4차 당대회에서 개정될 당규약의 내용이 담겨져 있다. 북한은 2012년 4
    월 11일 제4차 당대표자회를 열어 당규약을 개정하였다. 김정일을 영원한 총비서라 하
    고, 김정은을 제1비서로 추대하였다. 또한 로동당을 김일성-김정일의 당이라 하면서,
    지도사상도 "조선로동당은 위대한 김일성-김정일주의를 유일한 지도사상으로 하는 김
    일성-김정일주의당, 주체형의 혁명적 당이다"라 규정하였다.

했다. 그러나 승계기간이 짧았고 자신의 사상으로 전혀 새로운 것을 내놓을 수 없는 상황에서 전대 수령들의 사상 내용을 계승하는 것이 효과적이라는 판단했다. 이렇게 해서 새롭다고 하고 있지만 새로운 것이 아닌, 김일성-김정일주의가 탄생한 것이다. 이는 김정은이 2013년 신년사에서 "우리 당과 인민이 나아갈 불변의 진로는 오직 주체의 한 길이며 우리 혁명의 백전백승의 기치는 위대한 김일성-김정일주의입니다"라고 한 것에서도 알 수 있다.

통치이념과 함께 인민대중에게 제시한 것은, 김정은이 항상 인민을 중심에 두고 인민을 생각하는 정치를 한다는 것이다. 4.6담화에서는 일군들에게 당부하는 형식을 빌려 자신의 인민에 사랑을 제시하였다. 즉, "일군들은 인민을 위하여 자기의 모든 것을 다 바쳐야 합니다. 일군을 위하여 인민이 있는 것이 아니라 인민을 위하여 일군이 있습니다"이다. 또한 "일군이라면 인민을 먼저 생각하고 인민들의 생활문제에 선차적인 관심을 돌려야 하며 인민들의 생활에서 걸린 문제들을 풀어주기 위하여 진심으로 노력해야 하며 인민을 위한 더 좋은 일을 더 많이 해야 합니다"이다. 이것은 북한에서 말하는 '인민대중중심의 정치'이다. 이 정치의 특성은 자주의 정치, 민주주의 정치, 사랑과 단결의 정치, 선군정치로 인민이 주인으로서 지위를 차지하고 주인으로서 역할을 다하고 인민을 위하는 정치라는 것이다. 또한 인민이 화목하고 단합된 대가정을 이루고 누구나 보람차고 행복한 생활을 누리도록 하는데 복무하는 정치라 하고 있다.[15) 결국 김정은은 일꾼들에게 독려하는 것처럼 실천하겠으니, 자신을 지지하고 충성을 다하라는 정치사회화 내용이다.

---

15) 김철유, "인민대중중심의 정치의 본질과 특징," 『정치법률연구』 제3호(루계 제39호), 과학백과사전출판사, 2012, pp. 11-12.

4. 김정은의 업적 쌓기

김정일 사망 이후 김정은을 지도자로 내세운 북한은 유훈이나 이념 등의 복합적인 사회화 내용을 인민들에게 각인시켜 나갔다. 북한의 보도를 종합해 보면 김정은 최고영도자 추대가 '거대한 정치적사변'이었고, 그를 '신념과 의지를 지닌 배짱의 명인'이라 평가하고 있다. 그의 업적으로는 '금수산태양궁전의 성역화', '김일성-김정일주의의 선포', '각종 기념일 개최와 인민생활 향상 노력'을 들고 있다.

그러나 이념이나 구호성의 주장보다는 현실적이고 가시적인 것이 필요했다. 북한은 2012년 4월 13일 김정은 체제의 출범과 함께 대내외적으로 과시하기 위한 방편으로 택한 것이 소위 '인공지구위성'의 발사였다. 이를 성공시킴으로써 '강성국가'의 이미지를 부각시키고, 인민들에게도 자신감을 부여하려고 하였다. 그러나 이 시도는 실패로 끝나고 말았다. 발사 후 몇 십초도 지나지 않아 공중 폭발하였다. 이것이 성공했으면 북한은 김정은의 위대성을 합창하면서, 준비된 지도자라는 정치사회화 내용으로 활용했을 것이다. 북한은 실패를 인정하고 절치부심 끝에 12월 12일 다시 발사를 시도하였다.

북한은 은하 3호를 발사하여 '광명성 3호'가 궤도진입에 성공했다고 발표하였다. 북한 조선중앙통신은 12월 12일 '외무성 대답'이라고 하는 다음과 같은 보도를 하였다. 즉, "성공적인 위성발사는 위대한 령도자 김정일동지의 유훈이며 경제건설과 인민생활을 위한 과학기술발전의 계획에 따르는 평화적 사업이다"라 하고, 또한 "우주를 정복하여 나라의 경제건설과 인민생활향상에 적극 이바지하도록 할것이다"고 하였다. 김정일은 발사 성공에 공헌한 과학자, 기술자, 노동자들은 위한 연회를 마련하였다. 이 자리에서 김정은은 "우리의 미더운 과학자, 기술자, 로동자들은 위대한 장군님의 유훈을 올해 안으로 결사관철할 불타는 충정과 고결한 당적량심을 지니고 운반로켓의 발사와 계단분리로부터 인공지구위성의 전과정을 사소한 부족함도 없이 완전성공시키는 쾌승을 이룩하였습니다"라고 연설하였다. 그러면서 이는 '5천년민족사의 특대사변'이고 '전인민적 대경사'라고 하였다.16) 2013년 신년사에서도 이를 집중적으로 부각시키면서 김정은의 업적으로 치하하고 칭송하였다. 이렇게 김정은 체제의 구축하는 과정에서 이루어낸 업적을 인민대중에게 각인시켜 그들이 큰 자부심을 갖도록 하고자 했다.

김정은 체제의 헌법에 '핵보유국', '무적의 군사강국'을 제시한 북한은 이를 증명이라도 하듯이, 2013년 2월 12일 제3차 핵실험을 단행하였다. 북한의 조선중앙통신은 2월 12일 핵실험이 성공적으로 진행되었다고 보도하면서, '소형화, 경량화된 원자탄 사용', '다종화된 핵억제력의 우수한 성능'이라는 표현을 썼다. 이것은 국제사회로부터 명실상부한 핵보유국으로 인정받기 위한 수단이고, 소형핵탄두의 설계 가능성을 과시하기 위한 것이다. 대내적으로는 핵실험을 김정일의 유훈의 실현이라 하면서 김정은 체제의 정당성과 위대성을 보여줌으로써 내부결속을 강화하기 위한 통치수단으로 활용하려는 면이 있다.

북한은 김정은의 이러한 업적들을 정책과 법령으로 반영시켰다. 김정은 체제가 공식적인 출범한 후 1년 즈음인 3월 31일 당중앙위원회 전원회의를 개최하여 '핵무력과 경제건설 병진노선'을 채택하여 발표하였다. 이 자리에서 김정은은 "위대한 장군님의 유산인 핵억제력을 항구적으로 틀어쥐고나가는 문제를 법제화하자"고 제의하였다. 4월 1일

---

16) 『로동신문』 2012. 12. 22. 1.

최고인민회의 제12기 7차회의에서는 이를 '금수산태양궁전법', '우주개
발법', '자위적 핵보유국'의 법령으로 채택하였다. '금수산태양궁전법'은
법령제정을 넘어서 "위대한 김일성동지와 김정일동지께서 생전모습으
로 계시는 금수산태양궁전은 수령영생의 대기념비이며 전체 조선민족
의 존엄의 상징이고 영원한 성지"라는 내용으로 헌법 서문에도 집어
넣었다. 북한은 우주활동을 통일적으로 지도관리하기 위한 '우주개발
법'을 채택하였다. 우주개발을 총괄하는 중앙지도기관인 우주개발국을
설립하기로 결정하였다. 또한 "자위적 핵보유국의 지위를 더욱 공고할
데 대하여"라는 법령을 채택한 것이다. 이 법령에서 '그 어떤 침략세
력도 일격에 물리칠 수 있는 핵보유국'임을 천명하고 10개항을 결정하
였다.

북한은 이렇게 김정은의 업적들을 과시하면서, 체제안정화를 위한
정치사회화과정을 진행하였다. 그러나 인민대중의 피부에 와 닿는 것
은 생활향상에 있다. 전원회의에서 제시한 경제건설문제에 대해서는
최고인민회의에서 '선행부분과 기초공업부분을 추켜세워 경제사업을
추진할 것'을 결의하였다. 실제로 김정은 체제에서 다급한 문제는 인
민생활을 향상시키는 경제문제이고, 이를 해결하기 위해서는 농업과
경공업에 모든 역량을 집중하지 않을 수 없었다. 최고인민회의에서 이
루어진 박봉주의 내각총리 발탁도 이와 무관하지 않다. 과거 총리직에
서 실각했던 경제전문가인 박봉주의 재발탁은 농업문제를 비롯한 인민
생활향상 문제를 해결해 보려는 김정은의 고민을 읽을 수 있는 대목
이었다.

Ⅲ. 선전선동과 통제기제 작동

1. 사상교양사업과 유훈실천

북한의 정치사회화 방법 중 가장 중요한 것이 사상교양사업이다. 체제가 인민들의 동의를 얻고 지지를 구하는 방법으로 동원과 학습을 시행하고 있다. 조선중앙통신, 로동신문, 조선중앙 TV 등 모든 대중 매체들이 동원되어 김정일과 김정은의 위대성을 합창하고 있다. 북한 에서 기자나 언론인들에게 요구하는 것이 무엇인지를 로동신문 사설 '기자, 언론인들은 혁명적인 사상공세의 기수, 나팔수가 되자'를 보면 알 수 있다. 즉, "인민대중들을 사상적으로 각성시키고 영웅적투쟁에로 고무추동하는데서 붓대가 노는 선구자적 역할과 무궁무진한 위력은 우 리실천에서 뚜렷이 확증되었다"면서, "오늘 우리 기자, 언론인들 앞에 는 경애하는 김정은 동지의 령도 따라 온 사회를 김일성-김정일주의 를 힘있게 추동하며 주체혁명의 최후승리를 앞당겨야 할 책임적이고 중대한 과업이 나서고 있다"고 주장하고 있다.17)

북한에서는 사상교양사업은 시대를 선도해 나가는 참신하고 생기발 랄한 사업으로, 시대정신과 사회발전의 요구에 맞게 높은 수준으로 심 화·발전시키는 것이다. 이렇게 주장하는 사상교양사업은 인민들의 자 발적 헌신을 유도하고 정치·도덕적 자극을 통해 인민동원을 원활히 하는데 목적을 두고 있다. 김정은 체제 구축과정에서 사상교양사업으 로 내세우고 있는 것이 '김정일애국주의'이다. 김정일애국주의에는 김 정일의 숭고한 위국·위민의 헌신과 업적이 담겨있다고 주장하였다.18)

---

17) 『로동신문』 2014. 05. 07. 1.
18) 북한의 보도와 문헌의 주장을 분석해 보면 김정일애국주의를 다음과 같이 요약할 수

그러면서 현재의 사상교양사업의 실효와 성과는 사람들을 어떻게 열렬한 애국주의자로 키우는데 있다고 했다.

북한에서 김정일애국주의는 정치사회화의 내용인 동시에 매체의 역할을 하고 있다. '김정일애국주의는 구호나 깃발로 들고 나가는 것이 아니라 실천이다'라고 김정은이 강조한 이후 각종 매체들이 이들 인용하여 인민들을 독려하고 있다. 결국 김정일애국주의는 나라를 사랑하는 방법으로 인민들이 따라 배우고 실천하는 것이 진정한 애국자가 된다는 것이다. 북한 사상교양 사업으로서 김정일애국주의를 내세우는 가장 큰 의도는 인민대중의 지지를 이끌어내 동원하는 것이라고 볼 수 있다. 2013년 신년사에서 "김정일애국주의는 김일성민족의 영원한 넋이고 숨결이며 부강조국건설의 원동력입니다. 사회주의조선의 륭성번영을 위한 오늘의 성스러운 투쟁에서 애국적 열의와 헌신성을 높이 발휘해나가도록 하여야 합니다"라는 것에서도 알 수 있다.

상술한 김정은의 위성발사와 핵실험은 그의 가장 큰 업적이었다. 북한에서는 김정은은 '위성의 성공적인 발사는 위대한 장군님께 올리는 우리인민의 가장 큰 선물이며, 우리당과 인민의 영웅적 투쟁의 빛나는 총화'라고 하였다. 또한 위성발사를 김정일애국주의 열풍이 가져온 기적이라고 하고 있다. 이는 김정일의 유훈과 자신의 업적을 과시하면서 또한 그 공적을 인민들과 함께한다는 절묘한 메시지이다.19) 2013년 2월 3차 핵실험 역시 김정은이 노리는 효과는 마찬가지였지

있다. 즉, '김정일애국주의자는 가장 고상하고 아름답고 가장 열렬한 애국자의 최고 전형', '김정일애국주의자로 된다는 것은 김정일 장군의 애국사상과 애국모범을 따라 배우는 것', '조국과 인민을 위하여 한 몸 다바쳐 싸우는 진정한 애국자가 된다는 것'을 의미한다."

19) 2013년 신년사는 "100% 우리의 힘과 기술, 지혜로 과학기술위성 제작과 발사에 성공한 것은 태양민족의 존엄과 영예를 최상의 경지에 올려세운 대경사이며 천만군민에게 필승의 신심과 용기를 북돋아주고 조선은 결심하면 한다는 것을 뚜렷이 보여준 특대사변이었습니다"라 하고 있다.

만, 위성문제와는 다른 면이 있다. 김정일의 업적으로 헌법에 핵보유국 명시한 김정은은 핵실험 이후 북한은 전쟁불사를 외치면서 준전시 상태를 선언하는 등 인민들을 전쟁대비 훈련에 동원하였다. 인민들에게 전쟁공포를 주고 이를 이용하여 내부결속을 강화한 것이다.

2. 영생화의 선전선동과 김정은의 행태

김정일 사망 후 언론들은 그의 '위훈·애국·헌신'을 주로 다루면서 영생화 작업의 조력자로 매진하였다. 김정일 사망이후 처음 맞이하는 그의 생일 전의 각종 사업과 행사가 대대적으로 보도되었다. 북한은 2월 3일에는 최고인민회의 상임위원회가 김정일의 70주년 생일을 맞아 '김정일 훈장'과 '김정일상'을 제정하였다. 김정은이 이 훈장을 최고권력엘리트들에게 수여하였고, 고급간부들에게는 표창을 수여하였다. 또한 <위대한 령도자 김정일동지는 영생할 것이다>라고 새긴 기념주화를 발행하였다. 김정일 시신이 있는 금수산기념궁전을 '금수산태양궁전'으로 명칭을 바꾸는 대규모 군중행사도 거행하였다. 사망하기 전원수로 불렸던 김정일을 김일성과 동등하게 대원수로 추대하는 행사도 빼놓을 수 없는 영생화 작업이었다. 당 정치국의 결정 사업으로 김일성과 김정일이 말을 타고 호령하고 있는 모습의 거대한 동상을 제막하기도 하였다. 이와 같이 김정은 체제 구축 과정에서 먼저 필요한 것은 김정일의 영생화 작업이었다. 이렇게 생성된 이미지를 조선중앙TV, 로동신문, 민주조선이 확대 재생산을 하면서, 인민들을 선동하며 정치사상적 통일성을 강조하고 있다.

김정은이 직접 보여주고 있는 정치행태는 정치사회화의 또 다른 방법이다. 김정은은 '인민 속으로'를 이미지화하여 열린 행동과 친화력을 발휘하며 인민들의 지지를 끌어내고 있다. 김정은은 김정일과 달리 인민들에게 자신을 노출시키는 정책을 펼치고 있다. 그는 김정일은 김일성 탄생 100주년 경축열병식에서 첫 공개연설을 하였다.[20] 이것은 김정일과 전혀 다른 모습을 보여주는 것이다. 김정일의 권위적인 모습과는 달리 김정은은 '김일성의 인민친화적 모습'으로 맞추어 정치사회화를 진행시키고 있다. 군인과 노동자 그리고 어린이들과 손을 잡거나 어깨를 거는 모습이 북한의 로동신문을 비롯한 대중매체에 비쳐졌다. 김정일이 하지 않던 인민대중연설을 하고, 인민생활에 관련된 현장지도의 모습을 계속해서 보여주고 있다. 김정은의 공개활동의 파격성은 2012년 7월 이후 모란봉악단을 관람하면서 엄지손가락을 치켜들고, 부인 리설주와 나란히 팔짱을 끼고 걷거나, 놀이기구를 타며 좋아하는 모습을 공개한 데서 절정에 달했다.[21] 소년절이나 청년절 그리고 각종 기념절 행사에 대규모의 군중을 동원하여 직접 연설을 하고, 이러한 모습을 각종 대중매체를 통하여 보도하였다. 특히 김정은의 청년절 축하연설 내용을 보면 대단히 파격적인 표현[22]을 썼다. 김정은은 자신의 체제를 구축하기 위하여 청년들의 지지가 절대적으로 필요했기 때문에, 청년들을 독려하면서 그들과 함께한다는 것을 보여주려 하였다.[23]

김정은 체제에서 인민들에게 각인시키려하는 것은 '인민친화와 인민

---

20) 여기에서 강조한 "세상에서 제일 좋은 우리 인민, 만난시련을 이겨내며 당을 충직하게 받들어 온 우리 인민에게 다시는 허리띠를 조이지 않게 하며 사회주의 부귀 영화를 마음껏 누리게 하자는것이 우리당의 확고한 결심입니다"였다.
21) 최진욱·한기범·장용석, 『김정은 정권의 정책전망: 정권 초기의 권력구조와 리더십에 대한 분석을 중심으로』 연구총서 12-12, 통일연구원, 2012, p. 41.
22) 김정은은 여기에서 "나는 이런 청년들을 온 세상이 부러워하게 금방석에 앉히고 저 하늘의 별을 따다가 젊은 가슴에 달아주고 싶습니다"라고 하였다. 『로동신문』 2012. 08. 28. 3.
23) 김창희, "김정은 체제 권력구조와 정치행태 분석," 『통일전략』 제13권 제1호, 한국통일전략학회, 2013, p. 119.

사랑'의 지도자 모습일 것이다. 이를 위하여 김정은은 새로운 정치행
태를 보여주고 매체들은 이것을 대대적으로 보도하고 있다. 로동신문
의 1면에는 이제 <조선의 힘>이라는 김정일을 찬양하는 노래 대신에,
<인민이 사랑하는 우리 령도자>24)라는 김정은의 노래로 장식되기도
하였다. 이렇게 김정은의 정치라고 하는 '인민대중중심의 정치'를 여러
가지 방법으로 사회화하면서 안정적인 체제구축을 추구하였다.

3. 억압적 통제기제

정치사회화의 헤게모니이론에서 선전과 검열은 사회통제기제의 작
동을 통하여 이루어진다. 권위적 체제일수록 억압적 사회통제기제를
작동시켜 사회화와 재사회화 그리고 일탈에 대한 규제를 통하여 순응
과 지지를 재생산하려고 한다.25) 이는 대중매체를 통한 선전·선동에
서부터 당이나 공안기구에 의한 사상과 일상생활의 통제에 이르기까지
여러 측면에서 나타나고 있다.

가장 대표적인 것은 대중매체에 대한 통제이다. 북한에서 대중매체
의 가장 큰 역할은 '지도자 교시의 관철과 인민의 정치사상적 통일에
복무'이다. 그러므로 로동신문이나 조선중앙 TV 등은 여러 단계의 검
열시스템을 통해 편집되고 제작된다. 북한의 대중매체들은 국가가 독
점하여 체제유지에 도움이 되지 않은 정보원을 단절한다. 대부분의 자
료는 중앙통신에 의해 제공받고 상부로부터 하달된 지침에 의하여 작
성되며 모든 보도내용은 검열이 이루어진다. 그러므로 대중매체가 인
민동원 및 사상교양의 도구로서 역할을 한다.

---

24) 이 노래는 2012년 6월 9일자 로동신문 1면에 악보와 함께 3절까지 실려 있다.
25) 정영철, "북한의 사회통제와 조직생활," 북한연구학회 편, 『북한의 사회』, 서울: 경인문
   화사, 2006, p. 111.

김정은 체제의 공식적인 출범과 그 후에 충원된 권력엘리트들의 면면이 공안계통의 인물이 포진하고 있다. 체제안정을 위하여 사회통제를 강화하고 있는 것이다. 대대적인 감찰을 통하여 간부를 숙청할 뿐만 아니라, 군과 공안기구 등을 통하여 직접적으로 인민생활을 통제하고 있다. 좀 더 구체적으로 살펴보면 당의 사상적 통제와 국가안전보위부와 인민보안부 등 공안기구의 법적·물리적 통제, 보상과 처벌의 물질적 통제가 행하여지고 있다. 국가안전보위부는 체제 확립에 저해되는 모든 장애요소들을 감시하고 적발하여 제거하는 것을 기본 임무로 하고 있다. 인민보안부는 치안 질서유지 업무를 총괄하면서, 비사회주의적 요소 적발에 주력하고 있다. 특히 인민보안부는 인민들의 시장화 현상에서 나타나고 있는 개인주의 생활양식에 물들지 않게 하고, 집단주의적 생활양식을 철저하도록 단속하고 있다. 김정은은 자신의 체제가 공식적으로 출범한 이후 이들 기관들을 직접 방문하여 기관원들을 치켜세우고 독려하였다.26) 그는 공안기구에 깊은 관심을 가지고 신뢰를 보임으로써, 그들의 충성을 끌어내고 이를 체제 안정화에 연결시켜 나가고 있다.

로동당에 의한 인민생활의 통제는 북한사회에서 보여주고 있는 가장 큰 특징의 하나이다. 그중에서도 당의 가장 기층적인 조직인 당세포는 당의 정책과 노선을 관철하는 직접적 전투단위이다. 당세포는 인민생활을 통제하는 당의 하부조직으로 당원 5~30명으로 구성되어 있다. 이 조직에게 인민생활에서 나타나는 각종 문제를 당 조직에 보고할 의무를 부여함으로써, 인민들의 공적·사적 생활을 통제한다.27) 북

---

26) 국가안전보위부 앞에 거대한 김정일동상이 세워졌다. 김정은은 국가안전보위부를 방문한 자리에서 각 기관에서 '어버이 장군님의 동상'을 모시게 해달라고 매일같이 청원하는데, 가장 먼저 국가안전보위부에 세웠다고 했다. 『로동신문』 2012. 10. 07. 1.
27) 통일부 통일교육원, 『2013 북한이해』, 통일부 통일교육원, 2013, p. 255.

한은 전국당세포비서대회를 개최[28]하여 그들이 당정책을 관철시키는 결사대가 되고 척후대가 되어야 한다고 강조하였다. 그러면서 "당정책 관철에서 맥을 추지 못하는 당세포는 살아있는 당세포라고 말할 수 없다"고 하면서, 당생활지도와 장악통제를 강화해야 한다고 하였다.[29] 당적 통제를 통해 사상교양의 지침을 생산하고 정책을 결정하면, 인민반이 이를 침투시키는 역할을 한다. 보통 20~40가구 구성된 조직으로 각종 학습반과 생활총화를 통하여 인민들을 감시·규제하고 동원하는 첨병 역할을 한다.

통제기제는 이렇게 직접적인 것뿐만 아니라, 군중이 동원되는 집단행사를 통해서도 작동한다. 북한은 '전시체제' 등을 선포하여 사회적 동원을 일상화하고 있으며, 이에 따라 조직적 결속에 못지않게 사회조직을 위한 체제를 형성한다. 김정은은 김정일에 비하여 유난히 군중동원행사를 빈번하게 치루고 있다. 이것은 군중심리를 이용하여 체제의 강건함을 보여줌으로써 참석자들에게 자긍심과 만족감도 주지만, 체제에 저항감을 내려놓게 할 수 있다. 군중들은 거대한 권력 앞에 개개인이 함몰되어 오히려 그 물결을 따라가는 것이 현명하다고 판단할 수 있다. 특히 각종 미사일 등의 군사퍼레이드를 보면서는 이런 생각이 배가될 수 있고, 이것이 통제기제로 작동하는 것이다.

---

28) 북한에서는 로동당 중앙위원회 정치국 보도를 통해 2013년 1월 28일 '전당당세포비서대회'를 개최를 공표하였다. 이 결정서에서 1991년 5월, 1994년 3월, 2007년 10월 대회를 제1, 2. 3차 대회라 명하고, 금번 대회를 '조선로동당 제4차 세포비서대회'라 하면서 이를 제도화하고 필요한 시기에 소집할 것이라 하였다.
29) 세포비서대회 개막식의 김정일의 연설 내용에서 발췌함. 『민주조선』 2013. 01. 30. 1, 2.

Ⅳ. 정치사회화를 통한 내면화의 한계

1. 자발적 헌신과 동원

북한은 김정은 체제 구축을 위한 정치사회화 내용인 혈통승계·유훈과 영생화·김정은의 위민정책 등이 인민들에게 내면화되었다고 판단하고 제도화와 실천으로 이어가고 있다. 앞으로도 김정은 체제를 공고화하는 과정에서 계속해서 지도자의 업적을 내세우며, 사상교양과 상징·선전 그리고 통제를 통하여 그들의 의도를 관철시키려 할 것이다. 여기에서 정치사회화의 한계 문제가 발생할 수 있다. 북한은 자력갱생 전략을 추진하면서 인민들의 자발성과 헌신을 강화하고 정당화하기 위한 이데올로기를 마련해 왔다. 김정은 체제가 추구하는 김정일애국주의도 마찬가지이다. 당국은 김정일애국주의자가 되어야 한다고 교양하면서 자발적 헌신을 유도하고 있지만, 실제적으로 강압적 동원을 하고 있는 실정이다. 이같이 집단의 정치사회화가 계속되면서 모든 사업에 대규모 인민동원이 지속적으로 이루어지고 있다. 진정으로 필요한 것은 인민생활 향상을 위한 실질적인 성과를 도출해야 하고, 인민들의 불만을 달랠 수 있는 구체적인 정책과 비전을 제시하는 것이다. 두루뭉실한 구호를 통한 동원이나, '천만대중의 정신력을 천백배로 발양'과 같이 인민들의 희생만 강요하는 방법으로는 곤란하다는 것이다.

2. 불만의 잠재화

사회통제기제의 작동과 같은 체제의 억압적인 통제는 오히려 그들이 의도하지 않는 방향으로 강압적인 인민들의 의식을 변화시킬 수

있다. 이 결과에 대하여 이우영은 이것이 곧 바로 체제전환으로 이어
지지는 않는다 하더라도, 체제전환을 요구하는 구조적 압력의 정도를
조금씩 높이는 결과를 가져올 수 있다30)고 주장한다. 이는 통제에 의
한 정치사회화과정이 인민들의 지지를 끌어낼 수 없을 뿐만 아니라,
역으로도 작용할 수 있다는 것을 보여준다. 또한 다른 면에서 보면 북
한의 정치사회화의 결과가 선호위장으로 나타날 수 있다. 선호위장이
란 "공적선호와 사적선호의 괴리현상을 말한다. 공개적인 공간에서는
국가의 요구에 부응하지만 사적인 생활에서는 개인의 이익을 추구하는
이중적 가치관이다. 북한사회가 표면적으로 단결되어 일사분란하게 움
직이는 것 같이 보이지만, 내적 조직이 취약한 것은 선호위장의 결과"
라는 것이다.31) 열악한 생활환경과 식량난, 경제적 인센티브 부족 등
은 체제에 대한 충성심을 저하시킨다. 북한 사회에서도 시장화가 진행
되면서 인민들의 집단주의 의식이 약화되었고 개인주의 의식이 배태되
어, 구호의 경제나 상징조작과 같은 비물질적인 것만 가지고 인민들의
마음을 잡을 수 없다. 시장화 현상에서 나타나는 현상 중에 하는 상품
이 유통뿐만 아니라 정보도 유통되고 있다는 사실이다. 외부정보가 유
입되면서 그들의 처해있는 억압적이고 열악한 상황을 인지하게 되어,
이것이 공론화되지 못할 따름이지 체제 비판적인 민심으로 잠재화될 가
능성은 얼마든지 존재한다. 시장의 경험이라는 자연발생적 정치사회화가
통제기제 등을 통한 일방적 정치사회화보다 더 강하게 작용할 수 있다.

이러한 것을 김정일 체제가 인지하고 적절하게 처리할 수 있다면
점진적인 변화로 귀결 될 수 있지만, 그렇지 못할 경우 정치적 갈등이

---

30) 이우영, "김정은 체제 북한 사회의 과제와 변화 전망,"『통일정책연구』제21권 1호, 통
   일연구원, 2012, p. 88.
31) 통일부 통일교육원, 2013, pp. 234-235.

야기 될 수 있다. 정영철은 "사회적 경제적 삶에서 인민들의 불만이 누적되고, 김정은 체제에 들어와 자신들의 삶이 더욱 곤란에 처하게 될 경우 불만은 증폭될 것"이라 하였다. 또한 "삶에 대한 불안이 만연화 되면 이것이 잠재화되고 일정기간 잠복되어 일정한 계기를 통해 폭발 할 수도 있다"32)고 주장하는데, 이는 충분한 개연성을 가지고 있다. 특히 이것이 김정은 체제가 진행하고 있는 정치사회화의 가장 큰 한계가 될 수 있다.

이지수는 "북한정권은 그가 보유한 정치권력의 자원들 가운데 일부를 양도하는 다시 말하면 통제체제를 완화하는 방식을 통해서 인민들의 지지를 획득할 수 있는 선순환적 정치권력 유지방식으로 전환하여야 비로소 연착륙의 계기가 마련될 수 있다"는 주장을 하고 있다.33) 이는 인민들에 대한 통제 대신 자율적 활동영역을 확대해야 인민의 지지를 얻고, 김정은 체제의 안전망도 구축된다는 것을 의미한다. 장기적인 관점에서 본다면 개혁개방을 통해 인민생활을 향상과 같은 물적 토대 구축이 김정은 체제를 안정적으로 구축할 수 있는 핵심적 관건이라고 생각한다. 그러나 현재의 북한 정치사회화과정을 분석해 볼 때 인민들의 자율성 부여가 체제의 안정화를 가져올 것이라는 믿음을 당국이 가지고 있지 않다. 오히려 통제기제 등을 사용하는데 익숙해 있을 뿐만 아니라, 선호하고 있는 모습을 보여주고 있다. 그러므로 김정은 앞으로도 계속해서 동원적 지지와 통제를 통하여 자신의 위상을 확립하고 체제의 안정화를 유지하려 할 것인데, 김정은 체제의 구조적 한계로 작용할 수 있다.

---

32) 정영철, "김정은 체제의 출범과 과제: 인격적 리더십의 구축과 인민생활 향상," 『북한연구학회보』 제16권 제1호, 북한연구학회, 2012, p. 17.
33) 이지수, "김정은은 과연 「조선민주주의인민공화국」을 상장할까?" 『통일전략』 제13권 제1호, 한국통일전략학회, 2013. pp. 194.

제 3 장

김정은 유일영도체계

Ⅰ. 수령과 유일영도체계

1. 유일영도자 수령의 승계

김정일 사망 이후 북한에서 가장 중점을 두었던 것은 안정적인 권력승계였다. 그렇기 때문에 김일성 사망 이후 등장했던 유훈통치가 다시 등장하였다. 북한에서 정치권력의 가장 중요한 핵심은 수령이고, 백두혈통에 의하여 김정은은 바로 이 수령을 승계하였다. 북한은 김정은 통치의 정당성을 법적 제도적 측면에서 찾고자 하였다. 당규약과 헌법을 개정하면서 김정일에게 '영원한'이라는 수식어를 쓰면서 영생화 작업을 진행하고, 김정은은 '제1비서와 제1위원장'으로 김정일의 직책을 대신하였다. 이것은 당·정·군의 최고 권력자에 오른 것을 말하는 것이다. 이럼에도 불구하고 젊고 경험이 많지 않은 김정은이 북한을 통치하기 위하여 필요한 것은 유일 영도체계를 확립하는 것이었다.

사회주의사회에서 정치지도체제의 핵을 이루는 것은 '수령의 유일적 영도체계'라는 것이다.1) 수령의 유일적 영도체계를 세운다는 것은 수령의 혁명사상을 유일한 지도지침으로 하여 혁명과 건설을 수행하며, 수령의 유일한 영도 밑에 전당·전군·전민이 움직인다는 것을 의미한다. 수령의 영도를 받들어나가는 것은 모든 당을 포함한 모든 기관과 단체의 어길 수 없는 철칙이요 규율이라고까지 하고 있다. 유일영도가 의미하는 것은 단지 일인이 모든 정치권력을 다 가지고 있다는 것만을 의미하지 않는다. 제1편에서 설명한 바와 같이 전체주의적 속성을 보여 지도자에 의하여 공식화된 이데올로기는 하나의 신앙이며

---

1) 리진규, 『주체의 정치론』, 동경: 구월서방, 1988, pp. 396-399.

교의이다. 이데올로기는 전체 인민을 하나의 합의점에 이르게 하는데, 이는 정치경제는 말할 것이 없고 전체사회의 모든 분야에 침투된다. 바로 이데올로기의 중심에 수령의 유일영도가 있다.

2010년 30년만에 개정된 당 규약에서 당원 임무의 첫 조항은 "당원은 당의 유일사상체계와 유일적 령도체계를 튼튼히 세워야 한다"이다. 그리고 부가적 규정에서 "당원은 당과 수령에 대한 끝없는 충실성을 지니고 수령을 결사옹위하며…수령의 유일적 령도밑에 하나와 같이 움직이는 혁명적 규률을 세워야 한다"고 되어 있다. 중요한 것은 수령은 대를 이어 가야 한다는 주장이다. 이것은 이미 김일성 시대에서부터 제기된 것으로 '수령의 후계자'2)가 바로 그것이다. 수령의 영도체계를 강화하기 위해서는 영도의 계승성이 보장되어야 한다는 논리이다. 그리하여 '김일성 수령'은 '김정일 수령'으로 계승되어졌다. 바로 이러한 논리는 김정일에 이어 김정은으로까지 이어져 '수령 김정은'을 만들어 내고 있다. 북한이 김정일 사망 후 5대 국가기관 명으로 내놓은 보도문의 가장 핵심적인 내용도 바로 이것이었다. 김정일이 사망했어도 '주체혁명위업의 위대한 계승자'인 김정은이 있고, 그가 '주체의 혁명위업을 대를 이어 빛나게 계승'하여 완성해 나갈 것이라는 것이었다.

그렇기 때문에 김일성 사망 이후 등장했던 유훈통치가 다시 등장하였다. 김정일의 사망 보도문에서 '김정일동지의 유훈을 지켜 전체 인민들은 혁명업적을 견결하게 옹호고수하고 김정은동지의 영도를 충직하게 받들어'야 한다는 것이었다. 북한에서는 김정일의 업적과 유훈은 영원한 생명선이며 만년재보라 하면서, 가장 특출한 업적으로 김정은

---

2) 북한에서는 "수령의 직접적 계승자는 오직 수령의 혁명사상을 가장 완벽하게 체현하고 그것을 관철하기 위하여 한목숨 바쳐 투쟁할 각오가 되어 있으며 탁월한 령도력과 천재적 예지를 가진 사람만이 될 수 있습니다"(북한사회과학원 철학연구소 지음,『철학사전』, 서울: 도서출판 힘, 1988, p. 408)라고 하고, 이가 바로 김정일이라는 것을 알 수 있다.

을 유일한 후계자로 내세운 것을 들고 있다.3) 유훈을 받드는데 당이
선두에 서서 "또 한분의 선군태양이신 경애하는 김정은동지를 혁명의
진두에 높이 모시고 전당, 전군, 전민을 변함없이"4) 일심 단결할 수
있도록 이끌어 나가야 한다고 했다. 이렇게 북한은 '위대한 계승자'가
된 김정은의 유일영도체계를 위한 작업을 진행시켜 왔다. 북한은 일단
정권의 초기인 김정일 사망 2주기 이전에 유일중심, 유일영도의 김정
은 체계 공고화를 완성시키려 하였다.

2. 통치이념으로 김일성-김정일주의와 영도자 김정은의 제도화

김정일 시대가 막을 내리고 공식적인 김정은 체제가 출범하면서 북
한은 새로운 통치이념을 내세워 김정은 시대를 열어가고 있다. 김정일
이 후계자로서 자신의 위치를 공고화하는 차원에서 김일성의 혁상사상
과 업적을 '김일성주의'라 하여 당의 최고 강령으로 선포한 것처럼, 김
정은은 자신의 체제를 확고하게 구축하는 일환으로 선대들의 사상과
업적을 계승하고 발전시킨 김일성-김정일주의를 자기 시대의 통치이
념으로 제시하였다.5)

김정은 체제의 제도적인 면을 보면 김일성 사망 후 '영원한 주석'으
로 모신 전례에 따라 김정일을 '영원한 총비서'로 모시고, 로동당 총비
서가 아닌 제1비서로 김정은을 추대하였다. '총비서는 당의 수반으로
당을 대표하며 영도'하는데, 이를 제1비서로 이름만 바꾸어 놓았다. 역

---

3) 강현재, "위대한 김정일동지의 혁명업적과 유훈은 우리가 영원히 틀어쥐고나가야 할 생
   명선이며 혁명의 만년재보," 『철학연구』, 제3호(루계 제130호), 과학백과사전출판사,
   2012, p. 5.
4) 표권, "선군의 위력, 일심단결의 위력은 위대한 김정일동지의 제일유산," 『철학연구』,
   제3호(루계 제130호), 과학백과사전출판사, 2012, p. 9.
5) 김창희, "북한의 통치이념 '김일성-김정일주의' 분석," 『한국정치연구』 제22집 제3호,
   서울대학교 한국정치연구소, 2013, p. 199.

시 헌법도 같은 형식을 취하였다. 김정일을 '영원한 국방위원장'이라 하고, 김정은이 국방위원회 제1위원장에 올랐다. 국방위원회 제1위원장이 '최고영도자'가 된 것이다. 헌법 제3조 '조선민주주의인민공화국은 주체사상, 선군사상을 자기활동의 지도적 지침으로 삼는다'는 그대로 유지하였다. 북한은 당의 영도 하에 국가가 존재하기 때문에, 당 규약에 존재하는 새로운 이념인 김일성-김정일주의를 명기하지 않아도 문제가 없다. 어쩌면 주체사상과 선군사상을 그대로 둠으로 해서 김정은이 선대들의 사상과 업적의 계승하고 있다는 것을 부각시킬 수 있다. 결국 김정은이 '백두산 절세위인들의 위대한 혁명사상인 김일성-김정일주의'를 견결하게 옹호하고 더욱 풍성하게 발전시켜 열정적으로 이끌어가고 있으니,6) 이에 부응하려면 당과 군과 인민이 온 사회를 김일성-김정일주의화 할 수 있도록 투쟁해 나가야 한다는 것이다.

또 하나의 북한 전체사회의 강령과 같은 제도화는, 2013년 6월에 내놓은 <당의 유일적 령도체계 확립의 10대원칙>이다. 이것은 종전의 10대원칙이 김일성시대에 만들어졌고, 당의 지도이념이 바뀌었기 때문에 새롭게 제시한 면도 있다. 그러나 김정일 시대에는 통치이념의 변화가 있었어도 그대로 유지되었다. 새로운 10대원칙에는 김정은의 유일영도체계를 수립하기 위해 권력엘리트들의 분열과 배신을 막고 응집력을 유지하는 조항들이 추가되었다. 즉, 제6항의 "개별적 간부들의 직권에 눌리워 맹종맹동하거나 비원칙적으로 행동하는 현상을 철저히 없애야 한다"와 "반당적 요소와 동상이몽, 양봉음위하는 현상에 반대"가 그것이다. 제10항에는 "당중앙을 목숨으로 사수하며 생사운명 같이

---

6) 주일웅, "경애하는 김정은동지는 우리 당과 혁명의 단결의 중심, 령도의 중심,"『김일성종합대학학보(철학. 경제학)』제58권 제3호(루계 463호), 김일성종합대학출판사, 2012, p. 9.

해야 한다"는 내용이 있다. 당중앙은 바로 김정은을 가리키고 있다. 유일적 사상체계를 유일적 영도체계로 개정한 것은 통치에 있어 사상보다 인물에 비중을 더 둔다는 의미이다. 수령 유일영도체계를 고수하고 선대 수령의 권위를 차용하여 자신의 유일영도를 절대화함과 동시에 권력엘리트들의 복종과 충성을 강요한 것으로 볼 수 있다.7) 결국 당의 유일사상체계를 유일영도체계로 바꾼 것은 김일성-김정일-김정은으로 이어지는 백두혈통을 고수하면서, 김정은 유일영도체계를 확립하는 것을 의미한다. 그러므로 전인민은 그의 유일적 영도에 수령결사옹위정신을 견지하여 충성과 목숨을 다해 사수해 나가야 한다는 것이다.

Ⅱ. 김정은 옹위세력의 배치와 장성택의 제거

1. 당의 군부 통제

김정은 유일영도체계의 확립을 위하여 필요한 것은 김정은 중심의 최고권력을 결사옹위할 엘리트의 충원과 여기에 방해될 수 있는 인물을 제거하는 것이었다. 2012년 4월 당대표자회와 최고인민회의를 거치면서 어느 정도 김정은의 지위가 굳건해지자, 핵심 권력엘리트를 자신의 주변에 배치하는 작업을 진행하였다. 2012년 7월 15일 로동당 중앙위원회 정치국회의에서 군부의 핵심 인사인 리영호를 해임하고, 이를 곧 바로 공표하였다. 리영호는 북한군 서열 1위로 김정은이 후계자가 되는 과정에 한 축을 담당했던 인물이었다. 김정은은 자신의 시대를 열면서 그동안 과도하게 힘이 커진 군대에 대한 통제를 강화할

---

7) 김일기·이수석, "김정은 시대 북한정치의 특징과 전망," 『북한학보』 38집 2호, 북한연구소·북한학회, 2013, p. 98.

필요가 있었고, 이를 위해 군에 대한 당의 권위와 역할을 전면적으로 회복시키고자 했다. 이러한 과정에서 군의 핵심 실세였던 리영호가 군에 대한 당의 과도한 통제에 불만을 나타냈을 가능성이 있었다.8) 이것은 리영호 숙청 이틀 후에 김정은이 공화국 원수 칭호를 받은 것과도 무관하지 않다. 여기에 장성택과 최룡해가 김정은의 동의를 얻어 신군부의 간판격인 리영호를 밀어낸 것이다. 최룡해가 군 출신이 아닌 당 엘리트 출신으로서 김정은 체제에서 첫 총정치국장에 임명된 것도 당의 군에 대한 통제를 의미하는 상징적 인사였다.

이후 북한 정치권력구도 재편과정에서 장성택은 군부의 영향력을 축소시키려 하였다. 김정은 체제에 들어서 권력엘리트들의 부침이 계속되었다. 김정은은 2012년 핵심엘리트 220명 중 31%(68명)을 교체한 데 이어, 2013년에는 13%(29명)을 교체하였다. 당의 경우 부부장급 이상 간부 40여명, 내각에서는 30여명, 군에서는 군당장급 이상 20여명을 새로 충원하였다.9)

특히 군부 수뇌부의 잦은 교체가 있었다. 총정치국장, 총참모장, 인민무력부장은 인민군의 대표적인 직위이다. 김정일 시대는 이들 자리는 교체는 거의 없는 상태로 1995년 임명된 조명록 총정치국장은 15년이나 그 자리를 유지하였고, 총참모장 김영춘이나 인민무력부장 김일철의 경우도 오랜 기간 동안 같은 자리에서 김정일을 보좌해왔다.

최룡해 총정치국장도 그 후에 황병서로 교체되었다. 그래도 가장 지속성을 가지는 것이 총정치국장이다. 총참모장은 리영호를 전격적으로 숙청한 것을 포함해 3번 교체하였다. 리영호 다음으로 총참모장에

---

8) 백학순, 『김정은 시대의 북한정치 2012-2014: 사상·정체성·구조』, 성남: 세종연구소, 2015, p. 113.
9) 김갑식, "북한 최고인민회의 제13기 1차 회의 분석," 『이슈와 논점』 제830호, 국회입법조사처, 2014, p. 4.

오른 인물은 현영철이었다. 그는 당중앙군사위원회 부위원장 직책도
이어 받았다. 다음해인 2013년 5월 현영철도 군 내부 사건으로 해임
되고 김격식 인민무력부장이 총참모장이 되었으나, 그도 3개월 만에
리영길로 교체되었다. 인민무력부장의 경우 2012년 4월 김정각이 임
명된 후 2년 동안 네 차례나 바뀌었다.10) 10월에 김격식이 후임자가
되었으나, 총참모장으로 옮기면서 그 자리에는 다른 인물이 기용되었
다. 고속 승진한 장정남이 인민무력부장을 맡았지만, 그는 5군단장으
로 강등되고 2014년 6월 현영철이 임명되었다.

김정일 시대 원로들을 군부의 최고위층에 배치하여 안정을 꾀하려
했던 것과 달리 신군부를 중용하여 변화를 꾀하였다. 김정은은 자신의
측근을 배치하여 군조직의 장악력을 높이는 한편, 잦은 교체로 최고사
령관인 자신에게 충성을 다하도록 유도하였다.

2. 장성택 처형

북한은 김정일 국방위원장의 사망 2주기를 앞두고 김정은 유일영도
를 강화하기 위해 장성택을 제거하였다. 장성택의 힘이 커지자 조직지
도부와 군부를 앞세워 그를 견제한 것이다. 이는 당연히 김정은의 의
지를 반영한 것이었다. 장성택의 확대된 권력은 새로운 지도자 김정은
에게 부담이 되었을 것이다. 김정은은 그간 장성택의 세력 팽창과정에
서 야기된 장성택 대 조직지도부 및 군부의 갈등관계를 활용하고, 그
들에게 힘을 실어주어 장성택을 제거할 수 있었다.11)

장성택은 김정은을 최고영도자로 오르게 하기 위해 북한 권력구도

---

10) 『중앙일보』 2014. 07. 08. 19.
11) 최대석·장인숙 편, 『북한의 시장화와 정치사회 균열』, 서울: 도서출판 선인, 2015, p.
177.

를 설계를 하였고, 이를 실행한 버팀목 역할을 한 것은 부인할 수 없는 사실이다. 그러나 김정은은 자신의 권력기반을 강화하고 영도를 공고히 하기 위해 장성택이 세력을 커지는 것을 좌시할 수 없었다. 김정은의 절대 권력을 세우기 위해서는 법·제도만으로는 한계가 있었고, 정치 공학적 차원에서 실세를 제거한 것이다. 북한은 2013년 12월 8일 당중앙위원회 정치국 확대회의를 열어 장성택의 '반당반종파적행위'를 공개적으로 비판하였다. 즉, "장성택일당은 당의 통일단결을 좀먹고 당의 유일적령도체계를 세우는 사업을 저해하는 반당반혁명적종파행위를 감행하고 강성국가건설과 인민생활향상을 위한 투쟁에서 막대한 해독을 끼치는 반국가적 반인민적 행위를 저질렀다"고 하였다.12) 그러면서 이러한 행위가 결코 김정은의 유일중심과 유일영도를 흔들 수 없다고 하였다.

장성택의 종파행위를 김정은 유일영도체계 확립의 저해요인이라 본 것이다. 연일 계속되는 사설과 정론이 이를 뒷받침해주고 있다. 장성택의 행위가 당의 유일적 영도를 거세하려드는 분열적 책동으로 자기 세력을 확장하여 도전하려는 종파행위라 하였고, 수령의 권위와 위신을 헐뜯고 수령의 명령에 거부하며 수령의 유일적영도에 도전하는 종파행위는 그대로 놓아둘 수 없다는 것이었다.13) 12월 12일 국가안전보위부 특별군사재판에서 장성택에게 내린 죄목은 '국가전복음모죄'이다. 즉, "피의자 장성택은 우리 당과 국가의 지도부와 사회주의제도를 전복할 목적 밑에 반당반혁명종파행위를 감행하고 조국을 반역한 천하

---

12) 2013년 12월 8일의 당중앙위원회 정치국확대회의에 대한 보도가 다음날 로동신문 1면 전면에 게재되었다. 『로동신문』 2013. 12. 09. 1.
13) 사설 <경애하는 김정은 동지의 두리에 철통같이 뭉쳐 주체혁명의 한길로 억세게 나아가자> 『로동신문』 2013. 12. 10. 1; 정론 <원수님 따라 하늘땅 끝까지> 『로동신문』 2013. 12. 12. 1.

의 만고역적이다"라고 사형을 선고하였다.14)

북한의 2014년 신년사에서 장성택 숙청과 관련된 대목은 다음과 같다. 즉, "우리 당은 지난해에 강성국가 건설을 위한 투쟁의 벅찬 시기에 당안에 배겨있던 종파오물을 제거하는 단호한 조치를 취하였습니다. 우리 당이 적중한 시기에 정확한 결심으로 반당, 반혁명 종파일당을 적발, 숙청함으로써 당과 혁명대오가 더욱 굳건히 다져지고 우리의 일심단결이 백배로 강화되었습니다"이다. 장성택이 김정은 후계체제구축과 김정일 사후 김정은의 국정장악에 큰 기여를 했다 해도 당과 수령에 충실하지 못하면 어떤 결과를 가져올 것인가를 보여주는 결과인 것이다.15)

마이크 플린 미 국방정보국장은 2014년 2월 11일 상원 군사위원회에 북한문제에 대한 답변서를 제출하였다. 여기에는 장성택 문제에 대하여도 밝히고 있는데, 그는 "김정은이 장성택을 처형한 것은 아버지 세대에 남아 있는 가장 영향력 있는 인사를 제거한 것으로, 계파조직이나 자신에 대한 도전을 절대 용납하지 않겠다는 메시지를 강하게 던진 것"이라는 견해를 피력하였다.16)

김정일 시대에는 군부의 세력을 견제하기 위하여 장성택에게 대단한 권한을 부여하였고, 김정은도 자신의 체제를 확립하는 과정에서 그에게 의지하는 면을 보였다. 그러나 젊은 김정은의 통치에 필요했던 것은 그의 그늘에서 벗어나는 것뿐만 아니라, 자신이 유일한 중심이 되어 북한을 통치하는 것이었다. 가장 큰 후견 권력인 장성택을 종파행위의 반역자로 처형함으로써, 어느 누구라도 유일영도에 저해가 되면 같은 운명에 처할 것이라는 것을 확실하게 보여준 것이다. 장성택의 숙청의 가장

---

14) 『로동신문』 2013. 12. 13. 1.

15) 정성장, "장성택 숙청 이후 김정은 체제의 안정성 평가," 『국방연구』 제57권 제1호, 한국국방연구원, 2014, pp. 6-7.

16) 『중앙일보』 2014. 02. 13. 5.

큰 수혜자는 당조직지도부였다고 볼 수 있다. 행정부는 해체되어 조직지도부에 흡수당했으며, 조직지도부 계열 인물이 수령산하의 핵심세력으로 등장했다.17) 당의 권한 강화가 김정은의 통치철학에도 부합하는 것이다. 그러나 장성택의 처형에서도 알 수 있듯이, 김정은의 유일영도에 누가 될 경우 언제라도 같은 처지가 되지 않으리란 보장은 없다.

3. '인민대중제일주의'를 내세운 일심단결

김정은은 김정일과는 달리 인민들에게 자신을 계속 노출시키면서 인민친화적 모습을 보여주려고 하였다. 김정은은 인민들에 다가가는 정치를 통해 친인민적 지도자로 자신을 부각시키려 하였다. 그는 '인민속으로'를 이미지화하여 개방적인 행동과 친화력을 보여주며 인민들의 지지를 끌어내고 있다. 북한은 이것을 김정은이 '인민대중중심의 정치'를 펼치고 있다고, 각종 매체를 통하여 대대적으로 보도하였다.18) 로동신문 정론 <최우선, 절대적으로>에서는, 인민제일주의가 김정은의 모든 사색과 활동의 출발점이고 정치의 본질이며 최고원칙 최고목표라 하고 있다.19)

그런데 이미 선대 수령들이 인민중심정치를 펼쳐왔고, 그것의 발로가 김정일애국주의20)라는 것이다. 특히 김정일의 '인민관'은 인민중심의 철학관으로 인민의 이익을 모든 것의 중심에 놓고 풀어간다는 것이다. 인민의 행복을 위해 가장 적극적이고 희생정인 정신이 김정일애국주의인

---

17) 최대석·장인숙 편, 앞의 책, p. 178.
18) 김창희, "김정은 체제 구축을 위한 북한의 정치사회화에 관한 연구,"『한국동북아논총』 제18집 제2호, 한국동북아학회, 2013, pp. 134-135.
19)『로동신문』 2012. 06. 02. 2.
20) 김일성-김정일주의화를 실현하기 위하여 김정은이 직접 창안했다고 말하는 김정일애국주의는 김정은의 2012년 7월 26일 당중앙위원회 담화이후 북한사회를 관통하고 있다. 이 담화에서 김정은은 김일성애국주의의 핵심이 '조국관, 인민관, 후대관'이라 하고 있다.

데, 김정은 자신의 인민관이 김정일과 일치한다는 것이다. 북한에서는 이를 다음과 같이 주장하고 있다. 즉, "숭고한 인민관을 천품으로 지니신 경애하는 김정은동지께서는 인민의 리익과 편의를 최우선, 절대시하도록 하시며 인민사랑의 전설같은 력사를 펼쳐가고 계신다"하고 있다.21)

인민들이 이러한 김정은에 보은하기 위하여 어떻게 해야 할 것인가? 이것이 바로 일심단결이다. 즉, "우리 수령, 우리 당이 가장 위대하고 인민대중중심의 우리사회주의제도, 사회주의정치체제가 제일이라는 사상과 신념으로 굳게 뭉친 것이 다름아닌 우리의 일심단결"이라는 것이다.22) 그러므로 김정은동지의 두리에 더욱 굳게 단결하여 일심단결의 위력으로 새로운 100년대를 승리의 년대로 빛내여 나가야 한다고 하고 있다.

인민대중의 단결은 저절로 실현되지 않는다. 단결은 광범한 사회성원들이 조직적으로 결속되어 있는 유기적인 결합체이며 광범위한 대중이 하나의 중심에 기초하여 조직과 사상으로 결속될 때 마련될 수 있는 것이다.23) 유일중심이 존재하여 조직에서 규율과 질서를 생성하고 이를 이끌어 가야 하는데, 바로 단결의 유일중심이 김정은이라는 것이다. 북한에서 "령도자를 내세우고 그 두리에 뭉친 인민대중의 단결은 혁명승리의 확고한 담보이고, 인민대중의 힘은 령도자의 두리에 굳게 뭉친 인민들의 일심단결에서 나온다"24)는 주장은, 이 모든 것이 바로 인민들의 자발적인 의지에서 생성된다는 것을 의미한다.

---

21) 주일웅, "경애하는 김정은 동지는 우리 당과 혁명의 단결의 중심, 령도의 중심,"『김일성종합대학학보(철학, 경제학)』, 제58권 제3호(루계 463호), 김일성종합대학출판사, 2012, p. 12.

22) 김경철, "수령, 당, 군대, 인민의 일심단결은 우리식 사회주의정치체제의 공고성을 담보하는 중요요인,"『철학연구』, 제3호(루계 제130호), 과학백과사전출판사, 2012, p. 19.

23) 김광남, "혁명의 령도자를 내세우고 받드는 것은 혁명의 운명을 좌우하는 근본문제,"『김일성종합대학학보(철학, 경제학)』, 제58권 제3호(루계 463호), 김일성종합대학출판사, 2012, pp. 15-16.

24) 위의 글, p. 17.

　민주조선 사설 <김일성-김정일주의기치를 높이들고 사회주의 강성국가 건설에서 전환적 국면을 열어나가자>에서 김정은이 김정일애국주의를 진두에서 이끌고 있다고 하고 있다. 즉, "가장 숭고한 조국관, 인민관, 미래관을 지니시고 력사의 생눈길을 진두에서 헤치시며 우리 군대와 인민을 승리의 한길로 이끌어주신 경애하는 김정은원수님은 정녕 선군조선의 강대성의 상징이시며 백전백승의 기치이시다"이다.25)

　김정은은 2013년 1월에 있은 당 제4차 세포대회 연설에서 "김일성-김정일주의는 본질에 있어서 인민대중 제일주의이며 인민을 하늘처럼 숭배하고 인민을 위하여 헌신적으로 복무하는 사람이 바로 참다운 김일성-김정일주의자입니다."26)라고 하였다. 이는 바로 자신의 모든 일은 인민을 위하고 인민에 의거하여 이끌어간다는 것이다.

　인민들의 일심단결에 대한 촉구는 장성택 처형 이후 더욱 강화되었다. 김정은은 '모든 것을 인민을 위하여, 인민에 의거하여야'한다고 하면서, 인민대중중심 사회를 일으켜 세우는 김정은을 목숨으로 결사옹위해야 한다고 하고 있다. 그리하여 김정은을 단결의 중심, 영도의 중심에 받들어 모시고, 온 사회에 김정은 유일영도체계를 철저히 세워야 한다는 것이다.27) 북한에서는 김정은의 사상과 노선을 생명선으로 틀어쥐고 유일적 영도 밑에 하나같이 움직이는 일심단결은 온 사회의 김일성-김정일주의화 위업실현의 강력한 추동력이라 하고 있다. 그러면서 김일성-김정일주의의 본질은 인민대중중심주의라는 것이다.28) 김정은은 집권이후 인민대중친화적 모습을 보여주며, 자신을 그렇게 각인시키는 이미지 정치를 펼쳐왔다.

---

25) 『민주조선』 2013. 01. 03. 1.
26) 『민주조선』 2013. 01. 30. 1.
27) 『로동신문』 2013. 12. 27. 3.
28) 『로동신문』 2014. 02. 19. 1.

Ⅲ. 김정은 유일영도의 지속과 함의

1. 단결의 중심, 영도의 중심

북한에서 김정은 유일영도체계의 확립을 김정일 사망 2주기 이전으로 정하고, 거기에 맞추어 작업을 진행시켰다. 장성택이 공개적으로 당 중앙위원회 정치국 확대회의에서 비판을 받은 후 15일 내에 사형까지 집행한 것은, 모든 일을 김정일 사망 2주기 이전에 끝내기 위한 것이었다. 2013년 12월 17일 김영남의 추모사의 내용은 이것의 완성을 의미하는 것이다. 즉, "경애하는 김정은동지를 단결의 유일중심, 령도의 유일중심으로 높이모시고 일편단심 충직하게 받드는 것은 위대한 장군님의 위업을 끝까지 완성하기 위한 근본담보입니다", "김정은동지의 유일적령도체계를 튼튼히 세우는 사업을 주체혁명의 생명선으로 확고히 틀어쥐고"나가야 한다고 하였다. 최룡해도 인민군을 대표한 연설에서 '우리는 <당 중앙의 기치아래 단결하고 또 단결하자!>는 구호를 높이 들고 전군을 경애하는 최고사령관동지와 끝까지 생사운명을 같이하는 옹위부대의기수 돌격대가 되어야 한다'고 하여, 죽음을 불사하고 결사옹위의 총폭탄이 되어야 한다고 강조했다. 2013년 로동신문의 마지막 사설 <위대한 최고사령관을 모신 민족적 영광을 온누리에 떨치자>에서도 "경애하는 김정은 동치를 단결의 유일중심, 령도의 중심으로 높이 받들어 모시며 원수님의 두리에 사상의지적으로, 도덕의리적으로 더욱 굳게 뭉쳐야 한다"고, 김정은을 위한 유일영도단결과 결사옹위를 강조하였다.

신년사에서 2014년이 김정일이 온 사회의 김일성주의화 강령을 선포한지 40돌이 되는 해라는 것을 강조하고 있다. 그렇기 때문에 사회

의 모든 성원들을 김일성-김정일주의자로 튼튼히 준비시키고 일심단
결을 더욱 강화해야 한다는 것이다. 그리고 "유일적 영도체계를 철저
히 세우고 당대열의 순결성을 확고히 보장하며 당조직들의 전투적 기
능과 역할을 높여야 한다"고 하고 있다. 이를 위해서 "모든 당원들과
근로자들이 김정일애국주의를 체질화하고 실천에 철저히 구현하여 부
강하고 문명한 사회주의 조국을 일떠세우는 보람찬 투쟁에서 영웅적
위훈의 창조자가 되도록하여야 합니다"라고 강조하고 있다.

2014년 2월 24에는 '로동당 제8차 사상일군대회'가 열렸다. 당의
가장 원로 비서인 김기남은 보고에서 "김정은동지의 유일적령도체계를
철저히 세워야"한다고 하면서, "원수님밖에 그 누구도 모른다는 절대
불변의 신념으로 충정의 일편단심"을 가져야 한다고 하였다. 이같이
북한은 원로들을 전면에 등장시켜 그들로 하여금, 김정은 유일영도체
계를 합창케 하고 있다. 그 스스로도 사상일군대회 연설을 통해 당의
유일적 영도체계에 도전하는 분파행위는 사상적 변질로부터 온다하면
서, 이를 세우기 위한 사상공세의 목표는 김일성-김정일주의와 그 실
현을 인민의 확고한 신념을 만드는 것에 있다고 하였다.

북한에서 최고인민회의 대의원선거가 2014년 3월 9일 5년 만에 정
상적으로 치러졌다<표 3-1>. 중앙선거위원회는 2월 19일 선거보도를
통해 "온나라 전체 선거자들은 김정은동지께 최대영광과 가장 뜨거운
감사를 들이고 있으며, 김정은동지를 단결의 유일중심, 령도의 유일중
심으로 높이 받들어 모시고 승리에 대한 확신과 열정에 넘쳐 선군조
선의 일대번영기를 열어 나갈 불타는 결의에 넘쳐있다"[29]고 하면서,
제13기 최고인민회의 대의원선거를 공고하였다.

---

29)『로동신문』2014. 02. 20. 3.

〈표 3-1〉 역대 최고인민회의 대의원 선거

기별	선거일	대외원수	투표율/찬성율	재임기간	내용개요
1	1948.8.25	572	99.97/98.49	9년	• 흑백함 투표 실시(제1기~2기) • 인민공화국 헌법 승인 • 인구 5만 명당 1인 선출 • 13차례 회의 개최
2	1957.8.27	215	99.99/99.92	5년1개월	• 제1차 5개년 경제계획시행(1957. 6) • 11차례 회의 개최
3	1962.10.8	383	100/100	5년1개월	• 단일투표 실시(제3기~9기) • 인구 3만명당 1인 선출(제3기~9기) • 7차례 회의 개최
4	1967.11.25	457	100/100	5년	• 8개항 통일방안 제안 • 6차례 회의 개최
5	1972.12.12	541	100/100	5년	• 사회주의 헌법 개정(주석 선출) • 7차례 회의 개최
6	1977.11.11	579	100/100	4년4개월	• "인민정권을 더욱 강화하자"(시정연설) • 5차례 회의 개최
7	1982.2.28	615	100/100	4년9개월	• "평화의 담보를 마련하여 조국의 자주적 평화 통일을 촉진할데 대한 결정" 채택 (제3차회의) • 5차례 회의 개최
8	1986.11.2	655	100/100	3년5개월	• "사회주의의 완전승리를 위하여"(시정연설) • 5차례 회의 개최
9	1990.4.22	687	99.78/100	8년3개월	• "우리나라 사회주의의 우월성을 더욱 높이 발양시키자"(시정연설) • 7차례 회의 개최
10	1998.7.26	687	99.85/100	5년	• 김정일 국방위원장 추대(제1차 회의) • 사회주의 헌법 개정(최고인민회의 상임위원회, 내각제 부활) • 6차례 회의 개최
11	2003.8.3	687	99.9/100	5년7개월	• 김정일 국방위원장 추대(제1차 회의) • 외무성의 대외적 조치에 대한 승인 결정
12	2009.3.8	687	99.98/100	5년	• 김정일 국방위원장 추대(제1차 회의) • 사회주의 헌법 수정·보충(제1차 회의)
13	2014.3.9	687	99.97/100	–	• 김정은 국방위원회 제1위원장 추대(제1차 외희)

출처: 『북한개요』, 통일연구원, 2009, p. 60.을 필자가 보강함.

2014년 3월 9일 치러진 이 선거는 김정일 사망 후 처음 있는 선거였고, 김정은이 최고인민회의 대의원선거에 나서는 것은 이때가 처음이었다. 김정은은 제111호 백두산선거구에 대의원으로 이름을 올렸다. 북한에서 제111호 선거구를 백두산 선거구라 하는 것은, 김일성-김정일-김정은 셋이 모여서 하나라는 의미를 갖는 것이다. 북한에서는 이렇게까지 김정은의 백두혈통 의미를 부여하고 있다. 중앙선거위원회는 3월 10일 보도를 통해 '선군조선의 태양이신 경애하는 최고사령관 김정은 동지를 결사옹위하여 대의원으로 추대'되었다고 발표했다.

2014년 4월 9일에 개최된 제13기 최고인민회의 제1차 회의에서 김정은이 국방위원회 제1위원장으로 추대되었다. 추대사에서도 '김정은동지를 제1위원장으로 모신 것은 원수님만을 단결의 유일중심, 영도의 유일중심으로 모시고 따르려는 우리군대와 인민의 불변 의지'라고 하였다. 이 회의에서 최고인민회의와 내각 구성이 발표되었는데 큰 변화를 주지 않아 권력구조의 안정화에 역점을 두었다는 것을 알 수 있었다.

북한은 2015년이 당 창건 70주년이 되는 해이기 때문에 각 단체의 모임이나 매스미디어를 통해 '10월 대축전장'이라는 표현을 자주 썼다. 로동신문의 당창건 70주년 기념사설 '위대한 당의 령도따라 김일성-김정일주의 기치높이 주체혁명위업을 끝까지 완성해나가자'에서, "전당과 온 사회에 당의 유일적령도체계를 철저히 확립하여야 한다"면서, "경애하는 원수님을 단결의 유일중심, 령도의 유일중심으로 높이 받들어 모시고 일편단심 원수님과 사상도 뜻도 발걸음도 같이하는 진정한 동지, 전우가 되어야 한다"고 강조하고 있다.30) 북한 전역에 김정은 유일영도체계의 확립을 위한 구호로 내걸고 있는 것이 '일심단결, 결사

---

30) 『로동신문』 2015. 10. 10. 1, 8.

옹위'이다. 북한에서 '김정은 동지를 단결의 중심, 령도의 중심'으로 높이 받들고 인민들이 이를 철통같이 다져 나가야 한다는 것은 구호가 아니라 생활화를 꾀하고 있다. 김정은의 유일적 영도 밑에 전군, 전당, 전민이 하나같이 움직이는 규율과 질서를 확립하고, 그를 옹호·옹위해 나가야 한다는 것이다.

2. 유일영도체계의 지속성 문제

수령영도체계는 개인의 장악력에 따라 체제의 안정성이 변동될 수 있다. 젊은 김정은이 수령 역할을 수행하면서 느끼게 될 부담을 감지할 수 있다. 정치적 연륜, 충성심 있는 친위세력 확보, 카리스마적 장악력 등 유일영도체제하에서 수령이 구비해야 할 통치능력을 김정은이 단 기간 내에 구비한다는 것은 어렵다고 볼 수 있다.[31]

군부인사에서 군 장성들의 잦은 계급강등과 복권은 김정은 시대에 새롭게 등장한 현상이다. 실제로 대장 계급자가 하루아침에 별 하나나 둘을 떼어 버린 상태로 등장하는 것을 보면, 김정은은 마음대로 수시로 별을 떼었다 붙였다 하고 있다. 이는 숙청과 강등에 대한 공포를 통해 군부의 충성심을 확보하고 자신의 유일영도를 확실하게 보여주기 위함이다. 그러나 이는 자신의 군 경력에 대한 콤플렉스일 수도 있고, 아직도 군부를 확실하게 장악하지 못하고 있다는 반증이라는 주장도 있다.[32] 군부인사의 잦은 교체나 강등 복권 등은 수령결사옹위를 위한 수단이 될 수 있으나, 그들 자신의 신분 위협에 대한 극도의 긴장감을 불어넣어 역효과를 가져올 가능성은 충분히 상존하고 있다.

---

31) 김진하, "김정은 정권의 내구성 진단: 김정일 체제와의 비교를 중심으로,"『Online Series』CO 12-20, 통일연구원, 2012, pp. 14-15.
32) 김일기·이수석, 앞의 글, pp. 86-87.

당중앙위원회 정치국 확대회의에서 장성택을 반당반혁명 종파행위자로 몰아치면서 엄청난 부담을 느꼈을 것이다. 그동안 장성택은 그들의 말대로 '당과 수령의 정치적 신임에 의하여 국가의 책임적 위치에 등용된 사람'으로, 각 직장에서는 토요일 정치행사 등에서 '김정은 동지께서 장성택동지에게 주신 말씀'이란 문헌으로 계속해서 학습도 해왔다. 완전한 북한의 제2인자였다고 볼 수 있는 인물이었다. 그런데 그를 반역자로 몰아 처형까지 가기 위해서 권력엘리트들이나 인민들을 설득할 수 있는 무언가가 필요했다. 여기에서 인민들의 마음을 잡기위하여 내놓은 것이 상징의 정치, 노래의 정치였다. 로동신문 한 면을 컬러로 장식한 <우리는 당신밖에 모른다>라는 제목의 후렴구는 "위대한 김정은동지 우리는 당신밖에 모른다, 위대한 김정은동지 당신께 충실하리라"였다.33) 바로 다음 날에는 역시 컬러로 3면 전체를 "백두의 혁명무력은 원수님만 따른다, 백두의 혁명무력은 그 령도만 받든다"는 내용의 <혁명무력은 원수님 령도만 받는다>를 싣고 있다.34) 장성택이 처형되고 김정일 사망 2주기 후에 나온 <그이 없이 못살아>의 내용은 "그이 없인 못살아 김정은동지 그이 없인 못살아, 우리의 운명 김정은 동지 그이 없으면 우린 못살아"였다.35) 이것이 말해주는 것은 무엇일까? 김정은 유일영도체계를 위하여 장성택은 제거하였지만, 엄청난 부담을 안고 있다는 것을 말해준다. 그렇기 때문에 인민들은 김정은밖에 모르고, 군대도 김정은만을 받들고, 김정은 없이는 살 수 없다고 온 사회에서 읊조리게 만들려는 것이다. 이는 김정은 체제의 잔인함과 무모함을 피하기 위하기 위한 세뇌작업의 일환으로 볼

---

33) 로동신문의 1면에는 장성택을 단죄하는 확대회의 소식을 보도하고 있고, 2면 전체에 이 노래를 싣고 있다. 『로동신문』 2013. 12. 09. 2.
34) 『로동신문』 2013. 12. 10. 3.
35) 『로동신문』 2013. 12. 21. 1.

수 있는데, 그들의 의도대로 될 개연성은 희박하다. 한계에 달한 인민들의 불안과 불만을 정치적 상징조작방법으로 해소하려는 북한의 대중정치방식의 효용성을 잃게 만들고 있다.36)

또한 장성택의 처형과 같이 극단적인 방법은 누구도 예외가 될 수 없다는 것을 권력엘리트들에게 경고한 면이 있는데, 이것이 충성경쟁으로 이어질 수 있으나 다른 결과도 가져올 수 있다는 것이다. 결국 숙청 등이 가져온 공포의 정치는 쿠데타의 가능성을 잠복시켜 놓고 있다고 볼 수 있다. 이것이 북한 당국이 가지고 있는 통제기제 때문에 소요사태나 폭동으로 번지지는 않는다고 하더라도, 항상 그 가능성은 잠재되어 있다. 그렇기 때문에 2014년 4월 제13기 최고인민회의 1차 회의에서 최고인민회의 상임위원장에 김영남과 내각총리에 박봉주가 재 선출된 것은 김정은 유일영도체계의 안전성을 도모하고자 하는 의미로 해석할 수 있다. 이외의 권력엘리트의 재배치도 이러한 맥락으로 보아야 한다.

북한에서 김정은이 유일영도를 인민들이 '사심없이 진심으로, 말이 아닌 실천으로' 받드는 것을 강조하고 있는 것이나, 김정일애국주의를 내세우며 헌신성과 희생성을 강요하는 것은 실제가 그렇지 않은 면이 많기 때문이다. 인민대중제일주의를 내세우며 사상적 일색화를 위한 일심단결 역시 복종과 충성 강요의 일면이다. 이와 같은 동원적 지지는 사회통제가 따르기 마련이고, 이는 그들이 주장하는 인민 속으로가 인민탄압으로 인식될 수 있다는 것을 말해준다. 어느 면에서는 김정은 유일영도체계의 정당성을 확보하고자 하는 것 자체가 인민들의 이반과 반발을 생성할 수 있다.

---

36) 조한범, "김정은정권 권력재편과 위기요인 진단,"『Online Series』CO 12-23, 통일연구원, 2012, p. 8.

3. 김정은식 정치행태로 유일영도 지속

김정은이 유일영도체계를 세우는 과정에서 나타날 수 있는 부작용을 전혀 인식하지 있지 않다고는 할 수 없다. 그렇기 때문에 공안기구의 책임자들은 교체를 하지 않고 지속시키고 있는 면도 볼 수 있다. 로동신문 등을 최대한 활용하여 구호의 정치로 민심을 다잡으려하고 있고, 실제로 김정은이 인민들과 함께 하는 모습을 내세워 '인민중심 정치'를 한다고 홍보하고 있다. 로동신문은 "당보를 비롯한 출판보도물에서는 당의 일관한 방침대로 정치사상적 선전을 확고히 앞세우면서 여기에 경제선전을 밀접히 결합하여 선군조선의 번영기를 열어나가기 위한 투쟁에로 전체인민을 고무추동하여야 한다"고 주장하면서, 구체적으로 "설득력과 호소성이 강한 다양한 기사 편집물들로 지면을 꽉 채워 온 나라에 백두혁명정신, 최첨단돌파의 불길이 세차게 나래치게 하여 새로운 조선속도를 창조하기 위한 투쟁을 힘차게 벌려나가야 한다"고 예시하고 있다.[37]

김정은의 유일중심, 유일영도를 위한 정치행태는 계속되었다. 2015년 4월 말 김정은 비하발언과 '군벌관료주의'를 획책했다 하여 인민무력부장인 현영철이 처형되었다. 현영철은 평양부근 사격장에서 재판 없이 3일 만에 전격 처형되었다. 우리 정보기관은 현영철 외에 "마원춘 국방위 설계국장, 변인선 총참모부 작전 국장, 한광상 당 재정경리부장 등 김정은을 보좌했던 측근인사들이 숙청되었다"고 밝힌 바 있다. 그런데 마원춘의 경우 일정 기간 동안 보이지 않다가, 김정은의 현지지도에 계속 동행하고 있어 자숙의 시간을 거친 것으로 생각된다.

---

37) 『로동신문』 2014. 05. 07. 1.

이러한 김정은의 정치행태는 처형이라는 극단적인 처방 외에도 좌천시키고, 다시 자리로 불러올리는 방법을 보여주고 있다. 총정치국장으로 있던 최룡해가 건강상의 이유로 황병서로 교체되었으나,38)그 후 김정은의 현지지도 동행 등 지속적인 활동을 하였다가 리을설의 장의위원회 명단에 이름이 오르지 않아 숙청설이 제기되었다. 그러나 지방의 협동농장으로 내려 보내져 '혁명화'를 하고 있는 것으로 알려졌다. 북한은 당창립 70주년을 앞두고 '백두산영웅청년발전소' 완공에 심혈을 기울였다. 당창건 70주년 기념 사설에 "당창건 70돐을 맞으며 훌륭히 완공된 백두산영웅청년발전소, 이것은 백두의 혁명정신, 백두의 칼바람정신으로 영웅청년신화를 창조한 백두 청년들의 위훈의 결정체"라 하였다. 백두산영웅청년발전소는 최룡해가 책임을 맡은 사업으로 알려졌고, 김정은이 직접 방문하여 몇 차례 현지지도도 하였다. 또한 김정은은 청년동맹 등 여러 행사에서 수차례 이 사업을 언급하면서 각별한 관심을 표명했다. 그런데 김정은이 백두산영웅청년발전소의 완공을 치하하며 근로자들을 격려하는 자리를 마련하였으나 최룡해는 없었다. 최룡해는 사업성과의 부실로 좌천되어 교육장으로 내려 보내진 것으로 추측되었다. 그 후 국장으로 치러진 김양건 장의위원회 명단에 그의 이름이 다시 올라있는 것은 복권되었음을 말해준다.

북한에서 김정은식의 정치방식은 지속될 것이다. 국제사회에서 북한의 인권문제 등을 거론하며 '폭압정치'를 비난하고 있지만, 자신들의 정치에 간섭하지 말라하고 있다. 북한은 서방식 민주주의가 전 세계가 받아들여야 할 보편적이라고 부당한 주장을 하면서 내정간섭을 일삼고 있다고 한다. 다른 나라들이 경제, 문화, 교육, 외교정책 등을 시비하

---

38) 정성장, "김정인 시대 북한군 핵심요직의 파워 엘리트 변동 평가," 『세종 정책브리핑 2015-4』, 세종연구소, 2015, pp. 19-20.

며 정치사상분야에서의 자유화와 다원주의를 강요하면서, 북한을 '인권탄압'이니 '민주주의 후퇴'라고 하는데 이것은 내정간섭이며 자신들의 체제를 전복하려는 것이라고 한다.39)

북한에서는 김정은 동지의 유일적 영도체계를 세우기 위해서는 그의 명령, 지시에 따라 하나같이 움직이고 당 정책을 무조건 철저히 관철하는 것이 중요하다고 한다. 이에 더하여 "경애하는 김정은동지의 크나큰 사랑과 믿음을 더없는 영광으로, 삶의 전부로 간직하고 온넋과 심장을 바쳐 충정으로 보답하자, 이것이 우리 인민모두가 간직하여야 할 혁명적의리이다"40)라고 주장하고 있다. 또한 김정은 유일영도체계를 철저히 세우는 것은 모든 당 조직들과 당원들과 근로자들이 하나같이 그의 사상과 의도에 맞게 하나같이 움직이며 당정책을 절대성, 무조건성의 원칙에서 옹호 관철할 수 있게 하는 결정적 담보라는 것이다.41) 이를 위해서는 인민대중의 일심단결이 무엇보다도 중요한데, 김정은이 이를 확고히 틀어쥐고 나가고 있다는 것이다. 북한에서 김정은 유일영도체계의 확립은 아직도 진행 중에 있다. 그렇기 때문에 온 사회에 '일심단결' '결사옹위' 깃발이 나부끼고 있다. 이것은 상당히 오랫동안 지속될 것이다.

---

39) 『로동신문』 2015. 10. 30. 6.

40) 『로동신문』 2015. 01. 12. 1.

41) 김미경, "경애하는 김정은동지의 유일적령도체계를 철저히 세우는 것은 위대한 장군님께서 세워주신 사업체계, 사업질서대로 일해나가는데서 나서는 선차적요구," 『정치법률연구』 제1호(루계 제49호), 과학백과사전출판사, 2015, pp. 11-12.

제 **4** 편

계획경제와 시장화

제 1 장

계획경제와
김정일시대 경제정책

Ⅰ. 계획경제의 특성과 변화

1. 중앙집권적 계획경제와 식량배급

북한의 경제는 사회주의적 소유를 원칙으로 하는 중앙집권적 계획경제하에 운영되어 왔다. 북한의 중앙집권적 계획경제체계는 계획의 일원화와 세부화체계에 의해 실현되고 있다. 계획의 일원화체계는 경제계획의 작성 및 집행에 있어서 국가계획위원회를 중심으로 공장·기업소 등 하부경제단위에 이르기까지 일원화된 체계로 운영되는 것을 말한다.1) 이 경제체계의 특징은 ① 소유권의 집단과 국가만 인정, ② 경제활동의 중앙계획에 의한 일원화, ③ 당국의 지도 명령에 의한 의사결정으로 설명된다. 북한에서 경제계획의 작성과 집행 감독은 국가계획위원회를 중심으로 하여 도, 시, 군 및 공장 기업소에 이르기까지 일원화된 체계로 이루어진다. 사회주의 경제체제의 이러한 특성은 경제의 비효율성과 공급부족 현상을 초래하여, 대부분의 사회주의국가들이 1960년대 이후 시장기능을 부분적으로 도입하여 사회주의적 시장경제로 변화해 갔다. 그러나 북한의 경우 중앙집중식 사회주의 계획경제체제를 계속 유지해 나갔다.

북한의 계획경제체제를 구성하는 중요한 제도적 축은 배급제이다. 배급제는 물질적 재화에 대한 국가의 중앙공급체계를 의미하는 것이다. 특히 식량의 배급은 경제주체의 가장 기본적인 소비품목을 국가가 배급함으로써 계획기구가 모든 경제주체의 소비생활을 직접 관장하고 있다는 뜻이다. 북한의 배급제는 ① 식량의 국가 독점적 거래제도, ②

---

1) 통일연구원, 『2009 북한개요』, 통일연구원, 2009, p. 182.

협동농장의 주체가 되는 농민배급제도, ③ 도시민을 대상으로 하는 국가배급제도로 구성되어 있다. 북한이 완전한 식량 배급제를 실시한 것은 1957년 11월 '식량판매를 국가적 유일체계로 할 데 대하여'라는 내각결정 102호가 채택된 이후부터이다. 이러한 조치로 곡물을 생산할 수 없는 도시민들의 식량소비는 국가에 의존하게 되었다. 북한은 1959년 발표된 새로운 농업협동조합 관리규정을 통해 협동농장이 생산하는 모든 잉여곡물의 처분권을 사실상 협동농장 관리위원장에게 일임하였다. 협동농장 관리위원장을 국가가 임명한다는 점에서 모든 잉여곡물의 처분권이 사실상 국가에 귀속된 셈이다.[2]

농민들은 매년 추수가 끝난 후 협동농장으로부터 결산분배를 받는다. 결산분배를 통해 농민들은 자신들이 생산한 곡물을 분배받는데, 1년 소비할 식량을 현물로 분배받고 나머지는 화폐소득으로 받는다. 배분받은 양은 생산량과 상관없이 정해진 기준만큼이며, 화폐소득은 늘어날 수 있다. 협동농장의 농민들에게 현물로 주고 남은 곡물 중 종자와 사료용을 제외한 일체의 곡물은 국가에 매각하거나 기부한다. 국가는 협동농장으로부터 수집한 곡물과 수입한 곡물을 더해 도시민들에 식량을 배급한다. 도시민들은 각 직장의 경리부에서 본인과 부양가족을 포함한 '식량배급표'를 발부받아, 보통 한 달에 두 번 지정된 날짜에 거주 지역배급소에서 배급표와 식량대금을 지불하고 배급을 받는다. 식량배급제이기 때문에 이때 지불하는 배급가격은 상징적인 것에 불과했다. 북한의 배급제 아래서는 농민들 스스로 보유할 수 있는 잉여농산물이 존재하지 않았고, 직장인들이 사적으로 구입하는 것은 허용되지 않았다. 단지 허용된 텃밭에서 생산한 곡물이외의 농작물은 농

---

2) 이석, "북한의 경제: 변화와 지속," 김계동 외, 『북한의 체제와 정책: 김정은시대의 변화와 지속』, 서울: 명인문화사, 2014, pp. 100-101.

민시장을 통해 거래되었다.

2. 계획경제 중심과 변화 모색

북한은 자력갱생의 원칙에 토대를 두면서 중국과 소련으로부터 불충분한 지원에 다시 의존할 수밖에 없었다. 이러한 상황을 타개하기 위하여 북한은 1978년부터 추진하고 있는 중국의 대외경제 개방정책에 힘입어 1984년에 들어서는 대외 경제협력을 적극 모색하기 시작했다. 김일성은 사회주의 국가들을 방문하였고, 북한의 대외 경제관계를 과거에 비해 강조하는 정책을 채택하였다. 1984년 1월 25일 개최된 최고인민회의 제7기 3차 회의에서 대외정책방향을 크게 수정한 것은 이러한 움직임을 반영한 것이다. 당시 정무원 총리 강성산은 "대외경제관계를 발전시켜야 경제건설의 촉진과 인민생활 향상이 가능하며", "나라의 친선관계의 발전은 흔히 무역을 비롯한 경제협조로부터 시작되며 경제협조를 널리 발전시켜야 다른 나라들과 가지고 있는 친선유대와 정치관계를 공고히 할 수 있다"고 하여 대외경제협력의 필요성을 언급했다3) 이 시기를 전후하여 김일성, 김정일, 강성산을 비롯한 북한의 고위관리들이 중국의 개방화 현장을 빈번히 시찰하기도 하였다.

북한은 대외무역, 외국과의 경제협력, 과학기술협력, 차관 도입 등의 대외 경제적 조치를 단행하기 시작하였다. 북한은 외국과의 경제기술교류 및 합작투자 유치를 목적으로 합영법을 1984년 9월 8일 제정하여 발표했다. 1984년의 합영법과 독립채산제 실시에 이어 북한은은 1985~1986년의 연합기업소 및 성과급제 도입 등의 대외경제관계 확대와 책임 및 자율 경영기영기법을 도입하는 새로운 정책변화를 시

---

3) 고성준, "개혁·개방과 정치·경제체제의 변화," 고성준 외,『전환기의 북한 사회주의』, 대왕사, 1992, pp. 323-324.

도하였다. 그러나 합영법은 기본원칙만 정한 채 경제개방으로 인한 정치와 사상의 안전성이 우려되어 '우리식 사회주의'를 견지함으로써 자본유입은 거의 이루어지지 못했다. 그러므로 외자유치보다는 사회주의 국가들의 원조와 무역을 강조하는 방향으로 나가갔다. 북한의 무역 총액 가운데 사회주의 경제권의 비중이 70%를 상회하게 되었으며, 그 중에서도 구 소련의 비중이 절반 이상을 차지하게 되었다.

이러한 상황에서 1990년 동독이 서독에 통합되고 1991년 소련의 붕괴 등 주변 상황이 사회주의체제에 위기로 다가오자, 북한당국은 경제특구 등을 통해 경제난을 해결해 보려던 정책에 변화를 주어 자립성을 강화하는 보수적인 태도로 돌아섰다. '우리식 사회주의'를 내세우면서 생산성 향상을 도모하였다. 이러한 여러 가지 노력에도 불구하고 북한은 1990년대에 들어 성장의 한계가 확연하게 나타나고 있으며, 주민들의 생활수준도 확연히 떨어졌다.[4] 북한경제가 극도의 어려움을 겪고 있는 것은 경제체제의 자체의 모순에 의한 것이 가장 중요한 원인이지만, 1990년대에 들어 사회주의권 국가의 대변혁과 붕괴는 북한의 원조와 교역체계의 단절을 가져온 것에 기인한다.

북한은 사회주의 경제체제를 바탕으로 1987년부터 1993년에 걸쳐 제3차 7개년 계획을 수행하였다. 제3차 7개년 계획은 인민경제의 주체화·현대화·과학화에 기본과업을 두고 시행되었으나 초기부터 전반적으로 저조한 실적을 보였고, 이러한 현상은 시간이 경과되면서 회복되지 못하고 오히려 심화되는 추세를 보였다.

---

4) 1990년에 약 47억 달러에 접근했던 무역량이 1991년에는 약 27억 달러로, 1992년에는 약 26억 달러로 줄어들었다. 1993년에는 26.4억 달러를 기록했는데, 수입이 16.2억 달러이고 수출이 10.2억 달러였다. 이러다 보니 당연히 북한의 외채는 계속 불어났다. 1980년 말 78억 6천만 달러에서 92년 97억, 93년에는 100억 달러를 훨씬 상회하여 국민 총생산액에 대한 외채비율이 50%를 넘어섰다. 김학준, 『북한 50년사』, 서울: 동아출판사, 1995, pp. 382-383.

이렇게 어려운 상황에 이를 타개해 보려는 노력이 이 기간 동안 나타났다. 북한은 1991년 12월 유엔개발계획(UNDP)의 두만강개발계획 추진과 관련하여 '나진-선봉 자유무역지대' 설치를 통해 국제교류거점 도시로 발전시킨다는 목표를 세웠다. 그러나 외자유치실적은 처음 기대와는 달리 아주 부진하였다. 이렇게 해외자본을 유치하려는 노력과 함께 내부 유휴자본을 산업화하려는 시도도 하였다. 북한은 1992년 3월 1일을 기해 노동자, 기술자, 사무원들의 생활비를 평균 43.4% 높이고 사회보장연금을 평균 50.7% 높였다. 그리고 국가수매가격을 벼는 26.2%, 강냉이는 44.8% 높이며 그 밖의 일부 농업생산물에 대한 국가수매가격을 높이는 조치를 취하였다. 그리고 3월 20일부로 대폭적인 물가인상 조치를 취하였다.[5] 이것은 화폐개혁의 수순을 밟는 것이었다.

북한은 1992년 7월 14일 13년 만에 전격적으로 화폐개혁을 단행하였다. 화폐개혁을 단행한 이유는 주민들이 화폐를 소유하고 내놓지 않아 문제가 발생했고 또한 계획경제가 아닌 제2경제현상에 대한 소비 억제 차원에서였다. 당국은 이를 통하여 유휴자본의 산업자본화를 꾀하려 하였다. 신구화폐를 1:1의 비율로 교환하되 주민보유 현금을 일정한도까지만 허용하고 나머지는 은행에 예금 후 지불하도록 하였다. 기관과 기업소도 필요한 만큼만 교환하게 하였다. 1992년의 생활비인상과 가격인상조처는 화폐개혁을 알리는 신호가 되고 있었다. 북한은 화폐개혁으로 의도한 시장청산과 안정화 효과를 거두기보다는 오히려 화폐개혁 자체를 무의미하게 할 정도로 혼란을 조성하였다.[6]

북한의 대내외적인 노력이 성과를 보이지 않자 변화된 국제적 환경

---

5) 이정철, "북한의 경제체제," 김연재 편, 『북한의 이해』, 서울: 법문사, 2002, p. 311.
6) 위의 책, p. 312.

을 고려하여 제3차 7개년 계획에서 예측했던 경제성장속도를 조절하였다. 경제규모를 축소하여 경제적 자립성을 강화하는 방향으로 경제구조를 완비하고 대외경제관계의 방향을 전환할 것을 결의하였다. 북한은 경제난을 타개하기 위하여 1993년 농업제일주의, 경공업제일주의, 무역제일주의의 3대 제일주의로 나아갈 전략적 방침을 추진할 것을 천명하면서, 무역부문으로 자원배분의 우선순위를 재조정하였다.

구 소련 및 동구권 국가의 급격한 변화와 붕괴는 이들 국가와 정치적 유대에 기초했던 대외무역 및 협력기반이 무너지며 북한경제는 커다란 어려움을 겪었다. 북한은 "여러 사회주의 나라들과 세계사회주의 시장붕괴로 이 나라들과 맺었던 장단기 무역협정들이 헝클어지고 그 이행이 거의 중단되게 되었다"고 하면서 제3차 7개년 계획의 실패를 스스로 인정하였다. 북한은 제3차 7개년 계획 기간 중 경제성장의 목표치를 연평균 7.9%로 설정하였으나, 실적은 연평균 마이너스 1.7%로 평가되었다. 결과 보고를 한 강성산 정무원 총리는 특히 전기와 철과 화학섬유 분야에서 실패를 지적했다.[7]

북한은 이후 3년간(1994~1996년)을 '사회주의 경제건설의 완충기'로 설정하였다. 완충기의 세부전략의 내용을 보면 농업의 공업화·현대화 실현을 통해 식량부족문제 해결을 도모하고, 경공업부문에서 인민소비품 생산을 증대시키겠다는 것이었다. 또한 나진-선봉의 투자유치계획 활동도 계속하겠다는 것이었다. 그러나 이러한 전략 또한 무위로 끝나

---

7) "1990년대에 들어서면서 련이어 일어난 엄중한 국제적 사변들과 복잡한 사태들은 우리 혁명과 건설에 큰 영향을 미치였으며 우리나라 사회주의 경제건설에 커다란 난관과 장애를 조성하였다. 여러 사회주의 나라들과 세계 사회주의 시장의 붕괴로 이들과 맺었던 장기 또는 단기 무역협정들이 헝클어지고 그 리행이 거의 중단되었다. 이것은 우리 경제건설에 큰 피해를 주었을 뿐만 아니라 전반적인 경제건설의 속도와 균형을 조절하지 않을 수 없게 하였으며 제3차 7개년 계획을 원래 예견한 대로 수행할 수 없게 되었다"라고 하였다.

지 않을 수 없었다. 김일성의 사망과 극심한 경제난으로 3년간의 완충
기에도 마이너스 성장이 계속되었다.

Ⅱ. 고난의 행군기의 경제 현황

1. 농업과 식량문제

북한에서의 식량부족은 구조적인 문제이다. 집단농장제도가 빚어낸
농민들의 작업의욕 하락, 농업관련 산업의 구조적인 낙후 즉, 비료, 농
약, 농기계, 연료, 농자재, 종자개발 능력 등의 후진성이 겹쳐있는 것
이다.8) 김정일은 북한의 식량문제를 순전히 자연재해 탓으로만 돌렸는
데, 북한 내부의 농업정책과 체제모순에 기인하는 것이었다.

어찌 보면 울고 싶은데 뺨때려 준다는 식으로, 그렇지 않아도 어려
워서 버티기 힘든 상황에서 1995년과 96년 홍수와 가뭄 등으로 '기아
에 허덕인다'는 말이 나오게 되었다. 1994년부터 급격하게 악화되기
시작했던 식량배급은 1995년에 가서 거의 완전히 중단되었다. 김일성
사망 후 '각 기관, 기업소는 배급을 자체해결 하라'는 방침이 하달되었
다. 식량부족으로 북한에서는 여러 가지 상황이 나타났다. 식량을 구
하기 위하여 기업소의 노동자들 심지어 교사들까지도 결근하기 다반사
였다. 장마당이 본격적으로 흥행하기 시작하였다. 국가에서 통제하는
품목이 대량 유통된 것이다. 또한 전염병이 번졌고, 기아와 병으로 인

---

8) 1970년대에는 농업생산이 정체되면서, 1976년 알곡 1,000만톤 고지를 점령하기 위한
'자연개조 5대 방침'을 책정하는 등 장기정책을 수립하였다. 1989년에 알곡 1,500만톤
을 제시했던 '사회주의 경제건설 10대목표'는 별다른 성과를 거두지 못하였다. 더욱이
1990년대에 들어서는 사회주의권의 붕괴에 의해 급격히 감소한 경제원조로 공장가동율
이 30% 미만으로 떨어지고, 이로 인해 농약·비료·농기자재의 절대부족이 초래되어
식량위기를 맞게 되었다.

한 사망자도 속출하였다.

북한은 집단영농방식에 따른 생산성 저하, 계속된 자연재해, 경제침체로 인한 영농자제 부족 등으로 인한 영농자재 부족 등으로 인한 농업증산의 한계를 극복하고자 일련의 농업관리 개선조치를 실시하였다. 1996년 3월 '분조규모의 축소 및 우대제 적용', '생산계획의 하향조정', '초과분의 자유처분권 인정' 등 기존의 분조관리제에 대한 개선조치를 실시하였다.9) 그러나 이러한 조치의 효과는 바로 나타날 수가 없었다. 식량난 등으로 무질서가 초래되자 1996년 말부터 공장·기업소·협동농장·운수·체신·철도 등 주민생활과 연관된 각 부문에 군을 투입해 경영을 장악하고 관리 통제하는 정책이 취해졌다. 김정일은 1997년 4월초 '군대가 책임을 지고 농사를 지을 대한' 명령을 내렸다.10) 이렇게 식량난이 심각해지자 북한주민들의 탈북이 급증하는 양상을 보여주었다. 이는 식량을 구한다는 것보다는 체제유지 능력에 심각한 의문을 제기할 수 있는 대목이었다.

북한은 1997년에 세계식량계획(WFP)의 식량 원조 31만 톤, 중국 86만 톤을 비롯한 163만톤을 공식적으로 수입하였다. 이는 공식적으로 주식의 20% 이상을 외부에 의존한 것이었다.11) 통일원은 북한의 1998년 곡물수요량을 541만 톤으로 산정했고, 유엔식량농업기구(FAO)/WFP에 의하면 461만 톤으로 보았다. 이러한 차이는 북한에서 1인 평균 배급량의 산출을 다르게 하는 데서 나오는 것이다.12)

---

9) 통일연구원, 『2009 북한개요』, 통일연구원, 2009, p. 198.
10) 전현준 외, 『북한이해의 길잡이』, 서울: 박영사, 2005, p. 175.
11) 김연철, "최근 남북한 환경변화에 따른 북한의 대남정책 변화," 『통일경제』 40호, 현대경제연구원, 1998, p. 223.
12) 통일원은 일반주민의 1일 배급기준을 546g으로 적용하고, FAO는 458g을 적용하였다.

2. 공업 생산부문과 대외교역

북한이 1993년부터 주장해온 3대 제일주의 중 경공업 우선주의는 퇴색되었다. 특히 북한이 한정된 자원으로 군사공업 중심의 중공업 우선 정책과 경제발전을 동시에 추진하기 위해서는 필연적으로 주민의 소비부문을 억제할 수 밖에 없었다. 그 결과 북한 주민의 소비 생활은 극도의 내핍을 강요당하고 있는 실정이었다.[13]

에너지의 부족은 북한 경제의 최대의 취약점이다. 북한의 에너지 사정은 1989년을 고비로 악화되기 시작하였다. 선진 국가들이 석유화학 및 원자력 에너지에 경제를 발전시키고 있는데 비해 북한의 에너지 의존도는 석탄 64%, 목재와 동식물 배설 합성연료가 18% 등이었다.[14] 1989년과 비교한 1997년의 에너지원 공급량을 살펴보면 1차 에너지 공급의 약 70%를 차지하는 석탄 생산은 절반 이하로 떨어졌다. 수입에 의존하는 원유는 1989년 당시 1,993.8만 베럴에서 1997년 370.9만 베럴로 20% 미만 수준으로 감소했고, 발전량도 66%수준에 머물러 있다. 한반도에너지개발기구(KEDO)에서 공급되는 연 50만 톤 (약 336.5만 베럴)의 중유를 고려한다 하더라도, 유류 부족분은 170만 톤(1,256.4만 베럴) 이상에 달했다.[15]

북한은 전력사용을 줄이기 위해 전력 부족분을 정기 정전제, 낮 전등 안쓰기 등 대대적인 에너지 절약운동에 호소하고 있으나, 문제는 북한의 산업구조 자체가 '에너지 다소비형구조'라는 데 있다. 에너지가 부족하게 될 경우 공장가동률이 급격하게 떨어질 수밖에 없으며, 그

---

13) 오일환·정순원,『김정일 시대의 북한정치경제』, 서울: 을유문화사, 1999, pp. 233-234.
14) 고유환, "북한 사회주의체제의 구조적 위기와 김정일정권의 진로,"『한국정치학회보』 제30집 2호, 한국정치학회, 1996, p. 238.
15) 오일환·정순원, 앞의 책, p. 280.

파급효과는 다른 국가들에 비하여 컸다.

또한 생활필수품 등의 소비재 부족의 심각성은 배급체제 자체를 위협하였다. 그러므로 자연히 농민시장이나 변경무역 등이 그 역할을 대신하고 있는 실정이었다. 국영상점은 물품 부족으로 개점 휴업상태인 곳이 태반이어서, 국정가격과 암시장의 이중가격 체계를 형성하고 있었다.

Ⅲ. 김정일 체제 출범과 경제회복 노력

1. 김정일체제 공식출범과 경제제도

북한 경제의 가장 큰 저해 요인은 정치적인 것이었다. 경제 논리에 따라 운영해야 할 경제를 주체라는 정치적 논리로서 운영하려는 데서 문제점들이 생겼다. 여기에서 파생하는 가장 큰 문제는 산업구조의 경직성이었다. 이것이 문제가 되는 이유는 산업구조가 경제발전에 따라 신축적으로 변화되지 못해 산업의 유기적 연관성이 떨어지기 때문이다. 어쨌든 북한의 노력과 국제적인 지원 증대로 1998년 이후 북한의 식량난과 경제난이 다소 완화되었고, 일상생활도 다소간 정상화 되어 갔다. 1998년부터 북한은 경제복구 작업에 돌입했다. 북한이 경제 복구를 위해 무엇을 어떻게 하였는가를 중심으로 살펴본다.

경제제도 변화의 핵심적인 특징은 1998년의 개정헌법에 나타났고, 이는 이미 북한 사회 내에서 수년 전부터 일어났던 현실의 변화를 헌법으로 인정했다는 점이다. 가장 중요한 것은 생산 수단의 소유 주체를 '국가와 협동단체'에서 '국가와 사회·협동단체'로 확대했다는 것이다.16) 또한 제24조에서 '협동농장원들의 터밭 경리를 비롯한 개인 부

업 경리에 나오는 생산물'에서 '협동농장원들의'라는 문구를 삭제함으
로써 그 범위를 넓혔으며, '합법적인 경리활동을 통하여 얻은 수입'을
추가함으로써 개인소유의 범위를 확대시켰다.

또한 김정일 체제 헌법에서는 독립채산제를 실시하고 원가·가격
수입성 개념을 도입하였고(헌법 제33조), 대외무역은 국가 또는 사회협
동단체가 한다고 규정함으로써 그 범주를 넓혔고(헌법 제36조), 특수경
제지대 내 기업창설운영을 장려하였다(헌법 제37조). 여기에서 특히 주
목할 만한 것은 무역과 관련하여 '국가의 감독'이라는 문구를 삭제하
고 특수경제지대를 명문화했다는 점이다. 또한 제75조를 신설하여 거
주 여행의 규정을 두었다.

이 같이 북한의 경제 부문에서의 변화 모색은 심화된 경제난과 지
속적인 경제위기에 따른 체제위기에 대응한 생존전략으로 시도된 것이
라 할 수 있다. 헌법상 경제 조항의 개정은 일부 시장경제 원리를 도
입하는 것으로, 북한에서 '1차 경제'가 주도하지 못하고 있는 경제현실
을 공식화하는 것이라 할 수 있다.[17]

실제 북한의 헌법개정후의 첫 내각조직은 효율성을 높이기 위해 경
제 분야 32개 부서를 23개로 통폐합하였다. 내각 부서장의 70~80%
정도를 전문 기술관료로 구성함으로써 실무 중심으로 충원하였다. 이
후로 '내각결정'을 통해 경제난을 타개하기 위한 각종 대책을 채택하
였다. 내각결정은 김정일체제 공식출범 이후 최초로 설정된 종합적 경

16) 북한에서 사회단체는 '사회의 일정한 계급 및 계층들이 자기들의 공동의 리익을 옹호하고 공동의 목적을 실현하기 위하여 조직된 단체'를 말한다. 즉, 북한에서 경제활동의 주체로서 사회단체의 영역이 확대된 것이다. 이에 따라 북한에서 국가 소유의 범위는 축소되고 개인이나 사회단체·협동단체가 초보적이나마 소유의 주체로 등장하게 되었다고 할 수 있다. 장명봉, "북한 개정 헌법(1998. 9.5)의 경제 조항 변화의 고찰,"『통일경제』제46호, 현대경제연구원, 1998, p. 42.
17) 위의 글, p. 54.

제대책이라는 점에 의의가 있었다. 이는 과거에 '7개년 계획', '6개년 계획' 등과 같이 최고인민회의에서 채택된 장기경제계획이 아니라 내각 차원에서 각 성(省)이 단기적으로 수행해야 할 대책을 담고 있었다.

헌법 개정으로 내각이 부활되었고, 경제정책의 중심에 위치하게 되었다. "경제사업에 대한 위대한 장군님의 유일적 령도는 내각을 통해 실현된다"[18]와 "내각중심제는 내각이 나라의 경제사업전반을 직접 지도하는 사업질서이며 내각책임제는 내각이 경제사업을 틀어 쥔 주인으로서 책임을 다하는 사업질서이다"[19]라는 내용에서, 내각은 '경제사령부'의 역할을 하고 있는 것을 알 수 있었다.

북한은 4대 방향의 경제정책을 추진하기 시작하였다. 그것은 공업부문의 전력증산운동, 중공업부문의 정상화, 농업부문의 감자농사 혁명, 토지정리사업이었다. 1999년의 공동사설에서는 인민경제의 모든 부문에서의 생산정상화와 인민생활의 안정 및 향상을 기본과업으로 내세웠다. 이를 위해 감자농사 및 종자혁명, 두벌농사의 대내적 확대, 토지정리사업의 전 군중적 운동으로 전개 등을 내세워 식량문제 해결에 초점을 두었다. 또한 전력·석탄·금속·철도 등 기간공업부문의 생산적 잠재력을 최대한 발양하고 평양–남포간 고속도로 등 중요한 건설사업을 추진을 강조하였다. 그리고 인민소비품 생산보장 및 지방산업 활성화도 강조하였다. 김정일은 1997년 한 차례도 경제부분의 현지지도를 하지 않았고, 1998년 군사부문과 함께 시작된 경제부문 현지지도는 1999년 들어 대폭 강화되었다. 경제정상화에 대한 통치자의 관심을 인민들에게 부각시키고자 한 것이었다.

---

18) 리동구, "내각중심제, 내각책임제는 경제사업에 대한 국가의 통일적 지도관리형태," 『김일성종합대학학보(철학, 경제학)』 제47권 1호, 김일성종합대학출판사, 2001, p. 45.
19) 앞의 글, 2001, p. 44.

2. 제2의 천리마 대고조와 신사고

북한은 강성대국을 위한 경제건설을 추진해 부흥강국으로 만드는 것이 21세기의 목표라 하였다. 1998년 10월 8일 김정일 총비서 추대 1돌과 10월 10일 당 창건 53돌의 기념에 즈음하여 로동신문은 "김정일의 영도따라 주체의 사회주의 강성대국을 건설하자"고 강조하였다. 동시에 "사상강국과 군사강국으로뿐 아니라 경제의 강국으로 건설"하려는 구상을 가지고 있다고 주장하면서, "김정일 강성대국건설 구상을 높이 받들고 사회주의 건설에서 새로운 천리마 대고조"를 일으킬 것을 촉진했다.

북한은 1998년에 들어오면서 '고난의 행군' 대신에 '사회주의 강행군'이라는 구호를 내세우고 김정일의 현지지도를 통해 중공업우선정책을 구체화하기 시작했다. 북한은 경공업정책이 사회간접자본 시설의 뒷받침 없이 시행되어 효과를 거두지 못했고, 무역정책도 부패사건 등을 양산하는 등 부작용을 낳은 것으로 판단했다. 따라서 북한은 유휴 중공업시설을 개보수하여 사용하고, 중소형 발전소를 많이 건설하면 단기간에 성과를 거둘 것이라는 판단 하에 중공업우선주의를 표방하였다.

1999년 신년 공동사설에서도 "우리는 수령님의 영도따라 빈터위에서 천리마 진군으로 자주·자립·자위의 사회주의 조국을 일떠세운 것처럼 경애하는 김정일동지의 영도따라 제2의 천리마 대진군을 다그쳐 나가야 한다"고 거듭 주장하였다.

이러한 것들은 북한이 경제발전을 위해서 어떠한 방향으로 나갈 것인가를 시사하는 대목이었다. 그 중심은 새로운 천리마 내지는 제2의 천리마 대진군 운동이었다. 고난의 행군-사회주의 대행군-천리마 대진군으로 이어진 것은, 우선 구호의 경제를 통하여 인민들을 독려하려는 것이었다. 이는 "고난의 천리가 가면 행복의 만리가 온다. 이것이 1990년대 사회주의 수호전에서 우리가 찾은 투쟁의 고귀한 진리이다. 우리는 누구나 오늘을 위한 오늘이 아니라 래일을 위한 오늘에 사는 인생관을 가져야 한다"[20]는 것에서도 잘 알 수 있었다.

북한에서 주장하는 경제재건운동이 제2의 천리마 대진군이라면, 구체적으로 어떠한 사고방식에서 이를 추진해 나가야 하느냐의 기반이 되는 것이 소위 '신사고'였다. 김정일은 "우리는 기존관념에 사로 잡혀 지난 시기의 낡고 뒤떨어진 것을 붙들고 앉자 있을 것이 아니라 대담하게 없애버릴 것은 없애버리고 기술개건을 하여야 합니다"[21]라고 강조했다. 특히 <모든 문제를 새로운 관점과 높이에서 보고 풀어나가자>라는 사설에서 "당 조직들이 새 세기의 요구에 맞게 사상관점과 사고방식, 투쟁기풍과 일본새에서 근본적인 혁신을 이룩하기 위한 사업을 혁명적으로 내미는 것이 중요하다"[22]고 하였다. 또한 "경애하는 김정일 동지께서는 먼 앞날을 내다보시면서 모든 일을 통이 크게 작전하시고 대담하게 변혁을 이룩해 나가고 계신다", "위대한 변혁의 거장, 창조의 영재밑에는 혁신의 기수, 창조의 능수들이 많아야 한다"[23]라고 주장하였다.

북한은 1999년 들어 과학기술 중시사상을 강조하기 시작하였다. 북한에서는 "고난의 행군시기 제국주의자들의 끊임없는 경제봉쇄책동과 계속되는 자연재해로 인하여 인민경제 여러 부문에서 기계설비들이 못쓰게 되었거나 사장되어 공장, 기업소들이 능력을 내지 못하고 있는

---

20) 『로동신문』 2001. 01. 09.
21) 『로동신문』 2001. 01. 04.
22) 『로동신문』 2001. 01. 09,
23) 『로동신문』 2001. 01. 09.

현실은 하루빨리 새로운 시대의 요구에 맞게 현대과학기술 성과에 기초하여 현존경제토대를 정비하고 그 능력을 최대한 높일 것을 요구한다"[24]고 하였다. 실제로 1999년에 김정일의 현지지도도 과학원, 수력발전소, 기계공장 등 많은 부문에서 이루어졌다.

북한에서 과학기술발전에 대한 관심은 대단하였다. 다음의 내용은 이를 대변해 주고있다. 즉, "우리는 온 사회에 과학기술을 중시하는 기풍을 더욱 철저히 세우며 기술혁신의 불길이 더욱 세차게 타오르게 하여야 한다. 인민경제의 모든 부분, 모든 단위들에서는 기술개건 산업을 힘있게 벌리며 최신과학 성과들을 도입하기 위한 사업에 커다란 힘을 넣어야 한다. 우리는 새로운 생산기지를 일떠 세우고 하나의 공장을 건설하여도 21세기의 요구에 맞게 현대적으로 건설해야 한다"라고 주장하였다.[25] 북한에서는 이를 위해서 필요한 것이 현대화와 정보화라 하였다.

이러한 일련의 주장들은 북한도 근본적인 혁신을 통하여 발전해 나가야 하는데, 그것의 근원은 사고의 전환이라는 것을 말해준다. 2001년 1월 15일부터 20일까지 김정일의 중국 방문에서 '상해는 천지개벽되었다'라는 말은 웅장한 고층건물과 화려한 주택, 공업기지와 편리한 교통망, 최첨단과학 연구기지와 금융·문화·후생시설 등을 보고 한 말이다. 이것은 중국식 발전에 대한 대단한 호감과 김정일의 의지를 당시 대동했던 사람들에게 전하는 것으로 보여졌다.

---

24) 김동식, "현존경제토대를 정비하고 그 위력을 최대한 높이는 것은 사회주의 경제강국건설의 중요방도," 『경제연구』 제2호(루계 제111호), 과학백과사전출판사, 2001, p. 11.
25) 『로동신문』 2001. 01. 16.

Ⅳ. 선군정치의 경제전략

1. 선군시대 경제건설 노선

경제발전을 위하여 개정 헌법에서는 내각이 부활되었고 경제정책의 중심에 위치하게 되었다. 내각이 '경제사령부'의 역할을 하면서 내놓은 큰 그림은 실리사회주의였다. 김정일 체제에서 새로운 국가관리정책으로 제기한 강성대국 건설은 기존의 전통적인 이데올로기의 강화를 토대로 현재의 선군영도의 정치체제를 유지하면서, 과학기술 육성을 바탕으로 국가경제를 발전시켜나가겠다는 것이었다.26) 그러나 실리사회주의 노선에서 북한이 주장하는 것을 보면 기존의 경제정책의 기본 틀을 견지하면서 나가겠다는 것이었다.

국력의 기초이며 경제발전의 추동력인 과학기술을 김정일이 제시하고 실현에 적극 나서서 구체적인 과업을 명백하게 제시했기 때문에 확고한 담보가 마련되었다는 것이었다.27) "정치강국·사상강국·군사강국으로 위용을 떨치는 우리 인민이 이제 경제강국 고지만 점령한다면 우리 민족은 세상에서 가장 긍지 높고 행복한 민족이 될 것이다. 강성대국건설구상은 경애하는 장군님께서 온갖 시련과 도전이 겹쳐드는 어려운 환경에서도 우리 인민, 우리 민족을 세상에서 가장 행복한 인민, 민족으로 되게 하여주시려는 숭고한 사랑이 깃들어있는 웅대한

---

26) 김창희, "김정일 시대 북한의 체제유지와 실리사회주의," 『북한연구학회보』 제9권 2호, 북한연구학회, 2005, p. 74.

27) 과학을 중시하고 과학발전을 앞세우는 것이 김정일의 확고한 의지이며, 과학기술을 강성대국건설의 3대기둥으로 세워 첨단과학기술과 기초과학발전을 거듭 강조했다. 2002년 10월 16일에는 과학기술발전 5개년계획 초안을 보아주고, 정보과학기술·생물공학기술·새에너지기술에 힘을 넣어주는 세심한 가르침에 의하여 인민경제부문의 방향을 구체화했다는 것이었다. 『선군태양 김정일장군 4』, 평양: 평양출판사, 2007, pp. 249-251.

설계도"라 하였다.28)

북한에서는 선군정치와 경제문제를 어떻게 결합시켰는가? 김정일은 2002년 9월 5일 당중앙위원회에서 선군시대에 맞는 경제건설에 대하여 언급하였다.29) 즉, "오늘은 선군시대입니다. 선군시대에는 국방공업에 선차적인 힘을 넣어야 합니다. 우리는 국방공업을 우선적으로 발전시키면서 경공업과 농업을 동시에 발전시키는 것을 경제건설의 주요한 로선으로 들고가야 합니다"이었다. 여기에서부터 연유한 것이 소위 '선군시대 경제건설 노선'이었다. 선군경제건설노선은 국방공업을 우선 발전시키면서 경공업과 농업을 동시에 발전시키는 것이다. 북한의 문헌에서는 "선군시대의 경제건설노선은 간고하고 시련에 찬 조선혁명의 역사적 과정에서 검증된 총대중시, 군사중시 노선을 경제건설분야에 구현하는 것으로써 선군정치 실현을 물질경제적으로 확고히 담보하는 위력한 경제건설 노선이다"30)라고 주장하고 있다.

선군정치를 확실하게 펼쳐나가기 위해서는 경제적이고 물질적인 것이 확실하게 뒷받침되어야 한다는 것이었다. 좀 더 구체적으로 제시하고 있는 것이 국방공업 우선론이었다. 선군정치가 전면적으로 구현되기 위해서는 국방공업이 최우선되어야 한다는 논리였다. 김정일이 "선군시대의 요구를 반영하여 국방공업을 우선적으로 발전시키면서 경공업과 동시에 농업을 발전시키는 경제노선"을 제시했다고 하였다. 이를 놓고 "국방공업의 우선적 발전과 경공업과 농업의 동시적 발전은 국가투자와 생산자원의 분배에서 주된 방향과 규모, 선후차와 장성속도

---

28) 김봉호, 『민족을 사랑하시는 김정일 장군』, 평양: 평양출판사, 2006, p. 98.
29) "오늘은 선군시대입니다. 선군시대에는 국방공업에 선차적인 힘을 넣어야 합니다. 우리는 국방공법을 우선적으로 발전시키면서 경공업과 농업을 동시에 발전시키는 것을 경제건설의 주요한 로선으로 들고가야 합니다".
30) 『선군태양 김정일 장군 4』, p. 242.

에 관한 문제를 선군시대의 요구에 맞게 가장 과학적으로 해결한 것"31)이라고 주장하였다.

선군정치를 확실하게 펼쳐나가기 위해서는 경제적이고 물질적인 것이 뒷받침되어야 하는데, 국방공업을 앞세워서 경제건설과 인민생활문제까지 해결한다는 것을 경제전략으로 택하였다. 선군시대의 경제는 응당 선군정치 요구를 구현한 경제, 국방공업을 선차시하는 위력한 경제가 되어야 한다는 것이었다.32) 실제로 북한은 선군경제노선을 김정일 시대의 정책기조로 채택하면서 과거의 중공업 우선 발전 노선을 국방공업 우선 발전 노선으로 전환하였다.

북한의 체제유지 차원에서는 국방공업이 최우선되어야 하지만, 더 필요한 것은 식량과 생활 필수품의 부족을 해결하는 것이다. 그렇기 때문에 "국방공업을 우선적으로 발전시키면서 경공업과 농업을 동시에 발전시키는 노선은 국방공업을 강화할 뿐 아니라 전반적 경제발전을 힘있게 다그쳐 부강조국건설과 인민생활향상의 물질경제적 토대를 튼튼히 다져나갈 수 있게 한다"33)고 하였다. 국방공업의 발전을 통한 첨단 과학기술의 발전이 다른 경제 부분의 발전을 추동해 나갈 수 있다는 것이다. 선군을 하는 것은 나라의 자주권을 지키고 나라를 부강하게 하고자하는 것인데, 인민들을 안정시키고 행복한 생활을 영위케 하기 위해서는 경공업과 농업의 발전이 병행되어야 한다는 것이었다. 국방공업은 북한체제를 보위하는데 필요한 물질적 수요를 생산 보장해 주고 경공업·농업은 인민대중의 물질적 수요를 보장해 줌을 의미한다. 그러나 전자가 충족되는 조건에서만 후자의 수요도 보장된다고 주

---

31) 오현철, 『선군과 민족의 운명』, 평양: 평양출판사, 2007, p. 247.
32) 심은심, "위대한 령도자 김정일동지께서 사회주의 경제건설에서 이룩하신 불멸의 업적," 『경제연구』 제1호(루계138호), 과학백과사전출판사, 2008, p. 3.
33) 『선군태양 김정일 장군 4』, p. 244.

장하고 있다.34) 북한은 한정된 재원으로 군수공업부문과 민수생산부문의 경제회복 및 발전을 동시에 할 수 없으므로, 군수생산부문은 계획경제 시스템을 통해 국가적으로 관리하고 민수생산부문의 경우 일부 시장경제 기능의 도입을 통한 실리사회주의 노선을 활성화하겠다는 것이었다.

로동신문에서는 "강성대국은 국력이 강하고 모든 것이 흥하며 인민들이 세상에 부럼없이 잘사는 나라이다. 선군혁명의 불길 속에서 다져진 강력한 정치군사력에 의거하여 우리 경제와 인민생활을 높은 수준에 올려 세움으로써 위대한 수령님의 탄생 100돐이 되는 2012년에는 기어이 강성대국의 대문을 활짝 열어놓으려는 것이 우리 당의 결심이며 의지이다"라 하고 있어, 강성대국건설에서 선군을 통한 발전전략이 계속되고 있다고 하였다.

인민생활향상과 강성대국건설에서 결정적 전환을 이룩하기 위해서는 인민경제의 4대 선행부분이 대고조진군의 선두에서 비약의 폭풍을 이루어야 한다. 4대 선행부분은 '인민경제의 기관차이며 인민생활향상의 관건적 고리'라고 하였다. 북한은 먹는 문제를 우선 해결하면서 동시에 전력, 석탄, 기계금속, 운송부문등 이른바 4대 선행부문의 회복을 통해 다른 산업들의 연쇄반응적 경제회복을 추구하겠다는 전략을 세웠다.

2. 농업에서도 선군전략

북한은 선군경제건설 노선에서 군민일치 운동을 적극적으로 전개하였다. 군이 인민들에 대한 지원을 증가시켜 경제난으로 인한 불만을

---

34) 권영경, "북한의 경제현황과 개혁·개방," 『북한이해 2008』, 통일부 통일교육원, 2008, p. 130.

최소화시켜 나가는 것이었다. 이 과정에서 항상 군의 중요성을 부각시키고 그들을 영웅화시키는 작업을 병행하였다.

북한에서 인민생활 중 가장 중점을 두는 것은 바로 식량문제였다. 공동사설을 비롯하여 기회가 있을 때마다 이를 강조하였다. 북한은 식량난은 어제 오늘의 일이 아니고 당분간 계속될 것으로 예상되었다. 식량난을 극복하기 위하여 내세우는 것 중에는 토지정리사업, 두벌농사, 종자개량, 감자농사 등을 들 수 있었다. 김정일의 현지지도에는 군부대뿐만 아니라 농업사업장, 협동농장 등이 포함되어 있었다. 그런데 여기를 방문하여 한 발언은 군대가 식량증산을 위해 무엇을 해야 하며 하고 있는가를 알 수 있었다.

북한에서는 2000년 6월 29일 조선민주주의인민공화국 국방위원회 명령 제0025호 <군민일치 위력으로 황해남도 토지를 정리할데 대하여>를 발령하였다. 이것은 단지 황해남도뿐만이 아니라 평안남도 등 각 지역에 대해서도 마찬가지였다. 김정일은 2002년 평안남도 토지정리현장을 둘러보면서 한 다음과 같은 발언은 군인들이 여기에 얼마나 투입되고 있는지를 알 수 있었다. "토지정리전투에 동원된 인민군군인들과 돌격대원들이 혁명적 군인정신, 간고분투의 혁명정신을 발휘하여 그동안 겨울철의 어려운 조건속에서도 평안남도의 토지정리를 많이 하였습니다.… 강원도와 평안북도, 황해남도에 이어 평안남도에 펼쳐지고 있는"이라 하면서, 군대와 인민의 힘이 얼마나 위력한가를 보여주고 있다고 했다.35)

협동농장을 방문한 자리에서는 농업기술발전에서 군의 역할을 치켜세웠다. 인민군대에서 당의 종자혁명방침을 관철해 냈다는 것이었다.

---

35) 『선군태양 김정일 장군 4』, p. 318.

김정일은 "나는 지금 우리나라의 방방곡곡에 인민군대에서 육종해 낸 다수확 품종인 밭벼와 흰쌀밀수수, 콩을 비롯한 농작물들의 바다가 펼쳐진 것을 보는 것만 같아 기쁨을 금할 수 없습니다. 인민군대는 농업 혁명의 개혁자이며 선구자입니다. 인민군대에서 당의 종자혁명 방침을 받들고 육종해 낸 다수확 품종들은 그야말로 혁명적 군인정신이 낳은 선군시대의 창조물이며 선군품종들입니다"라고 하였다.36) 북한에서는 종자에서도 '선군품종'이라는 새로운 표현이 등장하고 있을 정도로 선군이 인민생활에서 차지하는 의미는 큰 것이었다.

이러한 농업에 대한 독려와 의지는 지속적으로 나타났다. 2011년 신년 공동사설에서도 "농업전선은 인민생활문제해결의 생명선"이라 하면서, "당의 원대한 농촌건설구상을 빛나게 실현해 나가고 있는 본보기단위들의 모범을 따라 배워 알곡정보당수확고를 비약적으로 높이기 위한 경쟁을 힘있게 벌여야 한다. 오늘 우리 당은 농촌지원에서 혁명을 일으킬 것을 호소하고 있다. 먹는 문제, 식량문제를 기어이 해결하려는 당의 의도를 받들고 농업부문에 대한 국가적 투자를 결정적으로 늘려야 한다"고 하였다.

3. 선군경제에 따른 문제

북한에서는 인민생활을 향상시키기 위해서 가장 필요한 것이 선군정치라는 논리를 내놓고 있었다. 군대가 사회주의 경제건설의 주력군으로 발전소 건설과 토지정리와 같은 가장 어렵고 힘든 경제부분에 투입되어 인민들에게 힘과 용기를 주고 있다고 하였다. 김정일의 명령에 따라 "현대적인 공장을 일떠세웠으며 전력공업과 농업을 비롯한

---

36) 위의 책, p. 311.

인민경제의 어렵고 중요한 부문들을 맡아 기적과 헌신을 일으키며 온 나라 인민들을 혁명적앙양에로 힘있게 추동 고무하였다"37)고 주장하였다. 이러한 조치들은 인민생활을 높여 인민들이 누구나 잘 살고 실질적으로 덕을 보게 하는 중요한 요구라는 것이다. 인민생활을 결정적으로 나아지게 하려면 인민군대를 정치사상적으로 강화하여야하고, 역으로 전체 인민들이 인대군대를 성심성의로 원호해야 한다. 인민생활을 높이는 것은 또한 사회주의를 건설하려는 긍지와 자부심 그리고 주인으로서의 자각과 책임감을 높이는 것이고, 또한 사회주의문화를 강국의 지위에 올려세우기 위한 투쟁을 힘있게 다그쳐 나갈 수 있게 한다고 주장했다.38)

그러나 선군경제노선은 그들의 주장과는 달리 국가의 투자배분에 있어 민생경제를 배제시킴으로써 시장의 기능을 부분별로 활용해야 했다. 민생경제부분은 이미 1990년 초부터 자생적으로 성장한 시장을 중심으로 작동되고 있었다.

---

37) 장은일, "경애하는 김정일동지는 선군정치로 조국번영의 새 시대를 열어가시는 위대한 령도자이시다,"『력사과학』제1호(루계 제205호), 과학백과사전출판사, 2008, p. 11.
38) 김순권, "인민생활을 높이는데 한몸바치는 일군은 선군시대의 참된 애국자,"『정치법률연구』제1호(루계 제21호), 과학백과사전출판사, 2008, pp. 16-17.

제 **2** 장

북한경제에서 시장의 발달

Ⅰ. 농민시장의 변화

1. 북한의 시장 변화와 당국의 태도

북한의 시장이 어떻게 변화되었는가는 <표 2-1>에서 보는바와 같다. 북한은 1980년대 초반까지 완전하지는 않았지만 식량의 자급자족 목표를 거의 달성하였다. 1982년에 시작된 실용정책과 1987년 배급의 일부 삭감정책은 당국이 농민시장을 활용과 관리하기 시작하였다. 농민시장의 1일화와 환원 등의 정책이 변화되는 가운데 시장이 암시장 형태를 띠었고, 고난의 행군기라고 하는 1990년대 중반은 시장을 묵인하는 양상을 보였다. 김정일 체제가 공식출범하고 농민시장은 공설화되었고, 경제정책의 변화인 7.1경제관리개선조치 이후 당국은 시장을 합법화하였다. 이렇게 탄생한 종합시장은 북한의 시장화를 가속화시켰는데, 여기서 발생하는 문제점에 당국이 시장을 통제하기 시작하였다.

〈표 2-1〉 북한시장의 변화 특성

시기	시장유형	형태와 특성	당국의 태도
1980～ 1993	농민시장 암시장	유동장 형태, 메뚜기장 농민시장 통제불능 시작	비사회주의 구루빠운영
1994～ 1998	암시장 묵인	전체 시장수의 급격한 증대 곡물·공산품 등 사실상 묵인 주민소비행위 60～70%(농민· 암시장)	식량난 등으로 당국이 통제권을 발동치 않음
1999～ 2002	장마당	장마당 구역화로 부분인정, 간이 매대, 지붕 등 고정설비 시장관리 단속원, 징세 등 7.1경제관리개선조치	헌법개정 이후 경제제도 재정비, 인민경제계획법 불법시장 단속, 직장회 귀 지시

2003-2006	종합시장	시장의 합법화, 대형화 인민위원회 산하 '상업부' 시장사용료, 국가납부금 전문상인등장, 노동력의 상품화	2005년 배급제 재추진 개인고용 금지령
2007년 이후 화폐 개혁 전	수매상점 종합시장	수입상품과 국영합작회사 상품 을 수매상점에 위탁	장사 연령·품목제한, 수매 상점으로 종합시장 제약

2. 텃밭경리와 농민시장의 발달

상술한 바와 같이 북한의 식량배급은 농민과 일반 노동자·도시민과는 달랐다. 농민들은 추수 후 1년간 소비할 식량용 곡물을 받는데 비하여, 도시민은 한 달에 두 번 식량배급을 받는다. 이때 농민의 1년 동안 곡물의 양은 노동자들의 식량배급 기준을 감안하여 결정하고, 나머지는 현금으로 받는다. 이러한 배급제도는 북한에서 시장과 같은 비경제적 활동의 존재를 근원적으로 제약하는 역할을 하였다. 북한과 같이 생산은 물론 소비활동까지 모두 국가에 의해 통제되고 또한 배급되는 경우 장사와 같은 개별 경제주체의 독자적인 활동이 가능하지 않았다. 계획경제체계는 배급경제를 원칙으로 하기 때문에 농민시장이 존재한다는 것이 이율배반적으로 느껴질지 모르지만, 배급제도가 완전하게 모든 유통망을 망라할 수 없기 때문에 농민시장[1]은 보완적 기능을 수행해 나갔다.

북한에서 시장의 시발은 '터밭경리'로 보아야 한다. 북한 사회주의

---

[1] 1960년대 농민시장은 생산물이 거래되긴 하였으나, 시장의 역할은 미미하였다. 그러나 1970년대 배급제에 일정한 압박에 직면하면서 주민들에 의한 자구적 식량 확보 노력이 일정 정도 용인되면서, 농민시장이 1일 시장으로 복원되고 자원배분의 기능을 담당하기도 하였다.

헌법(1972년 제정) 제24조를 보면 "협동농장원들의 터밭경리를 비롯한 주민의 개인부업경리에서 나오는 생산물도 개인소유에 속한다"라는 내용이 있었다. 북한에서도 극히 제한적이지만 개인소유가 인정되고 있다. 북한당국은 개인소유란 생산수단에 대한 사회적 소유의 토대에서 발생한다고 하여 '사회주의에서의 개인소유'라는 점을 강조하였다. 개인소유의 대상은 근로자들이 받는 임금이나 노동의 질에 따라 받는 분배 몫과 그것으로 구입한 소비품에 국한하였다. 구체적으로 말하면 근로소득과 저축, 가정용품, 일상소비품 등이 개인소유의 대상에 포함된다. 협동농장원들의 부업경리의 생산물과 그 생산을 위한 소규모 농기구 등도 개인적으로 소유할 수 있다. 개인 소유물은 그 소유자가 자유롭게 처분할 수 있으며 그에 대한 상속권도 인정하였다. 북한의 각종 수매기관과 농민시장은 개인소유물을 처분할 수 있는 제도적인 장치로 이용되었다.

이와 같이 텃밭경리와 개인소유에 관한 것은 북한의 농민시장인 장마당을 뒷받침해 주는 조항이라 볼 수 있다. 북한의 농민시장이란 국영농장이나 협동농장 이외의 개인의 텃밭(통상 30~50평)에서 생산하는 농작물이나 부업경리의 생산물을 매매·교환하는 농촌의 시장터였다. 상설적으로 개설되는 것이 아니고 협동농장이 쉬는 날, 7~10일에 한 번 씩 시나 군단위의 2~3곳 지정된 장소에서 열렸다.[2]

북한 당국이 기존 경제시스템에 변화를 주기 시작한 것이 1980년대 초반이었다. 1982년 시작된 북한의 실용정책은 쌀과 옥수수를 중심으로 하는 기존의 배급제를 보완하는 차원에서 각 경제주체들로 하

---

[2] 농민시장에 모여든 사람들은 협동농장의 일할 수 있는 사람들이 아닌 노인과 부녀자들이 대부분이었고, 휴일이 아닌 날에 농장원이 농민시장에 가려면 작업반장에게 사전 승인을 받아야 했다.

여금 콩이나 채소 등 여타의 작물을 경작하게 하였다.3) 이렇게 되면
서 농민시장은 그 규모와 범위가 빠르게 확산되어 북한의 거의 모든
군 지역에 3~4개의 시장이 개설되었다. 이것은 계획경제의 틀에서
약간 벗어난 모습을 보여준 것이었다.

북한 당국은 기존의 배급제에 중대한 변화를 가했다. 북한의 식량
거래가 적자로 돌아서고, 배급제 역시 원활하게 돌아가지 않자, 주민
들에 의한 자구적 식량확보 노력을 어느 정도 용인하기 시작하였다.
기존의 식량배급량을 10%씩 삭감하는 대신, 산업노동자까지 소규모
텃밭 허용과 공식적인 영농시장 배정을 지시하였다.4)

배급제에 전적으로 의존해 오던 도시민을 대상으로 집단적인 토지
개간과 영농활동의 일부를 허용하는 한편, 농민시장을 1일장으로 복원
시켜 주요 도시에 설립을 허가하였다. 또한 식량배급량을 줄이는 대신
산업부분 노동자들에게까지 소규모 텃밭 보유를 허용한 것은, 식량과
관련한 주민들의 자구노력을 인정한 것이었다. 실제로 이러한 정책을
지속되었으나, 주민들이 당국의 허가를 받지 않고 주변 토지를 불법으
로 개간하거나 무단 경작하는 부작용이 속출하였다. 당국이 예상하지
못한 결과가 나타났고, 거기에서 생산이 금지된 거래 품목들이 유통되
었다. 이렇게 되자 당국은 1일장을 다시 환원시키고 거래품목에 대한
감시하는 등 통제를 강화하였다. 1987년에는 농민시장을 1일장에서
다시 7~10일장으로 환원시키고 거래품목에 대한 감시를 강화하기도
하였다.

---

3) 이석, "북한의 경제: 변화와 지속," 김계동 외, 『북한의 체제와 정책: 김정은시대의 변화
와 지속』, 서울: 명인문화사, 2014, p. 107.

4) 이석, "북한 계획경제의 변화와 시장화: 새로운 경제시스템의 자기조직화와 진화," 이석
외, 『북한 계획경제의 변화와 시장화』경제·인문사회연구회 협동연구총서 09-16-03,
통일연구원, 2009, p. 90.

이러한 상황에서도 농민시장은 중소도시 지역까지 확산되고 거래품목이 다양화되는 등 기능이 활성화되어 장마당으로 불리었다. 1990년대에는 식량부족도 문제였지만 국영상품의 부족으로 국가상점의 운영이 부실해지자 주민들은 필요한 물품을 장마당에서 구입하게 되었다. 농산물 및 생필품 공급의 절대부족으로 장마당 거래가 일상화되면서, 당국도 시장에 대하여 유화정책으로 선회하였다. 그러나 쌀·보리 등 곡물류와 공산품 거래가 공식적으로 허용된 것은 아니어서 암거래가 성행하고 암시장 가격이 형성되었다.

여기에서 거래될 수 있는 것은 엄격히 제한되어 옥수수 같은 곡물은 제한되었다. 농민시장에서 거래되는 물건은 곡물을 제외한 농산물과 닭·야채류·달걀·토끼 등의 가축이었다. 북한의 농민시장 또는 장마당은 국영상업망이나 협동단체의 상업망과 함께 상품유통체계의 하나이다. 국영상업망의 소매소로는 대도시의 백화점, 지방의 종합상점·직매점, 리·동 소매점 등이 있다. 협동단체상업망은 농민시장 때문에 그 기능이 약화되기도 하였다.

3. 농민시장의 암시장화

1990년대 들어 북한의 식량사정은 계속 악화되었고, 이로 인해 공식적인 배급제의 기능은 더욱 악화되었다. 1991년부터 전 주민을 대상으로 소위 '하루 두 끼 먹기' 운동이 시작되었다. 배급제의 기능 약화는 당연히 북한주민들의 불·비법적 자구적 식량 확보노력을 더욱 촉진 시키는 역할을 하였다. 부녀자들이 먼저 장사에 뛰어들었고, 농민과 종업원들도 장사에 나서게 되었다. 또한 이 시기 중국으로부터 북한 시장에 상품이 대량으로 유입되기 시작하였다. 그러므로 북한화교, 중국연고자, 조선족은 1990년대 북한시장의 상품공급자로 등장하여 북한 시장 활성화에 기여하였다.

농민시장을 장마당이라 부르게 되었다. 낮에는 장마당을 햇빛시장으로 밤에는 달빛시장이라고 하여 중소도시 지역까지 확산되고 거래품목도 다양해지기 시작했다. 농민시장에서는 원래 쌀·보리 등의 곡물류와 공산품의 거래가 금지되었다. 거래가 허용된 상품은 채소류와 각종 수공예품 정도였으나, 국영상점에서의 소비품 공급이 수용에 비해 절대적으로 부족하게 되면서부터 농민시장은 점차 암시장 형태를 띠었다. 당국의 통제에도 불구하고 기존의 그리하여 잡곡류나 가내 수공업 제품 등 거래가 허가된 상품들뿐만 아니라 곡물류와 외제 공산품 등 매매금지 품목까지도 규제를 피해 암거래가 이루어졌다. 쌀도 장마당에서 거래되었다. 농산물 및 생필품 공급의 절대부족으로 장마당 거래가 일상화되었다. 농민시장에서 거래되는 가격은 북한 당국이 일방적으로 정한 국정가격이 아니라 시장의 수급상황에 따라 형성되는 시장가격이라는 점에서 주목되었다. 이와 같은 시장가격을 북한 당국의 국정가격과 대비시켜 암시장 가격이라고 불렀다.

장마당에 부녀자들이 몰려들기 시작했다. 생활형편이 어려워지자 가족을 부양해야 하는 일부 여성들은 돈이 필요했고 개인들이 가지고 있던 물건들이나 공장에서 훔친 물건들을 장마당에 가지고 나가 파는 일이 늘어났다. 당국의 단속에 소채류나 음식물을 동네 어귀에서 파는 일도 빈번해졌다. 집안에 있는 재봉기를 이용하여 간단한 의복을 만들거나 동네 주민들의 의복을 수선해 주어 생계비를 보태는 부녀자들도 늘어났다. 사람들의 왕래가 있는 조그만 빈터만 있으면 사람들이 모여서 장사판을 벌였다.

식량의 부족은 기업이나 공장도 마찬가지였다. 이들은 남은 공터를 개간하면서까지 작물을 재배해 식량문제를 자체 해결해 보려했으나, 그것은 해결방법이 될 수 없었다. 따라서 종업원들의 결근이 잦아지고, 장마당에는 부녀자뿐만 아니라 남성들도 나서게 되었다. 장마당에서의 장사는 생계 수단을 해결할 수 있는 가장 용이하고 가장 중요한 방편 이었다.

중국에서 들어 온 공업품을 조금 큰 도시에서 사다가 장마당에서 파는 게 이제 부업이 아니라 본업인 장사꾼들이 늘어나기 시작했다. 이러다 보니 전적으로 보따리장사를 나서는 사람들 이외에 직장에 다 니며 틈틈이 장사에 나서는 사람이 많아졌다. 전문적인 보따리 장사꾼 들은 주로 노동불능자, 퇴직자, 가정주부들이 주축을 이루지만, 이 중 에는 뇌물을 주고 노동불능자로 판정 받은 자와 휴가·출장 등으로 다른 지역을 오갈 수 있는 사람들이 상당수 있었다. 화교들은 중국으 로부터 의류, 잡화, 소형 전자제품 등 경공업 제품을 들여왔다. 중국과 접경지역에 있는 상인들은 도매시장을 형성하게 되고, 이는 전국적으 로 장사범위를 넓혀갔다. 이렇게 시장 행위자가 늘어나면서 암시장 규 모가 확대되었고, 주민들의 경제행위가 집단주의보다 사적 동기에 의 해 영위되도록 하고 경제주체로서 개인의 역할을 증대시켰다. 주민들 사이에 자리잡기 시작한 '돈이면 최고'라는 물질만능주의적 가치관은 사적인 경제활동 및 뇌물수수, 경제범죄 등을 크게 늘게 했다.

당시의 북한이탈 주민에 따르면, 장마당에서 돈만 있으면 못살 것 이 없다고 하였다. 가전제품, 의류, 생활용품, 식료품 등 각 매대마다 돈이 되는 것이라면 무엇이든지 거래되고 있다. 음식도 국밥에서부터 만두, 찰떡, 지짐, 밀국수, 강냉이 국수 등 뭐든지 사먹을 수 있다. 식 당에서는 원래 술을 팔지 못하게 되어 있는데, 민가들에 주민들이 만 든 밀주를 들여와 파는 것도 공공연한 비밀이었다.

북한에 생겨난 '협동식당'도 장마당과 무관하지는 않다. 협동식당은 '가내반'이라는 형식으로 국가에서 승인을 얻어 개인들이 운영하는 식당으로, 운영수익금의 일부를 국가에 세금 식으로 내고 나머지는 운영하는 사람들이 나누어 갖는 식으로 운영된다. 국영식당이 원자재난 등으로 제대로 운영되지 못하자, 주민들의 욕구를 충족시켜 주기 위해 생겨났다. 협동식당은 주로 시장터나 그 주변에 생겨났다. 사람이 모이는 곳이어야 장사가 되기 때문이었다. 시장 주변에 주민들의 개인집을 이용하거나 개조하여 영업을 하는데, 여기에서는 국영식당처럼 양표에 의한 식사도 가능하고 돈만 내고도 식사가 가능하다는 점에서 주민들의 호응을 받았다. 북한이탈 주민들은 이 식당의 장점으로 국영식당에서 먹을 수 없는 음식이 있다는 것, 저녁시간대에도 영업을 한다는 것, 주문만 하면 은밀히 술도 제공된다는 점 등을 들었다.5) 이러한 협동식당들이 전문성을 갖추고 장사하는 곳은 장사가 잘되면서 주민들의 선망의 대상이 되기도 했다.

4. 농민시장의 공설화

이렇게 시장이 전국적으로 무질서하게 확대·팽창되어 갔다. 그러나 1998년부터 종합시장이 허용될 때까지 시장에 대한 정비가 시작되었다. 고난의 행군기를 지나 1998년 김정일 체제가 공식적으로 출범하여 강성대국의 기치를 내걸고 선군경제 전략을 펼쳐나가면서, 무방비 상태의 시장에 당국이 개입하기 시작하였다. 즉, 무정부 상태에서 무질서하게 과열된 시장에 대해 억제와 정돈 정책을 동시에 실시하였다. 이리하여 농민시장이 탈바꿈하게 되었다.

---

5) 김승철, 『북한 동포들의 생활문화양식과 마지막 희망』, 인천: 자료원, 2000, p. 87.

이른바 장마당의 '공설시장화' 방침에 따라 시장이 정돈되고 억제되는 하강기를 맞이하였지만 동시에 시장이 외형적으로 크게 변하였다. 일정 설비를 갖춘 공설시장이 등장하였으며 특히 시장관리소를 비롯해 편의시설이 점차 설치되었다. 시장이 외형적으로 변화하는 양상을 정은이는 8가지로 분석해 놓았다.6) 첫째, 시장주변에 울타리를 설치하여 시장의 안·밖을 인위적으로 구분하고 출입문을 만들었다. 둘째, 시장관리와 치안을 담당하는 기구도 시장 주변에 설치했다. 셋째, 시장에서 매매되는 품목이 전문화되고 분업화 되었다. 넷째, 시장상인 자리가 고착됨에 따라 개인 탁자에서 상품판매가 이루어졌다. 다섯째, 기둥을 세워 임시천막으로 지붕을 마련하였다. 여섯째, 시장 안에 자전거 보관실 등 편의시설을 만들었다. 일곱째, 시장 밖에도 거대한 규모로 비합법적 장이 형성되었다. 여덟째, 중국산 물품이 주를 이루었다. 이같이 시장의 외형적 변화는 농민시장에서 탈 농민시장 형태로 변모하였다.

북한경제는 사회주의국가 중에서도 가장 총체적인 중앙집권적인 경제체계를 유지하였다. 이러한 경제의 특징을 '계획의 일원화 및 세부화 체계'라고 한다. 그러나 이러한 국가에서 시장이 등장했고, 시장을 허용하는 경제정책의 변화가 있었다. 북한의 경제정책의 변화는 생산수단의 공유제와 계획경제를 근간으로 하는 사회주의 경제체제를 변화시키려는 것이 아니었다. 그러나 1990년대에 들어서 경제가 장기적인 침체로 인하여 계획경제의 시스템이 사실상 와해되어 배급제의 기능이 마비되자, 시장경제 영역이 크게 확산되는 모습을 보여 주었다. 농민시장은 장마당이 되면서 주민들은 그들의 삶을 스스로 개척해 가야

---

6) 정은이, "북한외형시장의 외형적 발달에 관한 연구,"『동북아경제연구』 제23권 제1호, 한국동북아경제학회, 2011, p. 229.

하는 상황에서 시장에 의존하지 않을 수 없었다. 북한의 발생하는 시장적 현상들은 주로 암시장을 중심으로 불법적인 형태의 경제활동을 구성하는 것이다. 김정일 체제가 공식적으로 출범하고, 북한에서 새 세기라고 하는 2001년에 들어서면서 실리주의 성향을 띠게 되고 시장 정책도 바뀌었다고 볼 수 있다.

Ⅱ. 북한경제제도의 변화와 시장

1. 경제제도의 변화와 시장의 분석틀

2001년의 새 세기는 변화가 필요하다는 당국의 생각이 기존의 자생적 암시장 형태를 제도적으로 승인하는 토대가 되었다고 볼 수 있다. 2002년에 들어오면서 북한의 경제상황과 관리체계 면에서 획기적인 변화를 가져왔다. 당국은 기존에 존재하는 시장과 새로운 경제시스템을 결합시키는 경제관리개선조치를 취하였고, 그 기점이 2002년 7월 1일이었다. 북한의 시장은 변화되었고, <그림 2-1>과 같이 분석틀로 설정해 볼 수 있다. 7.1경제관리개선조치(이하 7.1조치) 이후 북한에서는 실리사회주의라는 용어가 등장하였고, 이는 7.1조치 이후를 대변하고 뒷받침하는 것이라 할 수 있다. 이로 인하여 불법적인 시장들은 당국의 종합시장을 허용하는 정책으로 인하여 합법적으로 인정받게 되었다. 그러므로 7.1조치에 의한 상징의 공식적인 허용 의미는 '아래로부터의 시장화'를 공식제도 내에 일부 수용한 측면이 강하다.[7] 북한에

---

7) 양문수, "북한 시장의 형성·발전과 시장 행위자 분석," 『북한 계획경제의 변화와 시장화』 경제·인문사회연구회 협동연구총서 09-16-03, 통일연구원, 2009, p. 129. 양문수는 시장화를 사회주의 경제개혁 및 체제이행에서 핵심적인 요소라 보고, 시장화는 '메커니즘의 도입 및 확산'과 '시장의 발생 및 확대'로 규정하고 있다(위의 책, pp.

〈그림 2-1〉 북한 시장화와 정치·경제적 분석틀

농민시장과 자생적 시장화 (고난의 행군, 암시장 확대)

▼

시장화의 제도적 환경: 7.1 경제관리개선조치
물가·임금인상, 배급제의 단계적 폐지. 기업 자율성 확대 종합시장 도입: 시장 제도화

▼

정치적 현상	경제적 현상
정치와 분리로 내각중심경제관리 김정일 체제 2기 경제부분에 대한 성과 경제·기술관료 정치적 지원	**계획경제보완 조치** 관리 가능한 시장화 국영기업소·협동단체 시장활동
주민 가치관변화: 집단주의에서 개인주의 개인주의 가치관으로 충성심 약화	**사적 부분 영향력 증가** 시장의 분화 전문화, 화폐 우선주의 장사확대, 사용권 매매
정치적 재사회화 시장부작용 해결, 보수주의 회귀 집단주의 강화, 일심단결강조	**시장화 현상** 인플레이션 형성, 노동시장 형성 신흥 중산계층 등장

▼

화폐개혁(2009)	
정치적 의도	**경제적 의도**
후계체제 구축 위한 재정 확보 신흥 중산계층의 통제	관리경제체제복구와 시장약화 인플레이션 억제, 인민생활향상
정치적 양상	**경제적 양상**
당국 불신, 후계문제와 불연결 자급자족 강조	시장 재허용, 생필품 품귀 현상, 대체 화폐 맹신

▼

시장에 당국의 인식 변화 김정은 시대의 시장화

118-119). 이것으로 비추어 볼 때 북한의 시장화는 7.1조치 이전에는 전자, 이후에는 후자의 개념을 적용할 수 있다.

시장화현상이 본격화된 것은 종합시장을 허용한 이후부터라고 볼 수 있다. 종합시장의 인정으로 거래품목이 확대되고, 시장에서 활동하는 사영기업의 존재를 인정하고 그 수는 엄청난 확대를 가져왔다. 대신에 당국은 장세를 징수하는 등 시장관리정책을 실시하였다. 시장친화정책으로 당국의 재정이 확보되는 효과를 가져왔고, 많은 주민들이 그들의 삶을 시장에 의존하면서 생활이 개선되기도 하였다.

시장화 현상이 주민들의 생활 형태를 바꾸어 놓은 것 외에 여기에서 파생한 문제는 당국의 태도를 변화시켰다. 시장에서 발생한 다른 측면의 변화는 각종 이탈현상과 함께 주민들의 의식 변화도 생기게 되었다는 것이다. 시장은 기본적으로 돈이 흘러가면서 작동되는 것인데, 이 돈에 대한 주민들의 관심은 '장군님 대신에 돈'으로 바뀌어 갔다. 북한 당국의 시장에 대한 인식은 '관리 가능한 시장'이었기 때문에, 시장을 통제하기 시작하였다. 시장의 통제는 당국의 생각같이 되지 않아 무언가 특단의 대책이 필요했고, 그것이 화폐개혁이었다. 물론 화폐개혁에는 여러 가지 차원의 정치·경제적인 의도가 있기는 하였지만, 그 중심에는 시장의 축소 내지 철폐의 의도가 주된 것이었다. 그러나 당국이 시장에 대하여 얼마나 과소평가했으며 몰랐었는가는 화폐개혁 이후에 나타난 현상이 말해 주었다. 시장축소 내지 폐쇄정책은 주민들 뿐만아니라, 정책 담당자들도 패닉상태에 몰아넣었다. 식량의 부족과 가격의 폭등으로 주민들은 당국을 비난하는 소리가 높아졌고, 이에 대비한 충분한 준비가 되어있지 않았던 당국은 다시 시장을 허용하는 방향으로 정책을 조정하지 않을 수 없었다.

2. 북한시장화의 유형

북한경제의 시장화 현상 유형을 다음과 같이 네 가지로 나눌 수 있다.8) 첫째, 국가 공식경제 내의 합법적인 시장화 현상으로 당국이 공식적으로 허용한 종합시장이다. 둘째, 국가 공식경제 내의 불법적인 시장화 현상으로 기업소나 공장들의 시장에서의 물자 조달행위이다. 셋째, 국가 공식경제 밖에서의 합법적인 시장화 현상으로 종합시장 내의 개인적인 경제활동이다. 넷째, 국가 공식경제 밖에서의 불법적인 시장화 현상으로 허가 받지 않는 사적 생산과 판매로 음성적인 거래가 이루어지는 경우이다. 북한의 시장화 현상은 공식과 비공식 경제 그리고 합법과 불법이 얽혀져 복합적인 양상을 보여주고 있다. 북한의 시장 확대는 당국이 의도하지 않은 방향으로 흘러갔고, 여러 가지 부작용이 도출되었다.

북한 시장화 현상을 보면 사회주의 계획경제를 포기하지 않은 상태에서 시장을 허용한 것을 알 수 있다. 이것은 분명히 모순이지만 어쩔 수 없는 측면이 강하였다. 배급을 정상적으로 실시할 수 없는 상황에서 다른 대안을 찾을 수 없었다. 북한 시장화 현상을 허용하는 방향으로 경제정책을 변화시킨 요인은 몇 가지로 나누어 분석해 볼 수 있다. 첫째, 식량배급 중단 상황 등 계획경제가 제대로 작동하지 않은 상황에 처해 있었기 때문에, 주민들의 시장의 경험이 체제에 위협적인 요소가 될 수 있다는 것을 알면서도 시장을 허용하는 것으로 방향을 잡았다. 둘째, 북한 당국이 생각했던 시장은 관리 가능한 시장이었다. 시장경제로 가는 것이 아니라, 당국의 지시·승인·감독 하에 있는 시

---

8) 임강택, 『북한경제의 시장화와 실태에 관한 연구』 연구총서 09-04, 통일연구원, 2009, pp. 93-98.

장을 허용하는 것이므로 언제나 통제가 가능할 것이라 생각했다. 셋째, 그러므로 시장화 현상이 진행되면서 발생할 수 있는 문제들은 당국이 바로 잡을 수 있고, 극단적인 경우에는 언제든지 시장을 철폐할 수 있다는 생각이었다.

북한의 전역에 시장화 현상이 확대되자 처음 생각했던 것보다 심각한 양상이 나타나면서, 정치적 부담이 증가하였다.9) 그리하여 2006년부터는 시장화의 부작용을 억제하기 위하여 시장 통제에 들어가게 되었다. 당국은 시장이 '인민생활에서 편의 장소가 아니라, 국가규율이나 사회질서를 어지럽히고 상인의 돈벌이 장소'로 변하고 있다는 생각을 하게 되었고, 그러므로 당국의 시장 통제 내지는 축소 노력이 지속되었다. 북한이 생각했던 통제 가능한 시장은 당국의 의지대로 움직이지 않았다. 여기에서 북한은 2009년 말 화폐개혁을 실시함으로써 계획경제 제도의 강화를 시도하였다. 상술한 바와 같이 화폐개혁은 북한의 시장화 현상으로 지나치게 커진 시장을 축소 내지는 폐쇄를 염두에 둔 조치였다. 그러나 이 후유증은 심각하였고 시장을 다시 허용하면서 공존하지 않을 수 없었다.

---

9) 2005년 2월 26일 "당중앙위원회에서 하신 말씀"이라는 문건에서 "일부 일군들은 경제지도와 관련된 당의 의도를 알지 못하고 있는 것 같습니다. 일부 일군들은 시장을 나라의 경제를 운영하는데 보조적 공간으로 리용하자는 것을 시장경제로 전환한다는 것으로 이해하고 있는 것 같습니다. 시장과 시장경제는 성격이 다릅니다"라는 김정일의 발언에서도 알 수 있다.

Ⅲ. 7.1경제관리개선조치와 실리사회주의

1. 경제관리 개선강화론과 개선조치

북한 경제정책도 변화하는 모습들이 나타났다. 그러나 이 변화는 소유·가격·기업경영 등 경제제도의 내부개혁을 수반한 시장경제체제로의 근본적이고 본격적인 개방은 아니었다. 특히 개방·개혁을 거부하면서 자본주의적 요소의 침투를 경계하였다.10) 북한은 개혁·개방이 체제유지에 부정적 영향을 미칠 것이라 생각하였다. 이에 따라 북한은 안정을 해치지 않는 범위에서 변화된 현실의 일부를 수용하고, 실리 실용 위주의 경제사업을 추진함으로써 경제활성화를 도모하고자 했다. 북한은 "지난 시기 경제관리 체계와 경제관리 방법이 그 때에는 옳고 좋은 것이었다 해도 오늘에는 맞지 않을 수 있다. 변화, 발전하는 현실의 요구에 맞게 경제관리에서 고칠 것은 대담하게 고치고 새롭게 창조할 것은 적극 창조해야 한다"11)고 강조하였다. 북한은 2001년 초부터 '사회주의 경제관리 개선강화론'을 내세우기 시작했는데, 이는 2001년 10월 3일 김정일이 발표한 "강성대국건설의 요구에 맞게 사회주의 경제관리를 개선강화할 데 대하여"에서 보다 구체화되었다.

2001년 10월에 김정일은 당과 내각의 경제관리 일군에게 "무상교육, 무상치료, 사회보험 등 사회주의 우월성을 집중적으로 보여주는 것들을 제외한 일부 불합리한 사회적 시책들을 현실적 조건에 맞게 정리해야 한다"고 지시했다. 이에 따라 임금과 물가를 현실화하고 기

---

10) 즉, "오늘 우리를 경제적으로 고립 질식시키고 <개혁>, <개방>에로 유도하여 우리 경제제도에 파렬구를 내고 우리 사회주의를 말살하려는 책동은 날을 따라 노골화되고 있다"『로동신문』 2002. 01. 29.

11)『로동신문』2001. 10. 22.

업의 자율권을 강화하라는 지시가 내려졌다. 또한 생산관리 계획 권한을 지방과 하부에 대폭 이양하고 지방에서 생산한 상품의 가격을 지방공장이 자체적으로 정하도록 한 것은 주목할 만한 내용이었다. 실제로 북한은 계획경제의 비효율성으로 인한 경제난을 타파하기 위해 시장 경제적 요소의 도입이 절실했다.

경제관리 강화론이 대두되고 그 후 몇 개월 간의 준비기간을 거쳐 2002년에는 대대적인 '7.1조치'를 단행하였다. '7.1조치'의 주요 내용은 기업의 경영자율권 확대, 물가 및 임금 인상, 환율현실화 및 관세조정, 식량·생필품 등의 배급제 단계적 폐지, 개인 경작지 확대 등이었다.

2. 7.1경제관리개선조치의 내용

1) 경제단위의 분권화와 자율성 확대

북한의 경제관리 방식은 전인민적 소유 및 집단적 소유에 바탕을 두고 공업과 기업관리 면에서는 '대안의 사업체계' 그리고 농업관리 면에서는 '청산리방법'이 주종을 이루고 있었다. 이는 중앙의 계획기구가 '계획지표'에 의해 각 경제 단위들의 경제사업을 관리 통제하고 경영권까지 행사하는 방식이었다.

북한은 종래에 기업소의 당위원회에 집중되어 있던 기업의 경영권한을 지배인에게 이양하였다. 이는 기업의 경영자율권 확대와 상업유통의 변화 조치로 기업에 대해서 기업의 독자성, 세부생산계획의 자체수립 등 자율성과 재량권을 부분적으로 허용한 것이다. 또한 당국·기업간의 가격에 의한 원자재거래를 허용하는 '물류교류시장'을 도입하여 기업이 자율적으로 원자재를 구입, 생산할 수 있도록 해주었다. 그리고 기업소가 계획외 생산량이나 부산물을 시장가격으로 시장 판매할 수 있는 권한을 30% 범위 내에서 허용해주고, 지배인에게 20%의 범위 내에서 종업원을 활용할 수 있는 권한도 주었다. 공장이나 기업소들이 자체 판단에 의하여 새로운 사업을 할 수 있도록 다각 경영도 허용해주었다. 이에 따라 기업의 당비서 역할은 정치적 지도로 제한되었고, 지배인이 기업경영의 의사결정권을 갖게 되었다.

기업에 대한 재정적 통제를 완화하고 국가납부방식도 기존의 비율방식에서 정액납부방식을 병행함으로써 기업부담을 축소하였다. '7.1조치' 이후 관심을 끄는 대목은 '번수입 지표'의 도입이었다. 이는 공장이나 기업소 들에서 '새로이 창조된 가치를 화폐로 표현하는 것'으로 인건비에 이윤을 합한 것이다. 이러한 번수입은 국가, 기업소, 생산자인 개인에게 분배된다. 각 경제 단위들은 이윤을 내어 국가에 납부하고 종업원들 임금도 스스로 조달해야 한다. 그렇기 때문에 당연히 이윤을 많이 내려 노력해야 하고, 이윤이 높아지면 종업원의 몫도 어느 정도는 커지는 것이었다. 이는 지배인의 책임 및 구조조정으로 분배의 평균주의를 지양하고 실질적 독립채산제를 추진함으로써 기업소의 생산의욕을 고취시키고자 한 것이었다.

북한은 2002년 6월 농업법 개정을 통해 협동농장 농업관리 운영에서 '기존작업반제'를 삭제하고 분조관리 중심제로 전환하였다. 2004년 1월에는 황해북도, 함경북도 등 일부지역에서 시범적으로 가족단위 영농방식인 포전담당제를 실시하는 등 변화를 시도하였다. 즉, 협동농장의 최하 경영단위인 작업반(3~4분조)의 실적에 따라 나누었는데 이를 더 세분화하고 있다. 협동농장에 기존 8~10명 수준의 분조를 더 작은 단위로 나누어 분할 경작케 하는 권한을 부여함으로써 거의 개인농사나 다를 바 없는 경작제를 도입하였으며, 분조에 토지사용료와 농약·비료 등 생산비용 이외 수익금을 자율적으로 사용할 수 있는 권한도 부여해 주었다.12) 또한 국가수매량을 축소하고 개인이 임의로 개간·경작할 수 있는 토지를 과거 30~50평에서 400평(텃밭, 뙈기밭)으로 확대하였다.

그러나 포전담당제는 뚜렷한 성과를 거두지 못하였다. 2005년 10월 양곡전매제와 실시와 배급제 정상화 조치로 농업관리 개선조치는 유명무실화되었다. 또한 개인경작지를 강제 수매하고 사적경작을 엄격히 단속하는 한편, 허용된 뙈기밭에서도 고율의 세금을 부과하는 추세를 보여 주었다.13)

2) 물가와 임금의 현실화

북한의 경제정책 변화 중 가장 획기적인 것은 가격개혁이었다. 국정가격인 '계획가격제'를 50여 년 유지하여 왔는데, 이를 실제 가격과 유사하게 조정하였다. 물가는 쌀 가격을 기준으로 하여 모든 가격을 전면적으로 현실화하는 데 초점을 두었다. 쌀의 수매가격이 kg당 80전에서 40원으로 인상되었고, 식량판매소에서의 판매가격은 44원으로 결정되었다. 이를 기준으로 근로자들의 생활비를 다시 책정하였다. 그동안 국가가 무료 혹은 저렴한 가격으로 제공해오던 재화와 서비스의 종류를 최소화하고 유료화 한 것이다. 즉, 집세, 교통요금 등의 모든 무상 서비스를 유료화하고 그 가격을 대폭 올렸다.

북한은 보수체계에도 많은 변화를 보였다. 노동자, 사무원 등 전 직종을 대상으로 임금도 평균 18배 인상하고 '노동의 결과에 따른 분배원칙' 아래 차등 지급하는 조치를 취하였다. 임금이 110원에서 2,000원으로 인상되었고, 어렵고 힘든 부문에 종사하는 탄부들의 경우

---

12) 통일부 통일교육원, 『북한이해』, 통일부 통일교육원, 2005, pp. 163-164.
13) 통일연구원, 『2009 북한개요』, 통일연구원, 2009, p. 198.

6,000원 정도의 임금을 받게 되었다. 이는 임금의 평균주의를 철폐하고 인센티브제를 도입함으로써 노동의 생산성을 높이기 위한 조치라고 할 수 있었다.

또한 종래 고평가되어온 북한 원화 환율의 경우 달러당 150원 수준으로 현실화하고 수입관세를 2배로 인상하였다. 인상전의 북한화폐의 공식환율은 미화 1달러당 2.16~2.61원이었다. 북한은 2002년 12월 1일 미 달러화 사용을 금지하고 모든 대외 거래를 유럽연합(EU) 단일화폐인 유로화만을 사용하겠다고 발표했으나, 달러화도 혼용되고 있었다.

북한의 이러한 가격 현실화 조치는 이중가격제와 저가격유지로 인한 국가 재정부담을 줄이고 재정의 재원확보, 생산활동의 정상화 차원에서 시행되었다.

3. 경제관리의 후속조치

1) 종합시장 허용

'7.1조치' 이후 당국은 계속적 추진의지를 피력하면서 후속조치 마련에 주력했다. 2003년 신년 공동사설을 통해 북한은 '지속적인 경제관리 개선'을 중점과업으로 설정하였으며, 박봉주 내각총리 역시 경제관리 개선을 위한 새로운 국가적 조치들을 적극 이행할 것이라고 강조하였다.

북한은 2002년 12월부터 공식공급망의 능력부족으로 시장의 보완적 기능을 수용하기 시작하였다. 7.1조치 초기에 국영상점망을 강화하고 농민시장·장마당을 통제하려 하였으나, 물자공급부족으로 인해 12월 초순부터는 장마당에서 농산물외에 공산물 거래까지 허용하기 시작하였다. 이러한 추세를 반영한 것이 종합시장의 개설이었다.

북한은 2003년 3월 김정일의 지시로 농민시장을 종합시장으로 확대하고 시장의 운영방식을 사회주의 경제관리체계로 전환했다. 국가계획위원회 최홍규 국장은 그 해 4월 2일 조총련 기관지 조선신보와의 인터뷰에서 "지난 3월말부터 평양에서도 각 구역마다 있는 농민시장을 시장으로 부르게 됐다"며 "농산물만이 아니라 각종 공업제품도 거래되고 있는 실정에 맞게 이름을 고친 셈"이라고 밝혔다.14) 그는 "나라에서는 시장을 통제의 대상으로 보지 않고 사회주의 상품유통으로 인정하고 있다"며 "명칭변경은 시장이 사회적 수요를 충족시키는 공간으로서 제대로 기능하도록 나라가 보다 적극적인 관리정책을 실시해 나가자는 의지의 표현"이라고 말했다.15)

2) 인민생활공채 발행

7.1조치는 많을 돈을 필요로 했는데, 국외로부터 들여오는 것은 북미관계 경색과 특히 이라크 전쟁 등으로 어려움에 처하게 되었다. 이에 북한은 최고인민회의 제10기 6차 회의에서 내각에서 내놓은 '인민생활공채발행' 법령을 통과시켜 재원을 염출하려했다. 실제로 북한에서는 "사회경제건설에 필요한 방대한 자금수요를 원만히 보장하기 위해 모든 부문에서 수입원천을 최대한으로 동원하기 위해 인민생활공채를 발행했다"16)고 하였다.

북한의 내각은 2003년 3월 27일에 인민생활공채발행을 공고하였다. 공채는 국가가 책임지고 그 상환을 담보하는데, 이는 나라의 부강 발전과 인민들의 복리증진에 이바지한다는 것이었다. 구체적인 내용은

---

14)『증보판 북한연감』, 연합뉴스, 2004, p. 173.
15) 위의 책.
16)『로동신문』2003. 5. 4.

'인민생활공채는 2003년 5월 1일부터 2013년 4월 말까지 10년을 유효 기간으로 500원권, 1000원권, 5000원권을 발행했다. 공채는 추첨에 의한 당첨금과 원금을 되돌려주는 방법으로 상환한다. 추첨사업은 2003년부터 2년 동안은 6개월에 한번, 그 다음부터는 1년에 한번씩 진행한다. 추첨에 당첨되지 않은 공채원금은 2008년부터 일정액씩 전부 상환한다'는 것이었다. 어찌 보면 일종의 복권사업을 하겠다는 것으로, 2003년 1차 공개추첨은 12월 25일 진행되었다. 조선중앙TV는 1차 추첨에서 500원권 1000원권 17개, 5000원은 13개의 번호를 각각 추첨해 총 10만 1,900원의 원금과 당첨금을 돌려주었다고 발표했다.

당시 북한에 거주했던 북한이탈주민들의 증언에 따르면 자신들은 무엇인지 알지도 못하고 급여에서 일괄적으로 공채비를 공제했다고 한다. 인민생활공채는 복권식으로 운영되었기 때문에 자발적인 면도 없지 않았으나, 급여를 받는 주민들에게 강제로 구입하게 함으로써 재원을 염출하려는 측면이 강했다.

4. 실리사회주의

북한은 "사회주의 경제관리를 개선, 완성하는데 틀어쥐고 나가야 할 종자는 사회주의 원칙을 확고히 지키면서 가장 큰 실리를 얻을 수 있도록 하는 것이다"[17]라 하여, 경제정책의 방향이 실리에 있다는 것을 강조하였다. 2002년 7.1조치 이후 경제개혁을 놓고 『조선신보』에서 처음으로 '실리 사회주의'라는 용어가 등장하였고, 김정일 체제를 분석하기 위한 용어로 사용하였다. 실리사회주의라는 용어가 등장한 이후에 북한은 속도와 시기가 문제일 뿐 큰 방향에서는 실리에 기반한 개혁

---

17) 『로동신문』 2001. 10. 22

을 기정사실로 받아들였다. 구체적으로 "모든 문제를 새로운 높이에서 풀어가야 하는" 발상의 전환이 요구된다고 하면서 경제활동의 최우선 목표를 '실리사회주의'에 둘 것을 강조하였다.18) 물론 실리사회주의 라는 말을 쓰지 않았을 뿐 대남관계에서 실리적인 모습을 취하였다. 김대중 정부 출범 이후 북한은 남한과 당국간의 관계개선하지 않았으나, 민간차원의 경제협력은 비교적 활발하게 진행하는 이중정책을 취하였다. 정상회담을 받아들인 의도를 분석해 보면 이러한 측면이 존재하였다.

북한은 실리사회주의를 "사회주의의 원칙을 지키는 가운데 가장 큰 실리를 추구하는 것"으로 정의하였다. 즉, 경제계획을 계속 유지하면서도 각 경제단위들은 수익성 제고에 목표를 두고 경제활동을 해야 한다고 제시하였다. 수익이 나지 않는 낡은 생산공정은 대담하게 들어내거나 폐기 처분할 필요가 있다고까지 언급했다.19) 2003년 9월 최고인민회의 제11기 1차 회의에서 내각총리로 선출된 박봉주는 "사회주의 원칙과 실리의 원칙에서 경제관리방법을 끊임없이 완성하고, 경제관리 개선을 위한 새로운 조치를 적극 이행할 것임"을 강조했다. 북한의 경제를 총 책임지고 있는 내각총리가 실리원칙을 강조하면서 변화를 추구하겠다고 선언한 것이었다. 북한에서 실리사회주의에서 사회주의 원칙을 강조하고 있지만, 분명 계획경제와 시장경제의 병존을 의도하는 방향으로 경제정책을 변화시켜 나갔다.

7.1조치는 기존사회주의 개혁시스템과 비교하면 진전된 개혁조치였다. 7.1조치 이후 북한에서는 과거에 금과옥조처럼 여겨졌던 자력갱생의 개념에서도 일정한 변화를 보이기 시작했다. 그리고 이러한 것은

---

18) 통일부 통일교육원『북한이해』, 통일부 통일교육원, 2004, p. 179.
19) 위의 책, p. 180.

7.1조치의 구체적인 시행과정에서 나타났다. "이익을 실현하는데 복무
하지 못하고 경영손실을 내는 그 어떤 경제활동도 자력갱생으로 정당
화 될 수 없고" 여기서 더 나아가 실리가 보장되지 않는 사업은 이미
하고 있는 일이더라도 그만두어야 한다는 강조한 것은 실리사회주의가
무엇을 말하지는지를 알 수 있다.

북한은 실리사회주의를 경제발전 노선에만 국한하여 이야기하고 있
었으나, 실제 성과있는 실리를 얻기 위해서 경제적인 측면을 뛰어 넘
어야 했다. 실리사회주의는 타 분야의 변화와 맞물려 정치, 경제, 외교
를 관통하는 북한의 신 발전전략으로 자리 매김되었다.[20]

북한은 강성대국론에 입각한 경제대국을 위한 지침으로 실리사회주
의를 강조하였다. 이를 선군 중심의 실리사회주의라고 할 수 있었다.
이것은 북한이 국방공업을 우선적으로 발전시키면서 경공업과 농업을
동시에 발전시켜야 한다는 고육지책에서 나온 것이었다. 선군시대 경
제건설 노선은 실리사회주의와 모순되는 것처럼 보였지만 북한의 입장
에서는 한정된 재원으로 국방공업과 민간부문을 동시에 발전시킬 수
없으므로 군수생산부문은 시스템을 통해 국가관리하고, 민간생산부문
은 시장경제기능의 도입을 통해 실리사회주의 노선을 따라 활성화하겠
다는 의도였다.

---

20) 김근식, "김정일시대 북한의 신 발전전략: 실리사회주의를 중심으로," 『국제정치논총』
제43집 4호, 한국국제정치학회, 2003, p. 204.

Ⅳ. 종합시장의 활성화와 시장화 현상

1. 종합시장의 형성

원래 7.1조치의 핵심은 사람들이 생산현장에 돌아오면 원자재와 전력이 공급될 경우 생산활동은 정상을 찾을 수 있다고 보는 데 있었다. 그러나 문제는 원자재와 전력공급이 개선되지 않았다는 점이다. 중화학공장 가동률은 채 회복되지 못한 상태에 있었으며, 실제로 많은 수의 공장이 문을 닫았다. 경공업 공장 가동률은 원자재 수급사정에 따라 들쭉날쭉하였다. 사정이 이렇다 보니 대부분의 경제 단위들이 스스로 벌어서 근로자들의 임금을 책임지게 되었다. 7.1조치에 의하여 부여된 공장과 기업소에 자율권은 개별기업들이 어떻게든 자체적으로 돈을 벌어서 종업원들에게 임금을 주도록 하는 조치가 된 것이다. 기업소들은 자구책으로 생산과 유통에서 시장의 원리에 따라 돈벌이에 나서게 되었다.

7.1조치는 계획경제를 보완하고자 하는 차원에서 이루어진 특단의 조치였으나, 시장경제활동을 확대시키는 결과를 가져왔다. 농민시장은 북한의 계획경제의 보완으로 형성되고 발전되어왔으나, 심각한 경제난으로 국가 상업망의 마비로 그 기능이 확대되었다. 장마당의 활성화가 북한의 경제구조를 이중적으로 형성하게 했을 뿐만 아니라 시장경제로의 이행을 선도하였다. 임금과 물가를 대폭 인상하였고, 국정가격이 장마당 가격과 비슷한 수준이 되었다. 물가는 계속 오르고 국영상점 활성화가 무의미해 지면서, 북한 당국은 장마당에 대한 오락가락한 정책에서 12월 초순부터 장마당에 대한 공산품 거래를 다시 허용했다.

이렇게 계획경제에 의한 관리가 어렵게 되자, 사회주의체제의 큰 틀을 벗어남이 없는 범주에서 경제회복을 위한 특단의 조치로 종합시장을 인정하였다.

시장의 합법화로 종합시장을 국가경제의 일부로 인식하게 되고 생활필수품을 구입하려는 주민들의 이용이 늘었다. 이렇게 되면서 평양은 물론 지방의 주요지역마다 시장이 형성되었다. 북한의 시장을 외형적 측면에서 관찰하자면 다양한 형태로 시장 공간이 변화하였다. 당국이 본격적으로 시장에 관여하게 되면서 대규모 투자가 이루어지고 전국의 시·군·구역 단위까지 시장의 현대화가 추진되었다. 김정일은 당시 "지금 있는 시장들을 규모있게 꾸리는 한편 새로운 시장들을 건설하여 주민들의 편의를 보장할 것"을 지시하였다.

기존 시장을 증설하여 종합시장으로 형성하거나 다시 신축하는 양상을 보였다. 평양시의 경우 락랑구역에 부지 6천㎡ 규모의 통일시장을 조성하였는데, 전체 종합시장의 수는 거의 50개에 달했다. 지방의 경우도 각시·군별로 1~2개의 종합시장을 개설해 전국적으로 300여개의 종합시장을 조성하였다.[21] 종전까지의 시장이 아니라 간판을 달아 다른 건물과 구분되는 시장건물이 생겨나고 매대마다 번호가 부여되기도 하였다. 일부 평양중심 시장건물은 대형화되기도 하였다. 시장상인은 시장관리소에 시장사용료와 소득에 대한 납부금을 내고 종합시장에서 장사를 하였다.[22]

북한의 종합시장의 매대 95%를 개인에게 임대하여 이들로부터 시장이용료와 국가납부금을 받는 형식으로 관리하였는데, 개인들의 장사품목이 많아지고 대규모화되면서 대규모 종합시장 및 일종의 대규모

---

21) 『증보판 북한연감』, p. 173.
22) 정은이, 앞의 글, 2011, pp. 235-236.

물류단지도 형성되기에 이르렀다.23) 종합시장 정책으로 시장에서 유통되는 품목의 범위가 농산물·토산품에서 공산품으로까지 확대되었다.

시장 참여의 주체도 개인에서 기업에 이르기까지 다원화되었다. 영업이 부진한 국영상점은 기관·기업소 등에 임대할 수 있도록 함으로써 국영상점과 일반상점의 형태가 이원화되었다. 이는 일반주민들의 종합시장 의존도를 심화시키는 결과를 가져왔다. 종합시장으로 기능이 확대되면서 농민과 일반주민들은 물론 공장·기업소도 생산한 공산품을 시장에 내다 파는 등 상거래 행위가 급속도로 확산되었다. 물론 공장이나 기업이나 생산한 물건을 전부 시장에 파는 것은 아니고 계획에 의하여 부가된 초과 생산량이나 부산물의 시장판매를 30%범위 내에서 허용하고 있었다. 상거래 행위가 확산되면서 시장에서 물품을 판매하는 개인이나 공장기업소는 시장을 운영하는 시 당국에 자릿세를, 국가에는 소득에 따라 국가납부금을 납부하는 새로운 경제 시스템이 생겨났다.

2. 시장화 현상과 상행위

1) 시장화 속의 주민들의 삶

시장확대는 주민들의 생활을 바꿔 놓았다. 공장이나 기업소 등에 출근하지 않던 주민들 처벌정책이 완화되었고, 당국은 여성에 한정하여 시장에 참여를 허용하였다. 그러나 공장과 기업소들이 시장에 참여하는 상황에서 남성들도 가정의 생존을 위한 대책이 세워져야 했고, 여기에는 노동 불능자로 판정을 받은 사람들뿐만 아니라 정상적인 사

---

23) 권영경, "경제관리개선조치 이후 북한의 경제관리운용 실태에 관한연구,"『북한연구학회보』제13권 2호, 북한연구학회, 2009, p. 43.

람들의 참여도 암묵적으로 이루어 졌다. 공장이나 기업소의 노동자들이 사업장 대신 시장에서 장사를 하고 일정 수입금을 납부하였다. 당국의 정책의 근본적인 변화보다는 제도 내에서 암묵적으로 통용 내지는 허용되면서 간부와 관료들의 결탁현상이 야기되었고, 이것은 아이러니컬하게도 시장을 더욱 확대시키는 결과를 가져왔다.

이렇게 되면서 북한 주민들의 의식과 행위양식은 시장주의적 실상에 적응해가고 있는 것으로 보였다. 북한에서 주민들의 서로의 인사가 '어떤 장사하느냐?'하는 정도라고 하는 것은 이러한 단면을 보여주는 것이었다. 이렇게 되면서 시장에 뛰어들어 장사하는 사람들은 '위대한 장군님이 우리의 생명이시다'가 아니라 '돈이 우리의 생명이시다'라고 바뀌어가고 있었다. 인민대중들의 가치관이 변하고 충실성의 척도가 달라지면서, 새로운 가치관으로서 돈을 중시하는 인식은 장사에 대한 깊은 신뢰로 이어졌다.

당시에 탈북한 한 주민은 북한의 시장을 다음과 같이 표현하였다. 즉, "북한통치자에게 시장은 눈에 든 가시같은 장애물이지만 서민에게는 둘도 없는 생활의 보금자리고 가냘픈 생명줄이다. 이제 북한의 시장도 15년 넘게 역사가 쌓여 제법 세분화되고 없는 상품없이 다양해졌다. 북한사람들은 시장좌판을 두 번째 집이라고 한다. 시장은 그들의 목숨을 지켜주었을 뿐만 아니라 지금껏 나라에서 주지 못한 유족함을 자기 힘으로 성취하게 해주었다. 그리고 온 나라가 실업자나 다름없는 상황에서 일거리를 제공한 둘도 없는 직장이기도 하다. 또한 자기 손으로 벌어 자기 가족을 지킨다는 인간다운 자부심을 갖게 하는 정신적 지탱점인 것이다"라고 하였다.[24] 당국에서 배급은 나오지

---

24) 이 글을 쓴 사람은 탈북자로 2008년 입국했다고 되어 있다. 문지영, "북에서 장사하기: 다시 되돌릴 수는 없다,"『탈북지식인들이 말하는 북한사회』겨울호, 2009. 1, p. 8.

않으니 자신이 벌어야 가족의 생계를 유지해 갈 수 있었다. 공장은 돌아가지 않아 출근해보았자 월급도 받지 못하니, 장사에 뛰어들어 각자가 돈을 벌어야 한다는 생각을 하게 되었다. 직장이탈자가 늘어가게 되었고 개인생산이 확대되었다.

국가의 재정능력이 고갈되면서 국가에서는 자력갱생이라는 구호 하에 개인별, 단위별, 지역별로 자립할 것을 요구하고 있는 상황이 이를 부채질하였다. 이는 비공식적인 시장활동 영역이 '합법적 사경제'영역으로 이동하는 것을 의미하는데, 이는 당국이 공식적으로 승인하는 형태가 아니라 암묵적으로 이루어졌다. 국가에서 배급을 줄 것이 없으니 생산을 자체적으로 해결하라는 방침으로 독자생존체제로 가는 것이었다. 공장 기업소에서는 종업원에게 줄 월급을 벌기 위하여 직장에서 종업원과 합의하여 개개인에게 장사를 내보냈다. 한 달에 일정액수를 벌어서 납입하는 조건으로 장사를 내보내는 것이다. 장사 밑천이 있는 사람 선발, 병가 형식 등으로 공장기업소가 주도적으로 종업원을 외부에 내보내 돈을 벌어오게 하는 방식으로 바뀌었고, 이러한 조치는 장사를 더욱 성행하게 하고 부익부 빈익빈의 결과도 가져왔다.25) 이렇게 야기된 빈부의 격차는 사회적인 문제로 대두되고 있는 실정이었다. 경제난이 가져온 사회적인 문제의 하나는 힘 있는 관료들이나 통제요원에게 뇌물을 주는 것이 일반화되었다. 이것이 북한에서 장사와 시장요소가 확산되는 요인이었고, 상층부에서 아무리 비사회주의 요소를 근절하라고 지시를 내려도 근절되지 않는 이유였다.26)

시장공간이 확대되면서 주민들의 비임금소득의 원천은 단순한 상행

25) 서재진, 『북한의 경제난과 체제 내구력』 연구총서 07-03, 통일연구원, 2007, p. 21.
26) 이 같이 공적 부분의 종사자와 장사하는 사람들이 결탁하여 공생하는 것이 보편화되고 있는 것이다. 심지어 기차표도 뇌물을 주어야 사고, 모든 것이 돈이면 통한다는 생각이다.

위를 하는 수준을 넘어섰다. 임금노동, 서비스노동, 뇌물, 횡령, 매춘, 고리대금업, 달러장사, 숙박업, 밀주·가내수공업 등 그야말로 상품화 될 수 있는 모든 영역에 걸쳐서 확산일로에 있었다. 시장의 확산은 부를 재편하는 결과도 가져왔다. 중국을 드나들며 장사하는 수입품 상인들은 10만 달러는 기본으로 가지고 있어야 하고, 중간 도매를 하는 사람들도 어느 정도의 자본이 확보되어 있었다. 이러한 사람들로 구성된 새로운 계층의 사생활은 개인과 집단과의 관계에서 집단과 유리된 개인의 독립성을 추구하게 되고, 개인의 존재에 몰두하게 되는 '개인적 자아'의 출현을 가능하게 하였다.27)

북한 사회를 변화시키고 있는 요인 중 중요한 것은 시장화 경향이었다. 북한에서 주민들은 여러 가지 이유 때문에 장사에 종사하게 되었다. 이렇게 되면서 일상생활에서 돈은 이념을 대체하는 매개자가 되면서, 개인주의 성향이 확산되었다. 시장화가 개인들의 삶을 변화시켜 놓았다.

2) 시장의 각종 행위자

당국의 승인만 받으면 공장이나 기업소, 기관들과 무역회사들도 외화벌이에 직간접적으로 참여한다. 이렇게 정부의 승인을 받은 기관들이 무역회사를 운영할 수 있었으나, 달러가 없으면 외부에서 물자를 수입해 들여 올 수 없었다. 그러므로 자연히 시장과 연결되고 돈이 많은 장사를 영입하기도 하였다. 이들은 공식적으로 외화벌이 사업을 할 수 있었다. 이렇게 되면서 돈주로 대표되는 고리대금, 혹은 대부자금이 활발하게 활동하였다. 또한 외화벌이 사업을 중심으로 상업자본도

---

27) 함택영·구갑우, "북한의 공(公)과 사(私): 이론화를 위한 비교," 『북한 도시주민의 사적 영역 연구』, 서울: 한울아카데미, 2008, p. 32.

커지고 있으며, 옷·신발·담배 등의 제조업 규모도 커지면서 산업자
본이 싹트는 현상까지 나타났다.28)

종합시장은 시장참여의 주체를 개인에서 기업에 이르기까지 다원화
시켰다. 무역회사도 종합시장 영역에 들어왔다. 무역회사가 종합시장의
1차 도매기능을 담당하였다. 무역회사들은 물류창고를 만들고 이를 중
심으로 물류교류시장이 생겨났다. 전국의 각지의 돈주들이 무역회사
물류창고로 몰려들어 상품을 차판으로 대량 도매해가고, 이는 다시 전
국시장의 거간에 넘겨지고, 거간은 다시 시장에서 앉아 파는 소매상인
들에게 도소매로 넘겨졌다.29)

이렇게 많은 사람들이 시장에 참여하면서 다양한 행위 주체들이 생
성되었다. 시장네트워크의 확산으로 다양한 행위자가 상행위에 종사하
게 된 것이다. 시장에는 돈주와 앉은장사, 중간상인인 거간꾼과 데꼬,
달리기상인(도매상인), 정주상인(소매상인, 매대상인)과 메뚜기상인들이
있다.30) 이렇게 장사에 종사하는 사람들은 복무원, 군인, 간부, 사무원,
의사, 교원, 주부 등 다양한 층을 이루고 있다. 이들은 생계를 꾸려나
가기 위하여 닥치는 대로 장사에 뛰어들었다.

상술한 바와 같이 경제난으로 공장가동이 어려워 출근을 하여도 월
급이나 배급을 제대로 받을 수 없게 되자 각자 돈을 벌어야 한다는
생각이 지배적이었다. 7.1조치 이후 공장과 기업소의 자율권 부여는
개별기업들이 어떻게든 자체적으로 돈을 벌어서 종업원들에게 임금을

28) 김보근, "북한상인계층과 자본의 형성,"『한반도, 전환기의 사색』2008년 북한연구학
회·통일연구원·고려대 북한학연구소 공동학술회의 논문집, 2008, p. 60.
29) 이석기·양문수·정은이,『북한 시장실태 분석』연구보고서 2014-738, 산업연구원,
2014, p. 19.
30) 정은이, "북한의 자생적 시장 발전연구: 1990년대 '고난의 행군' 이후를 중심으로,"『통
일문제연구』제21권 2호, 평화문제연구소, 2009. pp. 172-184. 이 논문 제4장 "상인계
층의 출현과 유통분업"에는 다양한 상인계층과 그들이 어떻게 장사를 하는지를 상세하
게 설명하고 있다.

주도록 하였다. 기업소들은 자구책으로 생산과 유통에서 시장의 원리에 따라 돈 벌이에 나서게 되었다. 또한 개인 땅이 있어야 한다는 생각에 땅을 개간하여 뙤기밭을 가지게 되었다. 개인이 개간한 땅은 땅세는 내지만 자신이 점유하였다.31) 여기에서 생산된 생산물도 시장에 내다 팔면서 또 다른 상행위자가 되었다. 팔 수 있는 것이면 무엇이든지 가지고 나와 팔고, 사람이 모이는 곳이면 장이 섰다. '돈만 있으면 무엇이든지 구할 수 있다'는 말은 북한에서 일반적으로 통용되는 사실이었다.

북한의 시장현상에서 주목해야 할 부분은 노동시장이었다. 북한의 시장에서 자본주의의 가장 핵심적인 요소인 임노동 관계가 형성되었기 때문이었다. 상업부분에서 상점 주인과 상점 노동자, 수산업에서 선박 소유주와 노동자 사이의 고용과 피고용의 관계가 나타났다. 이러한 임노동관계는 비공식적인 관계에서 나타나고 있었지만 일부는 합법과 불법의 모호한 경우도 있었다.32)

종합시장을 중심으로 한 시장화의 진전은 사람과 상품의 이동에 수요를 크게 증가시켰다. 주력 수송수단인 철도가 주민들의 수송수요를 충족시키지 못하는 상황에서 등장한 것이 '써비차'였다. 북한지역에서 상대적으로 많이 운행되던 화물차나 군용 트럭 등이 소위 써비차의 형태로 여객과 화물의 수송서비스를 담당하였다. 사적인 운수서비스는 부정기적이며, 상품 몰수 등의 위험을 안은 채 사용되었다. 그러나 시장화가 진전됨에 따라 점차 수송에 대한 수요가 들고, 개인들이 중국 등지에서 버스 등 여객과 화물을 나를 수 있는 적절한 수송이 들여와

---

31) 김창희, "북한 사회의 시장화와 주민의 가치관 변화,"『한국동북아논총』제14권 제3호, 한국동북아학회, 2009, p. 91.
32) 양문수, "북한경제의 전망," 김연철 외, 『북한, 어디로 가는가?』, 서울: 플래닛미디어, 2009, p. 321.

버스가 중장거리 수송의 핵심으로 발달하였다.33)

Ⅴ. 시장의 통제 양상과 정치사회적 해결

1. 실리사회주의의 좌절

7.1조치와 북한의 실리사회주의는 계획경제의 정상화 조치라는 부정적인 평가에도 불구하고, 북한의 계획경제를 개혁하려는 것이었음은 부인할 수 없었다. 분명히 북한에 나타난 현상은 계획과 시장의 공존 혹은 관료적 조정양식과 시장적 조정양식의 공존을 허용하는 것이었다.34)

7.1조치 이후 2003년 9월 신임총리로 선출 된 박봉주는 김정일에게 높은 신임을 받고 경제정책에 관한 상당한 재량권을 부여 받았다. 그러나 2004년 박봉주 총리가 건의한 '내각 상무조'의 급진개혁안이 시장경제 도입을 타진하고 유통체제개혁과 금융개혁을 담고 있는바, 결국 당의 반발을 사게 되면서 2006년 직무정지 이후 2007년 해임되고 말았다.35) 이상과 같이 개혁의 성과가 부진하자 개혁의 속도를 조절하는 양상을 나타났고, 결국 박봉주 총리의 실각으로 이어지면서 실리사회주의의 후퇴로 이어졌다.

북한시장이 종합시장의 단계에 오면서 주민들은 과거의 고난의 행군시대를 교훈 삼아 스스로를 지킬 수 있는 것은 당국이 아니라 자신뿐이라는 생각이 더욱 강해졌다. 어찌보면 이것인 일반 주민들만의 문

---

33) 이석기·양문수·정은이, 앞의 책, pp. 131-132.

34) 김근식, "북한 '실리 사회주의'의 추진과 좌절,"『북한연구학회보』제14권 2호, 북한연구학회, 2010, p. 9,

35) 위의 책, pp. 13-14.

제는 아니었고 당·정의 일꾼사이에도 만연되어 개인축재에 매진하는 결과를 가져왔다. 이러한 비사회주의 현상을 단속하고 색출하기 위하여 중앙당에서 파견된 관리들 자체도 부정축재를 위하여 권력을 남용하였다. 시장의 확대와 일반시민의 생존의지와 더불어 이와 결탁한 부정부패의 경제팽창은 당국의 시장에 대한 억제조치를 실시하게 된 주요 원인이었다.

결국 실리사회주의는 선군과 동거하는 실리였다. 체제유지와 사회주의원칙의 고수라는 정치인식이 전제된 하에서 최대한으로 실리를 얻으려는 제한적 경제관리조치였던 것이다. 경제적으로는 실리를 추구하는 한편 정치사상적으로는 이를 철저하게 통제하고 사회주의체제를 고수하고자 '실리'와 '선군'의 결합을 시도했던 것이다. 그러므로 실리사회주의는 성공할 수 없는 구조적인 한계를 안고 있었다.

2. 시장의 통제

실리사회주의에 바탕을 둔 선군경제발전전략의 수단적 정책은 2005년까지 적극적으로 시행되다가, 2006년 이후 계획적 관리를 강화하는 방향으로 나갔다. 이렇게 계획경제를 재강조하였지만 운용실태를 계획과 시장의 '혼합형'시스템으로 작동되고 있었다.[36) 시장이 합법화되면서 북한경제의 시장화 현상은 급격하게 확산되었다. 시장에서의 활동을 통해서 국가의 재정적 지원이 중단된 기관, 기업소·공장 등의 명맥이 유지되었으며, 부분적으로는 경제활동에 대한 최소한의 기반을 마련했다.[37) 그러나 당국의 입장에서 볼 때 부작용 또한 만만치 않았

---

36) 권영경, 앞의 글, p. 27.
37) 임강택, 『북한경제의 시장화 실태에 관한 연구』 연구총서 09-04, 통일연구원, 2009, p. 176.

다. 시장을 통한 경쟁이 심화되는 가운데 소득격차가 심화되어 새로운 부유층이 탄생했고, 이는 갈등의 요인으로 작용하였다. 또한 당국의 통제를 벗어난 시장의 영역과 기능의 확대는 주민들의 사상약화 요인이 되었다.

당국은 2006년부터 종합시장에서의 장사연령, 장사품목, 개장시간에 대하여 조금씩 통제를 가해오다가, 다음해에 들어서서부터는 종합시장에서 장사할 수 있는 연령 및 장사품목들의 제한 등 구체적인 억제조치를 취하였다. 시장에서 장사하는 사람이 많아지자 자연스럽게 출근율 저하를 가져왔고 노동력 손실로 연결되었다. 당국은 사업소나 공장이 돌아가지 않는 것도 바로 노동력이 부족하기 때문이라고 하였다. 이를 해결하는 방법으로 당국은 시장화 현상에 제재를 가하였다. 중국에서 들어오는 물품을 통제하는 한편, 시장에서 쌀 거래를 금지하고 외화의 직접적 사용도 통제하였다. 그러나 주민들은 살기 위해서 장사를 해야 하는 것을 당연하게 받아들이고 있는 현실이었다.

<표 2-2>에서 보는 바와 같이 2007년부터 본격적으로 시작한 당국의 시장에 대한 통제는 화폐개혁이전까지 지속되었다. 당국은 대대적인 단속과 통제에 들어가 12월에는 50세 미만 여성의 시장행위를 금지하기도 하였다. 종합시장을 과거 농민시장으로 환원하려는 조치를 시행하려고 하였다. 그러나 종합시장의 농민시장으로의 환원시도는 자재공급체계와 배급제 복원이 안되는 현실에서 불가능한 시도였고, 지방행정기관들과 주민들의 반발만 초래하고 말았다. 당국의 갖가지 통제정책에 대해 말단 기관들은 형식적으로 시행하는 척하며 실제로는 묵인하고 있고, 주민들은 방문판매, 전단지 판매, 메뚜기 장사 등 다양한 방법으로 대응하여 장사활동을 이어가고 있는 현실이었다.[38]

〈표 2-2〉 북한 시장화의 특성과 당국의 관리

시기	시장 유형	형태와 특성	당국의 관리
1994~ 1998	암시장	자생적 시장화 현상, 주민들 소비행위의 2/3정도 시장담당	식량난 등으로 인한 시장 방치
1999~ 2002	장마당	장마당 구역화로 부분인정, 고정설비, 시장관리단속·징세 7.1경제관리개선조치	1998년 헌법개정이후 경제제도 재정비, 인민경제계획법, 불법시장단속, 직장회귀 지시
2003~ 2006	종합 시장	시장합법화, 대형화, '상업부'에 시장사용료, 국가납부금 전문상인등장, 노동력의 상품화	2005년 배급재 재추진 개인고용 금지령
2007~ 2009 화폐 개혁이전	수매상점 종합시장	수매상점, 종합시장 병행 상행위 시간, 품목, 장소제한 종합시장외 경제활동 제한	수매상점으로 종합시장 제약 각종 검열과 처벌
2009. 11.30 화폐 개혁실시	수매상점 국영상점	시장 폐쇄명령 암시장, 물가폭등	외환사용 금지, 교환액 한정
2010. 1 말~	시장묵인	상인 확보한 상품내놓지 않음	식량자급자족 지시
2010. 5 이후	시장허용	시장 재허용	주민자극하지 않는 범위 단속

북한 당국의 시장통제에 대한 강화 노력은 시장화 현상의 지나친 확산을 막고 통제권 내에 두려는 것이었다. 실제로 시장을 폐쇄하려 했지만 국가가 배급능력을 갖추지 못한 상태에서 이루어지면, 오히려 경제적 혼란이 가중되고 더 큰 난관에 봉착할 수 있었다. 다시 말하면 국가분배체계를 복원할 수 있는 수준으로 경제문제가 해소되기 전에는

---

38) 권영경, 앞의 글, p. 45.

시장에 의존해 생계문제를 해결해가고 있는 주민들의 불만을 해소할 수 있는 능력이 없기 때문이었다.

이러한 상황을 엿볼 수 있는 북한 내부의 지시문건이 있다. 다음의 내부문건39)은 북한 당국이 시장의 문제점과 과업을 제시하고 있다. 즉, "시장은 인민들에게 생활상 편의를 주는 장소가 아니라 국가 규률과 사회질서를 문란케 하는 장소 또는 장사군들이 상품가격을 올리고 폭리를 얻는 돈벌이 장소이다"라고 하면서, "시장은 반드시 극복하지 않으면 안되는 비사회주의의 소굴이다"라고 하였다. 구체적인 문제점으로 ① 장사가 시장 밖으로 확대, ② 일할 여성 대부분이 장사에 종사, ③ 장사꾼들의 폭리로 주민이익 침해하고 법질서 위반, ④ 남조선 상품을 이용하여 적에 대한 환상 유포 등이었다. 이러한 문제점을 제기하고 있으면서도 "아무리 발전된 사회주의 공업국가에서도 인민생활에 필요한 상품이나 농산물 등을 전부 국가가 생산 공급하기는 곤란하다"하면서, "발전된 공업국가일수록 농민시장을 상점화하지 않으면 안된다"하여 종합시장이 아닌 다른 방식의 상점을 제시하였다.

북한의 시장화 경향이 가속화되자 종합시장에서 장사할 수 있는 연령 및 장사품목들의 제한하는 외에도 수익률 높은 일반상점의 재(再)국영상점화 등 억제조치를 취하였다. 2007년 '시장의 수매상점'의 방침에 따라 종합시장 맞은 편에 국가에서 운영하는 수매상점이 들어섰고, 여기에서는 종합시장과 차별화된 상품을 팔았다. 즉, 대중화된 상품이 아닌 특정고객을 목표로 한 고가상품을 팔았다.40)

중국에서 물품을 통제는 시장을 위축시키는 역할을 하고, 시장에서

---

39) 2007년 10월에 발표된 로동당 중앙위원회 지시문 '시장에 대한 인식을 바로 가지고 인민의 리익을 침해하는 비사회주의적 행위를 저지하자'를 발췌 요약하고 있다. 윤호우, "북한변화 임계점 도달했다," 『림진각』 2호, 서울: 림진각 출판사, 2008, pp. 83-84.

40) 정은이, 앞의 글, 2009, pp. 182-183.

쌀 거래를 금지와 외화의 직접적 사용도 통제는 시장에서 장사하는 사람들에게는 엄청난 타격을 주었다. 종합시장 이외의 경제활동에 대해서는 예컨대 써비스차(버스)운행에 대한 제한, 서비스업 개인투자활동에 대한 제한 조치가 취해졌고, 무역회사의 구조조정 조치도 단행되었다.41) 이 같이 북한 당국은 시장 억제 정책을 펼쳐 갔으나, 주민들은 살기 위해서 장사를 해야 하는 것을 당연하게 받아들이고 있는 것이 현실이었다.

2008년 말부터 북한의 시장에는 '종합시장을 농민시장으로 되돌린다', '시장을 완전히 폐쇄한다'는 말이 전국적으로 떠돌았다. 2008년 말에 당국은 2009년 1월 1일부터 '종합시장'을 폐쇄하고 과거와 같이 시장에서 농토산물 및 가내수공업품만을 사고 팔도록 거래 품목을 제한하고 수입품이나 공산품은 국영상점 및 직매점 등에서 위탁·판매하게 한다는 파격적인 시장 개편 방침을 발표하기도 하였다.42) 실제로 도인민위원회 상업부에서 문건43)이 나오기도 했는데, 이렇게 시장에서 팔 수 있는 물품은 개인이 생산한 것으로 한정하고, 수입상품이나 국가생산품은 수매상점에 위탁하여 판매한다는 것이었다. 즉, 종합시장을 농민시장으로 전환하는 대신 공산품, 가공식품, 가전제품 등은 모두 국영상점을 통해 판매하겠다는 것이었다.

북한 당국의 단속과 통제로 시장이 위축되는 모습을 보였지만, 눈에 보이지 않는 공간에서 시장은 여전히 유지되어 갔다. "위에서 정책

---

41) 양문수, "북한정부는 시장화를 관리할 수 있는가: 시장화 촉진기와 억제기의 비교분석 결과 및 시사점," 『통일정책연구』 제19권 1호, 통일연구원, 2010, p. 132.
42) 정은이, "북한의 시장경제로의 이행과 체제적응력," 『통일과 평화』 창간호, 서울대학교 통일평화연구소, 2009, p. 156.
43) '국가적 조치에 따라 2009년 1월부터 시장에서 팔 수 있는 상품은 다음과 같다'는 황해남도 인민위원회 상업관리국의 '알림'에는 개인들이 생산한 과일과 농수산물, 채취물 그리고 섬유제품과 건재잡화류만을 판매토록하고 고정판매탁이나 판매자리도 없애겠다는 것이었다. 『림진각』 4호, 서울: 림진각 출판사, 2008, pp. 66~67.

이 있으면 아래에는 대책이 있다"는 주민들의 말처럼 주민들은 갖가지 아이디어를 짜내어 단속을 피해갔다.

3. 시장화 문제의 '구호의 정치' 방식으로 해결 시도

상술한 바와 같이 북한사회에서 1990년대 중반 이후 주민들은 소위 '고난의 행군'을 겪으면서, 생존을 위해 믿을 수 있는 것은 자신뿐이라는 생각이 팽배해 졌다. 국가가 자신의 삶을 지켜주지 못하니 개인의 힘으로 살아남을 수 밖에 없다는 절박함에서였다. 그리하여 북한사회에는 집단주의적 가치관의 약화와 개인주의적 가치관의 증대현상을 특징으로 하는 새로운 사회현상이 발생하였다. 7.1조치 이후 종합시장이 허용되는 등 실리주의 경제생활이 제도화됨으로써 점차 물질주의적 가치관이 개인주의적 가치관의 중심을 차지하고 있음을 보여주고 있다. 새로운 가치관으로서 돈에 대한 인식은 장사에 대한 신뢰로 이어졌다. 또한 당국은 지역자립체제의 일환으로 거의 가동이 되지 않는 공장이나 기업소 등에도 토지세를 부과하자, 이들은 외화벌이와 장사에 종사하게 되었다. 이는 시장화에 의해 추동되는 사적 영역의 형성을 국가가 불가피하게 승인하고 수용하고 있다는 점이다.

물론 장사를 허용한 7.1조치는 시장경제활동을 확대시키기 위한 조치는 아니었고, 계획경제를 보완하기 위한 특단의 조치였다. 결과적으로 공장과 기업소에게 자율성을 부여하면서, 각 기업들은 자체적으로 돈을 벌어서 임금을 지급하라는 조치가 되어버렸다. 배급처럼 현물로 지불하던 노동보수를 화폐로 주면서 시장경제 요소가 도입되었다. 이렇게 되면서 기업소에서 생산한 물품의 일부와 가내 수공업에서 생산한 상품들이 시장에서 판매되었다. 상품과 화폐 관계의 활성화로 화폐의 중요성과 가치가 높아지게 되었다. 계획경제의 공간에 사적 경제행위가 파고들면서, 당국의 통제를 벗어난 경제행위가 활성화 되었다. 이러한 것들은 북한 사회주의의 핵심 가치관인 집단주의적 생활양식이 개인영리주의로 변화되는 것을 의미한다.

시장화와 함께 나타나는 전반적인 이완 요소로 들 수 있는 것은 다음과 같은 것들이었다. 즉, 사회주의 체제의 정당성 훼손, 주민들의 일탈행위 일상화, 간부들의 부정부패, 남한에 대한 적개심의 완화 등이다. 북한이 당국이 이를 바로 잡을 수 있기 위해서는 사회의 시스템 재구축이 필요했다. 그러나 북한 당국의 인식은, 시장화에 나타난 제반 문제는 지도자와 제도에 있는 것이 아니라, 중간급 이하의 간부와 말단 조직에 있다고 판단하였다. 지도자를 포함하여 권력상층부는 잘하고 있는데, 주민들과 하층간부들이 문제를 일으키고 있다는 것이다. 이렇게 현상을 보는 시각과 생각이 다르기 때문에, 당국은 사회통제기제를 사용하여 이를 해결하려고 하였다. 사회통제기제를 활용하여 바로 잡아갈 중요한 것은 개인주의 확산이었다. 그래서 집단주의적 가치관의 약화와 개인주의적 가치관의 증대현상에 대처하기 위하여, 개혁이나 변화보다는 동원의 방법을 택하였다.

북한은 가능하면 시장통제를 함으로써 사적 경제행위를 막으려하고 있다. 개인주의를 만연시켜 북한식 사회주의의 변화를 촉발시킬 요인으로 작용할 수 있기 때문이었다. 그리하여 시장통제행위와 병행하여 강성대국건설, 선군영도, 집단주의, 일심단결, 자력갱생 등의 정치적 재사회화의 내용을 선전선동과 검열을 통하여 주입시켜 나갔다. 2006년 신년공동사설에서는 "온 나라가 하나의 대 가정을 이루고 전체인민이 사회와 집단, 동지를 위하여 헌신하는 우리 사회주의제도의 참다운 우월성을 높이 발양시켜야 한다"라고 한 것은 이러한 것을 보여주는 일면으로 집단주의를 재확립시키고자 한 것이었다.

공장이나 기업소의 가동률 저하에 따른 조직생활의 약화와 이로 인한 집단주의 가치관의 약화를 의미한다. 제도상으로는 정기적으로 정치학습 및 생활총화를 하도록 되어 있지만, 거의 형식적으로 진행될 뿐만 아니라 시간도 오후에서 오전으로 옮김으로써 일과 후 주민들이 부업을 할 수 있게 되었다.44) 그러나 다시 생활총화를 강화해 나가 모습을 보였다. 생활총화는 직장은 물론 가정에서의 모든 생각과 활동에 이르기까지 모든 자신에게서 찾고 수양하도록 장치였다. 사회에서 일어나는 제반 문제를 상호비판과 자아비판을 통하여 바로 잡아가려는 것이었다.

2009년의 신년공동사설에서도 "우리의 무한대한 정신력을 분출시키기위한 정치공세를 드세차게 벌려야 한다"면서, "이색적인 생활풍조가 추호도 허용될 수 없다"고 하고 있다. 당국은 '제2의 천리마 대진군', '2012년 강성대국 건설', '150일 전투' 등을 강조하였다. 북한에서 주민들의 동요와 집단적 해이를 바로 잡을 수 있다고 생각하는 것은 '구호의 정치'였다. 억압기제와 함께 모든 매스미디어나 사회조직을 통하여 강조하고 있는 것이 인민통합이고, 이를 위해 일심단결해야 한다는 것이었다. 북한에서 일심단결의 강화는 2009년 신년공동사설에서 볼 수 있었다.45) 그 구체적인 방안으로 내세우는 것이 집단주의와 자력갱생이다. 이것은 시장화에 의하여 개인주의로 흘러가는 상황을 다시 한번 다잡자는 의지로 풀이되었다. 개인보다는 사회와 집단을 먼저 생각하

---

44) 고성호, "북한 주민의 생활," 『북한의 이해 2009』, 통일부 통일교육원, 2009, p. 246.
45) "일심단결은 우리의 위대한 대고조 력사의 기본 추동력이며 수령과 인민이 하나로 뭉친 힘은 핵무기보다 더 위력하다"고 하여 일심단결을 강조하였을 뿐만 아니라, "수령은 인민을 믿고 인민은 수령을 절대적으로 신뢰하며 따르는 혼연일체", "위대한 장군님만을 이 세상 끝까지 따르려는 고결한 량심과 불변의 신념"이 일심단결의 정신이라고 하고 있다.

고, 일심단결 사상을 통해 체제결속과 경제건설에 대한 헌신을 요구하였다. 북한에서는 "시대가 바뀌어 첨단과학시대가 도래하였어도 자력갱생의 정신을 이어가야 한다"면서, '천리마 대고조'가 북한의 확고부동한 의지라고 하였다. 김보근은 이러한 '2009 천리마 운동'의 정치적 목표는 교육과 선전 등을 병행하면서 당의 조직을 강화하는 것과 시장 허용정책에 따른 부작용 축소하는 것이라 하였다.46)

그러면 의도적 정치사회화는 만연되어 가는 개인주의 성향을 집단주의로 되돌려 놓을 수 있을까? 아니면 북한의 이러한 개인주의의 확산이 집단주의의 대체로까지 발전할 수 있을까? 명료하게 대답을 할 수 없지만, 북한 주민들의 가치관에는 집단주의와 개인주의가 공존하고 있다. 주민들의 가치관에 더 큰 영향을 미칠 것은 정치이기보다는 시장이었다.

VI. 정치적 판단으로 화폐개혁과 영향

1. 화폐개혁 정책

2009년 말 북한은 화폐개혁을 실시함으로써 계획경제 제도의 강화를 시도하였다. 화폐개혁은 북한의 시장화 현상으로 지나치게 커진 시장을 인위적으로 억제하려는 조치였다. 주민들의 가치관 변화에 따른 부작용과 인플레이션 그리고 신흥중산계층의 등장은 체제위협 요소가 될 수 있었다. 이 모든 것이 시장화 현상의 확산에 따른 것으로 보고, 당국은 현상타파를 위한 정책적 수단으로 화폐개혁을 단행하였다.

---

46) 김보근, "북한의 2009 천리마운동과 강성대국전략,"『통일정책연구』제18권 1호, 통일연구원, 2009, pp. 106-08.

어떤 목적을 달성하기 위하여 인위적으로 화폐의 가치를 조절하는 것이 화폐개혁이다. 화폐개혁은 화폐의 액면절하와 화폐교환이라는 두 가지 측면을 동시에 가지고 있다. 자본주의사회를 비롯해 통상적인 경우는 화폐의 인플레이션 수습을 위한 액면절하의 요소가 강하다. 그렇지만 북한의 화폐개혁의 역사는 <표 2-3>에서 보는 바와 같이 화폐교환요소가 더 강하다. 1979년과 1992년 그리고 2009년 화폐개혁 모두 후계체제 구축과 연결되는 시점에서 이루어졌고, 그 목적이 사장된 자금을 산업화하고 통화량을 조절하고 국가재정을 확보하여 후계통치의 안정적 기반을 마련하려는 것이었다.

〈표 2-3〉 북한 화폐개혁 일지

교환시기	1차 1947년 12.6~12.12	2차 1959년 2.13~2.17	3차 1979년 4.7~4.12	4차 1992년 7.15~7.20	5차 2009년 11.30~12.6
교환비율	1 : 1	100 : 1	1 : 1	1 : 1	100 : 1
교환한도 여부	한도설정	무제한	무제한	한도설정	한도설정
화폐개혁 근거	북조선인민 위원회결정 서 제30호	내각결정 제11호	중앙인민위 원회 정령	중앙인민위 원회 정령	내각결정 423호
화폐개혁 의도	일제강점기 발행 화폐교환, 사회 주의 경제체제 토대 구축	6.25전쟁 으로 인한 인플레이션, 산업국유화 재정·금융 토대마련	유휴화폐 회수, 통치자금 확보, 투자재원 확보,	사장통화회 수.화폐제 도의 공고화, 통화량 축소 물가억제	심각한 인플레이션, 후계체제 구축 위한 재정확보, 주민통제

2009년 화폐개혁도 화폐의 이름을 그대로 두고 액면만 100분의 1로 낮춘, 화폐 액면절하의 요소도 가지고 있으나 현실적으로 더 중요

한 것은 신 화폐와 구화폐의 교환이었다. 이렇게 보는 이유는 교환 한
도를 한정하고 있는 점 때문이다. 1992년의 화폐개혁은 화폐 축적과
장마당 경제의 활성화에 대한 대응으로 유휴자본의 산업자본화 대책으
로 보는 것이 타당하다. 주민보유 현금을 일정한도까지만 허용하고 나
머지는 은행에 예금 후 지불하도록 하였으며 기관, 기업소 단체도 필
요한 만큼만 교환하였기 때문이다.47) 암시장으로 유출되어 있던 화폐
를 공식부분으로 복귀시키려는 의도가 있었다. 북한은 중앙인민위원회
정령 발표를 통해 화폐개혁 취지를 "근로자들의 수입이 훨씬 늘어나
고 나라의 화폐유통규모가 커지고 있는 현실에 맞게 화폐제도를 강화
하고 화폐유통을 원활히 하기 위해 화폐개혁을 취한다"고 밝혔다.48)
화폐교환으로 시장의 기능 약화시키려 했지만, 당시에는 시장이 활성
화 되지 않는 상황이었다.

　그러나 2000년대는 시장화가 진행되면서 공적부문에 대한 시장의
잠식이 심각하게 진행되어, 시장활동을 하는 개인에게 더 화폐가 축적
되었다. 이것을 저축이나 인민생활공채 등을 통하여 들어와야 하는데,
돈을 버는 과정이 합법과 불법적 요소가 뒤엉켜있기 때문에 현금으로
보유하고 있거나 외화로 교환하여 가지고 있었다. 그러므로 2009년
화폐개혁은 신구권의 교환과정에서 자연스럽게 개인이 보유하고 있는
현금 규모를 알 수 있었다. 더구나 한도가 정해져 있기 때문에 교환액
을 넘는 화폐는 사장하게 되는 결과를 가져왔다. 당연히 이는 시장 축

---

47) 북한지도부가 선택한 정책을 비교해 보면 1992년 3월 1일 임금상승(북한은 로동자, 기
　　술자 사무원들의 생활비를 평균 43.4% 높이고 사회보장년금을 평균 50.7% 높였다. 그
　　리고 농산물의 수매가격을 높이는 조치를 취하였다) 즉 소득정책, 1992년 3월 20일 가
　　격정책의 현실화(3월 20일부로 대폭적인 물가 인상조치를 취하였다) 그리고 7월 화폐
　　개혁의 수순을 밟은 것이다. 이정철, "북한의 경제체제," 김영재 편저, 『북한의 이해』,
　　서울: 법문사, 2002, pp. 310-311.
48) 『북한총람(1983~1993)』, (사)북한연구소, 1994. p. 409.

소로 이어질 것으로 보았다.

북한에서 화폐개혁은 경제적 측면뿐만 아니라 정치의도와 목적도 가지고 있었다. 화폐개혁은 그동안 이루어진 개혁정책의 후퇴를 의미하고 또한 제4, 5차 화폐개혁이 헌법이 개정된 후에 시행된 것은 후계문제와 연결시켜 생각하지 않을 수 없었다. 제4차는 1992년 김정일의 후계구도가 완전 확립된 상태에서 유휴자본의 사업화와 장마당에 대한 대응이었다. 제5차는 김정은 후계구도가 내부적으로 결정된 상황에서 재원확보와 시장통제를 염두에 둔 것이었다.

2. 화폐개혁의 과정

북한 당국에서 볼 때 사회의 시장화 현상에서 초래된 부작용은 인플레이션과 같은 경제적인 것만이 아니라, 개인주의 만연 등으로 사회주의 체제가 흔들릴 수 있었다. 시장경제의 확대로 개인과 국영기업들의 돈이 국고로 환수되지 않고 이로 인해 국가의 재정이 취약해 졌다. 그런데 북한 당국의 처방은 경제를 살리기 위한 "150전투·100일전투" 등의 동원 방법과 생활총화 등의 교화에 의한 '구호의 정치'였다. 그것의 한계를 극복하기 위한 극약 처방이 바로 화폐개혁이었다.

북한은 계획경제체계 복구를 위한 화폐개혁 및 일련의 새 경제관리 조치를 제기하였다. 당국은 화폐개혁을 전후로 계획경제 시스템 강화, 국가 재정수입 확대, 자력갱생 독려 그리고 개인들의 시장경제활동차단, 기관·기업소·농장에 대한 당국의 통제를 강화하였다. 이러한 조치들은 화폐개혁을 위한 준비 작업이었고, 11월과 12월에 제정되거나 개정된 양정법, 노동정량법 등 11개의 법률은 이와 관련되어 있었다. 또한 세관이나 외화 벌이 기관에 대한 검열은 화폐개혁 전에 시장 도

매상인들의 외화교환 방지와 내부 축적 물건들의 유출을 막기 위한 것이었다.49)

북한이 2009년 11월 30일 단행한 북한 화폐개혁의 주요 내용은 구화폐와 신화폐를 '100대 1'로 교환해주고, 1세대당 구화폐를 10만원까지만 교환해주되, 추가 1인당 5만원씩 더 교환할 수 있도록 하는 것이었다. 여기에 추가 10만원은 '1000대 1'의 비율로 교환해 주고, 나머지는 은행에 적금식으로 예치해 추후 신화폐로 인출하도록 한다는 것이었다. 그러나 이 같은 방침에서 교환의 양은 몇 차례에 걸쳐 시정되지 않을 수 없었다.

북한에서 화폐개혁은 형식상 내각결정(제423호)에 의하여 이루어졌다.50) 각 동사무소를 통해 인민반별로 화폐교환 방침이 전달되었다. 당국이 내놓은 화폐교환을 실시하는 이유로 들고 있었던 것은, '인민생활 안정과 향상', '경제관리체계와 질서를 확립', '노동보수를 받는 근로자 우대' 등이었다. 북한이 이렇게 전격적으로 실시한 경제적 배경은 상술한 바와 같이 시장의 기형적 확대와 거래에 있었다. 북한은 시장활동의 확대를 통해 '화폐화 현상'이 지나치게 확산됨에 따라 '사회주의경제관계'가 침식되고 있다고 인식했던 것이다. 실제로 북한의 높은 인플레이션은 경제난으로 인한 생산부족에 기인한 것으로, 국가의 생산기반이 무너지자 배급제가 붕괴되고 자연적으로 계획경제의 공백을 메우기 위해 시장이 확대되면서 발생한 것이었다. 시장의 확대는 화폐기능을 복원시켰고, 이같은 화폐화 현상은 통화량 증가가 시장에서 인플레이션을 유발시키는 결과를 가져왔다.

---

49)『북한농업동향』 제12권 제1호, 한국농촌경제연구원, 2010, pp. 70-71.
50) 423-1호: '인민경제생활의 안정을 위하여', 423-2호: '경제관리체계와 질서를 바로잡기 위하여'이다.

3. 화폐개혁의 정치·경제적 의도

1) 후계문제 연결과 사상강화

북한 화폐개혁을 정치적인 측면에서 조명해 보면, 가장 중요한 것이 후계체제 구축을 위한 경제기반을 조성하기 위한 것이었다. 2008년 김정일의 건강에 이상이 생긴 이후 후계자 내정작업이 은밀하게 진행되어, 김정은의 생일인 2009년 1월 8일에 그를 후계자로 내정하였다. 4월 헌법을 개정하여 국방위원장을 강화하면서 종전 국가 주석과 같은 지위와 권한을 부여한 것은, 김정일 체제를 확고히 하고 후계체제를 다지기 위한 포석으로 볼 수 있다. 김정일의 매제인 장성택을 국방위원으로 발탁한 것도 이와 무관하지 않았다. 그런데 후계체제 구축을 위해서는 정치 권력구조의 확립과 병행되어야 할 것이 경제기반 조성이었다. 인민들의 먹고사는 문제를 해결하고 그들로부터 호응을 얻어내는 것이 중요한 것이었다. 시장화현상으로 야기된 여러 가지 문제를 해결함으로써, 인민들의 생활을 정상적으로 되돌려 놓아 후계자의 업적을 쌓으려 했다. 화폐개혁을 통해 먹고사는 문제를 해결함으로써 정권기반을 강화하고, 후계체제를 공식화하기 위해 강력한 통치체제를 확립할 필요성이 있었다.51)

1980년대 초반 '김일성 영도, 김정일 관리'가 진행되었던 때와는 상황이 달랐다. 어쩌면 그 중심에는 시장화에 따른 주민들의 가치관의

---

51) 재정확보수단으로 은행이 동원되어야 하지만 북한에서 주민들은 예금을 하지 않는다. 탈북자들을 대상으로 한 조사에 따르면 평생동안 은행거래를 한 번 이상 해본 사람들의 비중은 전체 응답자 중 5%에 달한다고 한다. 그렇다고 계속 발권 할 수 없으니, 내정 1년차 후계자 업적을 쌓기 위한 필요한 자금준비는 주민들의 예금에 의해서가 아니라, '09 화폐교환'과 같은 정치적 회수방법에 의거할 수 밖에 없었던 것이 북한의 현실이다. 『임진각』 7호, 임진각 출판사, 2010, p. 56.

변화가 존재한다고 볼 수 있다. 화폐개혁을 후계체제 구축과 연결시켜 분석할 수 있는 이유는 화폐개혁이 소수의 신흥 중산계층의 화폐자산을 몰수하는 방편으로 작용하고, 다수의 노동자나 농민에게는 교환 전 임금과 생활보조금을 지급하는 조치를 취한 것이었다.[52] 신흥 중산계층을 희생양으로 삼아 다수의 노동자나 농민계층의 지지를 확보해 보려는 의도였다. 화폐개혁이 후계체제구축을 위한 민심잡기, 즉 전 인민적 추대를 위한 정치적 용도의 성격이 강했다.

북한에서 화폐의 기능이 정치적 수단으로 기능을 하는데, 그것은 이념이나 정책이 그림으로 그려져 통치자의 업적과 우상화를 표현하는 중요한 선전물이라는 점에 있다. 후계자는 화폐그림을 통해 선대 통치자의 우상화와 자기의 충성을 보여주었고, 김정일의 고향집은 '김일성-김정일-김정은'로 이어지는 것으로 실제로 1992년에 발행된 신 화폐에서도 2009년과 유사한 면을 보였다. 그렇기 때문에 화폐개혁이야말로 후계체제의 실질적 작동을 보여주는 정치적 사건이라는 것이었다.[53] 화폐개혁과 후계체제의 관련성은 신권 화폐도안에서도 발견된다. '백두산 3대장사' 등 후계문제와 관련된 묘사, '김정은 하사금'이라는 명목의 신권발포, '화폐개혁은 샛별대장의 정책'이라는 소문유포 등에서 김정은의 화폐개혁 관련설을 알 수 있었다.[54]

북한의 화폐개혁의 또 다른 정치적 의미는 사상 강화를 통한 국가 통제력의 강화를 들 수 있다. 당국이 시장화의 진행과 그 결과 개인주의로 흘러가는 상황을 '개인보다는 집단을 먼저 생각하고, 일심단결을

---

52) 이기동, "북한 경제개혁의 정치적 조건과 영향: 화폐개혁조치를 중심으로," 『통일정책연구』 제19권 1호, 통일구원, 2010, p. 164.
53) 조명철, "화폐개혁 이후 북한 경제상황 평가 및 전망," 『정세와 정책』 2월호, 세종연구소, 2010, p. 6.
54) 정광민, "북한 화폐개혁의 정치경제적 함의," 『수은북한경제』 제7권 제1호, 한국수출입은행, 2010, p. 26.

통해 체제결속과 경제건설에 대한 헌신'을 요구하는 구호의 정치로 막아보려 했으나 한계를 느꼈다. 당국의 통제를 벗어난 경제행위가 활성화되면서 핵심적 가치관인 집단주의적 생활양식이 개인영리주의로 변화하는 것을 막을 수 있는 중요한 수단으로 화폐개혁을 선택했을 것이다.55) 개인영리주의의식의 확산은 '돈이 최고이다'라는 배금주의에서 나왔고, 이를 가장 신봉하는 층이 장사에서 돈을 많이 벌었던 신흥 중산계층이었다.

화폐개혁은 주민들에게 만연해 있는 시장과 관련된 사경제를 차단하고 기관·기업소·농장에 대한 국가 통제력을 강화하기 위한 조치였다. 이는 화폐개혁을 위해 사전 기반을 다지려했던 당국의 노력에서도 알 수 있다. 북한 당국은 시장통제에 따른 후유증을 최소화하기 위해 국가차원의 재원과 물자확보가 필요했고, 150일 전투와 100일 전투를 실시했다. 북한당국이 화폐개혁조치를 취한 것은 충분한 수준의 공급능력을 확보했다는 판단에서 나왔을 것이다. 그러나 생산단위에서는 생산실적을 부풀리고 당국은 이를 기초해서 계획을 잡는 오판이 작용했다56)는 주장도 있다. 그러나 다른 측면에서 생각해 보면 이러한 전투 노력에도 불구하고 의도한 방향으로 가지 않자, 화폐개혁을 통해서라도 국가통제력을 강화하려던 것이 아닌가 하는 생각도 해볼 수 있었다.

2) 시장화에서 파생한 경제적 문제 해결

화폐개혁은 지나치게 팽창된 화폐유통량을 줄여서 과도한 시장기능을 억제하고 사회주의 계획경제부문을 정상화시키는 데 목적을 두고

---

55) 김창희, 앞의 글, 2009, pp. 97-98.
56) 이기동, 앞의 글, p. 163.

있다. 큰 틀에서 보면 시장에 대한 국가의 지배력을 확보하고자 하는 것이다.

첫째, 화폐개혁을 통해 주민들이 보유하고 있는 화폐를 국가 환수하는 것이었다. 이를 통해 인플레이션을 억제하는 것이다. 주민들이 보유하고 있는 화폐를 사장시킴으로써, 민간보유의 화폐규모를 축소시켰다. 화폐개혁에서 교환 한도를 두고 있기 때문이었다. 이것은 인플레이션 억제라는 액면절하의 명분과 제한적 교환을 통한 화폐 축소라는 의도를 동시에 추구하였다. 특히 북한에서 불법적으로 화폐가 많이 유통됐다는 표현을 할 정도로 관리되지 않은 화폐가 많았다는 점은 당국의 입장에서 대단히 위협적인 것이 아닐 수 없었다.[57]

둘째, 국가 재정확충을 위한 것이었다. 개인들이 가지고 있는 화폐를 사장시키는 것은 결국 국가가 보유할 수 있는 화폐규모를 늘릴 수 있다는 것을 말해준다. 인플레이션의 우려 없이 국가가 신규화폐를 발행하여 재정을 확충할 수 있다. 또한 그동안 저축을 하지 않고 현금을 보유하고 있는 개인들이 은행을 찾게 하는 유인책이 되었다. 은행저축분에 대해서는 100:1 대신 10:1로 교환해 주겠다는 것으로, 이것 또한 국가의 재정수입을 확보하는 수단이었다. 이렇게 함으로써 통화량 감소를 통해 물가를 안정하고, 예금을 증가시켜 이를 대출로 활용함으로써 당국의 경제에 대한 통제능력을 강화시키려 하였다. 또한 국가의 재정 확충으로 기업정상화를 꾀하려 하였다. 노동자들에 대한 임금지급, 협동농장원들에 대한 현금 분배의 재원으로 재정을 사용하여, 주민들을 시장에서 일터인 공장·기업소, 농장으로 복귀시키는 유인책으로 활용하고자 했다.[58]

---

57) 동용승, "북한, 왜 화폐개혁인가?"『통일한국』, 평화문제연구소, 2010. 1, p. 29.
58) 양문수, 앞의 글, 2010, p. 133.

셋째, 화폐개혁은 결국 7.1조치에 대한 땜질식 개혁으로 보는 견해
도 있었다. 왜냐하면 화폐개혁이 고질적인 문제점인 생산과 공급을 늘
리기 보다는 소비와 유통시장을 억제하는데 목적을 두었기 때문이었
다.59) 화폐개혁은 시장과 시장활동을 억제하는 수단으로 작용했는데,
세대당 교환금액에 한도를 두어 초과보유분의 현금을 사실상 몰수함으
로써 시장세력을 약화시키는 효과를 가져왔다. 즉, 화폐개혁을 통해
현금을 다량으로 보유하고 있는 계층의 현금을 환수해 상행위나 시장
결제활동의 재정적 기반을 대폭 축소함으로써 시장 및 시장경제 활동
을 크게 위축시키는 효과를 기대 했었다.60) 화폐개혁으로 자산이 감
소한 것은 일반주민들보다 장사를 했던 사람들이고, 더구나 중간상이
나 도매상들의 감소폭은 엄청난 것이었다. 이들은 실제로 장사로 돈을
벌기도 하였지만 돈주(신흥 자본계층)로서 관리들과 불법적인 거래를
형성하면서 돈을 모아왔다. 시장의 돈주와 중간관리층의 검은 거래로
인한 시장확산의 가속화는 당국으로서 좌시할 수 없는 수준이었다.61)
화폐개혁은 어찌 보면 이들이 장사할 수 있는 재정적 기반을 상실한
것이고, 시장경제활동을 위축시키는 결과를 가져왔다.

조선신보가 조선중앙은행 조성현 책임부원과 인터뷰에서 밝혔다는
'앞으로는 경제활동의 많은 몫이 시장이 아니라 계획적인 공급유통체
계에 따라 운영되게 되며,' '국가의 능력이 강화됨에 따라 보조적인 공
간의 기능을 하던 시장의 기능이 점차적으로 약화될 것'이라는 내용62)
은 화폐개혁이 시장의 억제를 의도했다는 것을 알 수 있었다.

---

59) 이기동, 앞의 글, p. 163.
60) 양문수, 앞의 글, 2010, pp. 132-133.
61) "북한의 계획수행을 담당하는 중간관리층과 그 계획을 이용하여 시장에서 돈을 버는
    계층들 간의 보이지 않는 거래들은 북한의 계획경제를 빈껍데기로 만들었다"는 의견은
    공감이 가는 대목이다. 동용승, 앞의 글, p. 29.
62) 『북한농업동향』 제12권 제1호, 한국농촌경제연구원, 2010, p. 72.

실제로 북한은 1월 14일 종합시장을 전격 폐지하기로 결정하고 농민시장으로 전환을 시도하였다. 이에 앞서 로동신문은 "모든 것을 인민생활 향상을 위하여! 전국의 근로자에게 보내는 편지"라는 글에서 "더 많은 쌀 생산을 위한 투쟁, 더 많은 인민소비품을 위한 노력, 제일 좋은 옷과 제일 맛있는 과일에 대한 요구"를 열거하였다.[63] 이는 당국이 인민생활을 위해 노력한다는 것을 보여 주는 것이었고, 계속되는 로동신문을 통해 보여주는 홍보는 시장을 폐쇄해도 당국이 생활필수품을 충분하게 공급할 수 있다는 것이었다.[64]

4. 화폐개혁의 정치·경제적 영향과 결과

1) 당국의 문제인정과 외화선호의 급증

북한의 화폐개혁은 의도하지 않은 방향으로 흘러갔다. 화폐개혁이 북한이 내세운 명분과 달리, 인민생활이 안정되지 않고 오히려 엄청난 혼란을 가중 시켰다. 화폐개혁의 정치적 목적이라 할 수 있는 후계체제 구축 작업에서 김정은의 인민에 대한 배려도 오히려 역효과도 작용할 수 있기 때문에 화폐개혁을 김정은과 연결시키는 것을 피하였다.

북한에서는 일부 시장을 폐쇄하고 농민시장으로 돌리려하였으나, 실제로 어려운 일이었다. 화폐개혁이 있기 전에도 북한은 시장폐쇄조치를 취하려 했지만 그렇게 할 수 없었다. 김영일 내각총리가 1월 31일

---

63) 『로동신문』 2010. 1. 10. 1.
64) 북한의 2010년 1월 24일자 신문 1면의 "위대한 령도자 김정일동지께서 평양밀가루가공공장과 룡성식료공장을 현지지도하시였다"는 제목을 달고 인민의 식생활에 중요한 식품 더 많이 생산해야 한다고 지시를 내렸다하였다. 로동신문은 일상적으로 6면으로 발행되는데 이날은 12면을 발행하여 전체를 빵, 우유, 국수 등을 생산공정과 다른 식료품이 쌓여있는 모습 등의 사진을 게재하였다. 이뿐만 아니라 1월 신문에는 김정일의 돼지공장 현지지도를 몇 일 계속보도하며 살찐 돼지의 모습을 몇 면씩 할애하여 싣고 있다.

평양 인민문화궁전에 평양 인민반장 수 백명이 모인 평양내각 총회에
서 화폐개혁과 시장폐쇄의 부작용에 대해 사과65)한 것은 일련의 경제
개혁의 실패가 얼마나 심각한 것인지를 보여주는 일례였다.

생산과 공급의 확대를 위한 근본적이고 광범위한 조치들이 수반되
지 않는 화폐개혁은 단행된지 불과 2개월이 지난 후 화폐개혁 직후 1
kg에 20원했던 쌀가격이 600원으로 폭등하였다. 인플레이션도 30배에
육박하고, 환율도 1달러에 30원하던 것이 530원으로 급등하였다. 물물
교환이 본격화되면서 북한화폐는 그 기능을 상실하게 되었다.66) 시장
의 폐쇄를 목표로 두었던 정책은 두 달이 지난 후 시장을 암묵적으로
허용하는 조치로 변하였다. 북한 당국은 실태조사를 한 뒤 2010년 1
월 31일부터 시장을 임시로 허용하였다. 그리고 2010년 5월에는 북한
로동당이 공문을 통해 시장을 전면 허용하는 공식조치를 취하였다.
'5.26당지시'는 '화폐교환 조치 이후 식량사정이 날로 악화되면서, 당분
간 국가 차원의 식량해결이 어렵기 때문에 당, 내각, 국가보위부 등
각 부분별 단위별로 대책을 세우라는 것이다. 당지시의 부분별 세부내
용은 식량배급 및 물자공급 중단, 시장 전면허용, 각종 무역의 통제와
규제의 철폐 등이 주요 골자를 이루었다.67) 화폐개혁 이후 수습책은
시장과 화폐 없이는 경제운영이 불가능하다는 것을 보여주었다.

화폐개혁으로 북한에서는 외화를 쓸 수 없게 하였는데, 이것 또한
언제까지 지속할 수 없었다. 오히려 화폐개혁을 계기로 주민들의 외화

---

65) "화폐교환 이후 새해 초까지 국영상점 판매가격이 잘못 제정돼 인민들의 생활에 혼란
   과 불안정을 주었다"고 사회혼란 책임을 인정한 후 "3개월만 참아 기다려 달라, 이제
   쌀이 풀린다, 좀 더 참아달라"고 요청했다 한다. 이영훈, "북한 경제난의 현황과 전망,"
   『JPI 정책포럼』, 2010-8 (제주평화연구원. 2010, 3), p. 3.
66) 김기수, "북한경제와 시장의 보복: 화폐개혁의 실패,"『정세와 정책』7월호, 세종연구소,
   2010, pp. 10-11.
67) 좋은 벗들 2010년 6월 북한상황보고회,『최근 북한 식량 상황과 '5.26' 당 지시』자료:
   2010. 6. 14.

선호 현상이 가속화되었다. 이러한 경험을 통하여 북한 돈은 휴지조각 (?)이 되었지만, 외화는 그렇지 않았기 때문이었다. 정부의 정책에 대한 불신으로 경제활동의 음성화가 심화되는 등 불법적인 시장 활동이 증대되었고, 대체화폐에 대한 맹신으로 작용하였다. 달러 가격의 폭등 등은 이를 말해주었다. 북한 돈에 대한 신용이 급락하면서 외화가격이 폭등하여 달러당 2,300원에 거래되기도 하였다. 2010년 5~6월에는 500원에서 800원 사이에 거래되었다.68)

2) 당국의 의도 달성보다 더 큰 부작용

북한당국은 화폐개혁을 통해 시장에서 창출된 자본을 흡수함으로써 당분간 통화발행을 통해 국가재정을 안정화를 가져올 수 있고, 일정하게 인플레이션을 억제하는 효과도 얻을 수 있었다. 화폐유통량이 많은 부문이 사장됨으로써 정부의 채무가 감소하는 효과가 있으며, 신권발행을 통해 재원을 추가적으로 조달할 수 있는 여지가 생겼었다. 이로 인하여 김정은 후계체제 구축과정에서 필요한 재정확보가 이루어질 수 있다는 것은 당국이 의도한 소정의 정치적 목적을 달성했을 수도 있었다. 또한 시장활동을 위축시키고, 신흥부유층을 통제하는 부수적인 효과도 얻을 수 있었다.

그러나 화폐개혁은 당국이 의도한 재정확충 등 소기의 목적을 달성했을지 몰라도 이로 인한 부작용으로 식량수급의 불균형이 심화되었다. 화폐개혁이후 화폐교환 한도가 매우 낮고 임금은 2천~3천원 수준이어서 주민들의 현금보유로 충분한 식량구매가 불가능한데, 농민들은 화폐개혁직후 현금분배를 받아 쌀의 시장공급을 미루었다. 이렇게 됨에 따라 농민들 보다 주로 장사에 의존하던 도시 노동자들의 식량

---

68) 위의 글, p. 12.

난이 더 심하였다.69)

또한 화폐개혁은 인플레이션을 잡기 위한 정책적 의도와는 달리, 또 다른 인플레이션을 가져올 수 있었다. 한국개발연구원(KDI)의 2010년 8월 6일자 '7월 북한경제 동향' 보고서를 보면 "북한당국이 봉급생활자 계층의 불만을 줄이고자 더 많은 돈을 찍어내 시장변화에 대응할 수 있다면서, 과거와는 다른 성격의 인플레이션의 가능성이 있다"고 지적했다.

북한의 주민들이 시장을 택한 것은 당국이 해줄 수 없는 것을 시장이 해결해주고 있기 때문이었다. 그런데 화폐개혁은 당국의 전격적이고 강제적인 개입이었고, 당국에 대한 신뢰는 집단적인 심리적 좌절감으로 작용하였다. 북한 경제의 특성상 시장을 통해 벌어들인 개인 재산을 주로 현금으로 가지고 있었다. 교환 규모의 제한으로 구 화폐를 다량 소지하고 있던 주민들은 재산을 강탈당한 것이나 마찬가지였다.

북한 주민들은 시장에서 피땀 흘려 벌은 돈을 국가에 고스란히 빼앗기는 결과를 가져와 불만이 커질 수 있었다. 물론 적극적으로 장사에 뛰어들지 않았던 빈곤층은 가진 것이 없으므로 큰 손해를 볼 것이 없었다. 화폐개혁 직후 시장 활동종사자들, 특히 거금의 현금 보유자들은 크게 타격을 받았지만 장사하기 힘들었던 근로자들은 환호하기도 하였다.70) 그러나 이들에게도 환호현상을 일시적인 것으로, 시장의 폐쇄가 가져다 준 자신들의 어려움은 더 컸다.

당국은 가능한 모든 부를 국가가 소유하여 주민들을 철저히 통제하려 하였고, 이 같은 정치적 의도를 관철시키기 위해 북한당국은 시장

---

69) 이영훈, 앞의 글, p. 6.
70) 1개월 후 배급과 물품 공급이 제대로 이루지지 않으면서 물가 폭등하자 대다수 주민들의 정부정책에 대한 불신이 급격히 고조되었다.

의 적대적인 정책을 통해 성공한 신흥 부유층의 힘을 약화시켰다. 그 동안 북한에 시장화가 진행되면서 신흥 부유층이 생겨났고, 이들은 당국의 통제에서 벗어나 활동하고 있었다. 그리하여 생산 및 유통부문을 국가기업소와 국영상점을 통해 장악하려하였고, 이를 위해 당국이 공급할 수 있는 충분한 물자를 확보하고 있어야 했는데 그렇지 못했던 것이 가장 큰 문제였다. 화폐개혁은 북한에 사장된 자금을 강제로 몰수하고, 시장활동을 억제하여 국가가 의도하는 방향으로 주민들을 몰고 갔다. 결국 당국은 상인들과 일반주민들을 오히려 희생양으로 삼은 결과를 가져왔다. 정상적인 방법으로 문제를 해결해야 하는데 화폐개혁이라는 극약처방을 썼기 때문에 오히려 주민들의 당국에 대한 불신만 깊어지게 되었다.

그러므로 주민들의 저항과 불만이 체제에 대한 직접적인 형태로 표출될 가능성이 있었다. 물론 이러한 현상은 국지적인 양상으로 불만표출 정도로 나타나고 여전히 비조직적이고 산발적인 양상을 보였다. 신흥 중간계층이 조직화되어 국가권력에 대항하는 시민사회조직으로 발전하는 단계는 아직 미치지 못하고 있는 실정이었다[71] 그러나 북한 주민들은 화폐개혁이라는 학습효과에 따라 국가정책을 철저하게 불신하게 되었다. 역시 믿을 수 있는 것은 자신뿐이라며, 나름대로 살길을 모색하게 되었다. 먹고사는 문제인데다가 이미 시장을 경험했기 때문에 시장을 향한 원심력은 더욱 강해져, 결국 당국도 시장을 다시 허용할 수 밖에 없었다.

---

71) 이기동, 앞의 글, p. 172.

Ⅶ. 당국의 재인식과 경제 현지지도에 김정은 동행

1. 시장의 재인식과 조치

북한은 2010년 신년공동사설에서 이례적으로 경공업을 최우선으로 강조하면서 '인민생활향상'을 목표로 제시하였다. 이는 화폐개혁을 통해서 시장활동을 억제하고 공식경제부분을 활성화할 수 있는 계기를 마련하였으나, 공식부분에서 경공업품의 생산과 공급이 증가되지 않을 경우 심각한 인플레이션과 다시 시장활동이 증가할 수 밖에 없다는 판단에서였다. 이는 상술한 바와같이 북한에서 시장폐쇄 발표 후 모든 것은 인민생활을 위한다며, 계속 당국이 충분한 물량을 확보하고 있다고 선전하던 것과 맥락을 같이하는 것이었다. 로동신문은 화폐개혁 이후부터 2010년 초반에 이르기까지 농축산물과 식품 공장을 방문하는 김정일의 현지지도를 통하여, 많은 양의 식품이 쌓여 있는 모습을 계속적으로 내보내기도 하였다. 이러한 당국의 홍보에도 불구하고 우려는 현실로 나타났다.

북한 당국은 시장지향적 경제행위에 강한 비판적 입장으로 시장을 축소하거나 철폐하려 하였다. 그러나 여기에 필요한 충분한 양의 물자를 확보하고 있어야 했으나 그렇지 못하였다. 당국은 의도와는 달리 충분한 물자가 공급되기 전에는 시장에 의존할 수밖에 없다는 것을 화폐개혁 후 일련의 사태를 통해 인식하게 되었다. 그러므로 시장은 북한경제에서 더욱 중요한 역할을 하게 될 것이다. 7.1조치를 통해 상대적이지만 자율성을 경험했고, 시장 조절이 '부족의 경제'를 해결할 수 있다는 경험도 하였다. 그러므로 시장행위주체들은 어떻게 해서든지 시장행위를 계속하려 할 것이고, 이를 막기는 어렵다는 사실을 인식하였다. '화폐개혁과 같은 인위적 통제방식이나 극약 처방식의 방법으로는 시장화 현상을 막을 수 없다'는 것을 화폐개혁 이후 북한에서 나타난 사회현상이 극명하게 보여주었다.

2010년 6월 7일 개최된 제12기 최고인민회의 3차 회의에 김정일 위원장이 모습을 드러낸 것은 경제위기 극복에 대한 강한 의지를 나타낸 것이었다. 최고인민회의에서 경제관련 내각 성원들의 교체는 화폐개혁 연파로 인한 민심악화 상황을 타개하기 위한 고육책이었다. 박남기 당계획재정부장의 숙청에 이어 김영일 내각총리를 해임함으로써 화폐개혁 실패에 따른 문책성 인사는 크게 흔들리는 민심을 잡아보자는 것이었다. 특히 화폐개혁을 김정은의 치적으로 삼으려 했지만, 배급과 물품 공급이 제대로 이루지지 않아 물가가 폭등하고 주민들의 정부정책에 대한 불신이 고조되자 오히려 연결고리를 끊어 버리려 하였다.

북한의 화폐개혁은 전반적으로 볼 때 실패라고 볼 수 있었으나, 당국이 의도한 주민통제는 어느 정도 성과를 거두었다. 주민들은 정부의 말을 듣지 않으면 엄청난 손해를 입을 수 있다는 교훈을 얻었다. 그러나 경제상황이 더 어려워지자 주민들의 비판의식도 강화되고 있어, 통제강화만으로 주민들을 다루기는 어려웠다. 북한의 시장화 현상을 잠재우려는 정책수단인 화폐개혁은 성과에 비해서 후유증이 몇 배 상쇄할만큼 컸기 때문에 이를 치유하기 위한 정책이 필요했다. 어찌 보면 이는 당국이 식량문제 해결을 포기하는 것이었고, 시장을 종전대로 돌려놓는 결과를 가져간 것이었다.

화폐개혁의 실패로 당국은 실제로 식량이나 생활필수품의 정부능력의 확대가 없는 상황에서는 시장과 동반하지 않을 수 없다는 사실을 인식하게 되었다. 시장화의 확산을 막기 위해 소비와 유통의 억제에 목적을 두다보니, 여기서 나타날 수 있는 문제를 예견하지 못하였다. 화폐개혁이 경제적 상황을 타개하기 위한 것보다는, 신흥 중산계층들의 통제 등을 포함한 집단주의 가치관으로 회귀와 후계자 업적 쌓기 등의 정치적 목적이 앞서 있었기 때문이었다. 화폐개혁의 후유증은 또한 이념이나 정치를 중시하는 세력과 경제를 중시하는 세력 간의 갈등으로 나타날 수도 있다.

그러나 북한의 시장화는 지배엘리트에게 위협적인 요소라기보다는 '지배의 재생산'에 활용되는 측면이 강하다는 주장도 설득력이 있다. 북한의 시장화를 주도하고 있는 신흥 중산계층과 지배엘리트의 관계를 살펴보면 알 수 있다. 신흥 중산계층은 국가로부터 신변을 보장받기 위해 막대한 양의 공채를 사거나 헌금하기도 하였다. 이처럼 국가에 기부금을 내게 되면 감사장이나 표창장을 받을 수 있으며, 이 경우 위법행위가 적발되더라도 안전할 수 있었다. 반면 국가는 평상시에 축재한 신흥 중산계층(돈주)와 상인들에 대한 상태를 면밀히 파악하며, 크게 법에 어긋나지 않을 경우 관망하지만 통제가 필요할 때는 단속하였다. 돈주에 대한 정치적 비호는 돈주가 계획과 명령으로 벗어나 탈중앙집권적 세력을 가지고 있는 세력임에도 불구하고 정권과 체제에 대한 일탈과 저항을 어렵게 한다. 곧 돈주의 경제적 자율성마저도 결국 정치적으로 결정된다는 점을 말해주는 것이었다.[72] 이는 화폐개혁 이후도 계속해서 시장화는 진행될 것이라는 예견케 해주는 논의이기도 한 것이다. 북한에서 신흥 중산계층은 일반주민들의 선망의 대상이고, 집권세력에게도 필요한 대상으로 부상하였다. 어찌 보면 이는 축소판

---

72) 이무철, "사회주의 체제전환과 북한의 발전전략: 비판적 평가," 『한국정치외교사논총』 제33집 11호, 한국정치외교사학회, 2011, p. 338.

정경유착을 보여주는 것이다. 이렇게 시장화의 결과는 중산계층에 편중되는 것이 아니라 일반주민도 권력계층도 시장발달의 성과를 향유하고 있다는 점에서 시장이 성장할 것으로 보는 주장도 있다.[73]

2. 김정은 동참한 인민생활을 위한 현지지도

북한의 시장화와 개인주의적 성향의 확대 그리고 화폐개혁의 과정을 거치면서, 2011년 신년공동사설의 제목은 "올해에 다시 한 번 경공업에 박차를 가하여 인민생활향상과 강성대국건설에서 결정적 전환을 일으키자"였다. 이같이 북한이 내건 것은 '경공업' '인민생활 향상'이었다. 북한이 체제유지를 위해 국방공업을 우선을 내세워 선군경제노선을 포기한 것은 아니었고, '2012년을 강성대국 완성의 해'라고 해왔기 때문에 인민들이 체감할 수 있는 정책이 필요했다. 또한 김정은 후계체제의 공고화하기 위한 하나의 방편이기도 했다. 그러므로 2011년의 인민생활향상의 강조는 2010년의 신년사의 의미와 다른 것이었다. 2010년의 신년사는 당시 화폐개혁 후 자신들이 인민생활을 위한 경공업 생산품이 충분한 준비가 되어있다는 선전의 의미가 강했다. 그러나 2011년 이미 화폐개혁의 후유증을 겪고 난 이후였기 때문에, 시장과 함께 가지 않을 수 없다는 것을 인식하고 내놓은 것이었다. 이후 시장에 대한 중립적·우호적 정책이 지속되고 있으며, 소비재를 중심으로 시장이 빠르게 확산되었다.

소비재 시장은 유통의 측면에서 시장화의 주요 요소일 뿐만 아니라 핵심적인 것이었다. 시장 판매를 위한 생산을 점차 확대시키면서, 여기에서 자본거래도 발생하였다. 당국 역시 현대적인 유통망을 확보로

---

73) 정은이, 앞의 글, 2011, p. 246.

소비재 시장을 공식부분으로 흡수하려는 시도를 하였다. 따라서 북한의 소비재 시장은 그 성격이 다변화되고 있다.74) 북한은 '인민소비품'의 생산을 독려하면서, 김정일이 이를 진두지휘하는 모습을 보였다. 이러한 것은 그동안 북한이 내건 '강성대국완성의 해'를 바로 코 앞에 두고 있었기 때문에, 인민생활향상에 관심을 갖지 않을 수 없었다. 로동신문은 사설 <경공업에 대한 전사회적, 적국가적 관심을 높이자>75)에서, "경공업에 대한 전사회적, 전국가적인 관심이 높아지는데 맞게 조직사업을 짜고들고 최대한의 실리를 보장하며 생산에서 일대 혁신을 일으켜 인민소비품이 꽝 꽝 나오게 하여야 한다"하였다. 또한 다른 날짜의 사설 <인민소비품 생산의 현대화, 과학화를 계속 힘있게 다그치자>76)에서는 김정일이 인민생활품향상을 위한 불철주야 현지지도를 통하여 진두지휘하고 있다 하면서, "경애하는 장군님의 정열적 령도에 의하여 평양 밀가루 공장과 룡성식료공장, 평양곡산공장을 비롯한 수많은 경공업공장들이 현대적인 설비를 갖추고 인민소비품 생산에서 혁신을 일으키게 되었다"고 하였다. 김정일의 현지지도에는 항상 김정은이 동반하였다.

북한 당국은 부족한 인민소비품에 향상에 최선은 다하고 있고, 김정일의 현지지도 덕분에 일정 성과를 거두고 있으니 안심하고 생활하라는 메시지였다. 실제로 김정일은 2011년 동안 140여 차례의 현지지도를 하였고, 그중에는 군부대 방문도 있었으나 많은 부분 인민소비품과 관련된 경공업 현장이었다.77) 김정일의 사망하기 전날인 12월 16일 '하나음악정보센터'와 '광복지구상업중심'의 마지막 현지지도를 하였

---

74) 이석기·양문수·정은이, 앞의 책, p. 63.
75) 『로동신문』 2011. 02. 24. 1.
76) 『로동신문』 2011. 03. 15. 1.
77) 통일연구원, 『김정일 현지지도 동향: 1994-2011』, 통일연구원, 2011, pp. 272-295.

다. 김정은은 현지지도에 94회 동행함으로써 인민생활향상을 힘을 쓰는 후계자의 이미지를 부각시키려 노력하였다.78) 이렇게 김정일이 2-3일에 한번 꼴로 현지지도를 한 것은 자신의 건강을 과신에서 나온 것이었고, 또한 기치로 내걸었던 '2012년 강성대국완성해'라는 것에 엄청난 부담을 안고 있었다고 볼 수 있다.

---

78) 2011년 김정일의 현지지도에 가장 많이 동행한 것은 장성택으로 118회였고, 다음으로 김정은 이었다. 위의 책, pp. 293-295.

제 3 장

김정은 체제에서
경제문제와 시장화

Ⅰ. 병진노선과 우리식 경제관리방법

김정은 시대에 들어서서는 오히려 시장을 장려하고 거기에서 나오는 성과를 향유하고 있는 모습을 보여주고 있다. 그러나 이것은 김정일의 선군경제노선을 완전히 바꾸었다는 것을 의미하지는 않는다. 그렇기 때문에 김정은은 두 마리의 토끼를 쫓으려는 생각에서 병진노선을 내세웠고, 자신의 새로운 경제관리방법을 제시하였다.

1. 핵무력건설과 경제건설의 병진노선

북한의 선군경제노선은 김정은 시대에 들어 새로운 모습을 보여주었다. 김정은은 2013년 3월 31일 조선로동당 중앙위원회 전원회의에서 '핵무력건설과 경제건설의 병진노선'을 제기하였다. 김정은이 보고한 것 중 중요 내용을 살펴보면 다음과 같다. 즉, "현정세와 혁명발전의 요구로부터 당 중앙은 경제건설과 핵무력건설을 병진시킬데 대한 새로운 전략적 로선을 제시하게 됩니다"라고 하고 있다. 이에 대하여 좀 더 구체적으로 경제를 발전시키고 인민생활을 향상시키기 위해서는 강력한 군사력 즉, 핵무력이 뒷받침되어야 한다는 것이다. 또한 "경제강국 건설에서 전환을 가져오기 위하여는 경제지도와 관리를 개선하여야"하는데 "현실 발전의 요구에 맞게 우리식 경제관리 방식을 완성해야"한다고 했다. 이렇게 김정은 체제가 새로운 대내외 정책으로 내세운 것이 '새로운 병진로선'이고, 이는 북한 내부 전략임과 동시에 대남·대외 전략인 것이다.

북한은 핵무기를 가졌기 때문에 재래식 군사비를 감축할 수 있어 투자가 늘어날 수 있고, 또한 국가안보가 확보되었기 때문에 경제에 매진할 수 있다는 논리를 펴고 있다.[1] 즉, "새로운 병진로선은 국방비를 늘리지 않고 적은 비용으로 나라의 방위력을 강화하면서 경제건설과 인민생활 향상에 큰 힘을 돌릴 수 있게 합니다"라고 주장하고 있다.[2] 4월 1일에는 최고인민회의를 개최하여 <자위적핵보유국의 지위를 더욱 공고히 할데 대하여>를 법령으로 채택하였다. 이후의 로동신문 사설에서 "우리 조국이 당당한 핵보유국이 된 오늘 우리에게는 강위력한 전쟁억제력을 기초하여 경제건설과 인민생활향상을 위한 투쟁에 자금과 로력을 총집중할 수 있는 유리한 조건이 마련되었다"고 하였다.[3]

북한에서는 "군사력이 강해야 그 어떤 환경에서도 모든 힘을 나라의 국력강화에 돌릴 수 있으며 강력한 군사력을 토대하여 나라의 전반적 부분을 강화 발전시켜 나갈 수 있다"고 하면서, 군사력 강화는 정치, 경제, 문화 등 모든 부분과 밀접하게 연관되어 있다고 하여, 병진정책에 대한 당위성을 강조하였다.[4] 조선신보는 2013년 5월 15일 "<우리식의 경제관리방법>을 연구 완성하는 사업이 적극 추진되고 있다"면서, "작년부터 일부 공장, 기업소, 협동농장들이 내각의 지도 밑에 독자적으로, 창발적으로 경영관리하는 새로운 조치들이 시범적으

---

1) 박형중, "김정은 집권 이후 핵정책 및 대남정책,"『Online Series』CO 14-10, 통일연구원, 2014, p. 5.

2) 이렇게 주장하면서 그들의 핵정책이 군사정책일 뿐만 아니라 '원자력의 평화적 이용'의 측면도 강조하였다. 이는 "당의 병진 로선은 주체적인 원자력공업에 의거하여 핵무력을 강화하는 동시에 긴장한 전력문제도 풀어갈 수 있는 합리적인 로선"이라는 데서 알 수 있다.

3) 『로동신문』 2013. 04. 05. 1. 4월 1일 로동신문에는 <나가자 조선아 병진 앞으로>라는 제목의 노래 1, 2, 3절이 실렸다. 그 내용은 백두산 대국의 진격, 침략의 원쑤, 경제건설을 이야기하며 각 절의 끝 소절은 "경제와 핵무력 병진 병진 앞으로"이다. 『로동신문』 2013. 04. 13. 2.

4) 김경철, "나라의 군사력을 끊임없이 강화하는 것은 우리식 사회주의정치체제를 더욱 공고화하기 위한 중요방도," 『정치법률연구』 제2호(루계 제42호), 과학백과사전출판사, 2013, p. 12.

로 시행되고 있다"고 밝혔다. 조선신보는 7.1조치의 연장선상임을 밝히기도 하였다.

병진노선 채택 1주년을 기념한 로동신문 사설 <당의 병진로선을 높이 받들고 강성국가건설의 최후승리를 앞당겨나가자>에서 "당의 병진로선은 통일강국건설의 시간표를 앞당기고 지역과 세계의 안정과 발전에 이바지하는 전체 조선민족과 인류공동의 귀중한 재부이다"5)라 하고 있다. 병진노선이 채택된 이후 북한에서는 지난 몇 년간 건설한 것보다 더 많은 '기념비적 창조물들'을 건설했다고 주장하였다. 또한 북한경제의 여러 분야에서 성과를 보여주고 있는데, 특히 교육과 체육을 비롯한 문화부문에서 놀라운 성과가 이룩되었다고 하였다.6)

2. 우리식 경제관리방법

1) 새로운 경제관리방법의 제기

북한에서는 '국가의 경제관리'를 나라의 경제전반을 중앙집중적으로 그리고 통일적으로 틀어쥐고 지휘하는 사회주의국가의 경제조직자적 기능이라고 한다. 그런데 북한에서 공식적인 김정은 체제 출범 이후 농업과 공업부분에서 새로운 경제관리체계를 제시했다는 말이 나왔다. 2012년 6월부터 '6.28조치'라는 북한의 새로운 경제개혁이 우리에게 회자되었다. 즉, 북한 당국이 6월 28일을 기해 "우리식의 새로운 경제관리체계를 확립할 데 대하여"라는 방침을 공표했다는 것이었다.

북한은 6월 28일 내부적으로 '우리식의 새로운 경제관리를 해결할 데 대하여'즉, 6.28조치를 제시함으로써 본격적인 경제개혁이 닻을 올

---

5) 『로동신문』 2014. 03. 31. 1.
6) 『로동신문』 2014. 03. 31. 1.

렸다고 하였다. 6.28방침은 '4.6담화'와 '4.15연설' 등에서 밝힌 식량문제 해결과 경제회생의지를 구체적인 정책으로서 표현한 것이다.[7] 그 내용은 농업부분에서 가족농제도의 도입하고 생산물 비율을 국가와 농민이 7대 3의 비율로 분배하는 것이고, 공업부분에서 기업소의 자율권을 확대하여 이익을 국가와 기업소가 나눈다는 것이었다.[8] 이에 대하여 정확한 내용이나 실행 여부 등은 알 수 없었으나, 경제개혁 논의가 여러 분야에서 이루어졌고 이에 대한 시범사업이 이루어졌다. 이를 바탕으로 새로운 경제관리방법을 전국적으로 확대해 나가는 것이 '우리식 경제관리방법'이었다.

김정은은 2013년 신년사에서 "우리는 우리 식 사회주의경제제도를 확고히 고수하고 근로인민대중이 생산활동에서 주인으로서의 책임과 역할을 다하도록 하는 원칙에서 경제관리방법을 끊임없이 개선하고 완성해나가며 여러 단위에서 창조된 좋은 경험들을 널리 일반화하도록 하여야 하겠습니다"라고 하였다. 그리고 3월 31일 당중앙위원회 전원회의는 김정은 시대의 향후 정책이 제시되는 자리였는데, 여기에서 김정은이 "경제강국건설에서 전환을 가져오기 위해서는 경제지도와 관리를 개선해야 합니다"라고 지시하였다. 이는 북한의 로동신문 4월 2일자에 보도되면서, '우리식 경제관리방법'에 대한 주장들이 지속되었다.

2014년 5월 30일 김정은은 당·정·군의 책임일군과의 담화 <현실발전의 요구에 맞게 우리식 경제관리방법을 확립할데 대하여>를 발표하였는데, 북한에서는 이것을 '5월 로작'이라고 한다. 여기에서 밝히고 있는 '우리식 경제관리방법'의 확립에 관한 원칙은 다음과 같이 요

---

7) 채규철, "김정은체제의 생존전략: 변화와 지속성,"『한국정치외교사논총』제37집 1호, 한국정치외교사학회, 2015, p. 280.
8) 양운철, "북한의 6.28방침과 개혁·개방 가능성,"『정세와 정책』11월호, 2012, p. 1.

약할 수 있다.. ① 경제에 대한 국가의 통일적 지도와 전략적 관리의 올바른 실현, ② 공장과 기업소·협동단체들에서 사회주의기업 책임관리제의 올바른 실현, ③ 경제사업에 대한 당의 영도를 보장하며 정치사업을 확고 앞세워가는 것이다. 우리식 경제관리방법의 핵심은 '경영권리를 현장에 부여'하는 것과 '일한만큼 분배'하는 것이다.

소위 '5월 로작'에서 김정은의 "현실이 변화발전하는데 맞게 경제관리방법을 개선해 나가는 것은 사회주의경제발전의 합법칙적 요구입니다", 또한 "사회주의강성국가건설위업을 성과적으로 실현하기 위하여는 현실의 요구에 맞는 우리식 경제관리방법을 확립해야 합니다"와 같은 발언은 경제관리의 개선에 대한 강한 의지의 표현이었다. 이는 김정은 시대의 경제관리가 새로워져야 한다는 것을 강조한 것으로, 북한이 추진하고 있는 '우리식 경제관리방법'을 공식화한 것으로 볼 수 있다. 북한은 현실에 맞추어 경제를 관리하는 방법을 바꾸는 것이 시대적 요구이고, 이것이 '우리식 경제관리방법'의 추진이라는 것이었다.

로동신문의 사설 '우리 식 경제관리의 우월성과 위력을 높이 발양시키자'에서는, 김정은이 경제사업에 대한 지도와 관리를 결정적으로 개선해야 했다고 하면서 다음과 같이 주장하고 있다. 즉, "경제를 빨리 발전시킬 수 있는 토대는 마련되어 있으니 문제는 현실발전의 요구와 당의 의도에 맞게 경제에 대한 지도와 관리를 어떻게 개선하는데 달려있다"고 하고, "우리는 기어이 우리 힘, 우리식으로 경제관리문제를 해결하여 주체적인 사회주의자립경제의 우월성과 위력을 힘있게 과시하고 강성국가건설의 최후의 승리를 이룩해나가야 한다"라고 하였다.[9] 이렇게 북한에서 우리식 경제관리방식이 공론화된 이후 2015년

---

9) 『로동신문』 2014. 09. 03. 1.

신년사에서도 이를 위한 정책을 지속해야 한다고 하였고, 2016년 신년사에서도 우리식 경제관리방법을 전면적으로 확립하기 위한 사업을 추진해야 한다고 하였다. 이는 그동안 부분적 혹은 실험적으로 추진되었던 이 사업을 폭넓게 적극적으로 추진하겠다는 의지를 표명한 것이라 볼 수 있다.

2) 우리식 경제관리방법의 내용

우리식 경제관리방법은 "생산수단에 대한 사회주의적 소유를 확고히 고수하면서 국가의 통일적 지도밑에 모든 기업체들이 경영활동을 독자적으로, 창발적으로 해나감으로써 생산자대중이 생산과 관리에서 주인으로서의 책임과 역할을 다하도록 하는 사회주의 기업관리방법"이다. 이것이 '5월 로작'의 핵심인 것이다. 북한에서 새로운 경제관리방식을 주장하면서도, 가장 기본적인 것이 '사회주의 원칙의 고수'와 '생산수단에 대한 사회주의적 소유의 옹호와 집단주의적 원칙의 구현'이라 한다. 또한 경제사업에서 최대한의 실리를 얻자면 생산과 관리를 객관적인 경제법칙과 현대과학기술의 요구에 맞게 하여야 한다고 주장하고 있다.[10] 이렇게 우리식 경제관리방법은 지도와 자율이라는 이율배반적인 이야기를 하고 있다.

북한의 우리식 경제관리방법의 구체적인 내용을 농업과 공업분야로 나누어 살펴보자. 먼저 농업분야는 협동농장에 대한 조치들이 주를 이루고 있는데, 협동농장들을 시범적으로 정하여 '분조관리제 안의 포전담당제'[11] 실시한다는 것이다. 포전마다 영농채비로부터 수확 탈곡에

---

10) 조경희, "우리식 경제관리방법을 확립하는데서 나서는 기본요구," 『경제연구』 제2호(루계 제167호), 과학백과사전출판사, 2015, p. 7.
11) 포전 담당제는 집단영농제에서 개별영농제로 전환하는 과정의 과도기적 영농형태라고 할 수 있다.

이르기까지 모든 농사과정을 책임지고 진행하는 것이다. 이는 7.1조치 때 시범적으로 실시하다 중단된 것이지만 좀 더 현실화시키고 있는 것 같다. 협동농장들이 국가 생산계획을 달성하여, 국가 납부 몫을 제외한 나머지를 현물로 분배 받는다고 것이다. 이를 구체적으로 알 수 있게 한 것은 2014년 2월 6일에 개최된 "전국 농업부분 분조장대회" 였다. 김정은은 여기에 보낸 서한을 통하여 농업생산을 최대한으로 늘릴 것을 요구하면서, "분배에서 평균주의는 사회주의분배원칙과 인연이 없으며 농장원들의 생산의욕을 떨어뜨리는 해로운 작용을 합니다. 분조들에서 농장원들의 로력평가를 로동의 량과 질에 따라 제때에 정확히 하여야 합니다"라 하였다. 그리고 생산물은 현물을 기본으로 하여 농장원들에게 정확하게 분배하여야 한다고 말했다. 즉, "분조에서 생산한 알곡 가운데서 국가가 정한 일정한 몫을 제외한 나머지는 농장원들에게 그들이 번 로력일에 따라 현물을 기본으로 하여 분배하도록 하여야 합니다"라고 한 것이다. 그리고 "농업부분에서 현실발전의 요구에 맞게 분조관리제를 바로 실시하여 농장원들의 책임성과 창조적 열의를 높이 발양시키도록" 해야 한다고 했다.12)

북한에서 공식적인 제도상으로는 협동농장에 대해 현물분배와 현금분배를 모두 실시하게 되어 있다. 그러나 현실은 국가가 강제 수매(군량미, 수도미 명목)하고, 농민에게 배급수준의 현물분배와 주로 현금분배를 실시하였다. 중요한 것은 현물로 분배받은 양곡은 자신들이 소비할 것을 제외하고 나머지는 자기 의지대로 처리할 수 있다. 현물로 받은 알곡은 종합시장에 나가 팔거나, '양곡판매소'(2013년 국가가 설립한 것으로 농민들의 여유곡물을 시장과 비슷한 가격으로 수매)에 파는 것이

---

12) 『로동신문』 2014. 02. 07. 2.

다.13) 이제 확실하게 현물분배를 기본으로 하겠다는 것이고, 이것은 시장을 전제조건으로 하고 있는 조치라는 것을 알 수 있다.

공업분야는 소위 '5월 노작'이라고 하는 김정은의 지시에서 찾을 수 있다. 여기에서 제시하고 있는 것이 사회주의기업 책임관리제이다. 즉, "사회주의기업 책임관리제는 공장, 기업소, 협동단체들이 생산수단에 대한 사회주의적 소유에 기초하여 실질적인 경영권을 가지고 기업활동을 창발적으로 당과 국가 앞에 지닌 임무를 수행하며 근로자들이 생산과 관리에서 주인으로서의 책임과 역할을 다하게 하는 기업관리 방법이다. 기업체들은 또한 제품개발권과 품질관리권, 인재관리권을 행사하여 지식경제시대의 요구에 맞게 새 기술, 새 제품을 적극 개발하고 제품의 질을 개선하여 기업체의 경쟁력을 높이며, 과학자, 기술자들과 근로자들을 최첨단 돌파전의 주인으로 내세워 기업체가 새 기술의 적극적인 수요자, 창조자가 되도록 하여야 한다"는 것이다.14)

공업분야의 구체적인 내용은 다음의 담당자 인터뷰에서 찾을 수 있다. 북한의 경공업성 국장은 조선신보와 인터뷰에서 "올해(2013년)부터 기업소, 공장 지배인에게 많은 권한을 주어 생산물의 일정한 %를 국내외에 팔고 확대 재생산할 수 있는 조건을 마련하였다"며, "공장이 자체로 운영할 수 있는 담보가 서가고 있다"고 밝혔다. 북한에서는 공장의 시범 사업소를 선정하여, 계획의 수립에서부터 생산 그리고 제품의 수익 처분에 대해 기업의 권한을 대폭 확대하는 방향으로 시범사업 추진되었다.15) 국가계획지시를 받은 품목 외의 새로운 제품·품종

---

13) 양문수, "김정은시대의 개혁정책과 시장화," 북한연구학회 기획, 『김정은 시대의 경제와 사회: 국가와 시장의 새로운 관계』, 한울아카데미, 2014. pp. 63-64.

14) Wen Cui, "Recent Economic and Financial Reform in North Korea: Implications and Tasks," 『*Doing Business in North Korea: Business and Finance in the DPRK*』, 경남대 극동문제연구소 국제학술회의 발표 논문집. 2015, p. 84.

15) 종전에는 용도별 항목마다 예산의 배분율이 정해져 있었는데, 이제 기업소가 스스로 결

에 대해서는 생산·판매를 기업 스스로 결정할 수 있게 되었다. 여기에는 북한경제의 큰 비중을 차지하는 대형 광산과 제철소 등에 독립채산제를 실시하고, 자체적인 수출입 권한과 투자 유치를 비롯한 대외업무 권한도 부여하는 것이다. 그리하여 독립채산제 기업소들이 생산과 경영에서 창의성을 발휘하고 생산성을 높이도록 하려는 것이다.

북한의 <우리식 경제관리방법>의 핵심요소로 내세우고 있는 독립채산제나 사회주의 분배원칙은 7.1조치 때 내세웠던 것과 유사한 면이 있다. 그러나 이것은 7.1조치와는 달리 시범운영단계에 있고 조심스럽고 신중하게 추진되고 있다. 농업분야에서 활발하게 추진하고 있는데, '전국농업부분분조장대회' 개최가 그것을 말해주고 있다. 2016년도 신년사에 밝힌 바와 같이 우리식 경제관리방법은 전면적 추진 의지는 공업분야에도 확대될 것으로 본다.

우리식 경제관리방법은 표면적으로 "경영권한을 현장에 부여하는 것", "노동자 농민의 일욕심을 돋우는 것"으로 생산단위의 자율성과 인센티브를 확대하는 것을 내용으로 하고 있다. 이는 농장이나 공장 운영에 있어 시장과 관련된 제반 불법적 또는 반 합법적 활동의 상당부분을 합법화하고 이를 통해 '시장'을 적극적으로 활용하는 것이다. 물론 7.1조치 이후 종합시장 허용과 같이 시장의 합법화를 명시하고 있지는 않다. 그러나 북한의 시장은 당시와는 비교할 수 없을 정도로 진전된 상황으로, 김정은 체제가 이를 수용하는 측면에서 더 나아가 활용하고 있다고 볼 수 있다. 그러므로 큰 틀로 보면 우리식 경제관리방법은 이러한 상황의 사후적 승인의 의미를 갖는다.

정에 따라 배분하게 한 것이다. 그러므로 공장이나 기업소의 결정에 따라 수입의 100%를 설비갱신하는데 쓸 수도 있고, 이를 노동자의 보수로 돌릴 수도 있게 한 것이다. 공장의 부지 내에 상점을 내고, 자체 수익에 기초하여 살림집도 건설 주택문제 해결 등도 해결하고 있다.

Ⅱ. 김정은식 경제개발

1. 경제특구개발과 속도전

김정은 체제에 들어와서 중요한 것은 경제문제였고, 이것은 그의 업적을 쌓는데도 연관이 되어 있다. 김정은은 젊은 나이에 갑작스럽게 정치권력을 물려받았기 때문에 인민들에게 자신을 보여줄 시간이 적었다. 그렇기 때문에 빠른 시간 내에 업적을 무언가 쌓으려고 하였다. 김정은은 처음으로 낭독한 2013년 신년사를 통해 "우리는 경제건설에서 이미 이룩한 성과를 더욱 공고발전시켜 우리 나라를 새 세기 경제 강국의 지위에 당당히 올려세우고 우리 인민들을 세상에 부럼없이 잘 살게 하기 위하여 한생을 다 바쳐오신 위대한 장군님의 념원을 현실로 꽃피워야 합니다"라고 하였다. 3월의 당중앙위원회 전원회의에서는 좀 더 구체적으로 "원산지구와 칠보지구를 비롯한 나라의 여러곳에 관광지구를 잘 꾸리고 관광을 활발히 벌리며 각 도들에 자체의 실정에 맞는 경제개발구를 내오고 특색있게 발전시켜야 합니다"라 하였다.

이에 따라 북한에는 2013년 5월 "조선민주주의인민공화국 경제개발구법"이 만들어 졌고, 제2조에서는 경제개발구가 무엇인가를 설명하고 있다. 즉, "경제개발구는 국가가 특별히 정한 법규에 따라 경제활동에 특혜가 보장되는 특수경제지대"라는 것이다. 북한에서는 중앙이 관리하는 4개 '특수경제지대'16) 외에 추가로 개성첨단기술개발구를 포함한 신의주, 평성, 남포, 강령, 해주 온성 등 경제특구 7개와 원산, 칠보산, 백두산 등 7개의 관광특구를 지정했다.17) 지방 인민위원회가 관리하는

---

16) 북한에는 '라선경제무역지대', '황금평・위화도경제지대', '개성공업지구', '금강산국제관광특구'가 있다.

경제개발구는 11월에 13개가 창설되었고, 다음해 6개가 추가로 지정되었다. 북한에서는 '경제개발구를 일정한 산업부분들의 기술적 토대의 강화와 새로운 사업부분들의 창설, 수출품 가공을 위한 법률적 및 경제적 환경을 마련해 주어 다른 나라들과의 경제기술적 협조를 안정하고 실리있게 실현하기 위한 특수경제지대'라고 하여 무엇을 위한 것인지를 구체적으로 설명하고 있다.

북한은 관광특구의 하나인 원산관광특구에 스키장을 건설하였다. 강원도 원산시 마식령에 건설한 마식령스키장을 당국에서는 사회주의 건설의 새로운 사업과 건설로 내세웠다. 김정은은 공사현장을 찾아 '속도전'을 주문했고, 이렇게 하여 '마식령속도'가 생겨났다. 이는 김정은 체제 출범 이후 야심차게 준비한 경제동원 정책이다.[18) 북한은 "<마식령속도>는 본질에 있어서 위대한 김정은 시대의 사회주의건설속도, 21세기의 사회주의건설속도"라 하고 있다. 이 사업에 대하여 북한은 "마식령에 착공의 첫삽을 박은지 불과 1년도 못되는 기간에 위대한 령도자, 절세의 선군령장의 령도를 받은 혁명군대만이 창조해 낼 수 있는 비상한 속도를 창조한 군인 건설자들은 지금 백배, 천배 분발하여 <마식령속도> 창조에 떨쳐나 지난 시기의 기준과 기록을 연이어 돌파하며 힘차게 내날리고 있다"[19)]하였다. 김정은은 여기에 지대한 관심을 가지고 "나는 당이 번개를 치면 우레를 치며 사회주의 대건설전투에서 영웅적위훈을 떨쳐온 군인건설자들이 불굴의 정신력과 완강한

17) 조동호, "김정은시대의 경제정책: 경제·핵 병진노선과 특구전략," 북한연구학회 기획, 『김정은시대의 경제와 사회: 국가와 시장의 새로운 관계』, 파주: 한울아카데미, 2014. p. 49.

18) 이 스키장은 군인들에 의하여 건설되었는데, '건설에서 발휘되고 있는 군인들의 투쟁정신', '전체 군인 건설자들이 단숨에의 정신으로 화약에 불이 달린 것처럼'이라 표현들이 이를 말해준다.

19) 류제일, "<마식령 속도>는 사회주의건설의 새로운 전성기를 열어나가는 21세기 일당백공격속도," 『사회과학원학보』 제3호(루계 제80호), 사회과학출판사, 2013, p. 17.

돌격전으로 <마식령속도>를 창조하여 스키장건설을 올해안으로 끝내며 온 나라 전체 군대와 인민이 그 정신, 그 기백으로 사회주의건설의 모든 전선에서 대비약, 대혁신을 일으키리라는 것을 굳게 확신하면서 이 호소문을 보낸다"20)고 독려하였다.

북한은 "모든 당 조직은 김정일애국주의를 <마식령속도> 창조를 위한 정신력의 근본핵으로 틀어쥐고 일군들과의 사업, 당원들과의 사업, 군중과의 사업을 화선식으로 벌리며 경제강국건설과 사회주의문명국 건설을 힘있게 다그쳐 나가자"21)하였다. 로동신문의 "위대한 최고사령관을 모신 민족적영광을 온누리에 떨치자"에서는 "김정일애국주의로 심장을 불태우며 21세기 새로운 일당백공격속도, <마식령속도>로 질풍과 같이 내달려 경제강국건설과 인민생활향상에 결정적 전환을 가져와야 한다"22)고 주장하였다. 북한은 2013년 12월 31일 새해에 맞춰 스키장을 완료하였다고 발표하였다. 10년을 1년으로 단축시킨 속도전이었다고 했다. 김정은은 마식령 스키장이 완공될 때 까지 다섯 번에 걸쳐 현지지도를 했는데, 그가 시도한 첫 번째 속도전의 대형사업에 얼마나 큰 관심을 가졌는지를 알 수 있다.

북한에서 김정은 시대의 최대의 속도인 마식령스키장은 외국관광객을 겨냥한 것이다. 조동호는 "마식령스키장과 원산 지역을 엮어서 대규모의 관광특구를 조성하려는 계획이다. 제조업을 중심으로 하던 기존이 경제특구들이 북한의 열악한 인프라로 별다른 성과를 거두지 못하는 상황에서 상대적으로 손쉬운 관광특구를 조성해 외부자본을 획득

---

20) 리철영, "<마식령 속도>를 창조하여 사회주의건설의 모든 전선에서 새로운 전성기를 열어나갈데 대한 사상의 본질," 『정치법률연구』 제4호(루계 제44호), 과학백과사전출판사, 2013, p. 11.
21) 『로동신문』 2013. 11. 06. 1.
22) 『로동신문』 2013. 12. 30. 2.

하려는 전략이다"[23]고 했다. 북한에서 이러한 전략이 성공하려면 적극적으로 대외 개방하여 외국의 투자자들을 끌어들여야 하는데, 이것을 아직 어려운 실정이다.

2. '조선속도'와 동원정책

북한은 2014년 신년사에서 "마식령속도를 창조할 데 대한 당의 호소를 받들고 떨쳐나선 인민군 군인들과 건설자들은 불타는 애국의 열정과 헌신적인 투쟁으로 조국해방전쟁승리기념관과 은하과학자거리, 문수물놀이장과 마식령스키장을 비롯한 많은 대상들을 짧은 기간에 로동당시대의 창조물로 훌륭히 일떠세움으로써 날을 따라 새롭게 변모되는 조국의 자랑스러운 모습을 보여주었으며 인민들의 행복의 웃음소리가 더 높이 울려퍼지게 하였습니다"라고 하였다. 북한에서 각종 건설사업에서 속도전은 계속되었고, '조선속도', '마식령속도', '단숨에 정신'이 그것이었다.

이렇게 더 빠른 시일 내에 건설사업을 완성해 나가자는 속도전으로 인해 아파트 건설현장에서 붕괴가 발생해 최소한 백 여명이 사망하는 사고가 발생했다. 북한에서 일어난 사건사고 소식을 보도하지 않던 로동신문도 이 붕괴사고를 공개적으로 보도했다. 이 보도에서 건설현장의 책임자들이 머리 숙여 사죄하는 모습이 보여졌고, 그들은 '인민들 앞에 지는 죄는 무엇으로서도 보상할 수 없으며 용서받을 수 없다'고 하였다. 여기에서 '경애하는 원수님은 이 사고를 보고 받고 너무도 가슴이 아프시어 밤을 지샜다'하면서, '책임자들은 만사제처 놓고 구조하고 피해를 가시도록 구체적인 가르침을 주셨다'고 하고 있다. 김정은

---

23) 조동호, 앞의 책, 48.

이 주창한 속도전으로 부실공사를 초래하여 발생한 사고임에도 불구하고 전혀 책임이 없고, 애통함으로 밤을 지새운 훌륭한 지도자라는 것을 부각시켰다. 이러한 사건은 김정은이 업적에만 몰두하여 몰아붙인 결과였다.

북한에서는 건설부분뿐만 아니라 모든 부분에서 속도를 주장하였다. 북한은 농업과 공업분야에서도 김정은의 영도하에 대담하게 혁신하고 창조해나가는 열풍을 힘있게 휘몰아치자고 하였다. 농업생산을 늘리기 위한 투쟁으로 '쌀폭포', '만풍년의 향기'를 만들어 가정에 웃음꽃이 피게 하고, 발전소건설과 축산기지건설 등에 박차를 가해 인민에게 보다 유족하고 문명한 생활을 마련해주어야 한다고 주장하고 있다. 모든 부분에서 당원과 근로자들은 새로운 '조선속도'를 창조해 나가야 한다는 것이다.24) 이렇게 북한에서는 각 분야에서 조선속도가 진행되고 있다고 자랑하고 있다. 북한은 "'조선속도로 세계를 앞서나가자!', '조선속도를 창조하며 세기를 주름잡아 달리자!', 이것이 오늘날 우리 당이 높이 추겨든 전투적 구호"라고 하였다. 그러면서 "일단 시작한 사업은 화약에 불이 달린 것처럼, 전격적으로 밀고나가는 경애하는 원수님의 혁명적 풍모를 구현해나가는데 조선속도창조의 근본비결이 있다"고 주장하고 있다.25) 결국 이 모든 것이 '김정은의 비범한 창조의 구현'에 의한 것이라며, 김정은의 공적으로 치켜세우며 찬양하고 있다. 이렇게 북한에서 내세우고 있는 것은 결국 동원을 합리화하면서, 김정은 업적 쌓기에 열을 올리는 것으로 볼 수 있다.

---

24) 『로동신문』 2013. 04. 11. 2.
25) 『로동신문』 2013. 07. 14. 1.

Ⅲ. 김정은 시대의 시장

1. 시장화의 확산

김정은 시대에 이르러 북한의 시장화는 양적인 면과 질적인 면 모두에서 확산되고 있는 실정이다. 일단 김정일 사망 이후 추모기간 동안 모든 시장활동을 금지한 바 있었으나, 최근의 북한 경제관련 소식의 상당부분은 시장의 확산에 관한 것이다. 종합시장은 상대적으로 자유스러운 모습을 보이고 있고, 전국에 400여개로 추정하고 있다. 시장에 참여하는 사람들은 주로 여성들이었는데, 일단 기업소나 협동농장에서도 과업을 수행하기 위하여 시장활동에 적극 참여하고 있다. 북한의 시장화는 소비제와 서비스, 부동산 등 소비부분이 주를 이루고 있으나, 노동, 금융, 자본재 부분도 이러한 경향이 나타나고 있다.

북한 당국이 2012년 초반기부터 시장을 거의 통제하지 않기 시작함으로써 대다수 북한주민들이 이를 새로운 집권자인 김정은의 경제정책으로 받아들이고 있는 분위기이다. 북한주민들의 인식은 실제로 평양에서 나타나고 있는 시장을 중심으로 하는 당국의 적극적 소비 부양 정책으로 현실화되고 있다.26) 주민들의 소비활동은 기존의 사회주의적 계획경제의 틀에서 이루어지는 것이 아니고, 시장이라는 자유로운 틀 속에서 진행되고 있다. 특히 김정은의 '5월 노작'에서 제시하고 있는 사회주의기업 책임관리제는 시장을 기본전제로 삼고 있는 것이다. 여기에서 생산단위가 실질적인 경영권을 자율성을 대폭 보장하겠다는 것이나, 적극적으로 새 제품을 개발을 독려하는 것은 생산품을

---

26) 이석, "북한의 경제: 변화와 지속," 김계동 외, 『북한의 체제와 정책: 김정은시대의 변화와 지속』, 서울: 명인문화사, 2014, p. 117-118.

쌓아두려고 하는 것이 아니라 시장에 팔기위한 것이다. 당연히 이러한 조치는 시장의 활성화를 전제로 한 것이다.

김정은 시대 시장화에 '3무(無) 3다(多)'라는 말이 있다. 3무는 시장통제, 상인통제, 상품통제가 없다는 뜻이고, 3다는 써비차, 휴대전화, 개인소득이 많아졌다는 뜻이다.27) 종합시장 주변의 노점상도 소액의 자릿세를 걷거나 이를 종합시장 매대로 편입시키는 조치가 이어지고 있다. 종합시장 매대에서 장사하는 여성들에 대한 연령통제도 사실상 사라졌다. 여성의 자격제한을 하지 않음에 따라 다양한 연령층과 다양한 층의 여성들이 종합시장에서 장사를 할 수 있게 되었다. 아직도 '남성은 매대에서 장사할 수 없다'는 원칙은 고수되고 있다. 중국산의 제품유입이 더 늘어나고 있어, 공산품뿐만 아니라 농수산물까지 종합시장을 채우고 있다. 매대를 분양받으려는 사람도 늘고 자릿세도 오르고 권리금도 크게 상승했다. 당연히 시장관리소 수입도 늘어나고 있다. 시장이 활성화되면서 두만강-압록강 국경지역과 평양, 개성, DMZ 인접지역을 제외하면 북한내부에서 이동이 자유로워졌다.28) 이는 북한에서 여행증명서나 출장증명서의 정책이 변화되었다는 것을 의미하지 않는다. 아직도 이동하기 위해서는 이러한 것들이 필요한데, 거주지역 간부들에게 뇌물을 주고 증명서를 얻어 활동하고 있다.

2. 시장화의 특성

북한의 시장화가 경제성장에 기여하는 측면을 양문수는 교통·통신 발달, 사금융 확대, 사유화 진전, 정부 세수증가를 들고 있다.29) 그러

---

27) 박인호, "북한의 시장 발전과 장마당 새 세대,"『북한 장마당 새 세대: 그들은 누구이며 변화의 동력이 될 것인가?』, 경남대 극동문제연구소 국제학술회의 발표 논문집. 2015, p. 44.
28) 위의 글, pp. 44-45.

나 이것은 어느 면에서 북한 시장화가 진행되면서 나타나는 특성이라고 말할 수 있는 것이다. 여기에서는 양문수가 제기하고 있는 것에 몇 가지를 덧붙여 북한 시장화의 특성으로 설명한다.

첫째, 교통 즉 운송수단의 발달이다. 국가에 의한 계획적인 공급 능력의 약화가 시장의 필요성을 증대시키고 있다. 시외버스 서비스(써비차)나 개별상점이 개인이 투자하고 경영한다. 그러나 법적으로는 국영기업이나 국가 소속의 형태를 취하고 있다. 개인이 사적인 영리활동을 할 수 없는 북한경제체제 아래서도 안정적인 투자와 지속적인 영업을 가능하게 하는 것이 제도적인 타협이다. 예를 들면 북한의 시외버스는 개인이 중국 등지에서 버스를 구입하여 도나 시 인민위원회(도, 시, 군) 운수회사 형식으로 운영되고 있다. 사적인 영리활동을 금지하는 제도를 공식적으로 수정하지 않은 채, 개인의 투자와 영업활동에 대한 제한적이지만 유효한 제도적 우산을 제공하고 있다.

써비차를 시작으로 시외버스 회사가 등장하고 각종 수송을 담당하면서 노선과 차량이 증가하고 있다. 2014년의 경우를 보면 평양, 평성, 신의주, 남포, 해주, 함흥, 청진 등 주요 대도시를 연결하는 시외버스망이 구축되었을 뿐만 아니라, 중간 규모의 시군 도시에서도 시외버스를 통하여 주요 대도시나 인근 시군으로 이동할 수 있다. 평양의 경우 평양시민이 아닌 사람들이 평양을 드나들기 힘들기 때문에 평성시를 거쳐 여타 지역과 연결되는 것으로 보인다. 전국적인 시외버스망이 구축되었고 운수서비스의 공급도 안정적으로 이루어져, 대도시는 사실상 주차장이 있고, 중소도시는 장마당이나 역근처에 시외버스들이 집결한다. 버스에 비해 기차운임이 싸지만 쉽게 탈 수 없고 운행중단이 많

---

29) 양문수, 앞의 책, pp. 77-79.

다. 버스의 확보나 운영은 형식적으로 도·시·군의 인민위원회 운수
사업부의 국가기관에 의하여 이루어지나, 실제 투자와 운영은 개인이
담당하고 있어 '북한식 시장화'의 전형적인 형태를 보이고 있다.30) 택
시서비스도 비교적 최근에 발생하였지만 증가추세에 있고, 공식적인
택시는 비교적 대도시에서만 운영되고 있다. 그러나 승용차에 의한 비
공식적인 영업행위는 보다 광범하게 이루어지는 것으로 추정된다. 택
시도 시외버스와 유사한 공급 구조를 갖추고 있다.

둘째, 휴대전화의 보급 확대이다. 2008년 오라스콤사와 북한의 체신
청이 합작으로 고려링크가 설립되어, 2009년부터 무선통신 서비스가
시작되었다. 북한에서 무선통신에 대한 수요가 늘자 공급대상의 제약
을 완화하고, 일반주민도 단말기를 구입하고 서비스를 이용하고 있다.
특히 돈주들이 유통에 진출하는 데 결정적인 도움을 준 것은 휴대전
화다. 이를 통해 실시간 시장의 수요와 공급을 파악하는데, 일부 돈주
들은 2~3개의 휴대전화를 가지고 다니면서 장사를 하고 있다.31) 휴
대전화 사용자가 2014년 후반에는 240만명이 넘는 것으로 추정하고
있다. 북한에서는 2013년 스마트폰 '아리랑'을 자체적으로 생산하여 공
급한다고 하고 있으나, OEM방식으로 중국으로부터 들여오는 것인지
는 명확하지 않다. 북한당국이 무선시장 확대를 통해 얻을 수 있는 것
은 재정수입 확대로 판단되는데, 이는 요금을 외화로 지불해야하기 때
문에 외화를 국고로 환수할 수 있다. 무선통신사업은 국영기업을 설립
하여 국가 스스로 시장을 창출하고 있다.

셋째, 사금융의 확대이다. 시장화의 진전으로 비공식적인 금융시장
이 확대되고 있다. 공식금융은 경제난에 다른 국고의 고갈, 인플레이

---

30) 이석기·양문수·정은이, 앞의 책, pp. 136-137.
31) 『중앙일보』 2015. 12. 22. 16.

션 등으로 점차 기능을 상실하고, 그 대신 민간부분에서 시장화의 진전으로 화폐자본을 축적한 돈주가 성장해 비공식금융시장에서 자본의 주된 공급자로 등장한다.32) 시장화는 통상 화폐화를 수반하게 되기 때문이다. 장사를 하기 위해서 필요한 돈을 외부로부터 끌어와야 하는데, 은행이 그 역할을 못하기 때문에 사금융시장에서 충당하게 된다. 돈주는 크게 두 종류로, 첫째, 장사를 전업으로 해 대개 지방에서 시장을 통해 재산을 축적한 사람들이며 재산규모는 작게는 5,000~1만 달러, 많게는 3만~5만 달러에 이른다. 둘째, 권력형 돈주는 해외 거주자, 해외교포, 중앙당 외화벌이 간부 등 세 그룹으로 나누어지며, 북한 당·정·군 등 권력기관의 비호를 받거나 그들과 결탁관계를 유지하여 사업을 한다.33)

넷째, 실질적인 사유화의 진전이다. 북한에서는 법적으로는 인정되지 않지만, 시장화가 진전됨에 따라 실질적인 생산수단의 사유화가 진행되었다. 부동산은 최근 시장화의 주요 측면으로 부각되고 있는 분야이다. 사적자본이 국영기업에 대부 투자를 하고 나중에 자신의 투자몫에 대한 수익금을 회수하는 경우도 있다.34) 주택거래가 부분적으로 이루어진 것은 오래된 일이지만 최근에는 신규주택의 건축과정에서 민간자본이 개입하는 형태로 부동산 시장이 발전하고 있다.35) 국가계획만으로 더 이상 주민의 급증하는 주택수요를 충당할 수 없게 된 북한 당국은 각 기관이나 기업소가 자체적으로 집을 지어 노동자들에게 주택을 배정할 권한을 주기 시작했고, 이를 매개로 신규주택에 대한 시

---

32) 양문수, 앞의 책, pp. 77-78.
33) 이병로, "북한 시장화와 계층구조의 변화," 북한연구학회 기획, 『김정은 시대의 경제와 사회: 국가와 시장의 새로운 관계』, 파주: 한울아카데미, 2014. pp. 340-341.
34) 양문수, 앞의 책, p. 78.
35) 이석기·양문수·정은이, 앞의 책, p. 64.

장 매매가 이루어졌다. 자본을 가진 개인이 기관의 명의를 빌리면 집을 지어 팔 수 있게 된 것이다. 건설 붐을 경기회복 수단으로 활용하려는 의도를 보이는 김정은 체제의 의도까지 가세하여 부동산시장은 북한경제를 이해하는 데 매우 중요한 부분이 되고 있다.36)

다섯째, 시장으로부터 각종 조세 및 준조세 수입의 증가이다. 그러나 북한의 시장은 법적 제도적 뒷받침의 부족 등 여러 가지 한계성을 내포하고 있다. 시장화의 진전에 따라 시장에 대한 국가의 의존도가 높아졌다. 당국은 재정 부족분을 메우기 위하여 각종 국가부담금 및 사용료 등 다양한 형태로 시장에 의존한다. 이와 별로도 혁명자금, 각종 세외부담 등 비공식적인 조세 및 준조세도 중요한 역할을 한다. 특히 혁명자금은 당자금으로도 불리우는 데, 각 기관이나 기업소 무역회사들이 계획과제와는 별도로 충성의 표시로 최고지도자에게 상납하는 외화자금이다.37)

여섯째, 대외무역과 시장과의 관계이다. 대외무역이 북한 시장 발달을 촉진하는 주요한 배경이 됨과 동시에 시장은 북한의 대외무역이 이루어지는 전 과정에 상당한 역할을 한다. 북한의 대외무역이 형식적으로는 국가무역의 형태를 띠고 있지만 실제로는 국가가 각 부문에 수출입 권한(와크)38)을 배분한다. 국가는 와크라는 형태로 개별 경제 주체에게 부여하고, 대신 이로부터 얻어지는 경제적 수익 일부 전부를 국가에 납부하도록 하는 시스템이다. 이 주체에는 군, 당 같은 정치권력과 또는 이른바 돈주들이 있는데, 이들 사이는 복잡하게 얽혀있다.

---

36) 위의 책, p. 64.
37) 양문수, 앞의 책, p. 79.
38) 와크는 세가지 의미를 갖는다. ① 해외와 특정물품을 교역할 수 있는 권리로 허가된 라이센스이다. ② 교역할 수 있는 허가량이다. ③ 이들 물품을 생산하기 위해 특정 지역에서 자원을 동원할 수 있는 권한이다. 이석, 앞의 책, p. 120.

북한에 선군정치가 전개되면서 군부가 와크의 상당한 부분을 독점하여 왔다. 그런데 이러한 와크의 분할현상이 김정은 체제 이후 정치적 과정과 맞물렸다. 김정은 체제 이후 기존의 정치세력을 숙청하면서 이들이 장악하고 있는 경제적 이권을 김정은 시대의 새로운 세력에게 양도한 것은 경제적인 측면에서 보면 와크의 재분배 정책의 의미도 있다.[39]

이와 같은 시장의 특성은 북한 경제에 긍정적으로 영향을 미치고 있다. 우선 시장이 확대되면서 '아사자가 속출한다' 등의 이야기들이 자취를 감추었다. 또한 북한 당국의 입장에서 보면 해외자금이 아닌 국내 자금의 동원력이 어느 정도 커진 것은, 정권의 안정성을 가져갈 수 있는 요인이 되기도 한다. 물론 북한의 시장의 확장으로 인하여 많은 문제점이 발생할 수 있는데, 이는 다음에서 논하기로 한다.

3. 시장의 방향과 평가

1) 돈 흐름의 제도화

북한의 시장화는 주민들에게 일자리와 생계 수단을 제공하고 있다. 시장화는 소비부분의 주도로 이루어지고 있고 이것이 북한 내부의 생산확대와 그에 따른 경제성장으로 이어지지 못하고 있다. 소비부분 상품의 대부분이 중국에서 들여오는 중국산을 포함한 외국상품이기 때문이다. 이러한 시장화는 북한 내부에 화폐는 축적되지만 생산역량으로 전환되지는 못하고 있다. 그러나 북한의 시장화가 체제의 불안정성을 심화시키지는 않는 것 같다. 오히려 당국이 시장을 통하여 재정을 보충하고, 스스로 투자하기 어려운 부문에 민간자금(돈주)을 유치하는 등 적극적으로 이를 활용하고 있다. 북한의 공식경제가 침체를 벗어나지

---

39) 위의 책, p. 121.

못하고 있는 반면 시장을 중심으로 하는 비공식 경제는 빠르게 발전하고 있어, 당국의 시장의존도가 높아지고 있다. 실제로 북한의 중앙과 지방정부 모두 시장에서의 각종 부과금 징수를 통해 국가운영자금의 상당부분을 조달하고 있고 주민들도 시장을 통해 생계를 유지하고 있다.[40] 이러한 상황은 불확실성에도 불구하고 기존 사회주의 계획경제의 일대 전환을 가져온 것이 사실이다.

북한 사회의 가장 큰 변화를 들자면 시장화 현상이 가속화되고 있다는 것이다. 당국은 경제제도를 재정비하면서 자생시장을 제도 안으로 흡수하려 하였으나, 당국의 의도보다는 더 빠르게 시장화가 진행되고 있다. 시장화는 계획경제가 아닌 시장경제체제에서 진행되어야 하는데, 북한의 현상은 위에서 본 바와 같이 공식과 비공식 그리고 합법과 불법이 복잡하게 얽혀져 있다. 북한의 시장화의 결과는 부의 균형이 깨지게 하고, 당국의 역할을 제대로 수행하지 못하고 있어 체제에 부담으로 작용할 수 있다.

특히 기업이 개인으로부터 돈을 빌리고 있는데, 지방산업에 돈주의 자금이 본격적으로 유입되고 있다. 시장경제의 확산에 따라 자금의 수요가 늘어날 수 밖에 없다. 공식적인 금융기관이 자금을 융통하고 중개하는 기능을 못하므로, 시장을 통하여 자금을 축적한 돈주 등에 의하여 사금융이 발달하고 있다. 북한의 시장을 돌아가게 하는 것도 돈이고 왜곡현상이 일어나는 것도 돈의 문제이다. 금융이 제도화되어 그 흐름이 이어져야 하는데 그렇지 못한 것이 현실이다. 법·제도적으로 지원받지 못하는 금융시장은 그 성장에 뚜렷한 한계를 내포하고 있다. 물론 사금융이라는 것이 원래 그러한 속성을 지니고 있지만 북한의

---

40) 양운철, "북한경제, 과연 나아지고 있는가?" 「정세와 정책」 4월호, 세종연구소, 2015, p. 4.

경우에는 그 정도가 심하다고 볼 수 있다.41) 북한의 시장에서 사금융의 대명사인 돈주는 불법과 반합법의 넘나들며 개인과 단체에 영향을 미치고 있다.

평양에서는 25년 만에 '제3차 전국재정은행 일군대회'가 열렸다. 이것은 북한의 재정일꾼과 은행일꾼을 한자리에 모아 금융기능을 정상화시켜 국가사업 자금을 확보하려는 의도로 볼 수 있다.42) 김정은이 <재정은행사업에서 전환을 일으켜 강성국가건설을 힘있게 다그치자>라는 서한에서 "재정은행사업을 활성화하고 이미 마련된 재정토대를 효과적으로 리용하여 더 많은 자금을 동원"하자고 한 데에서도 알 수 있다. 김정은은 이 서한에서 재정은행사업이 무엇인지를 밝히고 있다. 즉, "재정은행사업은 화폐자금을 수단으로 하여 나라의 살림살이를 계획적으로 꾸려나가며 국가경제기관, 기업소들의 관리운영을 규제하고 조절통제하는 중요한 사업"43)이라고 하고 있다. 그는 "재정은행사업을 개선강화하여야 강성국가건설에 필요한 자금수요를 자체로 보장할 수 있을 뿐만 아니라 사회생산물을 분배리용하는 과정을 통하여 사회의 균형적이고 지속적인 발전을 이룩할 수 있으며 인민들의 물질생활을 끊임없이 높여나갈 수 있다"고 하였다.44)

재정은행사업은 재정과 화폐유통 사업을 개선하고 금융정보화 수준을 높여야 한다는 인식을 반영하고 있는 것이다. 이 사업의 활성화는 돈주에 의존하고 시장의 상황에서 사금융을 억제하고 금융기관의 기능을 회복하는 것으로, 시장화를 수용하고 제도화하기 위한 의도로 볼

---

41) 이석기·양문수·정은이, 앞의 책, p. 266.
42) 북한은 2002년 7.1조치 이후인 2004년과 2006년 중앙은행법과 상업은행법을 채택하는 등 한때 금융기능을 제대로 작용시키려는 의도를 보였지만 흐지부지된 경험이 있다. 그러나 은행시장화의 법률적 근거를 마련했다는 점에서는 의미가 있는 것이다.
43) 『로동신문』 2015. 12. 14. 1.
44) 『로동신문』 2015. 12. 14. 3.

수 있다. 북한은 일부에서 외환카드와 전자상거래까지 도입하고 있고, 또한 우리식 경제관리방법의 시행으로 기업의 자율성이 확대되어 금융 시스템의 정비가 필요한 상황에 있다. 북한의 금융정책과 계획을 수립 하고, 금융체계를 제대로 작동하도록 하는 '금융조정위원회'가 설립된 것도 이와 무관하지 않다.

2) 시장의 딜레마

북한에서 소유는 원칙적으로 국가와 사회협동단체의 소유이며 개인 소유는 소비적인 목적을 위한 소유만을 인정하고 있다. 개인의 소유가 인정되는 범주에서는 상속권을 법적으로 보장한다. 그러나 이렇게 헌 법에서 규정하고 있는 것은, 시장과 결부될 때는 이야기가 달라진다. 북한에서 시장이 식량권을 확보하는 수단이 되고, 돈을 버는 장이 되 는 것은 사유화가 진행되고 있다는 것을 말해준다. 사회주의사회에서 사유화는 소유제도에 있어서 사적 소유권의 부활을 의미하며, 이는 국 가의 소유권의 변동이 발생하여 사적 재산권을 인정하는 것으로 결국 자본주의화라고도 할 수 있다. 결국 북한에서 시장화가 진행되면서 개 인의 재산이 축적되는 형태는 자본주의를 자연스럽게 배워간다고 볼 수 있다.45) 이렇게 재산의 형성되면서 사회계층 구조도 바꾸어 놓고 있다. 즉, 개인위탁경영 형태라는 사실상의 사유화는 장사로 돈을 번 신흥중산층을 포함한 상인집단이 새로운 사회계층을 형성하는 것이다. 시장과 자본주의는 뗄래야 뗄 수 없는 없는 관계이다. 그런데 자본주 의란 용어는 북한당국이 가장 싫어하는 말이다.

김정은은 로동당 창건 70주년 담화에서 "우리의 사회주의제도를 내

---

45) 김신, "북한의 시장화와 인권의식(권리의식)의 재발견," 북한인권연구센터 편, 『북한의 시장화와 인권의 상관성』 북한인권정책연구 2014, 통일연구원, 2014, p. 236.

부로부터 허물어보려는 적들의 온갖 책동을 예리하게 가려보고 각성있게 대하며 사회주의화원에 자본주의 독초의 사소한 싹도 절대로 돋아나지 못하게 하여야 한다. 전사회적으로 시대에 뒤떨어진 낡은 도덕과 생활방식을 완전히 털어버리고 서로 돕고 이끄는 건전하고 화목한 사회주의대가정의 미풍을 활짝 피워나가야 한다"라고 하였다.46) 이는 북한 시장화 현상과는 괴리가 있는 부분이다. 시장의 기본적 바탕에는 자본주의 방식이 존재하는데, 이것의 싹도 돋지 않게 한다는 것은 시장을 인정하지 말아야 하는데 김정은 시대에 들어서 북한에서 시장화 더욱 진행되고 있다.

이와 관련하여 북한 사회주의의 기본적인 가치관은 집단주의이다. 그런데 북한 주민들의 의식과 행위양식은 시장에서 개인재산 축적으로 맞춰졌고, 어떠한 수단을 써서라도 돈을 벌어야 한다는 것을 정당화하였다. 주민들에게 물질만능주의가 배태되어 개인주의적이고 실용주의적 관점에서 세상을 바라보게 되었다. 개인의 소유를 우선시하는 일련의 과정을 통하여 공동체의식의 변화를 가져올 수 있다. 아무리 사회주의 대가정의 미풍을 주장하고 있지만, 개인주의로의 주민들의 의식변화는 막을 수 없는 것이다.

북한이 추진하고 있는 우리식 경제관리방법도 상술한 바와 같이 시장에 염두를 두고 있는 것이다. 공장이나 기업소마다 독립채산제에 기초한 경영자율권을 부여하고, 공장 자체 원료조달과 생산물의 제조와 판매권마저 부여하였다. 그러나 이를 추진하는 경제관리사업은 당의 영도를 보장하여 정치사업을 확고히 앞세워야 한다고 한다. 또한 경제

---

46) 북한의 당건일은 10월 10일 인데, 김정은은 10월 4일 "위대한, 김일성, 김정일동지 당의 위업은 필승불패이다"라는 담화를 발표하였다. 그 내용이 로동신문의 1, 2면에 걸쳐 실려 있다. 『로동신문』 2015. 10. 06.

사업에서 당위원회의 집체적 지도를 철저히 실현해야 한다고도 하고 있다. 자율성과 창발성은 집체적 지도와는 상반되는 것이다. 시장은 시장에 맡겨야 하는데, 이렇게 할 수 없는 것이 북한의 실정이다.

북한이 이렇게 이중적인 태도를 취하는 이유는 시장화에서 파생하는 주민들의 가치관 변화 문제 등이 체제를 위협하는 요인이 될 수 있다고 느끼기 때문이다. 김정은 시대 '인민제일주의'를 주장하는 것은 그들의 삶을 풍요롭게 하겠다는 것인데, 인민들의 생활이 시장에 의지하며 살 수 밖에 없는 상황에서 집단주의 가치관이 허물어지고 있는 것은 어떻게 설명할 수 있을 것인가? 이것이 김정은이 안고 있는 아니 북한사회의 가장 큰 딜레마라고 생각한다.

제 **5** 편

핵정책과 핵무력

제 1 장

대외정책과 핵외교

Ⅰ. 북한의 대외정책 결정

1. 국방위원회 제1위원장의 외교권

한 국가의 대외정책은 그 나라의 현실에 바탕을 두고 설정한다. 그렇기 때문에 체제나 정권의 특성에 따라 대외정책 모델과 방식도 달라지게 된다. 북한의 정치체제의 속성은 유일영도체계를 견지하고 있고, 그들이 내세우는 정치방식은 선군영도정치였다. 북한은 선군정치의 대외정책 활용을 '선군외교전법'이라 하여 대외전략으로 정형화시켰다. 북한의 선군외교의 가장 위력한 수단의 하나는 핵 프로그램이다. 이를 바탕으로 대외적으로 강국의 이미지를 과시하고 대외협상력을 제고시켜왔다. 북한은 바로 그 상대가 미국이라 하면서 미국의 가중되는 위협에 자주권과 생존권을 보호하기 위해 핵무기 생산보유를 선언했다는 것이다.[1]

외교정책이란 국제무대에서 정부의 행동지침이 되는 전략을 말하는 것이다. 그러므로 외교정책은 국가지도자가 어떤 국가와의 관계에서 혹은 어떤 상황에서 추구하는 목표를 담고 있으며, 또한 그러한 목표를 추구하기 위한 수단들을 담고 있다.[2] 북한에서 1972년부터 1992년 헌법이 개정되기 전까지 "조선민주주의인민공화국은 대외관계에서 완전한 평등권과 자주권을 행사한다"고 하였다. 여기에 덧붙여 "국가는 맑스-레닌주의와 프로레타리아국제주의 원칙에서 사회주의 나라들과 단결하고 제국주의를 반대하는 세계 모든 인민들과 단결하여 해방투쟁과 혁명투쟁을 적극 지지성원한다"라고 되어 있었다. 그러나 1992년

---

1) 오현철, 『선군과 민족의 운명』. 평양: 평양출판사, 2007, p. 178.
2) 김연각 외 역, 『국제관계의 이해』, 서울: 인간사랑, 2002, p. 197.

헌법부터는 제17조에 "자주, 평화, 친선은 조선민주주의인민공화국 대
외정책의 기본리념이며 대외활동의 원칙이다"라고 규정하고 있다.3)
"맑스레닌주의와 프로레타리아국제주의 원칙"과 "사회주의나라들과 단
결"이라는 것을 삭제하고, "국가는 자주성을 옹호하는 세계인민들과
단결"한다고 하고 있다. 동유럽의 사회주의국가들의 체제변혁과 소련
의 붕괴는 더 이상 북한이 그들의 외교원칙으로 마르크스-레닌주의와
프롤레타리아국제주의만을 고수할 수 없었고, 대상 국가들도 사회주의
국가로 한정할 수 없었다. 이제 서구 국가들도 그들 대외정책의 중요한
대상 국가가 되지 않을 수 없었기 때문에, 자주성을 옹호하는 세계인민
들과 관계를 맺는다는 것이었다. 이는 '자주, 평화, 친선'의 이념 하에
제국주의 세력으로부터 체제를 유지하는데 필요한 국제공조를 한다는
것이다.

북한의 경우 중요한 대외정책결정권은 헌법 상 최고인민회의 상임
위원회가 가지고 있었다.4) 그러나 북한의 헌법이 10년 7개월만인
2009년 4월 9일 개정되면서, 국방위원장의 권한이 대폭 강화되었다.
신 헌법 제100조는 "조선민주주의공화국 국방위원회 위원장은 조선인
민공화국의 최고령도자이다"라고 규정하고 있다. 국방위원장의 임무와
권한(제103조 3항)에 "다른 나라와 맺은 중요조약을 비준 폐기한다"라

---

3) 여기에 덧붙여 "국가는 자주성을 옹호하는 세계인민들과 단결하여 온갖 형태의 침략과
   내정간섭을 반대하고 나라의 자주권과 민족적, 계급적 해방을 실현하기 위한 모든 나라
   인민들의 투쟁을 적극 지지성원 한다"고 되어 있다.
4) 1992년 북한 사회주의 헌법 제107조의 국가주석의 임무와 권한에 5, 6, 7항은 대외정책
   에 관한 것이었다. 즉, "5. 다른 나라와 맺은 조약의 비준 폐기를 공포한다. 6. 다른 나
   라에 주재하는 외교대표의 임명 또는 소환을 발표한다. 7. 다른 나라 사신의 신임장, 소
   환장을 접수한다"이었다. 그러나 1998년 헌법이 개정되면서 국가주석이 없어지고 이
   임무와 권한을 최고인민회의 상임위원회가 가지게 되었다. 제110조 14항은 "다른나라
   와 맺은 조약을 비준 또는 폐기한다"이고, 제15항은 "다른 나라에 주재하는 외교대표의
   임명 또는 소환을 결정하고 발표한다"였다.

고 명기하고 있다. 이는 종전에 국가주석이 가지고 있었던 대외정책 권한이 형식상 최고인민회의 상임위원회로 이전되었다가, 국방위원장으로 옮겨온 것을 의미한다. 헌법상의 규정과 상관없이 북한의 대외정책은 김정일의 강령적 교시와 지시에 따라 이루어졌다. 절대 권력을 가진 김정일이 정책을 결정하고 소수의 참모들이 지도자의 관심이나 의지 등을 확신시키는 특성을 가졌었다. 그동안 형식적으로나마 다른 국가와의 조약 비준·폐기권이 상임위원장에 있던 것을 '중요조약'에 대해서는 국방위원장의 임무로 돌려 놓은 것이다. 이 헌법조항은 김정은 체제에서도 그대로 유지되고 있고, 단지 국방위원회 위원장을 국방위원회 제1위원장으로 대체하였다.

그러나 눈여겨 보아야 할 대목은 최고인민회의 상임위원회에도 대외정책에 관한 조항이 그대로 남겨 두었다는 점이다. 2009년 헌법 제116조 14항은 "다른 나라와 맺은 조약을 비준 또는 폐기한다"이다. 또한 19항에 "다른 나라 국회, 국제의회기구들과의 사업을 비롯한 대외사업을 한다"를 추가하였다. 이는 일반적인 대외관계를 대표하는 것은 상임위원장이고, 중요한 것은 국방위원회 위원장 하는 것으로 운영의 묘를 발휘한 것이다. 이 조항 역시 김정은 체제에서도 종전과 같다.

북한의 국가기구에서 외교전담기구는 내각 산하의 외무성이다. 외무성의 직제는 외무성을 총괄하는 상(相)이 있으며 그 아래 제1부상과 부상 또는 참사가 있다. 외무성은 형식적으로 내각에 소속되어 있으나 실제로 내각총리의 지휘통제를 받지 않고 김정은에게 직접 보고하고 지시를 받는 특별부서로 되어있다.

2. 외교정책모델의 북한적용

이러한 외교정책 결정이 어떻게 이루어지느냐를 설명하는 이론이 외교정책결정과정이론이다.5) 여기에서는 북한 체제의 특성을 고려하여 개인의사결정모델을 살펴 볼 필요가 있다. 이 모델은 합리적 단일 행위자를 가정한 이론과 제한적 합리성을 가정한 이론으로 나눌 수 있다. 합리성이란 주어진 제약 조건 속에서 일관성 있고, 가치를 극대화하는 선택을 말한다.6) 그러므로 외교정책을 결정할 때는 상대 정부에 대한 정보 및 계획 뿐만 아니라, 상대국 국민 또한 국제여론 등을 고려하게 된다. 여기에서 일반적으로 사용되는 방법이 설득과 타협이다. 그러나 문제는 실제의 정책결정은 합리적으로 이루어지지 않고 합리성이 제한된 상황에서 정책결정을 내릴 수 있다는 것이다. 이러한 경우 설득과 타협이라는 방법보다는 강압적 방법과 위협을 사용한다. 이렇게 합리성을 제한하는 요소로는 오인과 감정적 편견 그리고 인지적 편견을 들 수 있다. 저비스(Robert Jervis)는 이를 인지와 오인이라는 개념으로 설명한다. 그는 정책결정자는 상대국가의 동기, 목적 그리고 그 국가가 직면한 상황을 오인하는 경우가 많다는 가설을 세웠다.7)

그에 따르면 우선 국가는 상대방의 적의를 과소평가하기보다는 과대평가하기 쉽다고 하면서, 국가는 또 자국의 입장의 정당함과 상대방의 적의를 과장하는 경향이 있다.8) 북한의 경우가 그렇다. 북한은 핵

---

5) 외교정책결정과정이론은 단위 규모를 분석 단위로 할 때 일반적으로 개인의사결정모델, 집단의사결정모델, 관료정치모델로 유형화한다. 또한 합리성을 중심으로 분류하면 합리성모델과 제한적 합리성모델로 나누는 것이 통상적이다.

6) 전재성, "외교정책 결정체계와 이론," 김계동 외, 『현대외교정책론』, 서울: 명인문화사. 2007, p. 96.

7) 남궁 곤, "외교정책이론," 우철구·박건영 편, 『현대국제관계이론과 한국』, 서울: 사회평론, 2004, p. 311.

실험을 하면서 '미국의 극단적인 핵전쟁 위협과 제재압력책동에 상응하여 핵 억제력 확보하기 위해 핵실험을 했다'9)는 것이다. 이는 감정적 편견과 인지적 편견과도 연결되어 자국입장의 정당성을 확보하려 한다. 북한은 매년 진행되고 있는 한미합동군사훈련을 '핵전쟁 연습' 등으로 묘사하면서 체제위협에 방어의 정당성을 강조하고 있다. 정책결정자는 자신의 결정을 정당화하기 위해 상대방에 대한 입장은 고려하지 않고, 오히려 자신의 행동이 상대방에게 위협으로 비칠 수 있다는 사실을 축소해서 생각한다.10) 북한의 외교정책은 최고 결정자인 김정은의 합리적인 분석보다는, 자신이 가지고 있는 신념체계에 맞추어 인식하고 결정하고 있다. 이는 북한의 벼랑 끝 전술로 나타나고 있고, 대표적인 것으로 미사일 발사와 핵실험을 들 수 있다. 미국의 핵무기는 전쟁을 위한 핵무기이지만, 북한의 핵무기는 평화와 통일을 위한 것,11) 이라며 자신들의 행위를 정당화하고 있다.

어느 국가나 마찬가지로 대외정책에 추구하고자 하는 것은 국가이익이다. 김정은 체제는 군사주의를 통한 체제보장과 경제적 실용주의를 내세우며, '핵무력건설과 경제건설 병진로선'을 대내외정책으로 펼쳐나가고 있다.

Ⅱ. 핵문제의 발단과 과정

1. 북한의 원자력 기술과 연구용 원자로

북한은 1950년 중반 이후 원자력기술에 대한 관심을 갖기 시작하

---

8) 위의 책, p. 311.
9) 오현철, 앞의 책, p. 178.
10) 남궁 곤, 앞의 책, p. 311.
11) 오현철, 앞의 책, p. 178.

였다. 1955년 6월에 북한의 과학자들이 동유럽에서 개최된 원자력의 평화적 이용에 관한 국제회의에 참석하였고, 북한의 과학원은 핵 물리학 연구소를 설립하기로 결정하였다. 처음 원자력 개발은 소련의 지원에 의하여 이루어졌다. 1956년에 북한은 소련은 '연합 핵 연구소 조직에 관한 협정'을 체결하고, 과학자들을 소련에 파견하였다. 또한 소련과 '조·소간 원자력의 평화적 이용에 관한 협정'도 체결하였다.

김일성은 1961년 9월에 개최된 제4차 당대회에서 원자력의 평화적 이용을 위한 연구 개발을 추진하도록 지시하였다. 1962년에 영변 원자력 연구소가 설립되어 1963년에는 소련에서 연구용 원자로(IRT-2000, 2MW)를 도입하고, 1967년에는 연구용 원자로를 가동하기 시작하였다. 소련은 북한이 요구한 핵 개발 지원은 거부했지만 원자력의 평화적 이용을 도와주기로 하고 영변의 IRT-2M을 지원하였다.12)

1974년 북한의 과학자들은 IRT-2M 원자로를 개량하여 농축도 80%의 핵연료를 사용하는 데 성공을 거두었다. 그리고 그해 국제원자력기구(IAEA)에 가입하였다. 초소형 실습용 원자로 시설은 1977년 7월 IAEA 안전규약에 서명하고 나서야 비로소 세상에 알려졌다. 북한의 주한 핵무기 철수를 주장하면서, 핵개발이 본격적으로 시작된 것이 1980년대였다.

2. 5MW 원자로의 플루토늄과 한반도 비핵화선언

1980년 7월 북한은 5MW 원자로의 설계에 착수하였으며, 이 원자로는 1987년부터 가동을 시작하였다. 초기에 평화적 목적으로 시작된 원자력 이용계획이 적어도 5MW 원자로가 가동되어 본격적으로 플루

---

12) 전성훈, "북한의 핵능력 평가," 한국정치학회·이정복 외, 『북핵 문제의 해법과 전망』, 서울: 중앙 M&B, 2003, p. 210.

토늄이 추출되면서, 핵무기 개발계획으로 본격적 전환된 것으로 생각된다. 이 원자로가 플루토늄을 생산할 수 있는 능력은 최대 가동 시 연간 11kg을 생산할 수 있다고 한다. 북한이 이 원자로를 선택한 이유를 다음과 같이 추정하고 있다.13) 첫째, 북한에 매장된 풍부한 천연 우라늄을 원료로 쓸 수 있기 때문에 핵연료의 대외 의존도를 낮출 수 있다. 둘째, 플루토늄의 생산비율이 높다. 셋째, 당시 북한은 우라늄 농축 기술이나 중수 생산 기술이 없었다. 이렇게 가동한 영변의 5MWe 원자로에서 1989년에는 폐연료봉(약 8,000개)을 인출하였고, 1990년에는 재처리시설에서 대규모 Hot Test를 실시하였다. 이는 플로토늄을 추출한 것으로 볼 수 있다. 한편 북한은 1985년 12월에 핵확산금지조약(NPT: Nuclear Nonproliferation Treaty)에 가입하였고, 소련과 '원자력 발전소 건설을 위한 경제·기술 협력 협정'을 체결하기도 하였다. 그리고 태천에 200MW 원자로 건설에 착공하기도 하였다. 북한은 NPT에 가입한지 6년이 넘도록 핵안전조치협정의 서명과 IAEA의 핵사찰을 회피해 오면서 비밀리에 핵무기를 개발하고 있다는 의혹이 제기되었다. 1990년 3월 6일에 IAEA 이사회는 북한의 전면안전조치협정 체결 권고하였다. 1990년 11월 16일 UN 주재 북한대사는 IAEA 사찰 수락조건으로 주한 미군 핵과 북한 핵시설의 동시 사찰 제의하였다. 1991년 7월 30일에는 외교부 성명을 통해 '한반도 비핵화를 위한 제안'을 발표하였다.

한편 1991년 6월 28일 노태우 대통령은 동북아 비핵화실현을 전제로 한반도 비핵화 가능성 표명하였다. 그리고 1991년 11월 8일 노태우 대통령은 '비핵 5원칙 선언'으로 한국은 핵무기를 제조, 보유, 저장,

---

13) 위의 책, pp. 210-211.

배비, 사용하지 않으며, 북한도 핵연료 재처리 및 농축의 포기와 핵사찰 수용할 것을 촉구하였다.

남북한은 1991년 제5차 고위급회담에서 한반도에 핵무기가 없어야 한다는 인식을 같이 하였다. 그리하여 1992년 2월 19일 '남북기본합의서'의 발효와 함께 '한반도 비핵화공동 선언'도 발효되었다. "남과 북은 한반도를 비핵화함으로써 핵전쟁 위험을 제거하고 우리나라의 평화와 평화통일에 유리한 조건과 환경을 조성하며 아시아와 세계의 평화와 안전에 이바지하기 위하여"로 시작된 이 선언은 핵에너지의 평화적 이용·핵 재처리시설과 우라늄농축시설의 비 보유·핵통제위원회 구성 등 6개항으로 되어 있다. 남북한은 이 합의에 따라 '남북핵통제공동위원회 구성·운영에 관한 합의서'를 채택하였다. 남북핵통제공동위원회 회의는 1992년 3월 19일부터 12월 17일까지 13차례 판문점 '평화의 집'과 '통일각'에서 번갈아 개최되었다.

3. 국제원자력기구의 사찰

북한은 1992년 신년사를 통해 '공정성 보장시 핵사찰 수락'의 용의를 피력하였고, IAEA와 '핵안전조치 협정'을 체결하였다. 북한은 5월 4일 IAEA에 최초보고서를 제출하였는데, 7개 핵시설과 플루토늄을 보유하고 있다고 밝혔다. 관심의 초점은 북한이 생산했다는 플루토늄의 양이었는데, 90g을 추출했다고 신고했지만 거의 믿을 수 없다는 분위기 였다. 북한의 과거 핵 활동의 실체를 정확히 파악할 수 없었기 때문에, 양의 평가는 다양해 10kg 이상을 추출했을 가능성도 있다는 주장도 나왔다.

결국 1992년 5월 25일에서 6월 5일까지 IAEA는 북한이 제출한 최초보고서의 정확성과 완벽성을 검증하기 위한 사찰을 실시하였다. 북한은 IAEA의 사찰로 핵무기 개발에 대한 의심의 근거가 없어졌다 면서, 이제 남은 일은 주한미군기지에 대한 사찰뿐이라고 주장하였다. 1992년 12월 12일 IAEA는 핵폐기물 보관시설로 의심되는 2곳에 대한 접근을 북한에 비공식 요청하였고, 북한은 1곳에 대해서만 유안사 찰을 허용하였다. 북한이 신고한 핵시설을 6차례에 걸쳐 사찰한 IAEA사찰단은 신고내용과 실사내용간의 상이한 점[14]을 발견 1993년 2월 10일 한스 브릭스 IAEA 사무총장은 북한의 미신고 시설 2곳에 대한 특별사찰 수용을 촉구하였다.[15]

Ⅲ. 제1차 북핵위기와 제네바합의

1. 핵확산금지조약 탈퇴선언과 북미고위급회담

북한은 특별사찰을 거부하고 미국과 국제원자력기구의 핵사찰 압력 에 직면하여 체제위협을 심각하게 느꼈다. 북한은 1993년 3월 9일 시 작된 한미합동군사훈련을 '핵전쟁 연습'이라 하고, 전국에 준전시상태 를 선포하였다. 북한은 이렇게 위기고조를 내비치면서, 3월 12일 NPT 탈퇴 서한을 유엔 안정보장이사회에 제출하였다. 북한은 NPT 탈퇴에 대한 성명을 발표하였다. 즉, "미국은 우리가 군사기지에 대한

---

14) 북한은 5MW 흑연감속로형의 실험용 원자료에서 1회에 걸쳐 소량(80~90g)의 플로토 늄을 추출했다고 하였으나, IAEA는 최소 3회의 재처리로 보다 많은 양(kg단위)의 플 로토늄을 추출했다고 보았다. 그리고 방사화학실험실은 대규모 재처리시설이고, 2개의 미신고시설은 재처리한 핵폐기물 저장소라 의심하였다.

15) 1993년 2월 23일 제임스 울시 CIA 국장은 미상원 청문회에서 북한이 적어도 한 개의 핵무기 제조 가능한 핵물질을 보유했다고 주장하였다. 이 밖에 미국의 물리학자나 한국 의 국방부에서도 북한의 플루토늄 생산을 8~12kg 사이일 것이라고 주장했는데, 이에 대한 자세한 내용은 전성훈의 앞의 책, pp. 214-217 참조.

<특별사찰>을 거부하면 <특별사찰 불이행>이라고 딱지를 붙여 우리 문제를 유엔안전보장리사회에 끌고가 우리에 대한 <집단적인 제재>를 가해보려하고 있다", "만일 우리가 미국과 그 추종자들의 이러한 음모를 저지하지 못하면 온 민족을 대결과 전쟁에 몰아넣고 대국들의 희생물로 내맡기는 결과만을 초래하게 될 것이다"고 했다. 북한의 NPT 탈퇴선언은 특유의 '벼랑끝 전술'이었다. 상대방의 적의를 과장하면서 자신들의 입장을 합리화 하였다. 북한이 과거의 중국이나 소련의 의존적 전략에서 자력갱생적 '정면돌파(Buckpassing)전략'으로 전략적 변화를 선택한 것이었다.

NPT 탈퇴선언이 있은 지 2주 후에 북한은 준전시상태 해제성명을 발표하면서, 북한 외교부가 북미양자회동을 통해 핵문제를 해결할 것을 제의하였다. 5월 11일 유엔안전보장이사회는 북한의 핵사찰 수용과 NPT탈퇴 철회 촉구 결의를 채택하였다. 그러나 미국은 북한의 제의를 받아들여 5월 17일부터 21일까지 '북미고위급 회담' 개최를 위한 실무 접촉을 하였다.

6월에는 뉴욕에서 미 국무부 갈루치(Robert Gallucci) 차관보와 북한 외교부 강석주 부부장 사이에 고위급회담을 개최하였다. 북미고위급회담은 북한의 NPT 탈퇴효력이 발생하기 10일 전인 6월 2일 시작되었다. 여기서 강석주는 김일성의 말을 번복하며 핵무기를 제조할 능력을 가지고 있지만, 미국이 북한을 위협하는 일이 없어진다면 핵무기를 제조하지 않겠다는 약속을 하였다.[16) 양측은 일단 NPT탈퇴 유보에 합의하고 핵을 포함한 무력불사용과 평화와 안전 보장 등이 담긴 최초의 공동성명을 발표하였다. 핵 개발을 둘러싼 위기감의 고조는 북

---

16) 미치시타 나루시게 지음, 이원경 역, 『북한의 벼랑 끝 외교사, 1966-2013년』, 파주: 한울아카데미, 2014, p. 182.

한이 미국을 협상의 파트너로 끌어내는 결과를 가져왔다. 이전까지 북한은 모든 면에서 미국의 협상 대상자가 될 수 없었다. 이유야 어쨌든 북한은 국제사회에서 중요한 국가로 부각되었다. 이것은 핵문제 해결의 주도권이 북한과 미국으로 이동하기 시작된 것으로, 한국이 소외되고 있다는 것을 의미한다.

1993년 7월 제네바에서 제2차 북미고위급회담이 개최되었는데, 강석주는 북한은 국제사회가 에너지 수요를 충족시키기 위한 경수로를 제공한다면 원자력 개발 프로그램 전체를 수정할 용의가 있다고 했다. 갈루치는 긍정적으로 평가하였으나, 경수로를 설치하려면 1기에 10억 달러가 든다고 밝혔다. 제2차 북미고위급회담에서도 핵시설의 경수로 교체 문제와 IAEA와 협상 등의 내용을 담은 성명을 발표하였다. 이후 미국은 북한이 IAEA뿐만 아니라 한국과도 본격적인 협의를 시작해야 제3차 북미고위급회담을 개최하겠다는 의지를 밝혔다.

북한과 IAEA가 9월에 협의를 하였으나 합의를 이끌어 내지 못하고, 10월 1일 IAEA는 북한의 재 사찰 요구 결의안 채택하였다. 남북대화도 성과를 내지 못하고 한국은 핵문제를 최우선 과제로 생각한 반면, 북한은 남북정상회담준비를 위한 특사교환을 우선 진행할 것을 요청하였다. 그 결과 10월 5일부터 25일 사이에 세 차례 개최된 협의는 진전없이 끝났다.[17] 북한이 요구한 것은 남북대화가 아닌 북미회담의 재개였다. 그해 11월에 북한의 핵협상 단장인 강석주가 핵문제 일괄처리를 미국에 제의하였으나 받아들여지지 않았다.

11월 14일 북한은 '남북핵통제공동위원회'를 중단한다고 하였고, 또한 12월 1일 IAEA에 전문을 보내 '북한 핵 현황의 계속적인 악화는

---

17) 위의 책, pp. 184-185.

IAEA측의 책임'이라고 주장하였다. 그러나 12월 29일 북미 실무접촉에서 핵사찰 수용을 발표하였다. 그 내용은 IAEA 사찰 허용과 남북 실무회담개최, 94년 한미 팀스피리트훈련 중단 그리고 제3차 북미고위급회담 재개였다. 북한은 이에 대하여 "공화국의 원칙적이고 강경한 주장 앞에서 미국측은 어쩔 수 없이 일괄타결방식을 긍정적으로 평가하고 호응해 나서게 되었다. 이해 12월 29일 뉴욕에서 진행된 조미실무접촉에서 미국측은 일괄타결방식을 접수하였다"18)고 당시의 상황을 기술하고 있다. 북한은 미국측이 자기들의 요구를 다 받아들였다고 주장하였다.

2. 1994년의 한반도 전쟁위기와 북미합의

김일성은 1994년 신년사를 통하여 강경하게 미국을 비난하였다. 미국이 있지도 않은 핵문제를 들먹이고 있으며, 핵무기로 북한을 위협하고 있는 것은 오히려 미국이라는 것이었다. 김일성도 이것이 그의 마지막 신년사라고는 생각조차 못했을 것이다.

1994년 북한과 IAEA간에 사찰에 관한 협의가 진행되었으나, 그 내용에 관한 견해가 달랐다. 이 때 1월 26일 뉴욕타임지가 주한미군의 전력을 강화하기 위한 준비가 진행 중이라는 보도가 있자 북한은 격렬하게 반발하였다. 패트리어트 미사일 남한배치 가능성 그리고 94년 팀스피리트 훈련강행의 발표로 "미국이 겉으로는 북한과 협상을 하는 체 하면서 막후에서는 전쟁 연습을 하고 있다"고 비난했다. 북미간의 협상이 계속되면서 미국과 남한, IAEA, 북한은 서로 자기 입장을 내세웠고 어떠한 합의를 도출해 내기 어려웠다. 북한은 1월 31일

---

18) 『선군태양 김정일장군 2』, 평양: 평양출판사, 2006, p. 436.

외교부 대변인 성명을 통해 '미국이 북한 측에 핵 전면사찰을 계속 요구할 경우 NPT탈퇴 유보결정을 철회'할 것이라고 경고하였다.

주한 미국 레이니(James Laney) 대사는 워싱턴에서 '우발적인 전쟁' 발발 가능성의 우려를 표명하였다. IAEA 영변 핵시설의 최종시한을 못 받고 그때까지 합의가 도출되지 않는다면 북한 문제를 유엔안보리에 회부하겠다고 선언하였다. 사찰단 철수 등이 있었고, 미국은 제3차 회담 계획을 취소하고 다시 한번 유엔을 통한 제재조치를 검토하였다. 2월 15일 북한은 IAEA 사찰 재개를 위한 최소한의 조건들을 수용했지만, 일련의 전제조건이 충족되기 전까지는 사찰단에게 비자 발급을 거부하겠다고 밝혔다. 그러나 북한과 IAEA는 사찰범위에 합의하였다. 그리고 2월 25일 북미간에는 '합의 결론(Agreed Conclusion)'이라는 합의문을 발표하였다. 여기에는 3월 1일을 기해 '팀스피리트 94' 중단, 사찰 합의된 기한 내 완료, 남북 특사교환 실무접촉 재개, 제3차 북미 회담 3월 21일 재개가 포함되었다.

그러나 이후의 핵 문제를 중심으로 한 협상과정은 순조롭지 않았다. 3월부터 계속해서 특사교환을 위한 남북실무회담이 개최되어 특사 교환문제를 논의하였다. 제5차 남북실무회담에서는 '핵문제를 최우선 과제'로 다루어야 할 것을 요구하자, '서울 불바다'[19] 발언을 하였다. IAEA는 북한의 핵 의심 시설 7곳에 대한 사찰을 실시하였으나, 북한의 시료 체취거부로 재처리시설 추가건설 사실만을 확인하였다.

북한은 무언가를 확실하게 보여주려고 4월 1일에 5MW 원자로의 운전을 중지하였는데, 이는 다음 연료봉 인출이라는 단계로 가기 위한

---

19) 북한의 박영수 대표는 남한측의 송영대 대표에게 "서울은 여기서 멀지 않소. 전쟁이 발발하면 서울은 불바다가 될 것이오. 송 선생도 살아남기 어려울 것이오"라고 하고 회담장을 박차고 나갔다.

준비 조치였다. 그리고 북한은 군사훈련도 활발하게 진행하였다. 이렇게 북한의 강한 공세로 한반도에 전운이 감돌자, 미 국방부는 한반도 주변지역에 대한 미군병력 증강을 가속화하였다. 북한은 4월 28일 군사정전위원회 비서장회의에서 군사정전위원회의 기능정지를 통보하고, 아울러 미국에 대해 새로운 평화보장체계 수립을 제의하였다.

1994년 5월 북한은 안전조치협정을 위반하고 5MW 흑연감속로에서 연료봉을 인출하였다. 6월 15일까지 약 50톤 8천 여개를 인출하였다. 한스 브릭스 IAEA 사무총장은 유엔안보리에 "북의 사용 후 연료봉 무단인출로 과거 핵활동 관련정보 습득이 불가능하다"고 보고했다. 페리 (William Perry) 국방장관은 이 연료봉들을 모두 플루토늄으로 전환했을 때 4~5기의 핵무기를 제조하기에 충분하다고 예측했다. 미국은 핵의혹을 캐내기 위해 전쟁까지 치를 생각은 없었지만 북한이 '사용 후 핵 연료봉'들을 플루토늄으로 전환, 핵무기를 제조하는 사태를 원천 봉쇄하기 위해서라면 전쟁도 불사할 수 밖에 없는 형편이었다.[20] 북한은 "5월에는 미국의 부당한 간섭과 방해 책동을 물리치고 예정대로 5MW 시험원자력발전소의 로심교체작업을 강행하였다"고 밝힌바 있다.[21]

5월 30일 유엔안보리는 북한에 핵연료봉 인출에 관한 협상을 촉구하는 의장성명을 채택하였다. 6월 3일 미국은 북한과 제3차 고위급회담을 개최할 수 없는 상황이라고 인식하고, 유엔안보리에서 후속조치로 '대북재제와 후속조치'를 논하고 있다고 밝혔다. 북한은 동해안에서 미사일 시험발사를 했고, 김영남 외교부장은 한반도에서 전쟁이 일어나면 남한이 철저히 파괴될 것이라고 경고했다. 6월 10일 IAEA이사

---

20) 이종길 역, Don Oberdorfer, *The Two Koreas*, 『두 개의 한국』, 서울: 길산, 2002, p. 454.

21) 『선군태양 김정일장군 2』, p. 437.

회는 연간 56만 달러에 해당하는 북한에 대한 기술 원조를 중단하는 대북결의안을 채택하였다. 북한은 6월 13일 조선중앙통신을 통해 IAEA의 공식탈퇴를 선언하며, 이에 대한 제재는 선전포고로 간주할 것이라 공표하였다. 북한은 "미국이 선제타격을 가한다면 맞받아치겠다는 엄한 경고로서 단호한 자위적 조치였다"고 하였다.22)

북한의 핵문제가 급박하게 돌아가고, 한반도 위기론이 불거져 나왔다. 미국의 전쟁계획은 수 십년 만에 처음으로 단순히 추상적인 문서나 컴퓨터 파일이 아닌 현실적인 색채를 띠기 시작했다. 그 가운데는 교전 시작 후 북한 내부로 진입해 전투를 실행한다는 내용도 있었다.23) 이 때 미군 전력의 증강계획과 항공모함의 추가배치 그리고 영변핵시설의 파괴하는 계획을 검토했다.

일촉즉발의 상황에서 해결사로 나선 것은 카터(Jimmy Carter) 전 미국대통령이었다. 그는 6월 15일부터 18일까지 먼저 서울에 들리고 북한을 방문하여 북미관계를 조율하고 남북정상회담의 의사를 양측에서 확인하였다. 북한의 지도부가 대미 충돌정책을 고수한 측면이 있었지만, 미국을 두려워하면서 군사적 충돌만은 회피하려 하였다. 카터와 김일성의 회담에서 미국이 경수로를 지원하고 '대북핵공격위협'을 제거한다면 핵개발계획을 동결할 것이고 남북정상회담을 하겠다고 하였다. 이들은 제3차 북미고위급회담 진행될 때까지 핵 프로그램 동결, IAEA 사찰관 체류 허용, 미국 정부의 경수로 제공 지지를 합의하였다. 카터-김일성 회담 후 미국 정부는 북미 회담조건으로 핵프로그램 동결에 관한 구체적인 요구를 했고 북한이 이를 수락하였다. 북한의 외교부는 6월 27일에 제3차 북미고위급회담이 제네바에서 7월 8일 개

---

22) 위의 책, p. 437.
23) 이중길 역, 앞의 책, p. 459.

최된다고 발표하였다. 남북정상회담을 위한 예비회담이 6월 28일 판문점에서 진행되었고, '남북정상회담을 위한 합의서'가 남북장관에 의하여 채택되었다. 남북정상회담은 7월 25일부터 27일까지 평양에서 개최하기로 하였다. 그러나 바로 이 기간 동안인 7월 8일 김일성이 급작스럽게 사망하였다.

3. 북미제네바 합의서 도출

이러한 상황에도 불구하고 김정일은 북미고위급회담에 비중을 두었다. 김정일이 생각하길 당시에 북한이 체제를 유지할 수 있는 길은 미국과의 타협을 이끌어 내는 것 밖에 없다고 생각했기 때문이었다. 북한에서는 "경애하는 김정일장군님께서는 위대한 수령님께서 카터와의 담화를 성공적으로 진행하시여 조미관계, 조미회담재개 문제를 비롯하여 중대한 문제들을 해결하는데 큰 진전이 이룩되도록 하시었다. 그리하여 미국의 반공화국압살책동을 저지시키고 조미대화의 교착상태를 타개하며 핵 문제와 관련한 조미회담과 북남최고위급회담을 성사시키는데 유리한 조건을 마련해 놓으셨다"고 평가하고 있다.24) 당시의 협상에서 김정일의 역할을 강조하고 있어, 김정일의 생각이 무엇이었는지도 알 수 있다. 7월로 예정되었던 제3차 북미고위급회담이 8월로 연기되어 개최되었는데, 회담 마지막 8월 12일에는 최종 합의의 기초가 되는 합의성명을 발표하였다. 미국과 북한은 김일성 사후에 제네바에서 개최된 북미핵협상은 합의를 도출하여, 10월 21일에 협상문에 서명하게 되었는데 이것이 "북·미 제네바 기본합의서"이다.

북미 제네바합의문의 내용을 조항을 중심으로 살펴보면 다음과 같

---

24) 『선군태양 김정일장군 2』, pp. 438-439.

다. 크게는 4개 부문으로 되어있는데, 첫째는 "양측은 북한의 흑연감
속 원자로 및 관련시설을 경수로 원자로 발전소로 대체하기 위하여
협력한다"이다. 북한은 현재 및 미래의 핵활동을 동결하기 위해 "경수
로 및 대체에너지 제공에 대한 보장서한 접수 즉시 북한 흑연감속 원
자로 및 관련시설을 동결하고 궁극적으로 이를 해체한다"고 하였다.
IAEA가 이를 감시하고 북한은 전적으로 협력하며, 5MW 실험원자로
에서 추출된 사용 후 원료봉은 경수로 건설기간 안전하게 보관한다.
이후 북한내에서 재처리하지 않고 안전한 방법으로 처리할 수 방안을
강구하기 위해 상호협력다고 하였다. 여기에 맞춰 2,000MW 경수로
제공을 위해 미국의 주도하에 만든 국제 콘소시엄이 한반도에너지개발
기구(KEDO)이고, 경수로 완공시까지 대체 에너지로 중유를 연간 50
만톤을 제공하기로 하고 실행에 옮기기도 하였다. 둘째는 "양측은 정
치적, 경제적 관계의 완전 정상화를 추구한다"이다. 양측은 통신 및
금융거래에 대한 제한을 포함한 무역 및 투자 제한을 완화시키고, 연
락사무소를 수도에 개설하고 나가서 양국관계를 대사급으로 격상시켜
나아간다고 하였다. 셋째는 "양측은 핵이없는 한반도의 평화와 안전을
위해 함께 노력한다"이다. 미국은 북한에 대한 핵무기의 위협이나 사
용을 하지 않을 것을 공식보장한다. 또한 남북관계 대해서는 북한이
'한반도비핵화공동선언'을 이행하기 위한 조치를 일관성있게 취하고,
남한과의 대화에 착수한다는 것이다. 넷째는 "양측은 국제적 핵비확산
체제 강화를 위해 함께 노력한다"이다. 북한은 NPT당사국으로 잔류
하며 안전조치협정을 이행하고, 경수로 제공을 위한 계약체결 즉시 임
시 및 일반사찰 재개한다. 경수로 사업이 완료될 때 즉, 핵심 부품 인
도 이전에 북한은 북한 내의 모든 핵물질에 관한 최초보고서의 안전
성과 검증하는 조치를 취한다는 것이었다.

북한은 미래의 핵개발 동결이라는 대가로 미국과의 적대관계를 청산하고 외교·군사·경제분야에서 미국의 협력내지 적대관계 완화를 약속 받았다. 이는 미국뿐만 아니라 다른 자본주의 국가들과의 외교관계를 정상화하고 서방선진국가들의 자본과 기술을 도입할 수 있는 길을 열어 놓은 것이었다.

Ⅳ. 핵협상 이후 북한

1. 고난의 행군기의 경제지원

북한은 김일성 사후 정치·경제적으로 가장 어려운 시기였다. 김정일은 국방위원장과 최고사령관의 직책을 유지한 채 유훈통치로 3년을 보냈고, 인민들에게 고난의 행군시기라 하여 어려움 극복의 동참을 호소하였다. 이러한 환경 속에서도 김정일의 핵외교는 국내의 불만을 억제하고 안정을 확보하는 데 기여를 했다. 제네바 합의에 의해서 한반도에너지개발기구(KEDO)25)가 탄생하고, 대체에너지인 중유를 지원받게 되었다. 이것은 미국을 위시한 강대국들이 북한의 생존을 보장해주는 대외정치구조적 틀의 구체적인 보기라고 할 수 있을 것이다. 더구나 북한은 미국을 이용하여 북한의 숙명적 경쟁자인 남한까지 얽어매는 구도를 짜 놓았다. 이것이 북한의 외교 및 자신의 생존전략의 교묘함을 보여주는 것이었다.

김영삼 대통령은 1995년 1월 연두기자회견을 통해 '민족발전공동체

---

25) KEDO는 북미 제네바 기본합의에 기초하여 대북 경수로 지원사업을 위해 추진된 국제 콘소시엄이다. 1995년 3월 설립되었고 공사의 주계약자는 한국의 한전이었다. 1997년 8월 19일 함경남도 금호사업부지에서 착공하여 전 공사의 34.5%가 진행되었으나, 2003년 12월 중단되었다.

계획'의 일환으로 대북 경수로 건설사업을 지원할 것을 밝혔다. 조문파동 이후 북한은 남한당국과 상대하지 않는다는 입장을 고수하였지만, 김영삼 정부가 5월 전제조건 없는 대북곡물 제공을 표명하자 이를 받아들였다. 북한은 고난의 행군을 한다고 할 만큼 경제사정이 좋지 않았고 특히 식량난은 심각했다. 국내산 쌀 15만 톤의 지원이 이루어졌다. 그런데 이것은 결국 경수로 노형선택의 문제와 관련된 것이었다. 북미간 경수로회담에 건설비용의 70%를 부담해야 할 한국은 울진 3-4호기와 같은 '한국형' 경수로가 선정될 것을 요구하였고, 북한은 거부하였으나 받아들였던 것이다.

미국과의 연락사무소의 개설은 지연되고 있었으나, 대북경제제재조치도 부분적으로 해결하였다. 미국은 대북한 무역 및 투자장벽을 완화시켜 나간다는 북미기본합의에 따라 1995년 1월 20일 대북경제제재를 45년만에 부분적으로 해제하였다.26) 1996년 5월에 제2차 유해송환협상의 타결로 미국은 북한에 미군유해 보상금 2백만달러를 전달하였고, 1996년 7월에는 미군유해 공동 추가발굴작업이 실시되었다.

미국은 북한의 식량난이 가중되고 경제가 악화됨에 따라, 유엔의 요청을 받아들이는 형식으로 세계식량기구(WFP) 등을 통해 대북지원에 나섰다. 미국은 1995년 WFP를 통해 200만 달러, 유엔아동기금(UNICEF)를 통해 2,250만 달러 상당의 곡물·약품·현금 등을 북한에 지원하였다. 1996년 7월에 717만달러, 97년 4월에 5,200만 달러, 7월에는 2,700만 달러 상당의 곡물 10만 톤을 추가 지원하였다. 북한의 핵 시설 및 미사일 시험발사 문제가 제기 되었음에도 불구하고, 1998

---

26) 양국간의 전화통신에 관련된 거래 허용, 개인적인 여행관련 신용카드 사용 및 기타 여행관련 거래 허용, 미국언론사의 지국개설 허용 및 북한의 제3국과의 거래에서 미국은 행을 이용한 결제를 허용하였으며, 또한 북한자산의 동결해제와 북한으로부터 마그네사이트의 수입을 결정하였다.

년에도 1억 7,185만 달러에 달하는 곡물 50만 톤이 지원되었다.

북한은 대미관계개선을 통해 외교적 고립, 경제난을 극복하려는 전략으로, 미국에 대북경제제재조치 완화, 테러 지원국 지정해제, 북미평화협정체결 등을 요구하였다. 북한은 이와 같은 대미목표의 달성을 위해 북미대화에 적극적으로 나서는 한편, 미사일발사, 제네바 합의문 파기 위협 등 '벼랑끝 전술'을 병행하였다. 이러한 것은 핵을 매개로한 미국과의 관계개선이 없었다면 불가능한 것들이었다.

이렇게 북한이 그들의 정책, 특히 대외정책을 펼쳐나가는데 있어 발견되는 특성이 있다. 협상의 핵심은 균형된 양보에 있다. 그러나 북한은 전통적으로 대외협상에 있어서 초기에는 아주 경직되고 극단적인 입장을 취하는 경우가 많다. 북한은 일방적인 이득을 얻기 위해 처음부터 터무니없는 요구를 제시하는 전술을 매번 사용한다. 그렇게 함으로써 엉뚱한 최초 요구를 철회시키는 대가로 상대방으로부터 많은 양보를 얻어내고자 하는 것이다. 이때 타당성이 없는 억지주장을 합리화하기 위해 괴상한 원칙을 내세우기도 한다.27) 어쨌든 제네바회담 이후의 북미 양국간의 관계는 냉전시대의 적국 관계로부터 양국 간의 접촉이 공식화되면서 점진적인 관계개선으로 방향을 잡아갔다.

2. 김정일 체제 출범과 핵·미사일문제

김정일은 1997년 10월 8일 그동안 공석으로 있던 당총비서에 올랐다. 그리고 1998년 9월 5일 헌법을 개정하여 주석제를 폐지하고, 국방위원장이 중심이 되는 정치권력구조로 개편하였다. 이 기간에도 핵문제가 발생28)하였고, 특히 8월 31일에는 위성이라고 주장하는 장거리

---

27) 허만호, "북한의 협상행위의 특징: 이론적 괴리와 규칙성,"『한국정치학회발표논문집』, 한국정치학회 '96 하계학술대회, 1996, pp. 39-40.

로켓발사는 국제적인 중요한 관심사였다. 북한은 장거리 로켓을 발사함으로써 국내외에 영향을 미칠 효과를 노렸다. 김정일 체제에서 '주체의 강성대국'을 내세웠는데, 강한 국가라는 것을 대내외에 천명한 것으로 볼 수 있었다. 또한 이는 김정일 체제에서 내세운 선군정치와도 연관이 되는 것이었다. 북한에서는 '우리나라에서 첫 인공위성발사는 위대한 령도자 김정일동지의 영도하에 사회주의강성대국을 건설을 위한 인민들을 크게 고무'시켰다고 주장하였다.

북한이 인공위성이라 주장하는 장거리 로켓(대포동 1호)은 미국 정보기관의 예상을 뛰어넘는 것이었다. 대포동 1호는 고체연료로 추진되는 제3단을 탑재하고 있어 이것이 실용화될 경우 미사일의 사정거리가 극적으로 연결될 것으로 예상되었다. 제3단은 비행 중 폭발하였으나 파편중에 일부는 발사지점에서 4,000㎞ 떨어진 지점까지 날아갔다. 북한은 로동신문을 통하여 '인공지구위성'이라고 주장하면서도, 군사적목적에 쓰일 수 있는 가능성을 배제하지 않았다.[29] 미국 의회가 대북강경 입장을 표명하게 만들기도 하였다. 북한은 미국 의회의 대북 지원 금액 삭감 등의 움직임과 관련하여 '북미 기본합의문'을 제대로 이행하지 않을 경우 이를 파기할 수 있다고 위협하기도 하였으나, 미국과 대화를 단절하지 않겠다는 의지는 계속되었다. 그 후 뉴욕에서 진행된 고위급 회담을 통해 핵동결 합의 이행, 4자회담 및 북미 미사일협상재개, 지하 핵 의혹 시설 건설문제, 테러지원국 해제문제 등 주요현안을 포괄적으로 논의하였다.

북한은 이제 미사일을 협상카드로 들고 나왔다. 물론 종전부터 미

---

28) 1998년 8월 북한이 금창리에 핵시설로 추정되는 지하시설을 건설하고 있다는 의혹이 일면서 북미관계는 긴장상태에 들어갔다.

29) 미치시타 나루시게 지음, 앞의 책, pp. 237-240.

국과 협상30)을 한 것이었으나, 대포동 1호 발사이후 사정이 달라졌다. 1999년 3월 말에 개최된 북미 미사일협상에서 북한은 미국 측에 미사일 수출중단에 대한 보상으로 연 10억달러씩 3년간 지불할 것을 요구했다. 북한과 미국은 밀고 당기기를 계속하면서, 1999년에 들어 세 차례에 걸친 양자간 고위급회담을 진행하였다. 9월 7일부터 12일까지 진행되었던 제3차 북미고위급협의인 베를린회담을 통하여, 북한과 미국간에는 '미사일발사 자제와 적성국 해제'라는 주고받기 식의 합의가 이루어 졌다. 미국의 대북정책 조정관인 페리의 보고서가 이 같은 신빙성을 더해 주었다.31)

북미 고위급회담이 성사되기 전인 5월 25일 페리가 평양을 방문해서 강석주를 통해 김정일에게 전해달라며 자신이 가지고 온 안을 제시했다. 제시한 요점은 김정일에게 두 가지 선택 중 가능한 길을 택하라는 것이었다. 하나는 장거리 미사일 개발계획 중단과 더불어 핵 개발 계획의 중지를 재확인하고, 이에 호응해 올 경우 식량지원·국제기구 가입 지원·경제제재완화조치 등 체제존립을 보장하는 한편 대북정책 수행에 대사급 고위직을 임명하고 남한과 일본과의 관계도 개선하게 한다는 방도였다. 다른 하나는 미사일 실험과 핵 개발을 계속 밀고 나갈 경우인데, 이 때는 미국과 동맹국들은 자국의 안보를 강화하

---

30) 미국과 북한은 1996년 4월 20일 북한의 '미사일기술통제체제(MTCR)'가입과 미사일개발 중단을 위한 협상을 처음 개최하였으며, 1997년 9월까지 세 차례에 걸친 협상을 개최하였다. 미국은 탈냉전시대 대량살상무기 확산방지 전략구도에 북한을 편입시키려고 동 회담을 추진하였다. 박영호, 『미·북관계의 변화와 한국의 대북정책 방향』 연구보고서 97-21, 민족통일연구원, 1998, p. 35.

31) 이 보고서는 미국행정부에 5개항의 정책을 건의하고 있는데, 그 내용을 간략하게 요약하면 다음과 같다. 즉, 대북정책은 포괄적이고 통합된 접근방식 채택(핵과 미사일 개발 포기하고 남북대화 및 개혁개방에 호응할 경우 식량지원·국제기구 가입 지원·경제제재완화조치 등 체제제존립 보장), 대북정책 수행에 대사급 고위직 임명, 한·미·일 3 자조정, 초당적 추진, 동시에 긴급 상황 대비 등이다.

고 북한에 대한 저지력을 높이는 것이었다. 결국 북한은 전자의 방법을 택했던 것이다. 이는 협상을 받아들이면 체제존립을 보장하겠다는 것인데, 김정일의 입장에서도 받아들이지 않을 이유가 없었다.

북한의 백남순 외무상은 제54차 유엔총회 기조연설을 통해 미국을 백년숙적으로 보지 않을 것임을 재천명하고, 미국의 일부 경제제재 완화조치를 다행스러운 일이라 강조하였다. 후에 북미간의 베를린협의에 대하여도 미국의 보수진영에서는 실패한 협의라고 규정하였다.

클린턴(Bill Clinton) 행정부하에서 미국과 북한은 1999년 발표된 페리보고서의 원칙하에 핵·미사일 등 북한의 대량살상무기 개발문제와 미국에 의해 규정된 테러지원국 해제문제, 미사일방어체제(MD) 등을 주요 의제로 수 차례 고위급회담이 개최되었다.

3. 김정일의 남북정상회담 카드 활용

2000년에 남북정상회담이 개최되었다. 김대중 정부 출범이후 정경분리원칙에 의하여 금강산 관광 등 남북경제협력과 문화예술교류도 활발하였다. 그러나 이러한 와중에서 1999년 6월 15일 북한 경비정이 북방한계선(NLL)을 침범하여 치열한 포격전이 벌어지기도 하였다. 2000년에 들어 북한도 대남관계 의지를 보였고, 김대중 대통령의 3월 9일 '베를린 선언'이 결정적 계기가 되었다. 그러나 북미간에 '미사일 협의' 같은 상황이 조성되지 않았으면, 정상회담도 어려웠을 것이다. 6월 13일부터 15일까지 평양에서 김대중 대통령과 김정일 국방위원장 간에 최초의 남북정상회담이 개최되었다. 북한의 입장에서는 남북정상회담을 협미배남의 정책을 협미협남으로 방향을 선회함으로써, 미국에 한국의 카드를 활용하려는 의도도 있었다. 정상회담에서는 '6.15남북공동선언'이 채택되었다. 6.15남북공동선언의 합의내용에는 핵문제가 언급되지 않았고, '남과 북이 통일을 위한 상호 제안에 공통성이 있다는 점을 인정하고 통일방향의 지향'에만 합의하였다. 당시에 1994년의 핵합의가 터덕이고 있기는 했지만, 아직은 '제네바합의 체제'였기 때문에 핵문제는 특별히 언급되지 않았다.

남북정상회담 이후 북미간의 관계개선도 급속히 진행되었다. 김정일 국방위원장 특사로서 조명록 부위원장이 미국을 방문하여 정치, 외교, 군사, 경제 등 각 방면에서 양국의 관계개선을 추진키로 합의하고 '북미 공동성명(Joint Communique)'을 발표하였다. 북미 공동성명의 주요 내용으로는 ① 정전협정의 평화보장체계로의 전환, ② 쌍방 적대적 의사 종식, ③ 자주권 상호존중과 내정불간섭, ④ 경제무역전문가 상호방문, ⑤ 미사일회담 중 미사일 발사 중지, ⑥ 실종미군 유해 발굴 신속 진행, ⑦ 테러에 반대하는 국제노력 지지, ⑧ 미국 대통령의 방북 준비를 위한 국무장관 방북 등이 포함되어 있다.

올브라이트(Madeleine Albright) 미국 국무장관이 2000년 10월 23일에서 25일까지 북한을 방문하여 김정일 국방위원장과 북한 미사일 문제 등에 대한 포괄협상을 하였다. 김정은은 사정거리 500㎞를 넘는 미사일은 생산 실험 배치와 미사일 수출을 하지 않는 대신 식량 등 비군사적 원조를 요구했다. 또한 '위공위성'을 미국이 대신 발사해 주는 문제도 거론되었다. 국무장관은 클린턴 대통령의 임기 중 방문은 어렵다고 했다. 이같이 클린턴 행정부말에 미국과 북한의 관계개선은 매우 빠른 속도로 진전되었다.

제 2 장

새로운 핵개발과
해결방식의 전환

Ⅰ. 미국의 불신과 북미간 공방

1. 부시행정부의 북한인식

미국의 대통령 선거에서 민주당이 패배하고 부시(George W. Bush)의 공화당이 승리하자 대북정책의 양상이 바뀌었다. 2001년 부시 행정부가 들어서면서 북미관계는 교착상태에 접어들게 되었다. 이것은 미국의 공화당이 야당시절인 1999년 11월 3일 정책보고서를 통해 북한의 핵 개발 계속 가능성을 지적한 것이나, 공화당의 성향 등으로 미루어 볼 때 어느 정도는 예견된 일이었다. 부시행정부의 대북관은 기본적으로 회의적이며, 북한의 신뢰성을 의심하는 것이었다. 또한 클린턴 행정부의 북핵문제 해결 방식은 미국의 위상에도 걸맞지 않고, 중유 제공이라는 재정적 부담을 떠안은 적절치 못한 타협이었다는 것이다. 그렇기 때문에 부시 대통령의 "북한과 미래에 대화는 하겠지만, 앞으로 그 대화에서 있을 합의에 대한 '철저한 검증'이 요구된다"는 투명성 확보문제의 제기는 앞으로 북한과 관계의 험난성을 예고한 것이었다.

북한에서는 김정일의 선군정치를 사회주의의 가장 위력한 정치방식이며, 만능의 보검이라고까지 했다. 2002년 공동사설에서 '우리사상, 우리수령, 우리군대, 우리제도 제일주의'를 21세기 강성대국건설을 위한 기치라고 하였다. 선군정치는 제국주의자들과 맞서 자주권을 당당히 행사하는 철저한 반제자주정치라고 하였다. 미국의 북한에 대한 곱지 않던 시선은 9.11테러사건으로 미국의 입장을 더욱 강경하게 만들었다. 부시 대통령은 2002년 1월 29일 연두교서 연설에서 북한을 '악의 축(axis of evil)'이라고 언급했다. 이에 북한은 1월 31일 외무성 대변인 성명을 통해 이는 사실상 "우리에 대한 선전포고나 다름이 없다"고 강력히 비난하였다. 향후 미국이 세계경찰국가로서 소임을 다하는데 하나의 방해꾼으로서 북한을 지목하였고, 북한은 이에 대해 강하게 반발하였다. 북한은 미국에 대해 강한 불만은 토로하면서도 3월 13일 박길연 유엔주재 북한 대표부 대사가 미국의 프리처드(Charles Jack Pritchard) 대북교섭담당대사와 뉴욕에서 만났다. 이들은 그후 다시 만나 북미회담 재개문제 등에 논의하였다.

2. 새로운 핵문제 발단

부시행정부의 대북정책 변화는 남북정상회담이후 활발하게 이루어지던 남북간의 관계개선도 소강상태로 접어들게 하였다. 그러나 2002년 4월 3일 임동원 특사의 평양방문 후 남북관계가 원상회복의 길로 접어들었고, 북일관계도 새로운 모습을 보였다. 남북간에는 장관급회담이 재개되고 철도와 도로건설을 위한 군당국간 회담에 합의하였다. 남북관계에서 큰 사건이 발생했다. 한일월드컵 4강 진출에 한껏 들떠 있을 때인 6월 29일 서해교전이 발생했다. 서해 연평도 14마일 해상에서 북방한계선을 침범한 북한경비정의 기습포격으로 우리 해군 고속정 1척이 격침되고 장병 6명이 사망한 것이다.[1] 서해교전 발발로 켈리(James A. Kelly) 국무부 동아태담당 차관보의 방북계획이 철회되었다. 북한과 일본은 고이즈미 총리가 평양을 방문하여 김정일 위원장과 정상회담을 개최하고 4개항의 '평양선언'을 발표하였다. 북미관계도 개

---

[1] 2002년 서해교전은 북한이 1999년 6월 연평해전에서 패배한 보복전이라는 성격이 강했지만 월드컵 기간이어서 정치적 상징성이 높은 행동이었다. 미치시타 나루시게 지음, 이원경 역, 「북한의 벼랑 끝 외교사, 1966~2013」, 파주: 한울아카데미, 2014, pp. 310-311.

선의 여지가 있는 것으로 보여졌다. 남한에서 열린 부산아시안게임에 북한은 선수단 외에도 응원단을 파견하였다. 이렇게 남북관계와 북일 관계가 화해무드를 타고 있을 때인 2002년 10월 3일부터 5일까지 방북을 미뤘던 켈리 차관보가 부시대통령 특사자격으로 평양을 방문하였다.

북한 핵문제의 새로운 발단은 여기에서 시작된다. 이 회담에서 핵·미사일 등 북한의 대량살상무기 문제를 포함한 현안에 대한 인식 차를 확인하고 구체적인 합의를 도출하지 못한 것으로 알려졌다. 켈리 특사는 "북한의 행위에 대한 깊은 우려를 표명했고, 북한 지역과 전 세계의 안정, 미국과 이웃국가의 안정, 전 세계의 미래를 위해 이 같은 행위를 중단해야 한다"고 말했다. 결국 후에 알려진 켈리 특사의 이 같은 발언이 갖는 의미는 북한의 고농축 우라늄(HEU: Highly-Enriched Uranium) 프로그램을 의미하는 것이었다. 미 행정부의 관계 자에 의하면 켈리 특사가 북한의 핵 협정 위반 증거를 제시하자 핵 개발 계획을 시인했다는 것이다. 미국무부는 다음과 같이 발표하였다. 즉, "제임스 켈리 미 국무부 차관보가 이끌고 간 미 특사단은 북한이 제네바 협정 등과 같은 핵무기 협정을 위반하고 핵무기 개발에 필요 한 우라늄을 농축시킬 계획을 갖고 있다는 정보를 미 당국이 최근 입수 했다는 점을 북한 측에 전하였다. 북한 관계자들은 핵무기 개발을 시인하였다"2)는 것이었다.

그러나 북한의 입장은 완전히 달랐다. 북한은 제네바합의에 따라 2003년까지 2기의 경수로를 건설해줄 의무가 미국에 있는데, 이것은 요원하고 미국은 위협과 경제제재 정책을 계속 유지해 오고 있다고 강조해 왔다. 그렇기 때문에 북한은 '제네바합의를 깬 것은 북한이다'

---

2) 허문영, "북한의 핵 개발 계획의 인정과 향후 정책 전망," 한국정치학회·이정복 엮음, 『북핵문제의 해법과 전망』, 서울: 중앙M&B출판, 2003, p. 185.

라는 미국의 주장을 합리화하기 위하여 켈리를 특사로 파견했다고 보았다. 북한은 비밀 핵 개발 시인과 관련하여 시인한 적이 없다는 것이다. 10월 25일 외무성 대변인의 '조미 사이의 불가침조약체결이 핵문제해결의 방도이다'라는 담화를 통해 "미국 특사는 아무런 근거자료도 없이 우리가 핵무기 제조를 목적으로 농축 우라늄계획을 추진하여 조-미 기본 합의문을 위반하고 있다"라고 하였다.3) 또한 미국인들이 의무사항들을 이행하지 않았기 때문에 우리는 미국 특사에게 우리의 생존권 방어를 위해 핵무기보다 더 나은 무기들을 보유할 권리가 있음을 선언했다는 것이다. 이것으로 북한의 핵문제는 새로운 국면으로 전환되었다. 소위 제2차 북핵위기의 발단은 제네바합의의 파기에 대한 상호공방이라고 볼 수 있다. 이것은 결국 '미국조작론'과 '북한책임론'으로 전개되었다.

3. 북미간 핵문제 충돌

1) 고농축 우라늄 프로그램

미국의 주장은 일관되어 있었다. 북한이 미국과 정상적인 관계를 맺고 그에 따라 혜택과 원조를 받으려면 우라늄 농축을 중단해야 한다는 것이다. 미국은 HEU 프로그램에 대한 정보를 가지고 있으나, 정보원을 잃을 염려가 있기 때문에 이를 공개하지 않는다는 것이었다. 미국의 구체적인 행동은 50만톤 씩 북한에 제공하던 중유 공급 중단으로 나타났다. 제네바 합의를 깬 것은 북한이기 때문에 그 책임도 북한이 져야한다는 것이다. 한반도에너지개발기구(KEDO) 집행이사회는 가시적이고 검증가능한 방법으로 HEU 등을 이용한 핵무기 프로그램

---

3)『로동신문』 2002. 10. 26.

을 폐기하지 않을 경우 경수로 사업 등 재검토하겠다고 하였다.

북한은 아무런 근거도 없이 HEU 프로그램을 들고 나와 제네바 합의를 위반 했다고 하는데, '이것은 북한을 침공할 명분을 만드는 것이다'라고 반박하였다. 북한은 외무성 담화를 통해 '불가침조약'을 제기하면서, 북한에 대한 핵 불사용을 포함한 불가침을 법적으로 확약한다면 북한도 미국의 안보상 우려를 해소할 용의가 있다고 밝혔다. 그렇기 때문에 미국은 있지도 않은 HEU 프로그램 개발을 조작하지 말고, 제네바 합의상의 전력보상은 계속되어야 한다는 것이었다.

이러한 팽팽한 대결 국면에서 미국의 반응이 냉담하자 북한의 외무성은 핵 동결 및 전력생산에 필요한 핵 시설 재 가동 선언을 하였다. 북한은 대외적으로 우리는 농축우라늄이 아닌 플루토늄에 의한 핵개발을 시도하겠다는 것이었다. 북한의 원자력 총국장은 IAEA에 핵 시설 봉인해제 및 감시카메라 철거를 요구하고, 12월 27일에는 IAEA 감시단 추방을 결정하였다. 이러한 북한의 행동은 미국에 대한 반발이면서, 또 한편으로는 그들이 확보하고 있는 핵물질은 오직 플루토늄이라는 것을 보여주기 위한 조처이기도 했다. 이에 대해 미국은 국제사회의 합의에 정면으로 반발하는 것으로서, 북한이 핵 개발을 포기하지 않는 한 협상하지 않을 것임을 밝혔다.

IAEA는 특별이사회를 통해 북한 원자력 시설 봉인 및 감시장치의 원상 회복과 사찰단 복귀 등 안전조치 이행을 촉구하는 결의문을 만장일치로 채택하였다. 미국은 북한 핵문제 해결방법으로 군사적 대응을 배제하고 평화적 해결을 강조하였으나, 핵 포기에 대한 단호한 원칙을 분명히 하면서 국제공조체제를 구축하기 시작하였다.

미국은 북한의 핵 동결 해제 및 봉인제거와 관련해서 북한과 협상하거나 유인책을 제시하지 않을 것이며, 북한의 IAEA 사찰요원 추방

결정에 대해서도 이를 국제사회에 대한 도전으로 간주하여 미국은 위협이나 파기된 약속에 응해 협상을 하지 않겠다는 강경 입장을 재차 표명하였다. 북한의 입장도 강경하였다. 북한은 2003년 1월 10일 NPT 탈퇴를 선언하였고, 1월 16일 외무성은 미국이 '선 핵 포기 후, 후 대화'라는 조건부 태도는 북한을 기만하는 것이라 하였다. 미국은 진지한 대화에는 전혀 관심이 없고, 결국 '북한이 무장해제하면' 그 때 보아서 불가침이나 경제지원 문제를 협상 할 수 있다고 주장하는 것은 상식 밖의 논리라고 주장하였다.

2) 이라크 전쟁으로 국면 전환

이러한 북미간의 팽팽한 갈등 국면을 바꾸어 놓은 사건이 발생했다. 북한의 입장에서 볼 때 미국의 이라크에 대한 전쟁의 선포는 중요한 일이 아닐 수 없었다. 북한도 그 대상국 중에 하나의 국가일 개연성을 가지고 있기 때문이었다. 실제로 미국은 북한 핵 시설 재가동이 전쟁 가능성을 의미한다는 시사성 발언을 했다. 그러나 북한은 직접적 대응 없이 중립적 보도로 일관하였다. 이는 위험에 대한 관망이었으며, 판세에 대한 분석이었다. 그러나 3월 22일 북한은 북미직접회담을 주장하였다. 처음으로 미국이 동맹국들까지 반대하는 전쟁을 선제공격의 방법으로 개시했으며, 북한에 대해서도 전쟁의 방법으로 문제 해결을 도모한다면 비극적 선택이 될 것이라는 입장을 표명하였다. 남한에 대해서도 이라크 전쟁과 관련하여 한국정부의 경계강화조치와 대미 협조를 '반북 대결 소동'이라고 비난하는 불만을 표출하였다. 계속해서 관망만 할 경우 미국의 행위에 동조하는 것이 될 수 있고, 실제로 다음 타깃이 북한이 되지 말라는 법이 없다는 생각에 대한 불안의 표출이었다.

전쟁 발발 후에도 미국의 입장에는 변화가 없었다. 북한의 핵 문제
는 주변국과 다국간 협의 등 외교적인 해결을 모색하겠다는 것이었다.
북한과 미국사이의 줄다리기는 핵 문제를 가지고 북한은 미국으로부터
'불가침조약'형식의 체제보장을 받아야겠다는 것이고, 미국은 먼저 핵
을 포기하면 협조하겠다는 것이다. 이라크 전쟁은 북한에 대하여 미국
의 말없는 엄포로 작용하였다.

그러면 실제로 북한은 실제로 HEU 프로그램을 비밀리에 개발하였
는가? 아직도 당시 어떠했는지에 대해 분명히 밝혀진 것은 없다. 미국
은 북한의 핵위협을 강조하기 위해 고농축 우라늄의 생산능력을 과장
했을 가능성도 있었고, 실제로 북한이 준비해 왔을 가능성도 있었다.

헤리슨은 HEU 프로그램 문제를 제기 시킨 것은 한국과 일본의 대
북 유화정책 선회하도록 하는 데 그 목적 있었다고 주장했다. 부시행
정부는 북핵문제의 부각을 위해 정보를 왜곡하여 활용했다는 것이다.[4]
그러나 이를 북한이 핵 개발 계획 시인으로 해석하는 경우도 있었다.[5]
후에 개최 된 6자회담에서도 미국은 북한의 HEU 프로그램에 대한
증거를 제시하지 않았다. 따라서 '우라늄 농축 프로그램에 의한 북한
의 비밀 핵 프로그램'에 대해서는 판단하기 어려운 의혹이 여전히 존
재하는 것으로 볼 수 있었다.[6] 이렇게 HEU 프로그램은 시인 여부나
또는 진위여부에 상관없이 제2차 북핵위기를 가져온 것은 사실이었다.

---

4) Selig S. Harrison, "Did North Korea Cheat?" Foreign Affairs Vol. 84 No 1,
   January/ February 2005, pp. 101-102.
5) 허문영 외, 「한반도 비핵화와 평화체계구축전략」 KINU 연구 총서 07-08, 통일연구원,
   2007, pp. 157-206.
6) 정영태, 『북한의 핵 폐기 가능성과 북·미관계』 연구총서 04-09, 통일연구원, 2004. p.
   16.

4. 핵문제 해결을 위한 다자회담

상술한 바와 같이 북한은 핵문제를 북미 적대관계의 산물로 보고 북미간의 직접협상을 통해 불가침조약을 체결한다는 입장을 나타냈다. 즉, 자주권과 생존권을 위협하는 장본인은 미국이기 때문에 오직 미국만이 이 문제를 해결할 책임과 능력을 소유하고 있다는 것이다. 북한은 일관되게 미국책임론을 주장하고, 그 해결도 미국이 해야 한다는 것이었다. 미국은 북한이 새로운 계획을 추진하면서 이를 방어하기 위해 억지주장을 하고 있고, 북한 핵문제는 세계적 핵확산 방지 차원으로 보아야 한다는 입장이었다. 그러므로 이 문제는 미국 뿐만 아니라 한반도 주변 국가들이 참여하여 해법을 찾아야 한다는 생각이었다.

북한은 핵문제를 미국의 주장대로 국제화시킨다거나 다자회담으로 끌어가는 것에 반대해 왔다. 그러나 이라크 전쟁이 길어지지 않고 미국의 승리가 굳어지자 북한은 외무성 대변인을 통해 "우리는 대화의 형식에 크게 구애받지 않을 것이다"고 발표하였다. 북한은 계속해서 북미 직접대화를 주장하며 강경 입장을 표명해 왔지만, 이라크 전쟁에 위협을 느꼈고 중국의 설득도 받아들여 입장을 선회하였다.

이에 따라 2003년 4월 23일부터 25일까지 북한과 미국 그리고 중국이 참여한 3자회담이 열렸다.7) 이 회담에서 북한은 '새롭고 대범한 해결방도'를 제안하였으며, 미국은 '선 핵포기'를 강조하였다. 즉, 북한의 주장은 '북미 적대관계 청산 및 정상화, 북한의 자주권(정치체제)인정, 불가침 약속, 경제발전 장애 부조성' 등을 보장한다면 핵 폐기를

---

7) 북한은 3자회담에 나오기 전 4월 18일 외무성 대변인 담화를 통해 "이 회담에서 중국 측은 장소국으로서의 해당한 역할을 하고 핵문제 해결에 관련한 본질적 문제들은 조·미 쌍방 사이에 논의하게 된다"고 회담성격을 규정하였다. 그리고 '8,000여개 폐연료봉 재처리의 마지막 단계 진행'이라는 강경카드를 내놓았다.

수용한다고 포괄적 타결 안을 제시했으나, 미국은 북한의 핵 개발 프로그램의 완전폐기가 전제되어야 북미간 대화가 가능하다는 입장을 고수하였다. 북한이 다자회담을 받아들인 것은 3자회담을 통해 실질적인 양자회담을 끌어내려는 생각에서였지만 의도대로 되지 않았다.

북한은 베이징 3자회담 이후 5월 24일 외무성 대변인 담화를 통해 미국에 '선 북미회담, 후 다자회담'의 입장을 표명하였다. 미국의 입장은 변하지 않았고 한국·일본·중국·러시아 등의 주요국가와의 정상회담 등을 통해 이 문제를 해결해야 한다고 강조하였다.

Ⅱ. 북핵문제와 6자회담

1. 제1차 6자회담

미국의 다자회담에 대한 의지는 6자회담으로 귀결되었다. 미국이 북핵문제를 다자회담으로 이끌려는 의도는 미국이 북핵문제의 유일한 당사국이 아니라 여러 관련국 중의 하나라는 것을 부각시키려는 것이었다. 다자회담을 통해 북핵문제가 미국의 체제보장과 북한의 핵포기라는 양대 의제로 진행되는 것을 방지하고, 미국이 북핵위기의 원인 제공자라는 인식을 불식시키고자 하였다.[8]

제1차 6자회담이 2003년 8월 27~29일 중국의 베이징에서 개최되었다. 북한과 미국, 그리고 한국·중국·일본·러시아가 참여한 6자회담은 큰 성과를 내지 못하였다. 북한은 핵문제 해결을 위해서는 북미간 필요한 조치들을 동시행동의 원칙에 의거 이행해야 한다는 점을

---

8) 최진욱, 『미국의 대이라크전쟁 이후 북·미관계 전망』 연구총서 04-09, 통일연구원, 2004, p. 77.

강조하면서 베이징 3자회담시 제시했던 단계별 해결방식을 재차 내놓았다. 미국은 북한이 핵을 포기할 경우 안전보장 및 정치·경제적 혜택문제에 대해 논의할 수 있다는 입장을 나타냈다. 또한 미국은 북미 관계 정상화를 위해서는 미사일, 재래식무기, 위조화폐, 마약, 테러, 인권, 납치 등의 문제 논의가 필요하다는 입장을 밝혔다. 이는 북한이 항상 예민하게 생각하는 부문으로, 어찌 보면 아픈 곳을 계속 긁는 형국이었다. 제1차 6자회담은 6개 항으로 이루어진 '의장요약발표문'만 내놓고 폐막하였다.9) 이렇게 처음 시작된 6자 회담은 기존의 입장만을 반복한 채, 여섯 국가가 북한의 핵문제 해결을 위하여 만났다는 데 의의를 두어야 했다.

북한은 제1차 회담 6자회담이 끝나고 9월 3일 진행된 최고인민회의 제11기 제1차 회의에서 <조미 사이의 핵문제와 관련하여 조선민주주의인민공화국 외무성이 취한 대외적 조치들을 승인함에 대하여>라는 결정을 채택하였다. 미국이 6자회담에서 국제적인 압박을 가했다면서, 이 결정은 "부쉬일당이 우리를 완전히 무장해제시키려고 날뛰고 있는 조건에서 강력한 핵억제력을 유지하고 계속 강화해나가는 것이 공화국의 확고한 의지"10)를 반영한 것이었다는 것이다. 6자회담에서 미국이 제기한 문제에 대한 강력한 반발의 표출이었다.

---

9) 6개항은 ① 북핵문제의 대화를 통한 평화적 해결과 한반도의 비핵화 실현, ② 북한의 안보우려 해결, ③ 북핵문제의 단계적·병행적·포괄적 해결방식 추구, ④ 핵 협상의 진행과 평화적 해결을 위해 악화 행동 자제, ⑤ 대화를 통한 해결을 위해 차이점 보다는 공통점의 확대, ⑥ 6자회담 지속합의와 제2차 6자회담의 외교채널을 통해 차기 회담의 시간 및 장소 조속 확정이다.
10) 『선군태양 김정일장군 4』, 평양: 평양출판사, 2007, pp. 156-157.

2. 제2차 6자회담

제2차 6자회담은 중국을 비롯한 관련국들의 적극적인 중재로 6개월 만인 2004년 2월 25일부터 28일까지 베이징에서 열렸다. 제2차 6자 회담 기조연설에서 북한은 '평화적 핵활동을 제외한 핵무기 계획폐기' 를 주장하였다. 이는 북한은 군사적 목적의 핵활동은 폐기하되 평화적 핵 활동은 보장해야 한다는 것이었다. 미국은 이를 북한이 핵 모호성 을 유지하면서 이중정책을 쓰고 있다고 믿고, 기존의 가시적이고, 검 증가능하며, 돌이킬수 없는 핵포기(CVID) 입장을 굽히지 않았다. 또한 미국은 북한의 HEU 핵 프로그램 보유를 확신하면서 이를 공식화하고 폐기의사를 확실히 할 것을 요구했다. 북한은 "HEU 계획은 아예 있 지도 않았고 앞으로도 없다"고 종전의 주장을 거듭하였다. 북한측 수 석대표인 김계관은 28일 기자회견에서 "핵동력 정책은 천연우라늄에 기초한 것이며, 농축우라늄과 상관없고 따라서 농축우라늄은 없다. 설 비도 없고 과학자, 기술자도 없다는 것을 명백히 말한다"11)고 말했다.

제2차 6자회담은 제1차 회담과는 달리 협의 결과가 정리된 7개항 의 의장성명을 채택하였다.12) 제2차 회담에서 북한의 핵동결시 에너지 지원문제를 본격적으로 논의한 것이 성과라면 성과였다. 북한이 '핵사 찰과 HEU 핵 프로그램 포기, 최단기간 이행'의 3가지 전제조건을 포 함한 핵 동결을 수용할 경우 한국과 중국 그리고 러시아는 에너지를 지원할 의사를 밝혔다. 이에 미국과 일본은 반대하지 않는다는 입장이

---

11) 『연합뉴스』 2004. 02. 28.
12) 7개항은 참가국들의 상호입장에 대한 이해의 증진, 한반도 비핵화와 핵문제의 평화적 해결에 대한 의지 표명, 핵문제 및 관련된 관심사에 대해 상호 조율된 조치의 합의, 대 화 과정의 계속합의와 제3차 6자회담 개최 합의, 6자회담 전체회의 준비를 위한 실무그 룹의 구성 합의 등을 담고 있다.

었다. 이는 그간 지원불가라는 미국의 입장이 완화된 것이었다.13)

북한은 6자회담 실무협의에서 미국이 HEU 핵 프로그램에 관해서 조작된 자료를 내놓고 있다고 종래의 주장을 반복하였다. 이것은 금년에 있을 미국의 대통령 선거까지 결론을 내지 않고, 부시가 재당선되면 북한을 공격할 구실을 만들어 내려는 것이라고 하였다. 북한측 대표인 김계관이 파키스탄과의 '미사일 대 현금' 거래 사실은 인정하면서도, 농축우라늄 분야에서는 전혀 거래가 없다고 주장한 것은 미국에 어떠한 빌미를 주어서는 안 된다는 생각에서였다. 중국도 북한과 입장을 같이 하였다.

3. 제3차 6자회담

제3차 6자회담이 2004년 6월 23일에서 26일까지 다시 베이징에서 개최되었다. 이번 제3차회담에서는 북한이 핵보유의 가능성을 내외에 시사하며 여유있는 태도를 보였다. 오히려 이번에는 미국이 유연성을 보이며 새로운 포괄적 협상안을 제시하였다. 핵 동결 및 폐기 시 상응조치 문제에 대해서 '단계적인 상응조치 이행방안'을 제안하였다. 이 방안은 단기간의 준비단계를 포함한 폐기과정을 상정하고 있었다.14) 북한은 HEU 프로그램의 존재 자체를 부인하였다. 그러므로 이를 동결대상에 포함시킬 수 없다는 것이다. 그러나 핵무기 관련 모든 시설물과 재처리 결과를 포함해서 핵 동결에 들어갈 것이며, 여건이 갖춰

---

13) 김창희, 『김정일의 딜레마』, 서울: 인물과 사상사, 2004, p. 231.
14) 미국이 제시한 안의 골자는 3개월 내 북한이 HEU 핵 프로그램을 포함한 핵폐기 선언을 하고, 핵 프로그램 및 시설 제거를 위한 준비 등의 조치를 이행하면 그에 상응한 조치를 하겠다는 것이었다. 즉, 초기 한·중·일·러의 대북 중유제공 허용, 불가침보장을 포함한 잠정적 다자 안보보장, 테러지원국 명단 삭제 및 경제제재 등의 문제를 협의한다. 그 이후 핵 폐기 관련조치가 완료되면서 국교정상화 수순을 밟겠다는 것이었다.

지면 영변 5MW 원자로를 포함, 모든 핵무기 관련 계획을 폐기할 수
도 있다고 밝혔다. 여기에 "핵무기를 더 이상 만들지도 않고, 수출하
지 않으며, 실험하지 않겠다"고 덧붙였다. 북한은 핵동결의 반대 급부
로 200만 KW 전력에 해당하는 에너지인 중유환산 400만t의 지원,
테러지원국 명단 삭제, 대북 경제제재·봉쇄 해제 등을 미국에 요구하
였다.

  미국이 새롭게 내놓은 협상안은 시차별 단계로 구성되어 있다. 그
러므로 그동안 북한이 주장해 온 '동시행동-일괄타결'안 과는 차이가
있었다. 그럼에도 불구하고 제1차나 제2차 회담에 비하면 미국과 북한
이 구체적인 안을 내놓고 해결의지를 보였다는 점은 대단히 진일보한
것이었다. 제3차 회담 참가 6개국은 가능한 한 가장 빠른 시일 안에
제3차 실무그룹회의를 열어 한반도 비핵화의 첫 단계 조치로 핵 동결
의 범위·기간·검증방법과 상응 조치를 구체화하기로 하는 8개항의
의장성명을 채택하였다. 여기에는 제4차 6자회담의 6월말 개최 합의와
실무협의의 조속한 합의 등이 포함되어 있었다.

Ⅲ. 북한의 핵보유 선언과 9.19공동성명

1. 2005년 핵보유선언

  제4차 6자 회담은 북한 핵문제 해법을 위한 힘겨운 줄다리기를 시
작할 것이라고 예측했다. 왜냐하면 개최될 실무그룹회의와 제4차 회담
을 통해서 쟁점으로 부각한 행동결의 범위와 기간, 검증, 상응조치에
대한 보다 구체적인 방법이 논의될 예정이었기 때문이었다. 그러나 제
4차 6자 회담은 열리지 못하고 있었다. 미국에서 '북한인권법안'의 입

법절차가 완료되고, 11월 2일 선거에서 부시가 대통령 재선에 성공하
면서, 북한은 다시 미국이 어떻게 나올 지에 관심을 기울였다. 북한은
특유의 벼랑 끝 외교카드를 다시 들고 상황을 관망하면서 나름대로
어떤 것이 최선인지를 고민하였다.

북한의 핵 문제는 답보상태를 유지하면서 2005년을 맞았다. 북한은
외무성 대변인 담화를 통해 "2기 부시 행정부의 대조선 정책 정립을
지켜보고 그에 맞게 대응하려 한다"는 입장을 밝히면서 "미국이 진정
으로 대화를 통한 조미 핵문제 해결을 바란다면 이제라도 일방적으로
파괴한 회담기초를 복구하며 제도 전복을 목표로 하는 적대시 정책을
실천행동으로 포기하고 우리와 같이 공존하는 데로 나와야 한다"고
주장하였다. 이는 2005년에 처음으로 외무성의 입장을 내놓은 것인데,
6자 회담의 지연은 북한이 아니라 미국에 있다는 것을 강조하고 있
었다.

2005년 2월 10일 북한은 외무성 성명을 통해 6자 회담 참가의 무
기한 중단과 핵무기 보유사실을 공식선언 하였다. 제2기 부시행정부가
출범하면서 북한은 좀 더 강한 핵카드를 들고 나온 것이다. 외무성 발
표는 '미국의 압살정책에 맞서 NPT를 탈퇴하였고 자위를 위해 핵무
기를 만들었다'고 하였다.[15] 그러면서 "우리의 핵무기는 어디까지나
자위적 핵 억제력으로 남아있을 것이라"라 하고, "대화와 협상을 통하
여 문제를 해결하려는 우리의 원칙적 입장과 조선반도를 비핵화 하려
는 최종목표에는 변함이 없다"고 끝을 맺고 있다.[16] 이것은 어찌 보면
부시행정부 강경 일변도 대북정책의 한계의 결과이기도 했다. 미국의

---

15) 북한은 "공화국의 핵무기는 2월 10일 외무성 성명에서 명백히 밝힌 것처럼 공화국을
    핵무기로 위협해온 미국 정책에 대응한 자위적조치의 일환"이라고 주장하였다. 『조선
    반도 평화보장문제』, 평양: 평양출판사, 2006, p. 225.
16) 김창희, 『북한정치사회의 이해(제4판)』, 파주: 법문사, 2006, p. 357.

갖은 강경 압박과 수사적 표현에도 불구하고 북한은 '핵의혹'에서 '핵보유'라는 초 강수를 들고 나온 것이었다.17) '자위를 위한 핵무기'를 제조하여 핵보유국이 되었다는 것을 강조하면서, 대화를 통한 해결여지가 있다는 것을 남겨놓은 것이다.

북한의 핵무기 보유선언으로 중국에서는 북한에 특사를 파견하였다. 중국공산당 대외연락부장 왕자루이는 김정일 위원장을 만나 후진타오 주석의 구두친서를 전달하고 핵문제에 대한 양국의 입장을 논의하였다.18) 이렇게 볼 때 북한의 핵 보유선언은 제2기 부시행정부를 겨냥한 것으로, 미국의 체제보장에 대한 답을 촉구하는 압박으로 풀이된다. 미국이 북한의 체제안전보장과 적대시 정책을 철회한다면 6자회담에 복귀할 수 있다는 것이었다.

2005년 2월 미국 국무장관 라이스(Condoleezza Rice)의 '폭정의 전초기지'라 하였고, '언제까지 기다릴 수 없다' 하였다. 북한도 자위적 핵억제력을 높일 것이고, 선전포고로 간주하겠다고 하였다. 북미간 설전은 핵문제 해결을 위한 협상을 와해하자는 것은 아니며 협상복귀를 위한 '명분 찾기' 혹은 보다 유리한 '협상결과 도출을 위한 우회 전략'으로 볼 수 있었다.19) 후에 미국이 북한을 주권국가로 인식하고 있기 때문에 무력행사를 하지 않을 것이라고 밝혔고, 북한 또한 미국의 6자회담의사를 타진했던 것을 보면 알 수 있었다.

---

17) 조순구. "핵무기 해체사례와 북한 핵의 평화적 관리방안,"『국제정치논총』제45집 3호, 한국국제정치학회, 2005, p. 210.
18) 여기에서 김정일 위원장은 한반도 비핵화를 견지할 것이며 대화를 통한 평화적 방법으로 해결하려는 입장은 변함이 없고, 유관 측들의 공동의 노력으로 6자 회담의 조건이 성숙된다면 회담에 나갈 것인데 미국의 믿을만한 성의와 행동을 기대한다는 것이었다.
19) 김창희, 앞의 책, 2006, pp. 357-358.

2. 9.19공동성명 채택: 제4차 6자회담

미국과 북한은 6자회담이 장기간 표류하고 있는데 부담을 느꼈다. 미국 입장에서도 부시대통령이 재선에 성공을 하였고, 북한도 이를 바탕으로 대미정책을 펼쳐야 했다. 2005년 6월 10일 한미정상회담에서 노무현 대통령이 부시 대통령에게 북한에 대한 자극을 자제해 달라 요청하였고, 핵문제 해결에 대한 한국정부의 능동적 역할을 암시하였다. 정동영 통일부장관이 평양축전 단장으로 방북하여 6월 17일 김정일 위원장과의 면담에서 "6자회담에서 북한이 핵폐기에 합의하면 현재 중단상태인 경수로 공사를 중단하는 대신 우리가 독자적으로 200Kw의 전력을 북측에 직접 송전하는 방식으로 제공하겠다"고 하였다.

2005년 7월 9일 베이징에서 6자회담의 미국과 북한 측 단장인 크리스토퍼 힐(Christoper R. Hill) 차관보와 김계관 부상이 접촉하였고, 북한은 조선중앙TV 임시보도형식으로 '6자회담복귀'를 발표하였다. 제3차 6자회담이 개최된 1년 1개월만인 7월 26일부터 8월 7일까지 제4차 6자회담이 진행되었다. 과거 3차례의 6자회담과는 달리 3박 4일이라는 회담일정을 정하지 않고 어느 정도 가시적인 성과를 도출하기 위해 13일 동안 협상을 진행하였다.

핵문제 해결의 핵심 당사자인 북한과 미국은 어느 때보다도 활발한 실질적 대화를 가졌다. 한반도 평화체제와 관련된 정전체제의 평화체제로의 전환도 개진되었다. 그러나 미국과 북한은 핵 폐기의 범위에 대해 이견을 보였다. 미국은 핵 폐기의 범위에 '모든 핵무기와 모든 핵 프로그램'을 주장함으로써 민수용 핵프로그램까지 완전 폐기해야 한다는 입장이었고, 북한은 '모든 핵무기와 관련된 핵 프로그램'으로 한정함으로써 발전용 원자로 등 민수용 핵 시설은 제외한다는 입장이었다. 결국 이 같은 '평화적 핵 이용' 문제로 제4차 6자회담은 휴회에 들어갔다.[20]

9월 13일 제4차 2단계 6자회담이 재개되었고, 결렬위기까지 맞았으나 9월 19일 전체회의를 열고 6개항의 공동성명서를 채택하였다. '9.19공동성명'은 미국의 입장에서 볼 때는 달갑지가 않았고, 북한은 '핵에너지의 평화적 이용' 등이 관철되었기 때문에 긍정적으로 받아들였다. 북한은 공동성명의 도출을 '강력한 핵억제력에 의거하여 미국을 꼼짝 못하게 하는 경애하는 장군님의 선군정치의 위력'이라고 평가했다. 즉, "치렬하게 벌어진 조미핵대결전에서 련전련승의 승전고를 울리는 위력을 보면서 세계는 선군시대의 위대한 반미투쟁의 기수이시며 천재적전략가이신 경애하는 김정일장군님을 모셨기에 그 승리는 확정적이라는 것을 절감하였다"고 하였다.[21]

9.19공동성명을 요약하면 다음과 같다. ① 한반도의 검증가능한 비핵화의 평화적 방법의 달성: 북한의 모든 핵무기 및 현존 핵 계획 포기, 북한의 NPT 및 IAEA 안전조치 복귀, 미국의 북한 공격이나 침공의사 없음, 남한의 핵무기 접수와 배치 않기로 재확인, 북한의 핵에너지 평화적 이용권리 존중, 적절한 시기에 대북 경수로 제공논의, ② 유엔의 목적 및 국제관계 규범 준수: 북미 상호주권존중과 평화공존·관계 정상화, 북일 관계정상화 취하기로 함, ③ 에너지, 교역 등 경제협력 증대: 5개국 대북 에너지 지원용의 표명, 한국의 200만 Kw 전력공급 재확인, ④ 동북아의 영구적 평화와 안정: 한반도 영구적 평화체제에 관한 포럼개최, ⑤ '공약 대 공약', '행동 대 행동' 원칙입각에

---

20) 위의 책, p. 358.
21) 『선군태양 김정일 장군 4』, pp. 560-561.

의해 단계적 이행, ⑥ 11월 초 베이징에서 5차 6자 회담을 개최한다.

이 공동성명이 한반도 비핵화를 위한 완전한 해결책은 아니지만, 기본적인 원칙들을 제시하였다. 그러므로 북한과 미국간의 갈등을 봉합할 수 있는 큰 틀이라 할 수 있었다. 공동성명의 내용으로만 보면 북한이 NPT 탈퇴에 복귀하고 핵 동결 수순에 들어가면, 북미관계개선을 위한 초기조치로 경제제재 완화조치가 이루어지고 수교까지도 가능할 것으로 보였다. 이 공동성명이 나오게 된 과정과 내용을 분석해 보면 북한 측의 요구가 관철된 것을 볼 수 있어, 그동안 북미간의 줄다리기에서 북한 쪽으로 조금 유리하게 기울어 있는 듯 했다.

3. 갈등의 지속과 미사일 발사

북한과 미국은 9.19공동성명 발표하였지만, 합의 다음날부터 갈등은 재연되어 북미간 공방은 다시 시작되었다. 합의를 이행하기 위해서는 먼저 경수로를 제공해야한다는 것이 북한의 주장이고, 핵 프로그램 포기가 우선이고 이는 추후에 논의할 수 있다는 것이 미국의 입장이었다. 그 후 미국은 북한의 달러화 위조혐의를 근거로 북한이 위폐를 거래한 것으로 추정되는 마카오의 방코델타아시아(BDA)은행 등 국제금융기관들에 대한 제재에 나섰다.[22]

2005년 11월 9일에서 11일에 열린 제5차 6자회담에서 '9.19 공동성명' 이행을 위한 원칙을 확인하였으나 차기회담을 위한 일정 등의 합의 없이 폐회되었다. 북한은 금융제재를 체제에 대한 새로운 위협으로 간주하고 6자회담 복귀를 거부하였다. 북한은 미국의 대북압박정책

---

22) 공동성명이 나오기 전인 2005년 9월 16일 워싱턴에서 미국 재무부는 북한이 마카오에 있는 DBA를 통해 위조지폐를 유통시키고 마약 등 불법거래 대금을 세탁한 혐의가 있으므로 DBA를 돈세탁 우려대상으로 지정한다고 발표하였다.

을 조작이라고 주장하고, 금융제재 해제가 6자회담 복귀를 위한 근본 문제라는 입장을 취하였다. 2006년 6월 3월 미국과 북한은 뉴욕에서 양자 접촉을 가졌으나 합의를 도출하지 못하였다. 미국은 '6자회담과 금융제재는 별개'라는 원칙을 유지하였고, 북한은 금융제재 해제를 6 자회담의 전제 조건으로 제시하였다.

미국은 인권문제를 거론하면서 북한의 체제를 문제 삼고 금융제재 의 범위를 확장하는 등 제재와 봉쇄의 수준을 높여갔다. 북한의 6자회 담 복귀 거부가 지속되면서 부시 대통령은 탈북자 접견, 일부 탈북자 의 미국 망명 허용, 인권문제 부각, 불법적인 국제금융거래 차단 등 대북압박을 강화하였다. 이 같이 미국은 핵문제가 인권문제, 미사일, 마약, 위폐 등 미국이 북한과의 관계에서 해결해야 할 여러 문제 중의 하나라는 것을 부각시켰다.

이러한 상황에서 북한이 택한 것은 미국의 독립기념일에 시도한 동 해상의 미사일 발사였다. 7월 5일 강원도 연변군에서 첫 발사를 시작 하여 6기의 스커드 및 로동급 미사일을 발사하고, 함경북도 화대군 대 포동에서도 미사일을 발사하였다. 북한은 7월 6일 외무성 대변인의 기 자회견 형식으로 '미사일 발사는 정상적으로 진행한 군사훈련의 일환' 이고, '미사일발사훈련은 애당초 6자회담과 무관'하다고 주장하였다. 그러나 미국 시간으로 독립기념일에 맞추어 발사한 미사일은 단순한 군사훈련은 아니었다. 경제난과 국제사회의 고립 등으로 더 이상 잃을 것이 없다고 판단한 북한은 미사일 발사로 부시행정부와 대화를 촉구 하기 위한 것이었다. 1998년 8월 31일 대포동 1호 발사로 당시의 클 린턴 행정부에게 '적성국 해제와 미사일 발사 자제'라는 '베를린 고위 급회담'를 이끌어냈던 북한은 이번에는 그 대상이 부시행정부였으나 상황은 종전과 같지 않았다.[23) 오히려 미국의 대북강경정책의 명분을 강화시켜주는 결과로 작용하였다. 미국은 일본과 함께 유엔 안보리의 대북결의안을 채택케 하였다. 9월 8일에는 미 재무차관이 "미국이 주도한 금융제재에 각국 은행이 동참함으로써 북한을 재정으로 거의 완전하게 고립시키는 효과를 거두고 있다"고 발표하였다.

4. 제1차 핵실험

2006년 9월 14일 워싱턴에서 한미정상회담이 열렸다. 여기에서는 북한의 핵·미사일 문제, 전시작전통제권 등 양국 간의 현안문제를 논의하였다. 양 정상은 북핵문제를 우선순위에 두고 '6자회담을 통해 평화적이고 외교적인 방식으로 대화를 통해 해결해 나간다'는 원칙을 재확인 하였다. 부시 대통령은 "김정일의 6자회담 복귀거부가 나머지 5개국의 협력을 더욱 공고하게 만들었다"고 언급하고, "핵무기 프로그램을 검증 가능한 방법으로 폐기한다면 분명히 보다 좋은 앞날이 있을 것"이라 강조하였다.

이러한 상황에서 북한이 택한 것은 핵실험이었다. 2006년 10월 3일 외무성 성명을 통하여 핵실험을 예고하였다. 즉, "오늘 조선반도에서는 미국의 날로 가중되는 핵전쟁 위협과 극악한 제재 압력 책동으로 말미암아 우리 국가의 최고 이익과 안전이 엄중히 침해 당하고 우리 민족의 생존전망을 판가름하는 준엄한 정세가 조성되고 있다"고 하면서, "핵무기 보유선언은 핵시험을 전제로 한것이다.…핵 억제력 확보의 필수적인 공정상의 요구인 핵시험을 진행하지 않을 수 없다"[24]라 하며 그들의 의지를 표명하였다.

---

23) 일단 소위 대포동 2호가 발사 40여초 경과 후 결함이 발생하여 500㎞를 날아간 뒤 추락하여, 1호 때와 같이 세상을 놀라게 하지 않았다.

24) 『로동신문』 2006. 10. 4.

북한은 김정일의 로동당 총비서 취임 9주년 기념일인 10월 8일과 당창건 61주년기념일인 10월 10일의 중간날인 10월 9일 함경남도 풍계리에서 핵실험을 강행하였다. 북한의 외무성은 11일 다음과 같은 성명을 발표하였다. 이를 요약하면 다음과 같다. 즉, ① 우리는 미국 때문에 핵실험을 하였지만 대화와 협상을 통한 한반도 비핵화실현의 의지는 있다. ② 핵실험은 핵무기와 현존 핵계획포기를 공약한 9.19공동성명에 모순되지 않으며 그 이행을 위한 적극적인 조치이다. ③ 미국이 우리를 계속 못살게 굴면서 압력을 가중시킨다면 이를 선전포고로 간주하고 물리적 대응조치를 취할 것이다.

북한이 핵실험 실시를 발표하고 1주일이 지난 10월 16일 미국 국가정보국은 북한의 핵실험 추정장소 인근에서 채취한 대기 샘플에서 방사성 핵종을 탐지하였고 북한의 핵실험 위력은 폭발력이 그리 크지 않은 1kT미만이었다고 발표했다. 뉴욕타임지는 정보 고위관계자 말을 인용하여 북한이 플루토늄을 이용한 핵실험을 실시한 것으로 보인다고 보도하였다.25)

북한이 주변국가의 만류에도 불구하고 핵실험을 강행한 이유는 다음과 같이 설명할 수 있다. 북한은 대미관계개선이 지연되면서 경제난이 심화되고 정권도 위협받는 상황에 이른 것이다. 그러므로 핵실험을 통해 핵무기 보유국가 지위를 확보해 체제유지 기반을 공고히 하고 대미협상에서도 유리한 위치를 점하려 한 것이었다.26) 김정일 체제에

---

25) 김동수·안진수·이동훈·전은주,『2013년 북한 핵프로그램 및 능력평가』KINU 정책연구시리즈 13-11, 통일연구원, 2013, p. 59.

26) 북한은 핵실험을 한 후 10월 11일 외무성 대변인 성명을 통해 "우리의 핵시험은 핵무기와 현존 핵계획포기를 공약한 9.19 공동성명에 모순되지 않으며 그 리행을 위한 적극적인 조치로 된다. 우리는 미국이 적대시 정책을 포기하고 조미사이의 신뢰가 조성되어 우리가 미국의 위협을 더 이상 느끼지 않게 된다면 단 한 개의 핵무기도 필요없게 될 것이라는데 대해 여러차례 밝혀 왔다"(『로동신문』 2006. 10. 12.)고 하고 있어, 협상의 길을 열어 놓고 그 책임은 미국에 전가시켰다.

서 주장하는 선군정치와 강성대국론이 허구가 아닌 현실임을 보여 줌으로써 체제결속의 강화에 나섰고, 국제사회의 회유와 압박의 강도가 높아지자 핵실험 선언이 공언이 아님을 행동으로 보여준 것이다.

북한의 핵실험 발표에 대하여 2006년 10월 14일 유엔 안보리는 대북제재결의안 1718호를 만장일치 채택하였다. 그 전문에서 "2006년10월 9일 핵무기 실험을 실시했다는 조선민주주의인민공화국의 주장에 대하여, 그리고 그 같은 주장으로 인하여 핵무기확산금지조약(NPT)과 세계적 핵무기확산금지 체제를 강화하려는 국제적 노력이 위협에 직면하고 있고 이 지역과 그 밖의 평화와 안정이 위태로워지고 있는 데 대해 심각한 우려를 표명"하였다. 그리고 핵실험이 북한의 '핵무기 보유국'의 지위를 획득할 수 없다는 사실을 상기하였다. 구체적인 제재조치로는 금지물품을 적재한 북한행·발 화물검색, 유엔재래식 7대무기류 및 미사일·생화학관련 무기금수 및 수출통제(사치품), 금융·경제에 관한 것이었다.

북한은 이미 핵실험이 시행되기 전 날의 '로동신문'의 정론을 통해 "지금 우리나라에 강성대국의 여명이 밝아오고 있으며, 승리의 동이 터온다고 하신 김정일 장군님의 말씀이 천만의 가슴을 흥분시키고 있다"하고 체제결속을 강조하였다. 북한은 유엔을 비롯한 국제사회의 대북제재를 어느 정도 감내할 각오를 하고 시작했을 것이다. 핵실험을 하더라도 군사적 제재조치는 가능하지 않을 것이라 판단하고, 지금까지 논의되었던 것이 아닌 미국과 동등하게 '핵군축 협상'으로 북한의 위상을 높이려 하였다.

5. 핵실험 이후 대북제재조치

핵실험이후 북한 외무성은 대변인 성명을 통해 "우리가 핵시험을 하지 않으면 안 되게 된 것은 미국의 핵위협과 제재압력 책동 때문이 다"라고 주장하였고, 라이스(Condolezza Rice) 미국무장관은 "핵 보유 국이라는 협상입지를 확보하려는 정치적 주장"이라고 표현하면서, "미 국은 북한을 공격하거나 침공할 의사도 없기 때문에 '미국의 침략공포 때문에 핵무기를 개발했다'는 주장을 받아들일 수 없다"고 하였다. 미 국이 북한을 무력침공하지 않기로 한 결정에는 중국의 개입과 한국의 반대라는 지정학적 요인들이 적지 않게 작용하고 있다. 그러나 분명한 것은 부시 행정부의 세계전략의 최우선 순위는 군사패권체제 구축에 있었다.

미국이 주도하는 국제사회의 대북제재는 유엔 안보리의 결의에 만 장일치로 합의하였다.27) 군사적 실행을 제외한 경제봉쇄정책으로 북한 을 압박하였다. 유엔 안보리결의안 1718호에 명기하고 있는 것은 북 한의 즉각적이고 무조건적인 6자회담 복귀와 핵의 완전한 포기였다.

이러한 가운데 라이스 미 국무장관이 6자회담의 당사국들과 연쇄적 으로 접촉하면서 미국의 의지를 거듭 천명하였다. 이 기간 중 중국의 탕자쉬안이 후진타오(胡錦濤)의 특사로 평양을 방문하여 김정일과 만 나고 여기에서 개진된 의견을 각국에 전하였다. 그것은 '2차 핵실험은 계획은 없다', 그러나 '외부에서 더 큰 압력이 가해지거나 불공정한 압 력을 행사한다면 진일보한 조처를 취할 수 있다'는 입장과 전제조건을

---

27) 북한은 이에 대하여 10월 17일 외무성 대변인 성명을 통해 "이번 유엔안정보장리사회 <결의>는 두말할것없이 인민대중중심의 우리식 사회주의제도를 허물려고 미쳐날뛰는 미국의 각본에 따른 것으로서 우리 공화국에 선전포고로 밖에 달리 볼 수 없다"(『로동 신문』 2006. 10. 18.)고 하면서, 강한 불만을 표시했다.

붙이면서 6자회담에 복귀를 전하였고, 죽은 김일성의 유훈이라 하면서 한반도 비핵화의 의지도 표명하였다는 것이었다.

이에 대한 각국의 반응은 달랐고, 특히 미국은 의도적 무시로 일관하였다. 평양방문이 상당한 성과가 있었다는 중국의 주장과는 달리, 라이스 장관은 김정일의 2차 핵실험 계획이 없다는 것과 6자회담 복귀의사를 들은 바도 없다고 일축해 버렸다. 미국은 유엔 안보리의 제재조치와 각국의 협조 하에 대북압박 조치를 취하고 있는데, 2차 핵실험을 들어 이를 피해보려는 것이 북한의 의도라고 생각했다. 또한 핵실험 후에도 전제를 단 6자회담 복귀를 표명하자, 북한의 태도에 아무런 변화가 없다고 판단하고 아무런 전제 조건없이 6자회담 복귀와 핵포기 선언 전에는 어떠한 주장도 받아들일 수 없다고 표명한 것이다.

북한의 태도변화가 없는 한 미국은 안보리 결의에 규정된 제재조치의 실천, 대량살상무기 확산방지구상(PSI)과 국제금융제재의 확대, 뜻을 같이하는 국가들과의 연대 등을 통하여 본격적인 행동할 태세였다. 미국은 선제공격 같은 무력행사는 하지 않더라도 내부붕괴를 이끌어 정권교체까지도 생각할 수 있었다. 미국의 로이스 하원의원 10월 17일 미 NBC방송과의 인터뷰에서 "미국은 현재 북한을 내부 붕괴시키는 방안을 고려중"이라고 주장했다. "우리는 지금 김정일의 돈줄을 끊어 그의 정권을 내부로부터 붕괴시키는 아이디어를 다듬고 있다"고 하였다. 이것은 미국 네오콘들의 공통적인 생각이었는지도 모른다.

북한의 핵실험 전과 후의 "대화와 협상을 통한 조선반도의 비핵화 실현 의지에는 변함이 없다"는 반복적인 주장에서 그들이 원하는 것이 무엇인가를 알 수 있었다. 그것은 핵문제를 통해 미국으로부터 체제를 보장받겠다는 것이었다.

제 **3** 장

9.19공동성명 이행을
위한 6자회담

Ⅰ. 6자회담의 재개와 1, 2차 조치 합의

1. 제5차 6자회담의 재개

북한은 핵실험으로 인한 사태의 악화는 부담을 느꼈고 또한 국내외적인 어려운 상황에서 한 걸음 물러서지 않을 수 없었다. 미국도 중간선거를 앞둔 시점에서 민주당의 '대북 핵정책 실패'라는 공격이 부담으로 작용하였다. 그리하여 양자는 6자회담 재개 쪽으로 가닥을 잡았다. 2006년 11월 17일 베트남의 하노이에서 열린 APEC 앞서 한미정상회담이 열렸다. 여기에서 부시 대통령은 "북한이 핵포기를 하면 전쟁 종료를 선언하고, 노무현·부시·김정일 함께 직접서명 가능"하다고 밝혔는데, 이는 김정일 위원장을 사실상의 협상파트너로 인정했다는 것을 의미한 것이다.

중국의 중재로 미국의 힐(Christopher Hill) 국무부 차관보와 북한의 김계관 외무성 부상이 11월 28일과 29일 베이징에서 만나 6자회담 복귀에 합의했다. 이 자리에서 미국의 대북제안은 힐을 통해 김계관에게 전달되었지만, 실제로 김정일 위원장을 상대로 한 부시 대통령의 패키지로 보는 견해가 있었다.[1] 힐은 북한이 핵 프로그램을 폐기하기까지 원하는 것이 무엇이며, 미국이 할 일이 무엇인지를 협의하였다. 미국의 그동안의 무시정책은 중간선거를 의식했고, 북한은 '치고 껴안기'의 전술로 선회한 것이다. 미 중간선거에서 민주당의 대승이후, 부시행정부의 대북강경정책 양상도 변화되고 있음이 감지되었다.

북한과 미국의 갈등의 와중에서 2005년 11월 개최되었던 제5차 6

---

[1] 유석렬, "북한 6자회담 복귀-평가와 전망,"『외교』제80호, 한국외교협회, 2007. 1, p. 25.

자회담 후 1년 이상이 지난 12월 18일 베이징에서 어렵게 제5차 2단계 6자회담의 자리가 마련되었다. 금융제재 해제문제를 논의하기 위한 북미접촉과 병행해서 6자회담이 개최된 것이다. 힐은 기조연설에서 "인내의 한계를 초과했다. 이제는 행동이 필요한 때다. 미국은 9.19 공동성명에 따라 미북관계 정상화를 추진할 준비가 돼있으나 이는 완전하고 불가역적인 한반도 비핵화가 이루어질 때만 가능하다"고 하였다. 이는 종래의 입장에 변함이 없다는 것을 말해주는 것이었다. 미국은 비핵화의 단계별 조치(핵활동 동결 → 신고 → 검증 → 폐기)를 제시하고 이에 상응한 보상을 제의하였다. 즉, 미국은 핵폐기의 단기 조치로 영변 원자로 가동중단·핵재처리시설 폐쇄·보유하고 있는 모든 핵무기와 핵물질에 대한 정보공개·국제원자력기구 핵사찰 수용준비·핵실험장 폐쇄를 요구했고, 이렇게 될 경우 북한 측의 요구를 들어준다는 것이었다. 북한은 금융제재 문제가 먼저 해결되어야만 비핵화를 위한 초기 조치와 보상방안에 대해 논의할 수 있다는 입장을 굽히지 않았다. 북한은 9.19공동성명에 담긴 대북보상책을 이행해야 핵 포기 논의를 시작하겠다는 것이다. 적대시정책 포기의 증표로 금융제재 중단을 요구하면서, 마카오의 BDA에 묶여있는 자금을 회수할 수 있도록 조치를 취해달라고 하였다.

금융제재문제는 양측의 입장이 커서 결론을 내지 못하고 2007년 1월 뉴욕에서 다시 논의하기로 하였다. 비핵화 문제는 자신들이 취할 조치에 비해 미국이 제공하는 서면 안전보장이나 경제지원 논의 등이 실질적이지 못하기 때문에 에너지 제공 등의 실질적인 행동으로 보여달라고 했다. 북미 상호간의 평행선적인 입장을 다시 확인하는 자리였다.

2. '9.19 공동성명 이행을 위한 초기조치(2.13합의)'

북한은 2007년 신년 공동사설을 통해 "우리가 핵 억제력을 가지게 된 것은 그 누구도 건드릴 수 없는 불패력을 갈망해온 우리 인민의 세기적 숙망을 실현한 민족적 경사였다"라고 주장하였다.[2] 북한은 핵실험의 성공을 이렇게 표현했던 것이다. 군사안보 분야에서의 핵실험 성공을 경제적 어려움 등 여러 난관 극복에 이용하고 민족의 자긍심을 고취시키고 김정일의 정통성을 강화하는 데 십분 활용하였다.[3]

2월 8일 베이징에서 제5차 3단계 6자회담이 개최된다고 발표되었다. 이에 앞서 1월 16일부터 18일까지 베를린에서 북미 6자회담 수석대표가 회동을 하였고, 6자회담 재개를 위한 심도 있는 논의가 이루어졌다. 1월 30일에는 BDA에 동결된 북한 자금 중 일부를 풀어주기 위한 북미간의 협상이 베이징에서 재개되기도 하였다.[4]

이렇게 회담은 북미 간에 핵시설 폐쇄문제와 금융제재 해제문제 등에 대해 사전 절충을 하여 의견차가 상당히 좁혀진 뒤에 이루어지는 것이기 때문에 기대감을 갖게 하였다. 6자회담 미국 측 수석대표인 힐이 밝힌 '제네바 합의와 유사한 결과'는 이러한 기대감을 뒷받침해 주었다. 그러나 회담 북미 양국을 포함한 대표단들은 "알 깨기 전에 병아리 수 세지 마라"라는 표현같이 신중한 모습을 보였다.

---

2) 북한은 로동신문에서 "2006년 선군조선의 10대 사변"이라 하여 10대 뉴스를 제시하고 있는데, 그 중 첫 번째로 들고 있는 것이 "1. 핵보유국 경사"로 "민족적 긍지와 자부심을 심어준 경사"라 보도하고 있다. 『로동신문』 2007. 01. 06.

3) 백학순, "2007년 북한의 정세와 남북한 관계," 『정세와 정책』 128호, 세종연구소, 2007, p. 5.

4) 5차 3단계 6자회담이 타결된 2월 13일 미국 측 수석대표인 힐 차관보는 "BDA 문제를 30일 내에 해결하기로 했으며 이를 중국 등 6자회담 참가국에 오늘 통보했다"고 밝혔다.

2월 8일부터 13일까지 진행된 회의는 "9.19 공동성명 이행을 위한 초기조치(2.13합의)"라는 합의문을 발표하였다. 3단계회담의 주요내용은 다음과 같다. ① '행동 대 행동'의 원칙에 따라 단계적으로 9.19 공동성명 이행 조치 합의, ② 초기 단계로 재처리시설을 포함한 영변 핵시설을 패쇄·봉인하고 IAEA요원을 복귀, 핵 프로그램의 목록 참가국들과 협의, 북미간 양자대화, 북일간 양자대화, 경제·에너지·인도적 지원으로 핵시설 60일 이내 폐쇄 시에 중유 5만톤 지원, ③ 한반도 비핵화, 북미 관계정상화, 북일 관계정상화, 경제 및 에너지 협력, 동북아 평화·안보체제의 5개 실무그룹 설치, ④ 핵시설 불능화 때는 중유 95만톤 상당 지원, ⑤ 동북아 안보협력 증진 모색을 위한 장관급 회담 개최, ⑥ 별도 포럼에서 한반도 평화체제 협상, ⑦ 제6차 6자회담을 3월 19일에 개최한다.

이로 인하여 북한 핵실험 이후 전개되었던 북미간의 갈등은 일단 해소되었다. 북한은 핵시설 폐기 대신 에너지와 식량 등을 지원 받아 우선 급한 불을 끌 수 있게 되었고, 또한 그들이 계속 주장했던 양자대화가 공식화되었다. 북미정상화 워킹그룹에서는 테러지원국 명단삭제와 적성국 교역법 적용 종료 등을 논의하게 된 것은 분명 커다란 성과였다.

미국은 한반도 비핵화 기초를 다져 그들이 주장했던 세계적인 핵확산을 막을 수 있게 되었다. 그리고 클린턴 행정부의 '제네바 합의'보다는 구체적이고 실질적인 합의로 대북 지원부담도 훨씬 줄어들었다. 부시 행정부가 제기한 새로운 핵문제 이후 일단 그들의 소기의 목적을 달성했다고 볼 수 있다. 2.13합의 이후 그 진행은 순조롭지 않았으나. BDA문제가 완전히 타결되자 속도를 내기 시작하였다.[5]

3. '9.19공동성명 이행을 위한 제2단계조치(10.3합의)'

2.13합의는 합의에 대한 이행 조치를 60일 이내에 하도록 되어 있었다. 그러나 그 이행을 어렵게 만든 것은 BDA문제였고, 4개월이 지난 6월 25일 북한의 외무성 대변인이 동결자금문제가 해결되었다고 밝혔다. 2.13합의와 BDA문제의 해결로 북한의 핵문제가 가닥을 잡아가자 남북사이에 정상회담이 논의되었다. 노무현 정부 출범 이래 계속된 핵문제로 북미관계는 악화되어 있었고, 이런 상황에서 남북정상회담은 아예 불가능하였고 노무현 정부 말에 가서야 가능하게 되었다. 2007년 8월 5일 남북한은 "노무현 대통령의 평양방문에 관한 남북합의서"에 8월 28일~30일까지 정상회담을 열기로 합의하였다. 그러나 평양에 집중호우로 10월 2일~4일 사이에 제2차 남북정상회담이 개최되었다. 여기에서 '남북관계 발전과 평화번영을 위한 선언(10.4선언)'이 도출되었다. 10.4선언에 핵문제에 대해서는 "남과 북은 한반도 핵문제 해결을 위해 6자회담과 9.19공동성명과 2.13합의가 순조롭게 이행되도록 공동으로 노력하기로 하였다"라고 규정하였다. 정상회담기간이 10.3합의가 발표된 때라 김정일 위원장이 관계자를 불러 노무현 대통령에게 이 내용을 설명하게 하였다.

한편 BDA문제가 해결되자 북핵 초기 이행이 빠르게 진행되었다. 북한은 7월 14일 5MW 원자로 등 영변 5개 핵시설에 대한 가동을 중단하고 국제원자력기구(IAEA) 요원들은 이에 봉인조치를 취하였다.

---

5) 3월 15일을 전후하여 BDA의 북한 계좌에 대한 해제가 이루어졌으나, 동결자금이 북한 은행계좌로 송금되는 것이 문제가 되었다. 결국 BDA의 북한자금은 미국연방은행을 거쳐 러시아 중앙은행으로 이체되었다. 6월 18일 북한 인근의 극동상업은행 북한 계좌로 전액 송금되면서 소위 BDA의 기술적 문제가 해결되었다. 6월 25일 북한 외무성대변인은 동결자금 문제가 해결되었다고 밝혔다.

휴회하고 있던 제6차 1단계 6자회담 수석대표회담이 베이징에서 7월 18일에서 20일까지 개최되었다. 그 후 9월 1일과 2일 제네바에서 북미관계정상화 실무그룹 회의가 있었고, 북한은 이 결과를 3일 외무성 대변인을 통해 발표하였다. 북미제네바회담에서 '연내핵시설 불능화' 합의와 '테러지원국명단 삭제와 적성국 교역법 제재 해제'를 취하기로 했다는 것이었다. 9월 27일부터 30일까지 제6차 2단계 6자회담이 베이징에서 개최되었고, 그 합의 사항인 2단계 조치가 '9.19공동성명 이행을 위한 제2단계조치(10.3합의)'라는 이름으로 10월 3일에 발표되었다.

'10.3합의'의 핵심 내용은 한반도 비핵화 문제, 관련국 간 관계정상화 문제, 북한에 경제·에너지지원 문제, 6자회담 관련국 외교장관 회담 등 4가지를 담고 있다. 이들은 이미 '2.13합의'에서 제기된 문제에 대한 반복에 불과했으나, 한반도 비핵화 문제는 구체적으로 관련사항과 일정 등을 제시하고 있다. 이를 요약하면 첫째로 한반도 비핵화로 현존하는 모든 핵시설(5MWe 실험용 원자로, 재 처리시설, 핵 연료봉 제조시설) 불능화 완료, 모든 핵 프로그램에 대한 완전하고 정확한 신고(2007년 12월 31일까지), 북한의 핵 물질·기술 또는 노하우를 이전하지 않는다는 재 공약이다. 둘째로 관련국 간의 관계정상화로 북미관계를 개선하고 전면적 외교관계로 나아가는 공약을 유지하고, 북한을 테러지원국 지정으로부터 해제하기 위한 과정 개시와 대적성국 교역법 적용을 종료시키기 위한 과정진전과 함께 북일관계 개선노력 등이 포함되어 있다. 그 밖에 2.13합의에 따른 경제 및 에너지 지원과 6자 외무장관 회담 등이 포함되어 있었다.

북미 간에는 2007년 12월 31일까지 신고하기로 했던 사항에 대하여 이견의 대립이 계속되었다. 북한은 우라늄 농축프로그램은 없고 핵

협력설 사실 무근이고 플루토늄은 30kg 정도 가지고 있다는 것이고, 미국은 사실이 아니니 정확하게 신고하라는 것이었다. 이 문제는 결코 쉬운 문제가 아니었다. 미국의 입장에서 보면 우라늄 농축문제와 시리아와 핵협력설 모두를 규명해야 할 문제였다. 만약 그동안 미국이 제기 했던 의혹에 대한 북한의 신고를 받아내지 못하면, 미국의 정책이 대북압박을 위한 정략적 방법이었다는 것을 말해준다. 그러면 북한의 입장은 어떠했는가? 북한은 우라늄 농축에 대하여 일관되게 부인하면서 미국의 생트집이라는 것이었다. 시리아 핵 협력설도 마찬가지로 한 적도 없고 앞으로 할 의사도 전혀 없다는 것이다. 이렇기 때문에 양측 주장이 어느 하나로 판명이 날 경우 다른 한쪽은 치명적이었다. 물론 12월 부시 대통령이 김정일 위원장에게 보낸 친서에서 핵 신고의 중요성의 강조와 성실한 신고를 압박하면서 신고가 이루어지면 약속을 지킬 것 이라고 하였지만, 김정일 위원장은 이를 액면 그대로 받아들이지 않았다. 제6차 2단계 6자회담의 10.3합의는 12월 31일까지 불능화 완료와 핵신고서를 제출하기로 하였지만 기한을 넘기고 말았다. 또한 북미 간에 갈등이 심화될 수 있는 징후들이 보였다.

Ⅱ. 핵 신고서와 불안한 합의

1. 핵 신고서 합의 과정

북한은 1월 4일 외무성 담화를 통해 핵 신고와 관련 "우리는 할 바를 다했다"[6]고 했고, 미국의 백악관 대변인은 "우리는 신고를 받은

---

6) 북한 외무성의 담화에서 "지난 11월 핵신고서를 미국에 통보했으며, 우라늄 농축 군사 시설까지 참가시키며 알루미늄관이 관련 없음을 해명"했다고 밝히고 있다.

바 없다"고 했다. 이러한 상태에서 신고방법에 대한 신축성있는 방안
이 마련되고 있다는 소식이 전해졌다.7) 이 문제는 미국이 한발 후퇴
한 것으로 보여지나, 북한이 받아들일지도 미지수였다. 북한이 계속
논의를 받아들이는 것 자체가 시인으로 보여 질 수 있기 때문이었다.

여기에서의 해결책은 북미 간의 전략적 결단을 하여 신고의 방식과
내용에 있어 한발씩 양보하는 것이었다. 워싱톤 소식통이 전한 내용을
좀 더 구체화시키는 방법이었다. 공개문서와 비공개문서 두 개로 나누
어 접근하는 방식으로 과거와 현재를 나누자는 것이었다. 여기에서 농
축우라늄과 시리아 핵협력 문제는 과거의 문제이고, 현재 보유하고 있
는 플루토늄 문제는 현재의 문제이다. 그러므로 전자는 비공개 문건에
담고, 후자는 플루토늄 30kg을 받아들이되 검증과 사찰을 수용하는
방식이었다.

6자회담이 계속 교착상태에서 미국 측 수석대표인 힐과 북한 측 대
표인 김계관 외무성 부상이 2008년 2월 19일에 베이징의 북한대사관
에서 새해 첫 만남을 가졌다. 회동 후 힐이 김계관과 나누었다는 대화
내용을 요약하면 '김부상과 실질적인 대화를 했고 북한이 제출해야 할
핵프로그램 신고목록에 포함될 요소를 제시하면서 제2단계를 빨리 끝
내고 3단계 핵폐기로 나가야 한다'했다는 것이었다. 이에 대해 김계관
은 '알루미늄은 수입했지만 농축우라늄 제조용으로 사용하지 않았고,
현재와 미래에도 북한은 어떤 나라와도 핵협력을 하지 않겠다'라고 말
했다 한다. 상술한 '비공식 채널'에 대하여 대화를 나누었는지는 알 수

---

7) "북한이 신고서에 '농축우라늄 프로그램과 핵 확산 의혹은 비공식 채널에서 계속 논의
한다'는 주석(footnote)을 명기하는 데 동의한다면 북한이 지금까지 신고 내용으로 주
장해온 플로토늄(30kg) 신고만으로 신고서를 받아들여 돌파구를 연다는 계획"을 미국
의 대북 협상파와 한국 정부가 추진하고 있다고 워싱턴 소식통이 1월 27일 전했다는
것이다. 『중앙일보』 2008. 01. 29. 3.

는 없었지만, 보도된 바대로 라면 거의 두달 여 만에 만나 두 사람은
종전의 주장만 되풀이 한 것이었다. 그들이 만난 뒤에 뉴욕 필하모닉
의 공연이 평양에서 펼쳐졌다. 이 공연은 이미 2007년에 합의된 것이
었으나, 세계의 이목이 집중되며 북미 사이 훈풍이 부는 것이 아니냐
는 추측을 내놓기도 하였다.

북한의 제의로 2008년 3월 13일 제네바에서 힐 차관보와 김계관
부상이 핵신고 문제를 돌파하기 위해 만나기로 하였다. 힐 차관보는
제네바로 가기에 앞서 "북한 핵프로그램 신고 형태에 대해 유연성을
가질수 있다", "우리는 실현 가능성 방안을 갖고 있으며 열린 마음으
로 북한과 대화 할 것"이라고 밝혔다.[8] 이는 이미 1월부터 나돌기 시
작했던 농축우라늄과 시리아 핵확산 의혹을 플루토늄 문제와 분리시키
면서 양측의 서로 다른 주장을 병기해 일단 처리하고, 검증과정을 거
치는 방법상의 유연성을 포함할 가능성이 많았다. 3월 13일 제네바
회담은 8시간 지속되었고, 그 후의 양측의 반응은 "합의에 이르지는
못했지만, 협상에 만족한다"는 것이었다. 회담 후 기자들과의 대화 내
용을 간추려보면 이렇다.[9] 핵 신고 방법의 합의에 대한 희망을 가질
수 있는 대목이었다.

2. 핵 신고서 제출

상술한 바와 같이 10.3합의에서 가장 중요한 것은 2007년 말까지
불능화의 완료와 핵 신고서 제출이었다. 그러나 양국의 주장은 평행선
을 걷고 있어, 어떤 방식으로든 이 문제에 대한 타협이 없이는 한 걸

---

8) 『중앙일보』 2008. 03. 14. 2.
9) 힐 차관보는 "우라늄 농축프로그램을 포함해 신고 형식과 실제적인 내용 등 모든 측면
   에서 북한과 매우 실질적이고 유용한 협의를 했다"고 했고, "지금 벌써 3월이고 우리는
   올해 이 문제를 해결하고자 하는 열망을 지니고 있다"고 말했다.

음도 더 나갈 수 없는 처지였다. '불만족의 균형점을 찾는 창조적 외교'10)가 필요한 때라는 지적은 설득력이 있었다.

2008년 4월 8일 싱가포르에서 힐과 김계관 사이의 양자협상에서 합의가 이루어 졌다. 북한은 합의를 기정 사실로 받아들이려고 북한 외무성 대변인이 9일 <조선중앙통신> 기자와의 문답 형식을 빌려 "회담결과 합의리행을 완결하는 데서 관건적인 미국의 정치적 보상조치와 핵신고 문제에서 견해 일치가 이룩되었다"고 공표했다.11) 이는 북한의 핵 신고에 맞춰 미국이 테러 지원국 명단에서 북한을 삭제해야 한다는 요구로 볼 수 있었다. 미국무부 대변인은 10일 "제네바회담 때보다 진전된 대화를 했지만 최종선언이 북핵 6자회담 의장국인 중국에 전달되지 않았고, 아직도 할 일이 더 남아있다"고 하였다. 이 미묘한 입장 차이를 장위 중국 외교부 대변인이 10일 "북-미 양자가 핵신고 관련 문제에 대해 공통인식을 도출했다는 것을 확인했다"고 공표했다.

이것은 그동안 지루하게 진행되던 핵 신고에 대한 합의점을 찾았다는 것을 말해주었다. 북한은 플루토늄의 양은 신고하지만 핵심쟁점인 우라늄 농축프로그램과 시리아 핵협력설에 대해 미국이 대신해서 신고한 후 북한이 이를 인지(acknowledge)하고 항의(challenge)하지 않으며 이를 공식신고서가 아닌 북미의사록에 담아두기로 하였다.12) 그러나 간단하게 해결될 수 없었고 강한 태클이 미국의 네오콘으로부터 왔다. 바로 시리아-북한 핵협력설에 관한 명백한 증거가 있다는 말이 워싱턴 정가에 떠돌았다. 부시 행정부의 입장에서 그냥 넘어갈 수 없

---

10) 『한겨레』 2008. 03. 13. 4.
11) 『로동신문』 2008. 04. 10. 6.
12) 최진욱 · 박형중, 『2단계 비핵화 이후 북한의 대남정책 전망』 통일정세분석 2008-08, 통일연구원, 2008, pp. 2-3.

는 문제였고, 북한과 시리아간 핵협력 의혹에 대한 미 중앙정보국
(CIA)의 비공개 브리핑이 24일 미국 상·하원 의원들에게 실시되었
다.13) 그러면 백악관의 의도는 무엇이었을까? 여러 가지 복합적으로
볼 수 있으나, 네오콘에 대한 정면 돌파와 북한에 대한 핵 검증의 압
박으로 볼 수 있다. 이는 부시행정부의 북핵문제 해결에 대한 강력한
의지로 볼 수 있었다.

2008년 5월 8일 성 김 미국무부한국과장은 평양을 방문하여 플루
토늄 생산과 관련된 방대한 양의 자료를 가지고 10일 돌아왔다. 북한
이 미국에 건넨 자료는 영변의 5MW 원자로와 재처리시설의 가동 기
록에 관한 것으로 18,000페이지에 달하는 분량이었다. 1986년 이후
가동기록을 포함하고 있는 이 자료는 완벽한 것이라 믿고 있다고 밝
혔다.

한편 5월 16일 미 국무부 산하 국제협력처는 50만톤 규모의 대북
식량지원 계획을 공식발표하면서 6월부터 12개월간에 걸쳐 지원한다
는 것이었다. 이는 미국과 북한이 대북 식량지원 재개 프로그램의 기
준들에 대한 합의에 이르렀다는 것을 말하는 것으로, 미국이 2005년
말에 중단되었던 대북 식량지원을 2년반 만에 전격 재개하기로 한 것
이다. 북한은 즉시 화답을 하였다. 북한은 조선중앙텔레비전을 통하여
"미국정부의 식량지원은 부족되는 식량 해결에 일정하게 도움이 될
것이며, 조미 두 나라 인민들 사이의 리해와 승리 증진에도 기여할
것"이라고 의미를 부여했다.

---

13) 백악관 성명으로 발표된 이 성명서는 "시리아 정권은 지난 2007년 9월 6일까지 플루토
    늄을 생산할 수 있는 원자로를 동부지역 사막에 비밀스럽게 건설하고 있었다. 우리는
    다양한 정보를 토대로 북한이 시리아의 비밀스런 핵활동에 협력한 것으로 확신한다"로
    시작하였고, "미국은 국제사회가 이런 중대한 지역에서 대량살상무기 확산을 방지하고
    이런 활동들을 종식하기 위한 우리의 공동 노력을 배가해야 한다고 촉구한다"로 끝을
    맺고 있다.

이러한 분위기 속에서 김계관과 힐이 5월 27~28일 베이징에서 북핵신고문제 등을 논의했다. 드디어 밀고 당기던 북 핵신고서가 6월 26일 의장국인 중국에 전해졌다. 북한은 2007년 12월 31일 제출하기로 했던 신고서를 6개월이 지체된 후에 접수한 것이다.14) 이 신고서에 플루토늄의 추출량 뿐만 아니라 사용처에 대해서도 명시한 것으로 알려졌다. 부시 대통령은 북한의 핵신고 직후 기자회견을 열어 핵신고를 환영하고, 45일 동안 이에 대한 면밀한 검증을 벌일 것이라 하였다. 미 행정부는 북한을 테러지원국 명단에서 해체하기 위해 부시 대통령 명의의 보고서를 의회에 통보했다. 미국무부는 이날 발표문에서 6자회담 차원의 검증원칙 및 검증계획 합의, 검증조처 실행 등을 테러지원국 지정해제 의회 통보 조처의 전제조건으로 밝혔다. 이는 8월 11일 이전에 검증조처를 실행하지 않는다면, 테러지원국 해제절차를 중단하겠다는 것이었다.

북한은 이에 대해 다음날인 6월 27일 외무성 대변인이 '중앙통신기자 질문에 대답'한다는 형식으로 성명을 발표하였다. "미국이 6자회담과 10.3합의에 따라 경제제재를 해제하는 실질적 조치로서 테러지원국 해제 과정에 착수하며, 적성국무역법을 종식시키는 결정을 발표하였다"고 하였다. 여기에서 눈에 띄는 대목은 "9.19공동성명의 원칙에 따라 6자는 자기 의무이행에 대하여 다 같이 검증, 감시를 받아야 할 것이다"이다. 같은 날에 지난 22년간 '북한 핵위협'을 상징해 오던 영변 냉각탑 폭파가 있었다.15) 냉각탑 폭파가 핵 폐기과정에서 차지하는

---

14) 60여 쪽으로 된 이 신고서에는 핵무기 제조 물질인 플루토늄을 약 40kg 추출했다는 내용이 포함된 것으로 알려졌다. '고농축우라늄 프로그램과 핵확산 문제'에 대해선 두 쪽짜리 부록을 만들어 신고서에 첨부했다는 것이다. 『중앙일보』 2008. 06. 28. 1.

15) 북한의 비핵화 의지를 보여준 냉각탑 폭파장면은 <문화방송>과 <CNN>을 타고 전 세계에 송출되었다. 『한겨레』 2008. 06. 28. 6.

실질적인 의미는 미미하지만, 상징적인 효과는 큰 것이었다.16)

'10.3합의' 이후 9개여 월 만에 그리고 신고서 제출 후 14일 만인 7월 10일에 6차 6자회담 수석대표회의가 베이징에서 열렸다. 마지막 날인 12일에 '제6차 6자회담 수석대표회의 언론발표문'을 발표하였다. 발표문의 주요 내용에는 ① 한반도 비핵화를 검증하기 위한 6자회담 참가국들로 구성된 검증체계 수립, ② 시설방문·문서검토·기술인력 인터뷰 및 6자가 만장일치로 합의한 기타조처에 따른 검증, ③ 검증과 관련한 국제원자력기구(IAEA)의 자문과 지원제공 환영, ④ 한반도 비핵화 실무그룹회의에서 검증의 구체 계획과 이행결정, ⑤ 비확산과 대북 경제·에너지 지원 등의 공약 준수 및 이행을 보장할 감시체제를 6자 수석대표 책임 아래 구성, ⑥ 영변핵시설 불능화와 대북 경제·에너지 지원은 10월말까지 병행해 완전하게 이행이 포함되었다. 그러나 상세한 검증방안을 담은 검증계획서 작성에는 도달하지 못하고 전문가들이 참석하는 '비핵화 실무그룹회의'를 다시 열기로 하였다.17)

Ⅲ. 테러지원국 해제 문제

1. 테러지원국 해제 문제

북한의 입장에서 10.3합의의 내용 중 '테러지원국 삭제'는 가장 중

---

16) <워싱턴 포스트>는 "냉각탑 폭파는 북한이 핵무기를 개발하겠다는 야망을 접었음을 알리는 뚜렷한 증거가 될 것"이라며 "영변위성사진에서 가장 잘 보이는 것이 핵시설 냉각탑에서 뿜어져 나오는 수증기였기 때문에, 이를 폭파하는 것은 상징적 의미가 있다"고 평가했다. 또한 "기능이 정지된 부대건물을 폭파한 것은 기술적 의미보다는 정치이벤트적인 성격을 활용하겠다는 측면이 강했다"한다. 김태우, "북핵문제 해법과 정부의 대응방안" 『통일경제』 통권 제93호, 현대경제연구원, 2008, p. 13.

17) 미국측은 6자회담에서 검증체계방안이 담긴 4쪽짜리 초안을 북한 측에 전달하고 조속한 답변을 요청했으나, 북한은 검증방법과 대상에 대하여 자신의 의견을 고집하였다.

요한 일이었을 것이다. 그동안의 핵협상인 1994년 제네바 합의나 2005년 9.19합의를 북한에서는 '미국과 핵대결에서 김정일 장군님의 위대한 승리'로 묘사해 왔다. 그러므로 2008년 8월 11일 20년 이상 지속되어 온 테러지원국에서 해제되었더라면, '경애하는 김정일 장군님 이 미국을 완전히 항복시켰다'고 했을 것이다. 당시 북한은 해방 60년 이 되는 8월 15일에 맞추어 커다란 경축행사를 준비하고 있었고, 여 기에서 내세울 수 있는 가장 중요한 것은 테러지원국 해제였을 것이 다. 실제로 김정일은 8월 초반 연일 현지지도를 하면서 경축 분위기를 고조시켜가고 있었다. 그러나 정작 김정일은 이 행사장에 나타나지 않 았다. 김정일은 13, 14일경에 뇌졸중으로 쓰러졌다. 이는 한 여름 현 지지도에 대한 과로와 테러지원국 해제 지연에 따른 스트레스가 원인 이 아니었는가 생각한다.

핵 신고서의 검증 방식을 놓고 북미 간 이견이 이어졌고, 결국 8월 11일까지 양국은 검증계획서에 대한 합의를 도출하지 못하였다. 8월 11일로 예정됐던 미국의 대북한 테러지원국 해제가 미루어졌다. 테러 지원국에서 벗어나려는 북한이 8월 11일 이전에 미국이 만족할 만한 방식으로 검증을 수용하겠는가 하는 의문도 가졌지만, 큰 문제가 없다 고 생각되었다. 검증계획서의 관건은 핵신고서에 명시된 대상은 물론 그밖에 의혹 시설·지역에 대해서도 불시검증을 요구하는 미국과 고 강도 검증을 최대한 완화하려는 북한 측의 입장에 있었다.[18] 미국 국 무부는 "우리에게 필요한 것은 강력한 검증체계를 갖추는 것"이라고 밝혔다. 북한의 핵 물질 및 프로그램에 대한 검증체계에 합의할 때까

---

[18] 미국은 24시간 이전에 고지하고 바로 사찰에 들어가는 불시사찰을 주장하는데 북한은 이를 주권 침해행위로 간주하고 받아들이기 어렵다는 입장이었다. 홍현익, "6차 6자회 담 수석대표회의: 평가, 과제 및 전망," 『정세와 정책』148호, 세종연구소, 2008. p. 3.

지 테러지원국 지정해제를 안 한다는 것이었다.

문제는 이 검증체계 대상에 플루토늄뿐만 아니라 우라늄 농축프로그램과 핵 확산까지 포함된다는데 있었다. 북한의 핵 신고서를 다룬 싱가포르합의에서, 미국은 '현재의 문제'인 플루토늄에 집중하고 '과거의 문제'이자 실체가 불분명한 우라늄 농축프로그램과 핵 확산은 뒤로 미뤘다. 그런데 이후 이 합의와 관련해 국내에서 비판 목소리가 커지자 미국 정부는 여러 검증체계를 함께 요구하는 쪽으로 돌아섰다.[19]

2008년 8월 14일 베이징을 방문한 성 김 미 국무부 대북특사는 북한과 접촉을 시도하였으나 무산되고 말았다. 8월 20일 북한의 외무성은 한미합동군사훈련을 비난하면서, "최근 미국이 핵문제와 관련하여 들고 나오는 국제적 기준에 부합되는 검증과 같은 것은 부당한 요구"라고 논평하였다.[20] 이는 북한의 강경조치를 예고하는 것이기도 하였다. 8월 26일 외무성 성명을 통하여 '우리는 <행동 대 행동>의 원칙에 따라 부득불 대응조치를 취하게 되었다'고 하면서 "핵시설 무력화 작업(핵 불능화조치)을 즉시 중단하기로 하였다"라고 선언하였다. 주요 내용은 "미국은 우리 핵신고에 대한 검증의정서가 합의되지 않았다는 <리유>로 약속된 기일 안에 우리를 <테로지원국> 명단에서 삭제하지 않은 것"은 합의의 명백한 위반이라는 것이다.[21] 이 같이 이어진 북한의 외무성 발표를 보면 북한의 불만이 무엇이고 왜 여기에 동의할 수 없는지를 알 수 있었다.

그러면 북한의 불능화 조치는 어디까지 진행되었던 것인가? 10.3합

---

19) 『한겨레』 2008. 08. 13. 31.
20) 『로동신문』 2008. 08. 21. 5.
21) 북한 외무성 대변인 성명에서 "우리나라의 아무 곳이나 마음대로 뒤져보고 시료를 채취하고 측정하는 것과 같은 사찰을 받아들일 것을 강요하고 있다", "미국이 우리에 대해서도 이라크에서처럼 제 마음대로 가택수색을 할 수 있다고 생각했으면 큰 오산"이라 하고 있다. 『로동신문』 2008. 08. 27. 4.

의에 따라 북한은 영변 5MW 실험용 원자로, 방사선화학실험실(재처리 시설), 핵연료봉 제조공장 등 영변 소재 핵시설에 대한 11가지의 불능화 조치에 착수하였다. 이중 8가지 조치가 완료 되었다. 원자로 내 '사용 후 연료봉(폐연료봉)' 인출, 미사용 연료봉 처리, 원자로 제어봉 구동장치 제거 등의 세 가지는 아직 진행 중 이거나 시작되지 않은 단계에 있었다. 폐연료봉 인출은 북한이 6자회담 5개국의 대북 에너지 지원이 지연되고 있다는 이유를 들어 2008년 초에 인출 속도를 늦췄고, 8,000여 개 중 약 60%인 4,800여 개의 연료봉만이 인출되었다.22)

북한은 처음부터 검증은 또 다른 협상의 대상으로, '2.13 합의' '10.3합의'에 임할 당시에도 검증을 수용할 의사가 없었다. 북한은 2.13합의나 10.3합의 어디에도 검증이 2단계에 속한다고 규정한 구절이 없으므로 이에 대해서는 새로운 보상이 필요하다는 입장이었다.23) 그러므로 우선 핵신고서만 제출하면 미국이 테러지원국 명단에서 해제할 것으로 기대를 하고 있었다. 더욱이 북한의 입장에서는 테러지원국 해제라는 그들의 의지를 관철시킬 수 있으리라는 전략적 원칙하에 대미 협상을 진전시켰다.

한편 미국은 협상과정에서 신고서 제출 정도로 북한이 테러지원국 명단 해제될 수 있으리라는 뉘앙스를 풍기면서 북한을 협상의 장으로 끌어들인 면도 있다. 그동안 라이스-힐의 양보를 통한 유화적 협상 행태는 북한을 상당히 고무시킨 측면이 있었다. 특히 북한은 부시 임기 말이기 때문에 외교적 성과를 이루려고 할 것이고, 그렇다면 큰 양보 없이 큰 것을 챙길 수 있다는 전략적 판단이었을 것이다.

---

22) 미사용 연료봉 처리 방식에 관해서는 6자회담 당사국 실무논의가 진행중이었다. 제어봉 구동장치 제거는 '사용 후 연료봉' 인출이 종료되어야 가능한 대상이었다.
23) 홍현익, 앞의 글, p. 3.

북한은 계속해서 강경입장을 고수하며 9월 3일에는 불능화를 원상
복구한다고 선언하였다. 9월 19일에는 외무성대변인 대담을 통해 "우
리는 미국이 우리나라에 대한 <테로지원국> 명단삭제조치의 효력발
생을 무기한 연기한데 대응하여 핵시설무력화작업을 중단했으며 얼마
전부터 녕변 핵시설들을 원상복구하고 있다"고 밝혔다.24) 북한의 주장
은 미국이 핵신고서 제출이 마치 <국제적기준>에 따르는 검증을 전
제한 것 마냥 여론을 기만하고 있다는 것이었다. 이에 대해서는 6자회
담 당사국이나 미국과도 서류상이나 구두로도 이러한 합의를 한 바가
없다고 하였다.

북한은 이어서 재처리시설 봉인 해제를 요구하고 감시카메라 철거
및 재처리시설 가동 선언 등의 압박카드를 사용하였다. 북한은 불능화
중단과 핵 활동 재개로 북한을 압박하면서 테러지원국 해제를 위한
협상카드를 준비하였다. 10월 1일부터 3일까지 힐 차관보가 전격적으
로 평양을 방문하였는데, 미 국무성은 담화를 통해 힐의 평양 방문은
북한의 요청에 따라 이루어진 것이라고 발표하였다. 충돌직전까지 이
르렀던 상황이 북미 양자협상을 통해 다시 협상 국면으로 방향을 틀
게 된 것이다.

2. 테러지원국 해제와 후속문제

미국 국무부는 2008년 10월 11일 자정 북한을 테러지원국가에서
해제한다고 공식 발표하였다. 8월 11일 예정되었던 이 조치는 두 달
이 지나서 해제된 것이다. 미국이 1987년 12월 대한항공기 폭파사건
을 이유로 1988년 1월 북한을 테러지원국으로 지정한지 20년 9개월

---

24) 『로동신문』 2008. 09. 19. 4.

만에 지정이 해제되었다. 미국무부는 회견에서 "핵 검증 협상에서 북한이 신고한 시설에 대한 전문가의 방문 검증을 실시하는 것으로 합의했다"고 밝혔다.25)

북한의 외무성 대변인은 12일 "우리는 미국이 10.3합의에서 공약한 대로 우리나라에 대한 적성국무역법 적용을 종식시킨 데 이어 테러지원국 명단 삭제 의무를 이행한 데 대해 환영한다"고 말했다. 또한 "우리도 행동대 행동의 원칙에서 영변 핵시설 무력화(불능화)를 재개하며 미국과 국제원자력기구(IAEA) 감시성원들의 임무수행을 다시 허용하기로 했다"고 밝혔다.26)

북미가 합의한 검증의정서는 3쪽 분량으로 핵심쟁점이었던 신고서의 과학적 검증을 위한 시료샘플채취와 상호동의 아래 미신고 시설 등의 방문을 허용하는 내용을 담고 있었다.27) 북한이 과거 추출했던 플루토늄을 기반으로 한 프로그램과 우라늄 농축프로그램, 핵확산 활동 등에 대한 검증이 포함되어 있었다. 다만 북한의 미신고 시설과 지역이지만 미국 등 다른 6자회담 참가국이 핵시설로 추정하고 있는 곳에 대한 검증 팀의 접근은 상호동의를 전제로 한다는 것이다. 검증 방식과 관련해서는 시료채취 및 '과학수사활동'(forensic activities)을 포함한 과학적 절차에 따르기로 했다.28) 따라서 앞으로 열릴 6자회담에서 북미간의 핵검증 합의가 추인되면, 핵 검증 작업은 신고한 시설부

---

25) 숀 맥코맥 국무부 대변인은 브리핑에서 "북한이 일련의 검증과정에 합의했고, 북한의 최근 협력과 합의들 그리고 북한이 해제 기준을 채웠다는 사실에 입각해 콘돌리자 라이스 국무장관이 북한의 테러지원국 지정을 해제하는 조치를 취했다"며 "이 조처는 즉각 효력을 발생한다"고 밝혔다.

26) 핵시설 불능화는 북한에 제공하기로 한 중요 95만톤 상당의 경제·에너지 지원과 연계되어 있기 때문에 금년안으로 완료되기 어렵다. 또한 일본이 이번 11일 결정에 '매우 유감스럽다'고 불만을 표했기 때문에 일본의 참여 여부는 아직도 미지수였다.

27) 『한겨레』 2008. 10. 13. 1.

28) 『한겨레』 2008. 10. 13. 3.

터 진행될 것으로 예상되었다.

북한과 미국이 합의한 검증의정서는 그간 미국이 요구해온 수준과 비교하면 검증의 강도를 대폭 완화한 타협의 산물이라 볼 수 있었다. 미국이 북한을 테러지원국 명단에서 해제한 것은 부시 대통령의 임기 말이라는 정치상황이 작용한 결과였다. 부시 행정부는 북한이 영변의 핵시설을 재가동해 지난 8년간 북핵 외교가 무위로 돌아가게 하는 것 보다, '미봉책'이라는 국내의 비판을 감수하고 북한과 협상을 통해 상황을 관리하는 것이 낫다는 정치적 고려를 했을 것이다.

북한도 영변 핵시설 단지 내 시료채취 및 국외 반출 조사 허용 등의 일정부분을 양보하면서 협상으로의 복귀를 선택한 것은, 부시 행정부 임기 내에 테러지원국 해제라는 성과를 얻어 낼 수 있는 마지막 기회로 본 것이었다.[29] 북한은 테러지원국 지정 문제를 미국의 대북 적대시 정책의 징표의 하나로 간주해 왔기 때문에 해제문제에 대단한 의미를 부여하여 왔다. 그러므로 북한으로서도 더 복잡해 질수 있는 검증문제를 부시 행정부와 협상을 통해 일단 마무리 짓고, 나머지는 미국의 차기 정부와 본격적으로 펼치겠다는 판단을 했을 것이다.

북한의 테러지원국 해제는 북미관계 정상화와 북한의 세계경제 편입을 위한 첫걸음이라는 의미가 큰 것이었다. 그러나 이로써 미국의 대북경제제재가 모두 풀린 것은 아니었다. 대북제재가 수출관리법 등 국내법과 유엔안보리 대북제재 결의안에 따라 복합적으로 중복 적용되고 있기 때문이었다.

북한과 미국이 핵 검증과 테러지원국 문제에 합의함으로써 북한의 비핵화에 한 발 더 다가섰다고 볼 수 있었다. 북한 핵시설 불능화가

---

29) 『중앙일보』 2008. 10. 13. 6.

완료되면 일단 추가적인 플루토늄 추출가능성은 그 만큼 줄어들게 되는 것이었다. 물론 완전 핵 폐기까지 갈 길은 멀고도 험하지만 분명히 성과가 있었음은 인정하여야 했다.

제6차 3단계 6자회담 수석대표회의 12월 8일부터 11일까지 베이징에서 개최되었다. 북핵 6자회담 의장국인 중국은 11일 회담을 종료하면서 채택한 의장성명을 발표하였다. 여기에서 "참가국들은 한반도의 검증가능한 비핵화를 명시한 9.19공동성명에 대해 재확인하였으며 검증조건에 대한 합의를 향해 이뤄진 진전을 평가했다"고 하였다. 그러나 이 회담의 가장 중요한 의제였던 검정의정서 논의에 대해서는 언급하지 않았고, 다음 6자회담을 조속히 개최하는 데 합의했다고 밝혔지만 정확한 일정을 명시하지 못하였다.

Ⅳ. 제2차 핵실험과 6자회담의 중단

1. 장거리 로켓발사와 제2차 핵실험

6자회담은 2008년 12월 북핵문제에 대한 검증의정서 체결에 실패한 이후 중단되었다. 의정서 체결이 시료채취를 포함한 과학적 검증절차에 대한 북한 측의 거부로 무산된 것이었다. 북한은 더 이상 부시행정부와 합의를 진행시킬 필요를 느끼지 않았다. 미국과 핵문제에 대하여 다시 시작하여 더 큰 양보를 받아내려 했을 것이다. 김정일은 뇌졸중으로 쓰러졌다가 건강이 어느 회복되자, 김정은 후계체제 구축에 집중하는 모습을 보였다.

북한은 2009년 1월 오바마(Barack Obama) 행정부가 출범하자 북핵문제의 외교적 해결에 대한 새로운 희망을 가졌다. 그러나 예상과는 달리 오바마 행정부는 대북정책에 대한 신중한 태도를 보이면서 '선의의 무시'정책을 펼쳤다. 한편 제6차 3단계 6자회담 종료이후 북핵 불능화에 대한 보상으로 일본이 제공해야 하는 20만톤의 중유지원도 시작되지 않았고, 한국정부 역시 5.5만톤의 제공을 보류하였다는데 미국도 이 문제 해결에 적극적으로 나서지 않았다.

북한은 2009년 4월 5일 인공위성발사를 명분30)으로 사실상 장거리 로켓 시험발사를 하였다. 이에 대하여 유엔안보리가 대북 비난 의장성명을 만장일치로 채택하자 북한은 6자회담 불참, 핵불능화 작업중지 및 시설복구를 선언하고, 4월 20일 IAEA 사찰단과 미국의 핵불능화 팀을 모두 추방하였다. 또한 북한기업을 제재대상으로 확정하는 날 핵재처리작업에 돌입했다고 선언하기도 하였다. 북한은 2009년 4월 29일 유엔안보리가 사죄하지 않을 경우 추가적인 핵실험과 대륙간 탄도미사일발사시험을 한다고 공언했다.

북한의 중앙통신은 2009년 5월 25일 "공화국의 자위적 핵억제력을 백방으로 강화하기 위한 조치의 일환으로 주체98년 5월 25일 또 한 차례의 지하 핵시험을 진행하였다"고 발표했다. 또한 "이번 핵시험은 폭발력과 조종기술에 있어서 새로운 높은 단계에서 안전하게 진행됐다"고 주장했다. 미국 국가 정보국도 북한의 제2차 핵실험을 공식 인정하였다. 제2차 핵실험의 지진 규모 측정치로 볼 때 추정 폭발력은 제1차 핵실험에 비해 몇 배 강한 kT으로 추정하였다. 북한이 핵실험 이전 폐연로봉의 재처리를 통해 상당량의 플루토늄을 확보했을 것으로 추정한 바 이를 사용했을 것으로 추측하였다.31)

---

30) 북한의 조선우주공간기술위원회는 2월 24일 '시험통신위성'인 광명성 2호를 운반로켓 '은하2호'로 발사하기 위한 준비를 진행중이라고 밝힌바 있다.
31) 김동수·안진수·이동훈·전은주, 『2013년 북한 핵프로그램 및 능력평가』KINU 정책연구시리즈 13-11, 통일연구원, 2013, pp. 61-62.

북한은 5월 29일자 외무성 담화를 통해 '이번 진행된 핵실험이 지구상에서 2,054번째 핵실험'이라 하면서, 그동안 진행된 거의 모든 핵실험은 유엔안보리 5개 상임이사국에서 하였다. 이는 핵실험이 자위적 조치라는 것을 강조한 것으로, 다음과 같은 북한의 평가에서도 알 수 있다. 즉, 핵실험의 성공은 "우리 조국을 그 누구도 감히 건드릴 수 없는 강국으로 기어이 일떠세우시려는 경애하는 장군님의 무한한 조국애가 빛나는 결실이었다. 그래서 어느 누구도 감히 우리 민족의 운명을 롱락하려 들지 못하게 되었고 우리는 명실공히 강력한 나라, 강력한 민족이 되었다"고 하였다.32)

북한의 제2차 핵실험에 대해 유엔은 2009년 6월 12일 전체회의를 열어 안보리결의안 1874호를 채택하였다. 결의안 1874호는 "조선민주주의인민공화국이 2009년 5월 25일 1781호를 위반하여 핵한 핵실험과, 동 핵실험이 핵확산금지조약(NPT)과 2010년 NPT 평가회의를 앞두고 범세계적 핵무기 비확산 체제를 강화해 나가기 위한 국제사회의 노력에 대한 도전이며, 역내외의 평화와 안정에 야기하는 위험"이라고 하였다. 이 결의안에는 2006년 북한 핵실험 이후 채택된 1781호에 몇 가지 조항을 추가하였다. 북한내 모든 무기관련 물자의 대외 이전·수출 금지, 금지물품을 적재하고 있는 근거가 있을 시 자국 영토내에서 북한 행·발 화물 검색 등을 할 수 있고 대량살상무기나 미사일 프로그램에 기여하는 금융·자산·재원을 동결하거나 거래중지할 수 있다. 여기에 무상지원, 금융지원, 양허성 차관의 신규 계약금지 및 기존계약 감축노력이 포함되었다.

북한은 유엔 안보리결의안이 채택되자 2009년 6월 13일 외무성을

---

32) 『위인 김정일』, 평양: 외국문출판사, 2012, p. 310.

통해 우라늄 농축프로그램 존재를 밝혔다.33) 경수로발전소건설을 결정하고 핵연료를 자체로 생산하기 위한 기술개발을 시작할 것을 선언한 것이다. 북한이 유엔주재 상임대표 명의로 9월 3일 유엔 안보리에 편지를 보냈다. 북한의 중앙통신은 4일 그 내용을 공개하였다. 그 내용은 '한반도 비핵화와 세계의 비핵화 그 자체를 부정한 적이 없다'는 것과 이미 밝힌 바와 같이 '우라늄 농축시험이 성공적으로 진행돼 마무리 단계에 들어섰다'는 것, 그리고 '폐연료봉의 재처리가 마감단계에서 마무리되고 있으며 추출된 플루토늄이 무기화되고 있다'는 것이었다.

2. 우라늄 농축프로그램(UPE)의 공개

이명박 대통령은 2009년 9월 21일 코리아소사어티, 전미외교협회(CFR), 아시아소사어티 공동주최 연설을 통해 북한 핵문제의 근본적 해결을 위한 접근방법으로 '그랜드 바겐(일괄타결방안)'을 제안하였다. 이 구상은 '비핵·개방·3000'을 기본으로 연장선상에서 북한 핵문제 해결을 위한 방안을 담고 있다. 주요내용은 다음과 같다. ① 6자회담을 통해 북핵 프로그램의 핵심 부분 폐기와 동시에 북한에 대해 확실한 안전보장과 국제지원, ② 북핵 폐기의 종착점에 대한 명확한 합의를 토대로 한국과 미국, 일본, 중국, 러시아 등 5개국 간의 협의를 통해 구체적인 행동 방안을 마련하여 추진, ③ 그랜드 바겐은 핵 포기 결단을 확실히 보여주는 북핵 프로그램의 핵심부분의 폐기를 포함하고 있다.

김정일은 2009년 10월 4일 방북한 중국의 원자바오 총리와의 회동에서 '한반도의 비핵화는 김일성 주석의 유훈이며, 북한은 한반도의

---

33) "우라니움농축작업에 착수한다. 자체의 경수로 건설이 착수된데 따라 핵연료 보장을 위한 기술개발이 성과적으로 진행되어 시험단계에 들어섰다"고 하였다.

비핵화를 실현한다는 목표를 위해 노력한다는 것에는 변화가 없다"는 것과 "북미양자회담을 통하여 북미관계가 반드시 평화관계로 바뀌어야 하며, 북미회담 상황을 지켜보며 6자회담을 포함한 다자회담을 진행하길 원한다"는 입장을 밝혔다.

11월 19일 오바마 대통령이 한국을 방문하여 정상회담을 갖고, 보즈워즈(Stephen W. Bosworth) 대북정책 특별대표가 12월 8일 평양을 방문할 것이라고 발표하였다. 이 발표대로 보즈워즈가 평양을 방문했고 오바마 행정부가 들어서서 처음으로 공식적인 북미협상이 시작되었다. 그 결과 북한과 미국은 9.19공동성명의 이행지속과 6자회담 재개의 필요성에 공동이해에 도달하였다.

2010년 초 북한이 대남관계에서도 개선의지를 피력하는 등의 의지를 보였다. 그러나 3월 26일 북한의 천안함 사건과 11월 23일 연평도 포격도발로 남북관계는 최악의 상황에 빠져들었다. 한편 2010년에 들어서 계속해서 핵 억제력를 강화해 나가겠다고 공언해 온 북한이 G20 회의가 진행중이던 때에 미국의 핵과학자인 헤커(Siegfried Hecker) 스탠퍼드대 국제안보협력센터 소장을 초청해 영변의 우라늄 농축시설을 공개하였다.[34] 그동안 우라늄 농축프로그램 존재자체를 부인하다가 2009년에 우라늄 농축작업에 착수한다고 발표하였는데, 이번에는 실제 우라늄 농축시설을 미과학자를 통하여 자발적으로 공개한 것이었다. 여기에서 실험용 경수로 개발사실도 알리면서 우라늄 농축프로그램에

---

34) 북한관계자는 헤커일행에게 원심분리기 1,000여기를 공개하면서 이미 2,000여기가 가동중이라고 밝혔다. 북한은 플루토늄에 의한 핵개발뿐만 아니라 우라늄 핵무기까지 개발할 수 있는 능력을 보유하고 있음을 과시하면서 한국과 미국 등 국제사회를 압박하고 나선 것이다. 헤커가 귀국 보고서에서 북한은 25~30MW 규모의 실험용 경수로 초기 건설단계에 있으며, 연료제조공장안에 2,000개의 원심분리기를 설치한 초현대적인 소규모 산업용 우라늄 농축시설을 새로 만들었다고 하였다. 권태영·노훈·박휘락·문장렬 공저, 『북한 핵·미사일, 위협과 대응』, 성남: 북코리아, 2014, p. 137.

대한 명분도 쌓고, 이는 비핵화협상의 대상이 아니라는 것에 대한 간접적 의사표명이었다. 제2차 핵실험 이후 유엔 안보리 대북결의 1874호에 따라 미국이 제재와 압력을 지속하자, 북한은 2010년 11월 우라늄 농축프로그램을 공개하고 오바마의 '핵무기 없는 세계 구현'에 정면으로 도전하고 나섰다.

북한이 핵실험을 통해서 플루토늄을 원료로 한 핵무기 성능을 개량하고, 2010년 11월 우라늄 농축방식의 새로운 핵 프로그램을 공개함으로써 6자회담의 추진력은 급격히 떨어졌다. 그리고 연평도 포격도발 이후 한국과 미국의 11월 28일부터 서해에서 미국 항공모함 조지워싱턴호가 참여한 대대적인 군사훈련 거행 문제로 중국은 예민한 반응을 보였다.

3. 김정은 체제 이전 국제사회의 6자회담 재개노력

국제사회의 제재와 압력에도 불구하고 북한의 핵능력이 향상되는 징후를 보이자 6자회담 개최국인 중국이 나섰다. 당시에 6자회담 재개를 위해서 가장 적극적으로 움직이는 나라는 중국이었다. 중국은 북한이 6자회담 참가를 거부할 때는 북한을 설득하고, 북한의 조건 없는 6자회담 재개 주장에 한미가 미온적일 때는 한미를 설득하는 적극적 중재자 역할을 수행하였다. 2011년 1월 19일 워싱턴에서 미중 정상회담이 개최되었다. 미국과 중국은 여기에서 협력관계를 복원하면서 한반도 긴장고조에 대한 우려를 표명하고, 남북대화가 필수적인 조치라는 데 의견을 모았다. 또한 북한의 우라늄 농축프로그램에 우려를 표명하고 6자회담의 재개를 위해 필요한 조치를 취할 것에 합의하였다.

한편 2011년 3월 러시아의 6자회담 대표인 알렉세이 보르다브킨

외무차관이 평양을 방문하여, 9.19공동선언에 입각하여 무조건 6자회담 복귀, 핵물질 생산 및 미사일과 핵실험 중단, 우라늄 농축프로그램 조사 및 6자회담 안건포함 등의 의사를 표명하였다. 이명박 대통령은 베를린에서 메르켈 독일총리와 정상회담을 가진 뒤 한독정상회담 공동회견에서 "북한이 진정하고 확고하게 핵을 포기하겠다는 의견을 국제사회와 합의한다면 2012년 제2차 핵정상회의에 김정일 국방위원장을 초대하겠다"는 의사를 밝혔다.

이러한 상황에서 미국은 남북간의 접촉을 촉구하였다. 결국 7월 22일 발리의 아세안지역안보포럼(ARF)에서 남북한 6자회담 수석대표간에 비핵화회담이 열렸고, 외무장관간의 비공식 접촉도 이루어졌다. 8월 24일에는 러시아에서 북러 정상회담이 개최되었다. 이 자리에서 가스관 연결 등 경협을 논의하고 조건없는 6자회담 재개를 밝혔다. 메드베데프 대통령이 북한이 주장해온 조건없는 6자회담 재개를 지지하자, 김정일은 6자회담이 재개되면 북한은 '핵물질 생산과 핵실험의 잠정 중단' 용의를 밝혔다. 김정일은 귀국길에 중국을 들러 다시 '조건 없는 6자회담 재개'를 재확인하였다.

한편 북미간 고위급 회동이 뉴욕에서 7월에 이루어 졌다. 이 자리에서 양측은 상대방의 주장을 확인하고 헤어졌다. 즉, 미국 측은 우라늄 농축프로그램 중지를 요구하였고, 북한 측은 대북제재 중지와 이미 3년 전에 공약했던 50만톤의 식량 중 나머지 33만톤 제공을 주장하였다. 그리고 10월 24일과 25일 스위스 제네바에서 보즈워스 특별대표와 김계관 외무성 제1부상을 대표로 하는 제2차 북미고위급회담이 개최되었다. 북한은 조건없는 6자회담 재개를 주장했고, 미국은 6자회담 재개를 위한 사전조치로 우라늄 농축프로그램 중단과 IAEA 사찰단 복귀, 대량살상무기 모라토리엄 선언 등을 주장하였다. 이에 대한 논의는 계속 이어질 것이고 절충점이 마련될 것으로 보였다. 제3차 북미 고위급회담이 12월 22일 중국의 베이징에서 열릴 예정이었으나, 김정일의 사망으로 무산되었다. 실제로 여기에서 '대북식량지원(영양지원)과 우라늄 농축프로그램 중단'을 사전 논의하고, 6자회담의 새로운 전기를 마련하려고 하였다.

제 4 장

김정은 시대의 핵문제

Ⅰ. '2.29 북미합의'와 장거리 로켓발사

1994년 카터 전 미국대통령의 방북으로 제3차 북미고위급회담을 성사시켰으나, 7월 8일 김일성이 사망하면서 회담이 단절된 예가 있었다. 그러나 추모기간이 지난 후에 북미고위급회담은 바로 재개되었고, 10월에는 '북미제네바합의'를 이루어냈다. 2011년 12월에 예정되었던 제3차 북미고위급회담이 이번에는 김정일의 사망으로 결렬되었는데, 역시 2012년 2월 23일과 24일 베이징에서 재개되었다. 북미양국은 상호간 신뢰조성과 한반도 평화안정, 6자회담 재개 등을 위한 조치에 합의하고 2월 29일 양국이 각자 이 사항을 발표하였다. 김정은은 북한의 100일 애도기간에도 불구하고 미국과 협의를 재개함으로써 대미관계 개선의지를 보여주었다. '2.29 북미합의'에는 영변에서 진행 중인 우라늄 농축활동중단, 국제원자력기구가 이를 감시, 장거리 미사일발사와 핵실험 유예, 미국의 24만 톤 영양식품 제공, 추가적 인도적 지원 가능을 포함하고 있었다. 이는 6자회담 재개를 위한 기초를 마련한 것으로 평가할 수 있었다.

북한은 2012년 4월 11일 제4차 당대표자회와 4월 13일 제12기 제5차 최고인민회의를 기점으로 김정은은 로동당 제1비서, 국방위원회 제1위원장, 당중앙군사위원회 위원장, 정치국 상무위원, 인민군 최고사령관 등 당, 정, 군의 최고 직책에 추대되었다. 새로운 북한의 헌법 서문에 "우리의 조국을 불패의 정치사상강국, 핵보유국, 무적의 군사강국으로 전변시키였으며 강성대국건설의 휘황한 대통로를 열어놓으시었다"라는 김정일 업적을 칭송하였다. 이렇게 김정은 체제의 공식적인 출범과 함께 무언가 상징적으로 내세울 것을 찾았고, 이것은 4월 13

일에 단행한 '광명성 3호'라는 장거리 로켓발사였다.

북한으로서 장거리 로켓발사는 여러 가지의 의미를 가지는 것이었다. 일단 공식적인 김정은 체제가 출범하면서 국내외에 위상을 보여주려는 것이었고, 김일성 탄생 100주년을 기념하여 '강성대국완성'이라는 의미도 담겨있었다. 그러나 이것은 발사 2분 15초만에 추락하면서 실패로 끝나고 말았다. 북한의 조선중앙통신은 '광명성 3호 로켓발사가 평양북도 철산군 서해 위성발사장에서 진행되었으나 성공하지 못했다'고 보도하였다. 북한은 바로 발사 실패를 시인한 것이다.

4월 16일 유엔안보리는 북한의 장거리 로켓발사를 강력 규탄하는 의장성명을 채택하였다. 이에 북한은 유엔안보리 의장성명에 반발하면서, 제3차 북미합의(2.29합의)의 공적적인 파기를 선언하였다. 어찌 보면 이것은 북한의 예정된 수순이었는지도 모른다. 김정일 사망 후 일단 북미고위급 회담을 성사시킴으로써 급한 불은 피하고 보자는 속셈이었고, 국제사회에 김정은의 존재를 각인시키려했던 것이었다. 그리고 장거리 로켓발사를 성공시킴으로써 체제의 강인함을 보려주려고 하였다.

장거리 로켓발사의 실패는 김정은에게 큰 충격을 주었다. 첫 번째의 중대한 시도가 물거품이 되면서 그의 위상에도 흠집이 생겼고, 이를 만회하기 위하여 2012년이 가기 전에 다시 한번 발사를 준비하였다. 12월 1일 북한의 '조선우주공간기술위원회'에서 12월 10일에서 22일사이에 '은하3호(광명성3호 2호기)' 발사를 계획한다고 알렸다.

북한에서는 2012년 12월 12일에 광명성 3호 2호기를 '은하 3호'라는 장거리 로켓으로 발사하여 궤도에 진입시키는데 성공했다고 발표했다. 북한의 조선중앙통신사는 "광명성-3호 2호기의 완전성공은 우리 당의 과학기술중시정책의 자랑찬 결실이며 자주적인 평화적우주리용권리를 당당히 행사하여 나라의 과학기술과 경제를 발전시키는데서 획기

적인 사변으로 된다"고 보도하였다.1) 로켓발사 후 북한 당국은 전국적
으로 '위성발사 성공기념 강연회'를 개최하였다. 이를 통해 김정은이
위성 발사를 직접 지휘해 김정일 유훈을 관철시켰다고 주장하였다.
2013년 신년사에서 이를 "우리의 미더운 과학자, 기술자들은 인공지구
위성 <광명성-3>호 2호기를 성과적으로 발사하여 위대한 장군님 유
훈을 빛나게 관철하고 주체주선의 우주과학기술과 종합적 국력을 힘있
게 과시하였습니다"라고 하였다. 유엔 안보리는 위성발사 42일 만인
2013년 1월 22일 대북제재 결의안 2087호를 채택하였다. 이는 2006
년 1차 핵실험시 1718호, 2009년 제2차 핵실험 때의 1874호에 이는
세 번째 유엔안보리의 대북제재로 이전 보다 재제의 범위가 확대된
것이었다.

Ⅱ. 제3차 핵실험과 핵무력·경제건설 병진노선

1. 제3차 핵실험

2013년 2월 12일 함경북도 길주에서 제3차 핵실험을 단행하였다.
북한은 지하 핵실험 직후 조선중앙통신 2월 12일에 <제3차 지하핵시
험을 성공적으로 진행>을 통하여, "폭발력이 크면서도 소형화, 경량화
된 원자탄 사용", "다종화된 우리 핵억제력의 우수한 성능", "주위 생
태환경에 그 어떤 부정적 영향도 주지 않음"을 강조하였다. 이는 핵탄
두의 소형화와 경량화의 성공과 기존의 플루토늄이 아닌 다른 종류(우
라늄 농축프로그램)의 사용을 암시한 것이었다. 북한의 제1, 2차 핵실험

---

1) 『로동신문』 2012. 12. 14. 1.

은 플루토늄을 사용하였다. 북한은 일단 플루토늄 프로그램을 통해 핵무기 개발을 해왔고, 우라늄 농축프로그램 경로를 통한 핵개발은 확실하게 규명되지 않은 상태이다.[2]

핵실험 사용 핵물질은 <그림 4-1>에서 보는 바와 같이 같다. 북한의 상황이나 환경을 고려하였을 때 북한이 농축우라늄을 확보하고 이를 사용했을 가능성도 컸다. 이렇듯 제3차 핵실험은 플루토늄보다는 농축우라늄을 사용했을 가능성에 더 무게를 두고 있었다. 그러나 북한은 영변 원자로 재처리시설을 활용하여 플루토늄을 지속적으로 추출하

<그림 4-1> 북한의 핵 연료 주기

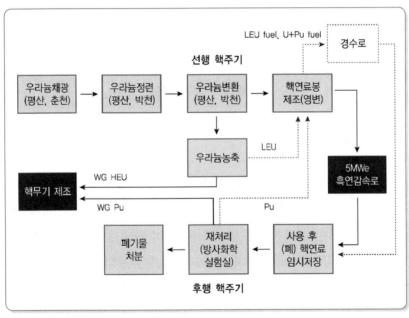

출처: 권태영·노훈·박휘락·문장렬 공저, 『북한 핵·미사일, 위협과 대응』, 성남: 북코리아, 2014, p. 138.

---

2) 권태영·노훈·박휘락·문장렬 공저, 『북한 핵·미사일, 위협과 대응』, 성남: 북코리아, 2014, pp. 138-139.

여 확보한 것으로 알려져, 플루토늄 기반의 핵실험을 했을 가능성도 여전히 존재하였다.3)

북한은 외무성 담화에서 제3차 핵실험이 미국의 적대행위에 대한 단호한 조치임을 강조하였다. 핵실험 이후 로동신문에서는 "우리 식의 정밀 핵 타격 수단으로 워싱턴과 서울을 비롯한 침략의 아성을 적들의 최후무덤으로 만들어야 한다"4)고 하면서, 핵 협박 공세를 강화하였다. 유엔 안보리는 3월 7일 대북제재결의안 2094호를 만장일치로 채택하였다.

북한의 제3차 핵실험의 의도는 핵보유국으로 인정받기 위한 수단이며 대미압박, 김정일의 유훈실현으로 김정은의 정당성확보, 남북관계 우위 확보 등을 생각해 볼 수 있다. 이후 김정은이 '전쟁불사' 등을 외치면서 준전시상태로 몰아간 것을 보면 인민들에게 전쟁공포를 주고 이를 내부 결속을 강화하기 대내 통치수단으로 활용한 면이 있다. 대미전략 측면에서 보면 과거의 '협상을 통한 확산'에서 '확산을 통한 협상'으로 전략이 바뀌었음을 의미한다. 협상에 치중하고 안되면 도발하는 것이 아니라, 이제는 핵우산을 우선 최대화하고 핵능력을 극대화한 연후에 협상을 선택하겠다는 공세적인 대미전략으로 변화를 의미한다.5) 북한은 확보한 핵능력을 토대로 미국에 대해 북미쌍방 핵군축회담을 제의할 수도 있다. 이것은 아래에서 제시한 '4.1핵보유법령' 제9조에서도 유추해 볼 수 있다.

북한의 제3차 핵실험은 남한에 박근혜 정부가 출범하기 2주전이었

---

3) 김동수·안진수·이동훈·전은주, 『2013년 북한 핵프로그램 및 능력평가』 KINU 정책 연구시리즈 13-11, 통일연구원, 2013, p. 72.

4) 『로동신문』 2013. 03. 07.

5) 김근식, "3차핵실험과 북한의 대외전략변화," 『입법과 정책』 제5권 제1호, 2013, p. 173.

다. 박근혜 정부의 '한반도 신뢰프로세스'는 '튼튼한 안보를 바탕으로 남북한이 신뢰형성을 함으로써 한반도 평화정착'을 시킨다는 것이었다. 국가안보에 빈틈을 주지 않으면서 대북억지력을 강화하고, 북한이 핵을 정치군사적으로 무기화할 동기를 약화시키고 협상에 응할 가능성을 높인다는 것이었다. 그런데 '한반도 신뢰프로세스'가 후술할 김정은 체제의 '병진정책'과 상충된다는 데 문제가 있다. 북한은 한반도 신뢰프로세스를 '대결을 전제로 신뢰의 병풍'을 친다하면서, 자신들의 핵개발 행위를 정당화하였다.

2. '4.1자위적 핵보유국' 법령

핵실험 이후 3월 31일 당중앙위원회 전원회의에서는 김정은 시대 새로운 전략노선으로 '핵무력건설과 경제건설 병진노선'을 채택하였다. 여기에서 "자위적인 핵보유를 영구화하고 그에 토대하여 경제강국건설에서 결정적승리를 이룩해가자"고 하였다. 그는 "정밀화, 소형화된 핵무기들과 그 운반수단들을 더 많이 만들며 핵무기기술을 끊임없이 발달시켜 보다 위력하고 발전된 핵무기들을 적극 개발하여야 합니다"라고 했다. 전원회의는 병진노선을 관철하기 위한 12개의 과업과 방도를 제시했다. 여기에는 '사회주의 강성국가 건설', '경제력 건설과 인민생활 향상', '핵동력 공업을 발전과 경수로 개발사업으로 추진 전력문제 해결'과 '우주과학기술 발전 박차를 가하여 통신위성 등 발사', '핵보유 법적 고착' 등을 포함하고 있었다.

4월 1일 최고인민회의 제12기 7차회의에서는 '금수산태양궁전법', '우주개발법', '자위적 핵보유국'의 법령으로 채택하였다. 북한은 우주활동을 통일적으로 지도관리하기 위한 '우주개발법'을 채택하였다. 이법에서는 우주개발을 총괄하는 중앙지도기관인 우주개발국을 설립하기로 결정하면서, 북한이 '당당한 인공위성제작 및 발사국'임을 강조하였다. 이는 '인공위성' 발사를 계속할 것임을 천명한 것이었다.

최고인민회의에서 제정한 법령 중 가장 중요한 것은 '자위적 핵보유국의 지위를 더욱 공고히할데 대하여'라는 것이었다. 이 법령에서 '그 어떤 침략세력도 일격에 물리칠 수 있는 핵보유국'임을 천명하고 10개항을 결정하였는데, 그 내용은 다음과 같다. ① 북한의 "핵무기는 우리 공화국에 대한 미국의 지속적으로 가중되는 적대시 정책과 핵위협에 대처하여 부득이 하게 갖추게된 정당방위수단이다", ② 북한의 "핵무력은 세계의 비핵화가 실현될 때까지 우리 공화국에 대한 침략과 고역을 억제, 격퇴하고 침략의 본거지들에 대한 섬멸적인 보복타격을 가하는데 복무한다", ③ 북한은 "가중되는 적대세력의 침략과 공중위험의 엄중성에 대비하여 핵억제력과 핵보복타격력을 질량적으로 강화하기 위한 실제적인 대책을 세운다", ④ 북한의 "핵무기는 적대적인 다른 핵보유국이 우리 공화국을 침략하거나 공격하는 경우 그를 격퇴하고 보복타격을 가하기 위하여 조선인민군사령관의 최종명령에 의해서만 사용할 수 있다", ⑤ 북한은 "적대적인 핵보유국과 야합하여 우리 공화국을 반대하는 침략이나 공격행위에 가담하지 않는 한 비핵국가들에 대하여 핵무기를 사용하거나 핵무기로 위협하지 않는다", ⑥ 북한은 "핵무기의 안전한 보관관리, 핵시험의 안전성보장과 관련한 규정들을 엄격히 준수한다", ⑦ 북한은 "핵무기나 그 기술, 무기급 핵물질이 비법적으로 누출되지 않도록 철저히 담보하기 위한 보관관리체계와 질서를 세운다", ⑧ 북한은 "적대적인 핵보유국들과의 관계가 해소되는데따라 호상존중과 평등의 원칙에서 핵전파방지와 핵물질의 안전한 관리를 위한 국제적인 노력에 협조한다", ⑨ 북한은 "핵전쟁위험을 해소하고 궁극적으로 핵무기가 없는 세계를 건설하기 위하여 투쟁하며 핵군비경쟁을 반대하고 핵군축을 위한 국제적인 노력을 적극 지지한다", ⑩ "해당기관들은 이 법령을 집행하기 위한 실무적 대책을 철저히 세울 것이다". 이상은 핵은 절대 포기할 수 없지만 방어적 목적으로만 사용할 것이며 최대한으로 안전하게 관리하겠다는 메시지를 담고 있다.6)

이 같은 법의 제정을 통하여 핵보유를 기정사실화한 북한은 4월 4일 인민군 총참모부 대변인 담화를 통해 "지속적으로 가중되는 미국의 대조선 적대시 정책과 분별없는 핵위협은 소량화, 경량화, 다종화된 우리 식의 핵타격 수단으로 여지없이 부셔버리게 될것"이라고 주장하였다. 김정은 체제에서는 핵무기 보유를 통해 국제사회의 협상력을 강화하려는 정치적 목적과 핵무기 위협을 강화하는 군사전략적 목적 달성을 추구하고 있다. 이를 위해 핵탄두를 탄도미사일에 탑재, 사거리 범위까지 날려 보내기 위한 소형화·경량화가 필수적이다. 그러므로 추가적인 핵실험을 통해 소형핵무기 기술을 개발하여 국제사회에 과시할 가능성이 크다.7)

Ⅲ. 김정은 체제의 핵개발 정책

1. 핵보유국 천명

북한은 김정은 체제가 공식적으로 출범하면서 개정 헌법의 전문에

---

6) 전성훈, "김정은 정권의 경제·핵무력 병진노선과 '4.1핵보유 법령'," 『Online Series』 CO 13-11. 통일연구원. 2013. p. 4.
7) 김동수·안진수·이동훈·전은주, 앞의 책, p. 86.

'핵보유국'을 명시하고, 제3차 핵실험을 강행하였다. 당중앙위원회 전원회의가 제기한 '핵무력 건설과 경제건설 병진노선'은 최고인민회의에서 '자위적 핵보유국의 지위를 더욱 공고히 할 데 대하여'라는 법령으로 제정하였다. 이 법령에 '세계의 비핵화가 실현될 때까지' 핵무기를 보유할 것과 '핵억지력과 핵보복타격력을 질량적으로 강화'한다 하고 있다. 또한 '유일영도체계 10대원칙'에서도 '핵보유'와 '핵무력'을 명시하고 있다. 이러한 것을 보면 김정은 체제에서는 확실하게 핵보유국임을 천명하고 이를 바탕으로 대내외정책을 펼쳐나가겠다는 것이다.

김정은 시대의 핵전략은 김정일과 동일한 면과 상이한 면 양자를 가지고 있다. 동일한 것은 자신들의 핵개발이 미국의 '핵전쟁 위협'때문이라고 강변해온 부분이다. 이는 김정은이 2013년 3월 전원회의에서 "우리의 핵억제력은 나라와 민족의 자주권을 지키며 전쟁을 막고 평화를 수호하기 위한 정의의 수단입니다"라는 연설의 내용에서도 알수 있다. 그러나 다른 면은 상술한 바와 같이 이미 '핵보유국'임을 천명하였기 때문에, 미국과의 협상 테이블에서도 핵군축을 주장하려 할 것이다. 이제 미국과의 협상을 개최하려는 이유는 자신들의 핵능력이 상당히 발전되어 협상에서 유리한 위치를 점할 수 있다고 판단하기 때문이다. 이러한 것은 "핵 강국의 존엄과 위력으로 대외활동을 심도 있게 벌려 우리 당의 국제적 지위를 더욱 높이고 자주적대를 철저히 세우면서 강성국가건설을 힘있게 추동할 수 있는 대외적조건과 환경을 마련하였습니다"라는 그의 전원회의 연설 내용으로도 유추 해석할 수 있다.

2. 증폭핵무기 개발

병진노선 제기와 핵보유국 법령화가 이루어진 즈음인 4월 2일 '조선중앙통신'은 '원자력총국이 영변의 모든 핵시설 및 가동중지 되었던 5MW 흑연감속원자로를 재가동 한다고 밝혔다'고 보도하였다. 이 보도가 나오자 북한이 원자로 가동을 통해 플루토늄 생산, 회담용 협상카드 준비 등의 다각도 분석을 하였다. 그러나 북한의 이러한 상황을 핵개발의 심화로 해석하는 연구가 있었다. 즉, 단순히 핵물질 보유량을 증가시키기 위해 재가동했다는 것은 설득력이 떨어진다고 하였다. 여기에서 제기하고 있는 것이 증폭핵무기인데 핵무기 구조를 최소화하면서 중수소와 삼중수소의 혼합가스를 핵분열 물질 안에 넣어주는 것만으로 핵폭발 시 중성자의 발생을 폭발적으로 증가시킨다는 것이다.[8] 북한은 증폭핵무기를 위해 원자로를 재가동시켰을 것이라 했다. 즉, '핵위력의 증강이 요구되고 이를 위해서 반드시 삼중수소의 확보가 필요한데 거의 유일하게 이를 대량으로 생산할 수 있는 시설이 5MW 흑연감속로'라 하면서, 단순히 플루토늄의 추가확보를 위한 재가동에 의구심을 표현하였다. 삼중수소확보를 위한 의도가 아니었더라도 북한 핵태세의 비약적인 향상과 핵전략의 전환을 동반할 수 있는 중요한 계기가 될 수 있다고 하였다.[9] 이는 김정은 시대의 핵개발 가속화가 증폭핵무기 개발로 갈수 있다는 것을 시사한 것이었다.

이 연구총서는 "증폭핵무기는 수소폭탄[10]으로 가기 위해 반드시 거

---

8) 정영태 외, 『2013년 북한 핵프로그램 및 능력평가』 KINU 연구총서 14-11, 통일연구원, 2014, pp. 26-27.

9) 위의 책, 2014, p. 32.

10) 원자폭탄은 U-235, Pu-239 등의 핵물질을 순간적으로 임계질량 이상으로 만들어 연쇄 핵분열반응에서 나오는 에너지를 이용하는 반면, 수소폭탄은 원자폭탄을 기폭장치

쳐 가야 할 관문이며 발판"이라며, 핵보유국을 주장하며 핵능력 발전
에 총력을 기울이고 북한이 "증폭기술을 사용할 경우 현재의 기술 수
준에서 2~5배 이상의 핵폭발 위력을 달성할 수 있다고 하는 것은 매
우 매력적인 방안이 아닐 수 없고, 그렇기 때문에 당연히 증폭기술을
개발할 것이고 이 과정에서 삼중수소의 확보는 숙명적 과제"라고 하
였다.11) 일반적인 핵개발국의 수순이 "증폭핵무기를 개발하고 나서 수
소폭탄으로 이어진다고 하는 점을 고려하면, 북한도 언젠가 증폭핵무
기를 개발할 것이고 그 다음 수소폭탄의 개발을 위해서는 삼중수소를
확보해야만 할 것이다"고 하였다.12) 물론 이러한 연구가 북한의 핵개
발 능력을 과대평가해서 나온 결과가 아닌가하는 의구심을 자아내기도
하였지만, 가능성은 충분히 있는 것이었다.

3. '수폭실험'과 의미

김정은은 2015년 12월 개보수를 끝낸 평양 '평천혁명사적지'를 시
찰하면서, "우리 수령님께서 이곳에서 울리신 역사의 총성이 있었기에
오늘 우리 조국은 자위의 핵탄, 수소탄의 거대한 폭음을 울릴 수 있는
강대한 핵보유국으로 될 수 있었다"라고 발언했다고 로동신문이 보도
했다.13) 여기에서 수령님은 김일성이고 수소탄은 수소폭탄을 말하는
것이었다. 이에 대해 제프리 루이스 미국 비확산센터(CNS) 소장은
"북한이 삼중수소나 리튬6와 같은 물질을 이용해 기존 핵무기의 폭발

로 이용하며 원자폭탄이 폭발할 때 발생하는 열과 중성자로 핵융합환경을 만든 다음
중수소 또는 삼중수소의 핵융합반응을 유도하여 발생하는 다량의 에너지를 이용한다.
김동수·안진수·이동훈·전은주, 앞의 책, p. 130.
11) 정영태 외, 앞의 책, pp. 35-36.
12) 위의 책, p. 35.
13) 『로동신문』 2015. 12. 10.

력을 증강시키고 있을 가능성이 있다"고 말했고, 다른 전문가들은 이에 대해 북한이 단기간 내에 수소폭탄을 만들기보다는 기존 핵물질의 폭발력을 강화하는 데 쓰는 것으로 보인다는 것이 공통적인 의견이었다.

북한은 2016년 1월 6일 조선중앙TV를 통하여 "조선로동당의 전략적 결심에 따라 6일 오전 10시 주체 조선의 첫 수소탄 시험이 성공적으로 진행되었다"면서, "수소탄까지 보유한 핵보유국의 전열에 당당히 올라서게 되었다"고 밝혔다. 또한 "새롭게 개발된 시험용 수소탄의 기술적 제원들이 정확하다는 것이 완전히 확증되었으며 소형화된 수소탄의 위력을 과학적으로 해명했다"고 주장했다. 그러면서 "미국의 적대시 정책이 근절되지 않는 한 우리의 핵개발 중단이나 핵포기는 하늘이 무너져도 절대로 있을 수 없다"고 하였다. 이렇게 '수폭 실험'을 밝히면서도 '4.1핵보유 법령'에서 제시하고 있는 '선제 핵무기 사용과 기술이전'이 없을 것이라고 덧붙였다.

그동안 북한은 1, 2, 3차 핵실험을 하면서 외무성 성명을 통하여 핵실험을 한다고 예고하였으나 이때는 하지 않았다. 대신에 2015년 12월 15일 서명했다고 적힌 "력사적인 조선로동당 제7차대회가 열리는 승리와 영광의 해 2016년의 장엄한 서막을 첫 수소탄의 장쾌한 폭음으로 열어제낌으로써 온 세계가 주체의 핵강국 사회주의로선, 위대한 조선로동당을 우러러 보게 하라!"라는 김정은의 자필서를 공개하였다. 이는 핵실험이 김정은 자신에 의하여 주도된 철저하게 계획된 행위라는 것을 보여주려는 것이다.

북한은 제4차 핵실험이라 하지 않고, '첫수소탄 실험'이라 하고 있다. 여기에 대해 언론에 보도되고 있는 전문가들의 의견은 핵실험의 폭발력으로 볼 때, 수소폭탄 실험으로 보기 어렵다는 것이 중론이다. 미국의 한 연구원은 "수소폭탄 제조에 쓰이는 물질을 기존 핵폭탄의 폭발력을 늘리는데 사용한 것으로 보인다"[14]고 말하고 있다. 이춘근은 "북한은 수소폭탄 개발에 10여 년을 투자했다"며, "시간적으로 개발에 성공했을 수도 있고, 이번 실험으로 소형화에 한발 다가서게 됐다"고 평가 했다.[15] 여러 의견들을 종합해 볼 때 앞에서 설명한 '증폭핵무기'의 가능성은 충분하다고 볼 수 있다.

문제는 그것이 핵실험이든 북한의 주장과 같이 수폭실험이든 왜 이 시점에서 예고도 없이 단행했는가 이다. 여러 가지로 생각해 볼 수 있는데 먼저 김정은이 밝힌 2016년의 제7차 당대회의 서막을 울리자는 것으로 볼 때, 대내외적으로 당대회 분위기를 띠우려는 의도가 있다. 이는 김정은의 지도력을 부각하여 위상을 확고히 하고, 강성국가의 이미지를 인민들에게 심어주어 자부심을 갖게 하는 것이다. 물론 여기에는 북한의 지속적인 핵기술 고도화의 핵개발 일환이라는 성격도 내포되어 있다. 다음으로 미국을 향한 메시지로 볼 수 있는데, 이는 오바마 대통령의 '전략적 인내'에 대한 고강도 압박 전술과 차기 미국 행정부와 협상카드로 쓰려할 것이다. 또한 중국과의 관계부진에 대한 반발도 생각해 볼 수 있다. 그러나 이렇게 대내외적인 의미를 부여하면서도 분단된 우리의 반쪽에서 이러한 일이 벌어지고 있다는 것이다. 북핵문제 해결에 당사국은 우리라는 강한 의지가 필요하다.

Ⅳ. 한국과 국제사회의 대응

북핵문제를 해결하기 위한 6자회담은 2008년 12월 북핵문제에 대

---

14) 『한겨레』 2016. 01. 07. 3.
15) 『중앙일보』 2015. 01. 07. 3.

한 검증의정서 채결에 실패한 이래 중단되었고, 그후 국제사회는 6자
회담 재개를 위한 노력도 하였다. 특히 6자회담의 전기를 마련하기 위
해 2011년 12월 22일에 베이징에서 열기로 했던, 북한과 미국과의 회
담은 김정일의 사망으로 무산되었다. 김정은 체제가 완비되지 않았지
만 북미간에는 베이징에서 2012년 2월에 회담을 하고 2월 29일에 북
미간에는 신뢰조성과 한반도 평화안정, 6자회담 재개 등을 위한 조치
에 합의하였다고 양국에서 각자 발표가 있었다. 그러나 김정은 체제가
공식출범하면서 위성발사라는 장거리 로켓을 발사하였다. 결과적으로
실패하였지만 유엔 안보리는 의장성명을 채택하였고, 이에 반발하면서
'2.29합의'의 파기를 선언하였다. 그후 북한이 2012년 12월 장거리 로
켓발사와 2013년 2월 핵실험을 성공하자, 유엔 안보리를 계속해서 대
북제재가 범위를 확대시키면서 발동하였다.

　미국과 중국을 비롯한 국제사회는 '한반도 비핵화'를 계속 주장하지
만, 현실적으로 북한의 비핵화는 어려운 일이다. 북한의 핵능력 평가
를 연구한 결론에서 "한국을 비롯한 국제사회가 북핵 문제를 해결하
기 위하여 고민해야 할 것은 북한의 핵을 현재 상태로 동결할 것인가
에 대한 문제이다. 물론 북한의 미래의 핵을 동결한다는 것이 결코 비
핵화를 포기한다는 의미가 되어서는 안 될 것이다. 다만 현실적이고
전략적으로 사고했을 때 미래 핵의 동결을 주제로 북한과 협상해야
한다는 것을 의미한다"고 하고 있다.16) 이것은 북한의 핵문제 해결이
그만큼 어려워졌다는 것을 말해주고 있다. 6자회담이 재개되더라도 그
내용이 더욱 복잡해 질 것이라는 것을 의미한다.

　2015년 10월 13일부터 16일까지 미국의 워싱턴에서 한미정상회담

---

16) 김동수·안진수·이동훈·전은주, 앞의 책, p. 94.

이 있었다. 정상회담의 성과를 정리한 '공동설명서(Joint Fact Sheet)'
가 발표되고, 이와 별도로 '북한 관련 공동성명'도 발표되었다. 특히
공동성명은 북핵문제를 방치하지 않겠다는 강력한 의지를 확인하였다.
공동성명은 북핵의 '완전하고 검증 가능하며 돌이킬 수 없는 비핵화
(CVID)'가 여전히 유효하다고 확인하고, 북한의 김정은 체제가 추구하
고 있는 '핵무력 · 경제건설 병진노선'이 성공할 수 없음을 지적하였다.
한미양국은 중국을 포함한 관련국들과 북한 비핵화 협상재개를 위한
조율을 강화하는 한편, 북한에 대해서는 조속히 대화의 장으로 복귀할
것을 촉구했다. 공동성명에서 한국과 미국은 "대북적대시 정책을 갖고
있지 않으며, 비핵화라는 우리의 공동목표를 달성하기 위하여 북한과
의 대화에 열린 입장을 유지하고 있다"고 하여, 제재와 대화를 병행할
수 있다는 시사하였다.

2015년 11월 1일 한국 · 중국 · 일본의 3개국 정상이 3년반 만에
서울에서 정상회담을 열어 '동북아평화협력을 위한 정상선언'을 채택하
였다. 공동선언에는 "한반도에서의 핵무기 개발반대"와 "유엔 안보리
결의 및 9.19공동성명상의 국제적 의무 · 공약 충실이행"과 "6자회담
조속 재개위해 적극 노력"을 담았다. 그런데 이는 어찌 보면 종전의
주장을 되풀이하는 수준에 머물러 있다는 것이다. 특히 중국이 북한의
입장을 고려했기 때문인지, '북한 핵'이란 용어는 등장하지 않았다.

2016년 1월 6일 핵실험에 대해 유엔 안보리는 "북한의 핵실험은
기존 결의안의 명백한 위반이고, 국제평화와 안보를 위협하는 행위"라
하고, "안보리는 이미 북한이 추가 핵실험을 할 경우 '중대한 추가
(Further Signiflcant)'제재를 하기로 했었다"고 언론성명을 발표했다.
그러면서 새로운 결의안을 낼 것이라고 했다. 북한의 핵실험에 대해
그동안 강한 메시지를 전하지 않았던 중국은 외무성의 성명을 통해

"국제사회의 반대에도 불구하고 재차 핵실험을 한데 대해 중국은 결연히 반대한다"고 단호한 반응을 보였다. 그러나 동북아의 국제정치 지형을 고려할 때 중국이 북한에 강한 압박을 가하는 것은 쉽지 않다.

북한 핵문제를 해결하기 위하여 어떻게 해야 할 것인가? 혹자는 6자회담의 무용론을 주장하기도 하지만, 그래도 가장 현실적인 선택은 6자회담 재개를 통해 이를 해결해 가는 방법이다. 미국도 '전략적 인내'를 거두고 적극적으로 나서야 한다. 김정은이 오바마 다음 행정부까지 생각하게 만든다면 또 다시 북핵문제 협상은 지지부진해 질 것이다. 북핵문제의 가장 큰 당사자인 한국이 6자회담 재개를 위한 외교력 발휘해 지속적인 노력을 해야 한다. 6자회담을 우리가 주도할 수는 없지만, 주장을 담아낼 수 있는 고도의 전략을 만들어 가야 한다.

참/고/문/헌

[국내 문헌]

강명철. "일심단결의 정신은 우리의 대고조력사의 기본추동력," 『철학연구』 제1호(루계 제141호). 과학백과사전출판사. 2015.

강충희·류승일. 『영원히 인민과 함께』. 평양: 평양출판사. 2007.

강현재. "위대한 김정일동지의 혁명업적과 유훈은 우리가 영원히 틀어쥐고나가야 할 생명선이며 혁명의 만년재보," 『철학연구』 제3호(루계 제130호). 과학백과사전출판사. 2012.

고성준. "개혁·개방과 정치·경제체제의 변화," 고성준 외. 『전환기의 북한 사회주의』. 서울: 대왕사. 1992.

고성호. "북한 주민의 생활," 『북한의 이해 2009』. 통일부 통일교육원. 2009.

고영환. 『우리 민족제일주의론』. 평양: 평양출판사. 1989.

고유환. "북한 사회주의체제의 구조적 위기와 김정일정권의 진로," 『한국정치학회보』 제30집 2호. 한국정치학회. 1996.

곽승지. "김정은시대의 국가전략-변화양상과 전략적 함의," 북한연구학회 기획. 『김정은시대의 정치와 외교』. 파주: 한울아카데미. 2014.

권영경. "경제관리개선조치 이후 북한의 경제관리운용 실태에 관한 연구," 『북한연구학회보』 제13권 2호. 북한연구학회. 2009.

권태영·노훈·박휘락·문장렬 공저. 『북한 핵·미사일, 위협과 대응』. 성남: 북코리아. 2014.

김갑식. "김정은 정권의 출범과 정치적 과제," 『통일정책연구』 제21권 1호. 통일연구원. 2012.

김갑식. "김정은 정권의 수령제와 당·정·군 관계," 북한연구학회 기획. 『김정은시대의 정치와 외교』. 파주: 한울아카데미. 2014.

김갑식. "북한 최고인민회의 제13기 1차 회의 분석," 『이슈와 논점』 제

830호. 국회입법조사처. 2014.

김경철. "정력적인 전선시찰로 인민군대를 무적필승의 혁명강군으로 강화 발전시키신 위대한 령도," 『김일성종합대학학보(력사, 법률)』 제58권 제2호(루계 462호). 김일성종합대학출판사. 2012.

김경철. "수령, 당, 군대, 인민의 일심단결은 우리식 사회주의정치체제의 공고성을 담보하는 중요요인," 『철학연구』 제3호(루계 제130호). 과학 백과사전출판사. 2012.

김경철. "나라의 군사력을 끊임없이 강화하는 것은 우리식 사회주의정치 체제를 더욱 공고화하기 위한 중요방도," 『정치법률연구』 제2호(루계 제42호). 과학백과사전출판사. 2013.

김광남. "혁명의 령도자를 내세우고 받드는 것은 혁명의 운명을 좌우하는 근본문제," 『김일성종합대학학보(철학, 경제학)』 제58권 제3호(루계 463호). 김일성종합대학출판사. 2012.

김근식. "김정일시대 북한의 신 발전전략: 실리사회주의를 중심으로," 『국 제정치논총』 제43집 4호. 한국국제정치학회. 2003.

김근식. "북한 '실리 사회주의'의 추진과 좌절," 『북한연구학회보』 제14권 2호. 북한연구학회. 2010.

김근식. "3차핵실험과 북한의 대외전략변화," 『입법과 정책』 제5권 제1호. 2013.

김근식. "김정은 시대의 '김일성-김정일주의': 주체사상과 선군사상의 추상화," 『한국과 국제정치』 제30권 제1호. 경남대학교 극동문제연구소. 2014.

김기수. "북한경제와 시장의 보복: 화폐개혁의 실패," 『정세와 정책』 7월 호(통권 171호). 세종연구소. 2010.

김기철. "주체사상에 의한 사회주의와 민주주의의 호상관계에 대한 과학 적 해명," 『김일성종합대학학보(철학. 경제학)』 제58권 제3호(루계 463호). 김일성종합대학출판사. 2012.

김동남. "위대한 령도자 김정일동지의 선군정치는 사회주의 경제강국건설의 결정적 담보,"『경제연구』제2호(루계 제111호). 과학백과사전출판사. 2001.

김동수·안진수·이동훈·전은주.『2013년 북한 핵프로그램 및 능력평가』KINU 정책연구시리즈 13-11. 통일연구원. 2013.

김동식. "현존경제토대를 정비하고 그 위력을 최대한 높이는 것은 사회주의 경제강국건설의 중요방도,"『경제연구』제2호(루계 제111호). 과학백과사전출판사. 2001.

김동한. "북한의 법,"『북한의 정치 2』. 서울: 경인문화사. 2006.

김미경. "경애하는 김정은동지의 유일적령도체계를 철저히 세우는 것은 위대한 장군님께서 세워주신 사업체계, 사업질서대로 일해나가는데서 나서는 선차적요구,"『정치법률연구』제1호(루계 제49호). 과학백과사전출판사. 2015.

김미란. "선군사상은 선군조선의 국력을 최성기에 올려세울수 있게 하는 위력한 사상리론적무기,"『김일성종합대학학보(철학, 경제학)』제56권 제4호(루계 442호). 김일성종합대학출판사. 2010.

김보근. "북한상인계층과 자본의 형성,"『한반도, 전환기의 사색』2008년 북한연구학회·통일연구원·고려대북한학연구소 공동학술회의 논문집. 2008.

김보근. "북한의 2009 천리마운동과 강성대국전략."『통일정책연구』제18권 1호. 통일연구원. 2009.

김봉호.『위대한 선군시대』. 평양: 평양출판사. 2004.

김성철.『주체사상의 이론적 변화』연구보고서 93-18. 민족통일연구원. 1993.

김순권. "인민생활을 높이는데 한몸바치는 일군은 선군시대의 참된 애국자,"『정치법률연구』제1호(루계 제21호). 과학백과사전출판사. 2008.

김승철.『북한 동포들의 생활문화양식과 마지막 희망』. 인천: 자료원. 2000.

김신. "북한의 시장화와 인권의식(권리의식)의 재발견,"북한인권연구센터

편.『북한의 시장화와 인권의 상관성』북한인권정책연구 2014. 통일연
구원. 2014.

김연각 외 역.『국제관계의 이해』. 서울: 인간사랑. 2002.

김연철. "최근 남북한 환경변화에 따른 북한의 대남정책 변화,"『통일경
제』40호. 현대경제연구원. 1998.

김영수. "북한의 주체사상,"이은호·김영재 공편.『북한의 정치와 사회』.
서울: 서울프레스. 1994.

김영혁. "경애하는 김정은동지는 혁명의 령도자가 지녀야 할 특출한 위인
적풍모를 가장 완벽하게 체현하신 절세의 위인이시다,"『사회과학원학
보』제1호(루계 제86호). 사회과학출판사. 2015.

김원국. "선군시대 경제건설로선을 관철하는 것은 인민생활향상의 확고한
담보,"『경제연구』제3호(루계128호). 과학백과사전출판사. 2005.

김일기·이수석. "김정은 시대 북한정치의 특징과 전망,"『북한학보』38
집 2호. 북한연구소·북한학회. 2013.

김재영 외.『정치문화와 정치사회화』. 서울: 형설출판사. 1990.

김재호.『김정일 강성대국 건설전략』. 평양: 평양출판사. 2002.

김정일.『주체사상에 대하여』. 평양: 조선로동당출판사. 1982.

김정일.『사회주의 건설의 력사적 교훈과 우리당의 총로선』. 동경: 구월서
방. 1992.

김정일. "사회주의는 과학이다,"『김정일선집 13』. 평양: 조선로동당출판
사. 1998.

김진하. "김정은 정권의 내구성 진단: 김정일 체제와의 비교를 중심으로,"
『Online Series』CO 12-20. 통일연구원. 2012.

김창근. "북한 지도부의 민족·민족주의 담론,"북한연구학회 편.『북한의
정치 2』. 서울: 경인문화사. 2006.

김창희.『김정일의 딜레마』. 서울: 인물과 사상사. 2004.

김창희. "김정일 시대 북한의 체제유지와 실리사회주의,"『북한연구학회
보』제9권 2호. 북한연구학회. 2005.

김창희. 『북한정치사회의 이해(제4판)』. 파주: 법문사. 2006.

김창희. "김정일 체제와 '선군정치'의 함의와 평가," 『사회과학연구』 제32집 1호. 전북대학교 사회과학연구소. 2008.

김창희. "북한 사회의 시장화와 주민의 가치관 변화," 『한국동북아논총』 제14권 제3호. 한국동북아학회. 2009.

김창희. 『북한정치와 김정은』. 파주: 법문사. 2012.

김창희. "북한 권력승계의 정치: 이념·제도화·인적기반·사회화," 『한국동북아논총』 제17집 제3호. 한국동북아학회. 2012.

김창희. 『비교정치론(제2판)』. 파주: 삼우사. 2013.

김창희. "김정은 체제 권력구조와 정치행태 분석," 『통일전략』 제13권 제1호. 한국통일전략학회. 2013.

김창희. "김정은 체제 구축을 위한 북한의 정치사회화에 관한 연구," 『한국동북아논총』 제18집 제2호. 한국동북아학회. 2013.

김창희. "북한의 통치이념 '김일성-김정일주의' 분석," 『한국정치연구』 제22집 제3호. 서울대학교 한국정치연구소. 2013.

김창희. "김정은 유일영도체계 확립과정과 함의," 『한국동북아논총』 제19집 제3호. 한국동북아학회. 2014.

김철우. 『김정일장군의 선군정치』. 평양: 평양출판사. 2000.

김철유. "인민대중중심의 정치의 본질과 특징," 『정치법률연구』 제3호(루계 제39호). 과학백과사전출판사. 2012.

김태우. "북핵문제 해법과 정부의 대응방안," 『통일경제』 통권 제93호. 현대경제연구원. 2008.

김현환. 『김정일장군 정치방식연구』. 평양: 평양출판사. 2002.

남궁곤. "외교정책이론," 우철구·박건영 편. 『현대국제관계이론과 한국』. 서울: 사회평론. 2004.

동용승. "북한, 왜 화폐개혁인가?" 『통일한국』. 평화문제연구소. 2010. 1.

류제일. "<마식령 속도>는 사회주의건설의 새로운 전성기를 열어나가는 21세기 일당백공격속도," 『사회과학원학보』 제3호(루계 제80호). 사회과학출판사. 2013.

리광명. "경애하는 김정은동지께서 김일성-김정일주의를 과학적으로 정식화하신 사랑리론의 기본내용," 『정치법률연구』 제1호(루계 49호). 과학백과사전출판사. 2015.

리금옥. "선군정치는 철학적 사색으로 정화된 정치," 『김일성종합대학학보(철학, 경제학)』 제54권 제1호(루계 409호). 김일성종합대학출판사. 2008.

리기섭. 『사회주의적민주주의』. 평양: 사회과학출판사. 1987.

리동구. "내각중심제, 내각책임제는 경제사업에 대한 국가의 통일적 지도관리형태," 『김일성종합대학학보(철학, 경제학)』 제47권 1호. 김일성종합대학출판사. 2001.

리성환·박길성. 『조국번영의 위대한 기치 김정일애국주의』. 평양: 사회과학출판사. 2013.

리정남. 『우리 식대로 살아갈데 대한 당의 방침』. 평양: 조선로동당 출판사. 1991.

리진규. 『주체의 정치론』. 동경: 구월서방. 1988.

리철영. "<마식령 속도>를 창조하여 사회주의건설의 모든 전선에서 새로운 전성기를 열어나갈데 대한 사상의 본질," 『정치법률연구』 제4호(루계 제44호). 과학백과사전출판사. 2013.

문지영. "북에서 장사하기: 다시 되돌릴 수는 없다," 『탈북지식인들이 말하는 북한사회』 겨울호. 2009. 1.

미치시타 나루시게 지음. 이원경 역. 『북한의 벼랑 끝 외교사, 1966-2013년』. 파주: 한울아카데미. 2014.

박영자. "북한의 집권엘리트와 Post 김정일 시대," 『통일정책연구』 제18권 2호. 통일연구원. 2009.

박영호. 『미·북관계의 변화와 한국의 대북정책 방향』 연구보고서 97-21. 민족통일연구원. 1998.

박인호. "북한의 시장 발전과 장마당 새 세대," 『북한 장마당 새 세대: 그

들은 누구이며 변화의 동력이 될 것인가?』경남대 극동문제연구소 국
제학술회의 발표논문집. 2015.

박형중. "당대표자회와 과도적 권력체계의 출범,"『Online Series』CO
10-38. 통일연구원. 2010.

박형중. "2010. 9. 28 당대표자회의 재평가,"『Online Series』CO
11-25. 통일연구원. 2011.

박형중. "김정은 집권 이후 핵정책 및 대남정책."『Online Series』CO
14-10. 통일연구원. 2014.

박형중. "7차 당대회 개최의 배경과 전망."『Online Series』CO 15-30.
통일연구원. 2015.

백학순. "2007년 북한의 정세와 남북한 관계,"『정세와 정책』128호. 세
종연구소. 2007.

백학순.『북한 권력의 역사: 사상·정체성·구조』. 파주: 한울 아카데미.
2010.

백학순.『김정은 시대의 북한정치 2012-2014: 사상·정체성·구조』. 성
남: 세종연구소. 2015.

부승찬. "주체사상과 선군사상의 상관관계,"『사회과학연구』제19집 2호.
서강대학교 사회과학연구소. 2011.

북한 사회과학원 철학연구소 지음.『철학사전』. 서울: 도서출판 힘. 1988.

서대숙 저. 서주석 역.『북한의 지도자 김일성』. 서울: 청계연구소. 1989.

서대숙.『현대 북한의 지도자: 김일성과 김정일』. 서울: 을유문화사. 2000.

서재진.『북한의 경제난과 체제 내구력』연구총서 07-03. 통일연구원.
2007.

손영수. "온 사회의 김일성-김정일주의화는 온 사회의 김일성주의화의 혁
명적계승이며 새로운 높은 단계로의 심화발전,"『철학연구』제4호(루계
제131호). 과학백과사전출판사. 2012.

신영남. "위대한 수령 김일성동지는 우리 당 선군정치의 기초를 마련하신
희세의 령장이시다,"『정치법률연구』제2호(루계 제10호). 과학백과사

전출판사. 2005.

심은심. "위대한 령도자 김정일동지께서 사회주의 경제건설에서 이룩하신 불멸의 업적,"『경제연구』제1호(루계138호). 과학백과사전출판사. 2008.

안문석. 『김정은의 고민』. 서울: 인물과 사상사. 2012.

양문수. "북한 시장의 형성·발전과 시장 행위자 분석,"『북한 계획경제의 변화와 시장화』경제·인문사회연구회 협동연구총서 09-16-03. 통일연구원. 2009.

양문수. "북한경제의 전망,"김연철 외.『북한, 어디로 가는가?』. 서울: 플래닛미디어. 2009.

양문수. "북한정부는 시장화를 관리할 수 있는가: 시장화 촉진기와 억제기의 비교분석 결과 및 시사점,"『통일정책연구』제19권 1호. 통일연구원. 2010.

양문수. "김정은시대의 개혁정책과 시장화,"북한연구학회 기획.『김정은 시대의 경제와 사회: 국가와 시장의 새로운 관계』. 파주: 한울아카데미. 2014.

양운철. "북한의 6.28방침과 개혁·개방 가능성,"『정세와 정책』11월호. 2012.

양운철. "북한경제. 과연 나아지고 있는가?"『정세와 정책』4월호. 세종연구소. 2015.

오경섭. "북한 권력승계의 특징과 3대 세습체제의 지속가능성,"『세종정책연구』제6권 1호. 세종연구소. 2010.

오일환·정순원.『김정일시대의 북한정치경제』. 서울: 을유문화사. 1999.

오천일. "김일성-김정일주의는 주체시대를 대표하는 위대한 혁명사상."『철학연구』제4호(루계 제131호). 과학백과사전출판사. 2012.

오현철.『선군과 민족의 운명』. 평양: 평양출판사. 2007.

유석렬. "김일성 개인 숭배 및 권력승계,"전인영 편.『북한의 정치』. 서울: 을유문화사. 1990.

유석렬. "북한 6자회담 복귀-평가와 전망,"『외교』제80호. 한국외교협회.

2007. 1.

이관세. "김정은 후계체제 구축 평가와 전망," 경남대학교 극동문제연구소. 『한반도 정세: 2010년 평가와 2011년 전망』. 경남대학교 극동문제연구소. 2011.

이교덕. 『북한의 후계자론』 연구총서 03-12. 통일연구원. 2003.

이기동. "'선군사상'의 통치이데올로기 성격에 관한 연구," 북한연구학회 편. 『북한의 정치 2』. 서울: 경인문화사. 2006.

이기동. "북한 경제개혁의 정치적 조건과 영향: 화폐개혁조치를 중심으로," 『통일정책연구』 제19권 1호. 통일구원. 2010.

이기동. "북한 노동당대표자회와 후계체제 전망," 『통일시대』 10월호. 민주평화통일자문회의. 2010.

이기동. "김정은 후계공식화 중앙군사위 중심으로 당 영도," 『통일한국』 10월호. 평화문제연구소. 2010.

이기동. "김정은의 권력승계 과정과 권력구조," 『북한연구학회보』 제16권 제2호. 북한연구학회. 2012.

이기동. "김정은 정권의 수령제와 당·정·군 관계," 북한연구학회 기획. 『김정은시대의 정치와 외교』. 파주: 한울아카데미. 2014.

이무철. "사회주의 체제전환과 북한의 발전전략: 비판적 평가," 『한국정치외교사논총』 제33집 11호. 한국정치외교사학회. 2011.

이병로. "북한 시장화와 계층구조의 변화," 북한연구학회 기획. 『김정은시대의 경제와 사회: 국가와 시장의 새로운 관계』. 한울아카데미. 2014.

이상우. "정치이념. 사회변화와 대남관계," 한국공산권연구회 편. 『북한의 오늘과 내일』. 서울: 법문사. 1982.

이석. "북한 계획경제의 변화와 시장화: 새로운 경제시스템의 자기조직화와 진화," 이석 외. 『북한 계획경제의 변화와 시장화』 경제·인문사회연구회 협동연구총서 09-16-03. 통일연구원. 2009.

이석. "북한의 경제: 변화와 지속," 김계동 외. 『북한의 체제와 정책: 김정은시대의 변화와 지속』. 서울: 명인문화사. 2014.

이석기·양문수·정은이. 『북한 시장실태 분석』 연구보고서 2014-738. 산업연구원. 2014.

이수석. "김정일 후계구도와 북한체제 전망," 『통일연구』 제14권 제1호. 연세대학교 통일연구원. 2010.

이승열. "북한 '수령체제'의 변화와 '3대 세습'의 구조적 한계," 『북한연구학회보』 제13권 제1호. 북한연구학회. 2009.

이승현. "갑산파의의 숙청과 수령제 형성," 북한연구학회 편. 『북한의 정치 1』. 서울: 경인문화사. 2006.

이영훈. "북한 경제난의 현황과 전망," 『JPI 정책포럼』 2010-8. 제주평화연구원. 2010. 3.

이우영. "김정은 체제 북한 사회의 과제와 변화 전망," 『통일정책연구』 제21권 1호. 통일연구원. 2012.

이우정. 『권력승계와 정당성: 사회주의 체제의 정치변동』. 서울: 신양사. 1997.

이정철. "북한의 경제체제," 김영재 편. 『북한의 이해』. 서울: 법문사. 2002.

이정철. "조선로동당 3차 당대표자회 평가: 선군이데올로기의 제도화," 『KNSI 특별기획』 제31호. 코리아연구원. 2010.

이종석. "김정일 시대: 노동당: 위상·조직·기능," 이종석·백학순. 『김정일시대의 당과 국가기구』 세종정책총서 2000-1. 세종연구소. 2000.

이종석. 『새로 쓴 현대북한의 이해』. 서울: 역사비평사. 2000.

이종수 편. 『막스 베버의 학문과 사상』. 서울: 한길사. 1983.

이중길 역. Don Oberdorfer. *The Two Koreas*. 『두 개의 한국』. 서울: 길산. 2002.

이지수. "김정은은 과연 「조선민주주의인민공화국」을 상장할까?" 『통일전략』 제13권 제1호. 한국통일전략학회. 2013.

이지순. "북한 서사시의 김정은 후계 선전 양상," 『북한연구학회보』 제16권 제1호. 북한연구학회. 2012.

임강택. 『북한경제의 시장화 실태에 관한 연구』 연구총서 09-04. 통일연구원. 2009.

장명봉. "북한 개정 헌법(1998.9.5)의 경제 조항 변화의 고찰,"『통일경제』 제46호. 현대경제연구원. 1998.

장은일. "경애하는 김정일동지는 선군정치로 조국번영의 새 시대를 열어 가시는 위대한 령도자이시다,"『력사과학』 제1호(루계 제205호). 과학 백과사전출판사. 2008.

전길남. "일심단결을 대를 이어 강화하는데서 나서는 중요요구,"『사회과 학원학보』 제2호(루계 제87호). 사회과학출판사. 2015.

전미영. "김정은 시대의 정치언어: 상징과 담론을 통해 본 김정은 정치," 『북한연구학회보』 제17권 제1호. 북한연구학회. 2013.

전성훈. "북한의 핵능력 평가," 한국정치학회·이정복 외.「북핵 문제의 해법과 전망」. 서울: 중앙 M&B. 2003.

전성훈. "김정은 정권의 경제·핵무력 병진노선과 '4.1핵보유 법령'," 『Online Series』CO 13-11. 통일연구원. 2013.

전인영. "조선노동당: 북한 사회의 지도세력," 전인영 편.『북한의 정치』. 서울: 을유문화사. 1990.

전일. "주체혁명위업의 대는 선군의 대,"『정치법률연구』 제3호(루계 제 39호). 과학백과사전출판사. 2012.

전재성. "외교정책 결정체계와 이론," 김계동 외.『현대외교정책론』. 서울: 명인문화사. 2007.

전현준 외.『북한이해의 길잡이』. 서울: 박영사. 2005.

전현준. "북한의 제3차 당대표자대회 개최 의미와 전망: 김정은 후계체제 안정적 구축을 위한 포석,"『통일시대』 8월호. 민주평화통일자문회의. 2010.

정광민. "북한 화폐개혁의 정치경제적 함의,"『수은북한경제』 제7권 제1 호. 한국수출입은행. 2010.

정성임. "김정은 정권의 제도적 기반: 당과 국가기구를 중심으로,"『통일 정책연구』 제21권 2호. 통일연구원. 2012.

정성장. "김정일 체제의 지도이념과 성격 연구,"『국제정치논총』제39집 3호. 한국국제정치학회. 1999.

정성장. "김일성 시대 북한의 후계문제: 징후와 구도,"『한국정치학회보』제39집 2호. 한국정치학회. 2005.

정성장. "주체사상의 형성·변화의 논리체계,"북한연구학회 편.『북한의 정치 2』. 서울: 경인문화사. 2006.

정성장. "김정일 시대 북한 국방위원회의 위상·역할·엘리트,"『세종정책연구』제6권 1호. 세종연구소. 2010.

정성장. "장성택 숙청 이후 김정은 체제의 안정성 평가,"『국방연구』제57권 제1호. 한국국방연구원. 2014.

정성장. "김정일 시대 북한군 핵심요직의 파워 엘리트 변동 평가,"『세종정책브리핑 2015-4』. 세종연구소. 2015.

정영철. "북한의 사회통제와 조직생활,"북한연구학회 편.『북한의 사회』. 서울: 경인문화사. 2006.

정영철. "김정은 체제의 출범과 과제: 인격적 리더십의 구축과 인민생활 향상,"『북한연구학회보』제16권 제1호. 북한연구학회. 2012.

정영태.『북한의 핵 폐기 가능성과 북·미관계』연구총서 04-09. 통일연구원. 2004.

정영태.『북한의 당·군·민 관계와 체제 안정성 평가』연구총서 06-09. 통일연구원. 2006.

정영태 외.『2013년 북한 핵프로그램 및 능력평가』KINU 연구총서 14-11. 통일연구원. 2014.

정은이. "북한의 시장경제로의 이행과 체제적응력,"『통일과 평화』창간호. 서울대학교 통일평화연구소. 2009.

정은이. "북한의 자생적 시장 발전연구: 1990년대 '고난의 행군' 이후를 중심으로,"『통일문제연구』제21권 2호. 평화문제연구소. 2009.

정은이. "북한외형시장의 외형적 발달에 관한 연구,"『동북아경제연구』제23권 제1호. 한국동북아경제학회. 2011.

조경희. "우리식 경제관리방법을 확립하는데서 나서는 기본요구,"『경제연구』제2호(루계 제167호). 과학백과사전출판사. 2015.

조동호. "김정은시대의 경제정책: 경제·핵 병진노선과 특구전략," 북한연구학회 기획.『김정은시대의 경제와 사회: 국가와 시장의 새로운 관계』. 파주: 한울아카데미. 2014.

조명철. "화폐개혁 이후 북한 경제상황 평가 및 전망,"『정세와 정책』2월호. 세종연구소. 2010.

조순구. "핵무기 해체사례와 북한 핵의 평화적 관리방안,"『국제정치논총』제45집 3호. 한국국제정치학회. 2005.

조한범. "김정은정권 권력재편과 위기요인 진단."『Online Series』CO 12-23. 통일연구원. 2012.

좋은 벗들 2010년 6월 북한상황보고회.『최근 북한 식량 상황과 '5.26' 당지시』자료: 2010. 6. 14.

주일웅. "경애하는 김정은 동지는 우리 당과 혁명의 단결의 중심, 령도의 중심,"『김일성종합대학학보(철학. 경제학)』제58권 제3호(루계 463호). 김일성종합대학출판사. 2012.

채규철. "김정은체제의 생존전략: 변화와 지속성,"『한국정치외교사논총』제37집 1호. 한국정치외교사학회. 2015.

최대석·윤성식. "북한의 선군정치와 예방적 사회주의 보나파르티즘,"『북한연구학회보』제9권 1호. 북한연구학회. 2005.

최대석·장인숙 편.『북한의 시장화와 정치사회 균열』. 서울: 도서출판 선인. 2015.

최성.『북한정치사』. 서울: 풀빛. 1997.

최완규. "북한 국가 성격의 이론과 쟁점," 북한연구학회 편.『북한의 정치 2』. 서울: 경인문화사.

최원철.『김정일애국주의란 무엇인가』. 평양: 사회과학출판사. 2013.

최진욱.『미국의 대이라크전쟁 이후 북·미관계 전망』연구총서 04-09. 통일연구원. 2004.

최진욱·박형중.『2단계 비핵화 이후 북한의 대남정책 전망』통일정세분석 2008-08. 통일연구원. 2008.

최진욱·한기범·장용석.『김정은 정권의 정책전망: 정권 초기의 권력구조와 리더십에 대한 분석을 중심으로』연구총서 12-12. 통일연구원. 2012.

통일부.『2000 북한개요』. 통일부. 1999.

통일부.『2004 북한개요』. 통일부. 2003.

통일부 통일교육원.『북한의 이해』. 통일교육원. 1997.

통일부 통일교육원.『북한이해』. 통일부 통일교육원. 2005.

통일부 통일교육원.『북한지식사전』. 통일부 통일교육원. 2013.

통일부 통일교육원.『2013 북한이해』. 통일부 통일교육원. 2013.

통일부 통일교육원.『2014 북한이해』. 통일부 통일교육원. 2014.

통일연구원.『2009 북한개요』. 통일연구원. 2009.

통일연구원.『김정일 현지지도 동향: 1994-2009』. 통일연구원. 2010.

통일연구원.『김정일 현지지도 동향: 1994-2011』. 통일연구원. 2011.

표권. "선군의 위력. 일심단결의 위력은 위대한 김정일동지의 제일유산,"『철학연구』제3호(루계 제130호). 과학백과사전출판사. 2012.

한승호·이수원. "김정은 시대의 새로운 구호 '김정일애국주의' 의미와 정치적 의도,"『국방정책연구』제29권 제2호. 한국국방연구원. 2012.

함택영·구갑우. "북한의 공(公)과 사(私): 이론화를 위한 비교,"『북한 도시주민의 사적 영역 연구』. 서울: 한울아카데미. 2008.

허동찬.『김일성 평전』. 북한연구소. 1987.

허만호. "북한의 협상행위의 특징: 이론적 괴리와 규칙성,"『한국정치학회 발표논문집』한국정치학회 '96 하계학술대회. 1996.

허문영. "북한의 핵 개발 계획의 인정과 향후 정책 전망," 한국정치학회·이정복 엮음.『북핵문제의 해법과 전망』. 서울: 중앙M&B출판. 2003.

허철수. "선군혁명위업은 필승불패의 혁명위업,"『김일성종합대학학보(철학, 경제학)』제61권 1호(루계 493호). 김일성종합대학출판사. 2015.

홍일명. "온 사회의 김일성-김정일주의화는 온 사회의 김일성주의화의 새
　로운 높은 단계에로의 심화발전," 『사회과학원학보』 제2호(루계 제87
　호). 사회과학출판사. 2015.

홍현익. "6차 6자회담 수석대표회의: 평가, 과제 및 전망," 『정세와 정책』
　148호. 세종연구소. 2008.

후지모토 겐지 지음. 한유희 역. 『북한의 후계자 왜 김정은인가?』. 서울:
　맥스미디어. 2010.

『김일성저작선집 제4권』. 평양: 조선로동당출판사. 1968.

『김정일 선집 14』. 평양: 조선로동당출판사. 2000.

『림진각』 2호. 서울: 림진각 출판사. 2008.

『림진각』 4호. 서울: 림진각 출판사. 2008.

『북한농업동향』 제12권 제1호. 한국농촌경제연구원. 2010.

『북한총람(1983~1993)』. (사)북한연구소. 1994.

『선군-김정일정치』. 평양: 외국문출판사. 2012.

『선군태양 김정일장군 1』. 평양: 평양출판사. 2006.

『선군태양 김정일장군 2』. 평양: 평양출판사. 2006.

『선군태양 김정일장군 4』. 평양: 평양출판사. 2007.

『위인 김정일』. 평양: 외국문출판사. 2012.

『임진각』 7호. 서울: 임진각 출판사. 2010.

『정치사전』. 평양: 사회과학출판사. 1973.

『정치용어사전』. 평양: 사회과학출판사. 1970.

『조선말대사전(증보판) 2』. 평양: 사회과학출판사. 2007.

『조선반도 평화보장문제』. 평양: 평양출판사. 2006.

『조선중앙연감』. 조선중앙통신사. 1948.

『증보판 북한연감』. 연합뉴스. 2004.

『연합뉴스』.

『민주조선』.

『중앙일보』.

『통일신문』.

『통일정보신문』.

『한겨레 21』.

『한겨레』.

『한국일보』.

[외국 문헌]

Beetham David. *The Legitimacy of Power Atlantic*. Highlands: Humanities Press. 1991.

Dawson R. E. K. Prewitt and K. S. Dawson. *Political Socialization*. New York: Little Brown & Co.. 1977.

Harrison Selig S.. "Did North Korea Cheat?" *Foreign Affairs Vol. 84 No 1*. January/ February 2005.

Wallace Antony. *Culture and Personality*. New York: Random House. 1961.

Wen Cui. "Recent Economic and Financial Reform in North Korea: Implications and Tasks." *Doing Business in North Korea: Business and Finance in the DPRK*. 경남대 극동문제연구소 국제학술회의 발표논문집. 2015.

ハンドンソン. "金日成・金正日主義の体系と基本內容." 金日成・金正日主義硏究會. 『金日成・金正日主義硏究』144. 2013.

조선민주주의인민공화국 사회주의헌법

2013년 4월 1일

서 문

조선민주주의인민공화국은 위대한 수령 김일성동지와 위대한 령도자 김정일동지의 사상과 령도를 구현한 주체의 사회주의조국이다.

위대한 수령 김일성동지는 조선민주주의인민공화국의 창건자이시며 사회주의조선의 시조이시다.

김일성동지께서는 영생불멸의 주체사상을 창시하시고 그 기치밑에 항일혁명투쟁을 조직령도하시여 영광스러운 혁명전통을 마련하시고 조국광복의 력사적위업을 이룩하시였으며 정치, 경제, 문화, 군사분야에서 자주독립국가건설의 튼튼한 토대를 닦은데 기초하여 조선민주주의인민공화국을 창건하시였다.

김일성동지께서는 주체적인 혁명로선을 내놓으시고 여러 단계의 사회혁명과 건설사업을 현명하게 령도하시여 공화국을 인민대중중심의 사회주의나라로, 자주, 자립, 자위의 사회주의국가로 강화발전시키시였다.

김일성동지께서는 국가건설과 국가활동의 근본원칙을 밝히시고 가장 우월한 국가사회제도와 정치방식, 사회관리체계와 관리방법을 확립하시였으며 사회주의조국의 부강번영과 주체혁명위업의 계승완성을 위한 확고한 토대를 마련하시였다.

위대한 령도자 김정일동지는 김일성동지의 사상과 위업을 받들어 우리 공화국을 김일성동지의 국가로 강화발전시키시고 민족의 존엄과 국력을 최상의 경지에 올려세우신 절세의 애국자, 사회주의조선의 수호자이시다.

김정일동지께서는 김일성동지께서 창시하신 영생불멸의 주체사상, 선군사상을 전면적으로 심화발전시키시고 자주시대의 지도사상으로 빛내이시였으며 주체의 혁명전통을 견결히 옹호고수하시고 순결하게 계승발전시키시여 조선혁명의 명맥을 굳건히 이어놓으시였다.

김정일동지께서는 세계사회주의체계의 붕괴와 제국주의련합세력의 악랄한 반공화국압살공세속에서 선군정치로 김일성동지의 고귀한 유산인 사회주의전취물을 영예롭게 수호하시고 우리 조국을 불패의 정치사상강국, 핵보유국, 무적의 군사강국으로 전변시키시였으며 강성국가건설의 휘황한 대통로를 열어놓으시였다.

김일성동지와 김정일동지께서는 《이민위천》을 좌우명으로 삼으시여 언제나 인민들과 함께 계시고 인민을 위하여 한평생을 바치시였으며 숭고한 인덕정치로 인민들을 보살피시고 이끄시여 온 사회를 일심단결된 하나의 대가정으로 전변시키시였다.

위대한 수령 김일성동지와 위대한 령도자 김정일동지는 민족의 태양이시며 조국통일의 구성이시다.

김일성동지와 김정일동지께서는 나라의 통일을 민족지상의 과업으로 내세우시고 그 실현을 위하여 온갖 로고와 심혈을 다 바치시였다.

김일성동지와 김정일동지께서는 공화국을 조국통일의 강유력한 보루로 다지시는 한편 조국통일의 근본원칙과 방도를 제시하시고 조국통일운동을 전민족적인 운동으로 발전시키시여 온 민족의 단합된 힘으로 조국통일위업을 성취하기 위한 길을 열어놓으시였다.

위대한 수령 김일성동지와 위대한 령도자 김정일동지께서는 조선민주주의인민공화국의 대외정책의 기본리념을 밝히시고 그에 기초하여 나라의 대외관계를 확대발전시키시였으며 공화국의 국제적권위를 높이 떨치게 하시였다.

김일성동지와 김정일동지는 세계정치의 원로로서 자주의 새 시대를 개척하시고 사회주의운동과 뿔럭불가담운동의 강화발전을 위하여, 세계평화와 인민들사이의 친선을 위하여 정력적으로 활동하시였으며 인류의 자주위업에 불멸의 공헌을 하시였다.

김일성동지와 김정일동지는 사상리론과 령도예술의 천재이시고 백전백승의 강철의 령장이시였으며 위대한 혁명가, 정치가이시고 위대한 인간이시였다.

김일성동지와 김정일동지의 위대한 사상과 령도업적은 조선혁명의 만년

재보이고 조선민주주의인민공화국의 륭성번영을 위한 기본담보이며 김일
성동지와 김정일동지께서 생전의 모습으로 계시는 금수산태양궁전은 수령
영생의 대기념비이며 전체 조선민족 존엄의 상징이고 영원한 성지이다.

조선민주주의인민공화국과 조선인민은 조선로동당의 령도밑에 위대한
수령 김일성동지를 공화국의 영원한 주석으로, 위대한 령도자 김정일동지
를 공화국의 영원한 국방위원회 위원장으로 높이 모시며 김일성동지와 김
정일동지의 사상과 업적을 옹호고수하고 계승발전시켜 주체혁명위업을 끝
까지 완성하여나갈것이다.

조선민주주의인민공화국 사회주의헌법은 위대한 수령 김일성동지와 위
대한 령도자 김정일동지의 주체적인 국가건설사상과 국가건설업적을 법화
한 김일성—김정일헌법이다.

제1장 정 치

제1조: 조선민주주의인민공화국은 전체 조선인민의 리익을 대표하는 자
주적인 사회주의국가이다.

제2조: 조선민주주의인민공화국은 제국주의침략자들을 반대하며 조국의
광복과 인민의 자유와 행복을 실현하기 위한 영광스러운 혁명투쟁에서 이
룩한 빛나는 전통을 이어받은 혁명적인 국가이다.

제3조: 조선민주주의인민공화국은 사람중심의 세계관이며 인민대중의
자주성을 실현하기 위한 혁명사상인 주체사상, 선군사상을 자기 활동의
지도적지침으로 삼는다.

제4조: 조선민주주의인민공화국의 주권은 로동자, 농민, 군인, 근로인테
리를 비롯한 근로인민에게 있다.

근로인민은 자기의 대표기관인 최고인민회의와 지방 각급 인민회의를
통하여 주권을 행사한다.

제5조: 조선민주주의인민공화국에서 모든 국가기관들은 민주주의중앙집
권제원칙에 의하여 조직되고 운영된다.

제6조: 군인민회의로부터 최고인민회의에 이르기까지의 각급 주권기관
은 일반적, 평등적, 직접적원칙에 의하여 비밀투표로 선거한다.

제7조: 각급 주권기관의 대의원은 선거자들과 밀접한 련계를 가지며 자기 사업에 대하여 선거자들앞에 책임진다.

선거자들은 자기가 선거한 대의원이 신임을 잃은 경우에 언제든지 소환할수 있다.

제8조: 조선민주주의인민공화국의 사회제도는 근로인민대중이 모든것의 주인으로 되고있으며 사회의 모든것이 근로인민대중을 위하여 복무하는 사람중심의 사회제도이다.

국가는 착취와 압박에서 해방되어 국가와 사회의 주인으로 된 로동자, 농민, 군인, 근로인테리를 비롯한 근로인민의 리익을 옹호하며 인권을 존중하고 보호한다.

제9조: 조선민주주의인민공화국은 북반부에서 인민정권을 강화하고 사상, 기술, 문화의 3대혁명을 힘있게 벌려 사회주의의 완전한 승리를 이룩하며 자주, 평화통일, 민족대단결의 원칙에서 조국통일을 실현하기 위하여 투쟁한다.

제10조: 조선민주주의인민공화국은 로동계급이 령도하는 로농동맹에 기초한 전체 인민의 정치사상적통일에 의거한다.

국가는 사상혁명을 강화하여 사회의 모든 성원들을 혁명화, 로동계급화하며 온 사회를 동지적으로 결합된 하나의 집단으로 만든다.

제11조: 조선민주주의인민공화국은 조선로동당의 령도밑에 모든 활동을 진행한다.

제12조: 국가는 계급로선을 견지하며 인민민주주의독재를 강화하여 내외적대분자들의 파괴책동으로부터 인민주권과 사회주의제도를 굳건히 보위한다.

제13조: 국가는 군중로선을 구현하며 모든 사업에서 우가 아래를 도와주고 대중속에 들어가 문제해결의 방도를 찾으며 정치사업, 사람과의 사업을 앞세워 대중의 자각적열성을 불러일으키는 청산리정신, 청산리방법을 관철한다.

제14조: 국가는 3대혁명붉은기쟁취운동을 비롯한 대중운동을 힘있게 벌려 사회주의건설을 최대한으로 다그친다.

제15조: 조선민주주의인민공화국은 해외에 있는 조선동포들의 민주주의적민족권리와 국제법에서 공인된 합법적권리와 리익을 옹호한다.

제16조: 조선민주주의인민공화국은 자기 령역안에 있는 다른 나라 사람의 합법적권리와 리익을 보장한다.

제17조: 자주, 평화, 친선은 조선민주주의인민공화국의 대외정책의 기본리념이며 대외활동원칙이다.

국가는 우리 나라를 우호적으로 대하는 모든 나라들과 완전한 평등과 자주성, 호상존중과 내정불간섭, 호혜의 원칙에서 국가적 또는 정치, 경제, 문화적관계를 맺는다.

국가는 자주성을 옹호하는 세계인민들과 단결하며 온갖 형태의 침략과 내정간섭을 반대하고 나라의 자주권과 민족적, 계급적해방을 실현하기 위한 모든 나라 인민들의 투쟁을 적극 지지성원한다.

제18조: 조선민주주의인민공화국의 법은 근로인민의 의사와 리익의 반영이며 국가관리의 기본무기이다.

법에 대한 존중과 엄격한 준수집행은 모든 기관, 기업소, 단체와 공민에게 있어서 의무적이다.

국가는 사회주의법률제도를 완비하고 사회주의법무생활을 강화한다.

제 2 장 경 제

제19조: 조선민주주의인민공화국은 사회주의적생산관계와 자립적민족경제의 토대에 의거한다.

제20조: 조선민주주의인민공화국에서 생산수단은 국가와 사회협동단체가 소유한다.

제21조: 국가소유는 전체 인민의 소유이다.

국가소유권의 대상에는 제한이 없다.

나라의 모든 자연부원, 철도, 항공운수, 체신기관과 중요공장, 기업소, 항만, 은행은 국가만이 소유한다.

국가는 나라의 경제발전에서 주도적역할을 하는 국가소유를 우선적으로 보호하며 장성시킨다.

제22조: 사회협동단체소유는 해당 단체에 들어있는 근로자들의 집단적 소유이다.

토지, 농기계, 배, 중소공장, 기업소 같은것은 사회협동단체가 소유할수 있다.

국가는 사회협동단체소유를 보호한다.

제23조: 국가는 농민들의 사상의식과 기술문화수준을 높이고 협동적소유에 대한 전인민적소유의 지도적역할을 높이는 방향에서 두 소유를 유기적으로 결합시키며 협동경리에 대한 지도와 관리를 개선하여 사회주의적 협동경리제도를 공고발전시키며 협동단체에 들어있는 전체 성원들의 자원적의사에 따라 협동단체소유를 점차 전인민적소유로 전환시킨다.

제24조: 개인소유는 공민들의 개인적이며 소비적인 목적을 위한 소유이다.

개인소유는 로동에 의한 사회주의분배와 국가와 사회의 추가적혜택으로 이루어진다.

터밭경리를 비롯한 개인부업경리에서 나오는 생산물과 그밖의 합법적인 경리활동을 통하여 얻은 수입도 개인소유에 속한다.

국가는 개인소유를 보호하며 그에 대한 상속권을 법적으로 보장한다.

제25조: 조선민주주의인민공화국은 인민들의 물질문화생활을 끊임없이 높이는것을 자기 활동의 최고원칙으로 삼는다.

세금이 없어진 우리 나라에서 늘어나는 사회의 물질적부는 전적으로 근로자들의 복리증진에 돌려진다.

국가는 모든 근로자들에게 먹고 입고 쓰고 살수 있는 온갖 조건을 마련하여준다.

제26조: 조선민주주의인민공화국에 마련된 자립적민족경제는 인민의 행복한 사회주의생활과 조국의 륭성번영을 위한 튼튼한 밑천이다.

국가는 사회주의자립적민족경제건설로선을 틀어쥐고 인민경제의 주체화, 현대화, 과학화를 다그쳐 인민경제를 고도로 발전된 주체적인 경제로 만들며 완전한 사회주의사회에 맞는 물질기술적토대를 쌓기 위하여 투쟁한다.

제27조: 기술혁명은 사회주의경제를 발전시키기 위한 기본고리이다.

국가는 언제나 기술발전문제를 첫자리에 놓고 모든 경제활동을 진행하며 과학기술발전과 인민경제의 기술개조를 다그치고 대중적기술혁신운동을 힘있게 벌려 근로자들을 어렵고 힘든 로동에서 해방하며 육체로동과 정신로동의 차이를 줄여나간다.

제28조: 국가는 도시와 농촌의 차이, 로동계급과 농민의 계급적차이를 없애기 위하여 농촌기술혁명을 다그쳐 농업을 공업화, 현대화하며 군의 역할을 높이고 농촌에 대한 지도와 방조를 강화한다.

국가는 협동농장의 생산시설과 농촌문화주택을 국가부담으로 건설하여준다.

제29조: 사회주의는 근로대중의 창조적로동에 의하여 건설된다.

조선민주주의인민공화국에서 로동은 착취와 압박에서 해방된 근로자들의 자주적이며 창조적인 로동이다.

국가는 실업을 모르는 우리 근로자들의 로동이 보다 즐거운것으로, 사회와 집단과 자신을 위하여 자각적열성과 창발성을 내여 일하는 보람찬것으로 되게 한다.

제30조: 근로자들의 하루로동시간은 8시간이다.

국가는 로동의 힘든 정도와 특수한 조건에 따라 하루로동시간을 이보다 짧게 정한다.

국가는 로동조직을 잘하고 로동규률을 강화하여 로동시간을 완전히 리용하도록 한다.

제31조: 조선민주주의인민공화국에서 공민이 로동하는 나이는 16살부터이다.

국가는 로동하는 나이에 이르지 못한 소년들의 로동을 금지한다.

제32조: 국가는 사회주의경제에 대한 지도와 관리에서 정치적지도와 경제기술적지도, 국가의 통일적지도와 매개 단위의 창발성, 유일적지휘와 민주주의, 정치도덕적자극과 물질적자극을 옳게 결합시키는 원칙을 확고히 견지한다.

제33조: 국가는 생산자대중의 집체적힘에 의거하여 경제를 과학적으로,

합리적으로 관리운영하는 사회주의경제관리형태인 대안의 사업체계와 농촌경리를 기업적방법으로 지도하는 농업지도체계에 의하여 경제를 지도관리한다.

국가는 경제관리에서 대안의 사업체계의 요구에 맞게 독립채산제를 실시하며 원가, 가격, 수익성 같은 경제적공간을 옳게 리용하도록 한다.

제34조: 조선민주주의인민공화국의 인민경제는 계획경제이다.

국가는 사회주의경제발전법칙에 따라 축적과 소비의 균형을 옳게 잡으며 경제건설을 다그치고 인민생활을 끊임없이 높이며 국방력을 강화할수 있도록 인민경제발전계획을 세우고 실행한다.

국가는 계획의 일원화, 세부화를 실현하여 생산장성의 높은 속도와 인민경제의 균형적발전을 보장한다.

제35조: 조선민주주의인민공화국은 인민경제발전계획에 따르는 국가예산을 편성하여 집행한다.

국가는 모든 부문에서 증산과 절약투쟁을 강화하고 재정통제를 엄격히 실시하여 국가축적을 체계적으로 늘이며 사회주의적소유를 확대발전시킨다.

제36조: 조선민주주의인민공화국에서 대외무역은 국가기관, 기업소, 사회협동단체가 한다.

국가는 완전한 평등과 호혜의 원칙에서 대외무역을 발전시킨다.

제37조: 국가는 우리 나라 기관, 기업소, 단체와 다른 나라 법인 또는 개인들과의 기업합영과 합작, 특수경제지대에서의 여러가지 기업창설운영을 장려한다.

제38조: 국가는 자립적민족경제를 보호하기 위하여 관세정책을 실시한다.

제 3 장 문 화

제39조: 조선민주주의인민공화국에서 개화발전하고있는 사회주의적문화는 근로자들의 창조적능력을 높이며 건전한 문화정서적수요를 충족시키는데 이바지한다.

제40조: 조선민주주의인민공화국은 문화혁명을 철저히 수행하여 모든 사람들을 자연과 사회에 대한 깊은 지식과 높은 문화기술수준을 가진 사

회주의건설자로 만들며 온 사회를 인테리화한다.

제41조: 조선민주주의인민공화국은 사회주의근로자들을 위하여 복무하는 참다운 인민적이며 혁명적인 문화를 건설한다.

국가는 사회주의적민족문화건설에서 제국주의의 문화적침투와 복고주의적경향을 반대하며 민족문화유산을 보호하고 사회주의현실에 맞게 계승발전시킨다.

제42조: 국가는 모든 분야에서 낡은 사회의 생활양식을 없애고 새로운 사회주의적생활양식을 전면적으로 확립한다.

제43조: 국가는 사회주의교육학의 원리를 구현하여 후대들을 사회와 인민을 위하여 투쟁하는 견결한 혁명가로, 지덕체를 갖춘 주체형의 새 인간으로 키운다.

제44조: 국가는 인민교육사업과 민족간부양성사업을 다른 모든 사업에 앞세우며 일반교육과 기술교육, 교육과 생산로동을 밀접히 결합시킨다.

제45조: 국가는 1년동안의 학교전의무교육을 포함한 전반적12년제의무교육을 현대과학기술발전추세와 사회주의건설의 현실적요구에 맞게 높은 수준에서 발전시킨다.

제46조: 국가는 학업을 전문으로 하는 교육체계와 일하면서 공부하는 여러가지 형태의 교육체계를 발전시키며 기술교육과 사회과학, 기초과학교육의 과학리론수준을 높여 유능한 기술자, 전문가들을 키워낸다.

제47조: 국가는 모든 학생들을 무료로 공부시키며 대학과 전문학교학생들에게는 장학금을 준다.

제48조: 국가는 사회교육을 강화하며 모든 근로자들이 학습할수 있는 온갖 조건을 보장한다.

제49조: 국가는 학령전어린이들을 탁아소와 유치원에서 국가와 사회의 부담으로 키워준다.

제50조: 국가는 과학연구사업에서 주체를 세우며 선진과학기술을 적극 받아들이고 새로운 과학기술분야를 개척하여 나라의 과학기술을 세계적수준에 올려세운다.

제51조: 국가는 과학기술발전계획을 바로세우고 철저히 수행하는 규률

을 세우며 과학자, 기술자들과 생산자들의 창조적협조를 강화하도록 한다.

제52조: 국가는 민족적형식에 사회주의적내용을 담은 주체적이며 혁명적인 문학예술을 발전시킨다.

국가는 창작가, 예술인들이 사상예술성이 높은 작품을 많이 창작하며 광범한 대중이 문예활동에 널리 참가하도록 한다.

제53조: 국가는 정신적으로, 육체적으로 끊임없이 발전하려는 사람들의 요구에 맞게 현대적인 문화시설들을 충분히 갖추어주어 모든 근로자들이 사회주의적문화정서생활을 마음껏 누리도록 한다.

제54조: 국가는 우리 말을 온갖 형태의 민족어말살정책으로부터 지켜내며 그것을 현대의 요구에 맞게 발전시킨다.

제55조: 국가는 체육을 대중화, 생활화하여 전체 인민을 로동과 국방에 튼튼히 준비시키며 우리 나라 실정과 현대체육기술발전추세에 맞게 체육기술을 발전시킨다.

제56조: 국가는 전반적무상치료제를 공고발전시키며 의사담당구역제와 예방의학제도를 강화하여 사람들의 생명을 보호하며 근로자들의 건강을 증진시킨다.

제57조: 국가는 생산에 앞서 환경보호대책을 세우며 자연환경을 보존, 조성하고 환경오염을 방지하여 인민들에게 문화위생적인 생활환경과 로동조건을 마련하여준다.

제 4 장 국 방

제58조: 조선민주주의인민공화국은 전인민적, 전국가적방위체계에 의거한다.

제59조: 조선민주주의인민공화국 무장력의 사명은 선군혁명로선을 관철하여 혁명의 수뇌부를 보위하고 근로인민의 리익을 옹호하며 외래침략으로부터 사회주의제도와 혁명의 전취물, 조국의 자유와 독립, 평화를 지키는데 있다.

제60조: 국가는 군대와 인민을 정치사상적으로 무장시키는 기초우에서 전군간부화, 전군현대화, 전민무장화, 전국요새화를 기본내용으로 하는 자

위적군사로선을 관철한다.

제61조: 국가는 군대안에서 혁명적령군체계와 군풍을 확립하고 군사규률과 군중규률을 강화하며 관병일치, 군정배합, 군민일치의 고상한 전통적 미풍을 높이 발양하도록 한다.

제 5 장 공민의 기본권리와 의무

제62조: 조선민주주의인민공화국 공민이 되는 조건은 국적에 관한 법으로 규정한다.

공민은 거주지에 관계없이 조선민주주의인민공화국의 보호를 받는다.

제63조: 조선민주주의인민공화국에서 공민의 권리와 의무는 《하나는 전체를 위하여, 전체는 하나를 위하여》라는 집단주의원칙에 기초한다.

제64조: 국가는 모든 공민에게 참다운 민주주의적권리와 자유, 행복한 물질문화생활을 실질적으로 보장한다.

조선민주주의인민공화국에서 공민의 권리와 자유는 사회주의제도의 공고발전과 함께 더욱 확대된다.

제65조: 공민은 국가사회생활의 모든 분야에서 누구나 다같은 권리를 가진다.

제66조: 17살이상의 모든 공민은 성별, 민족별, 직업, 거주기간, 재산과 지식정도, 당별, 정견, 신앙에 관계없이 선거할 권리와 선거받을 권리를 가진다.

군대에 복무하는 공민도 선거할 권리와 선거받을 권리를 가진다.

재판소의 판결에 의하여 선거할 권리를 빼앗긴자, 정신병자는 선거할 권리와 선거받을 권리를 가지지 못한다.

제67조: 공민은 언론, 출판, 집회, 시위와 결사의 자유를 가진다.

국가는 민주주의적정당, 사회단체의 자유로운 활동조건을 보장한다.

제68조: 공민은 신앙의 자유를 가진다. 이 권리는 종교건물을 짓거나 종교의식 같은것을 허용하는것으로 보장된다.

종교를 외세를 끌어들이거나 국가사회질서를 해치는데 리용할수 없다.

제69조: 공민은 신소와 청원을 할수 있다.

국가는 신소와 청원을 법이 정한데 따라 공정하게 심의처리하도록 한다.

제70조: 공민은 로동에 대한 권리를 가진다.

로동능력있는 모든 공민은 희망과 재능에 따라 직업을 선택하며 안정된 일자리와 로동조건을 보장받는다.

공민은 능력에 따라 일하며 로동의 량과 질에 따라 분배를 받는다.

제71조: 공민은 휴식에 대한 권리를 가진다. 이 권리는 로동시간제, 공휴일제, 유급휴가제, 국가비용에 의한 정휴양제, 계속 늘어나는 여러가지 문화시설들에 의하여 보장된다.

제72조: 공민은 무상으로 치료받을 권리를 가지며 나이많거나 병 또는 불구로 로동능력을 잃은 사람, 돌볼 사람이 없는 늙은이와 어린이는 물질적방조를 받을 권리를 가진다. 이 권리는 무상치료제, 계속 늘어나는 병원, 료양소를 비롯한 의료시설, 국가사회보험과 사회보장제에 의하여 보장된다.

제73조: 공민은 교육을 받을 권리를 가진다. 이 권리는 선진적인 교육제도와 국가의 인민적인 교육시책에 의하여 보장된다.

제74조: 공민은 과학과 문학예술활동의 자유를 가진다.

국가는 발명가와 창의고안자에게 배려를 돌린다.

저작권과 발명권, 특허권은 법적으로 보호한다.

제75조: 공민은 거주, 려행의 자유를 가진다.

제76조: 혁명투사, 혁명렬사가족, 애국렬사가족, 인민군후방가족, 영예군인은 국가와 사회의 특별한 보호를 받는다.

제77조: 녀자는 남자와 똑같은 사회적지위와 권리를 가진다.

국가는 산전산후휴가의 보장, 여러 어린이를 가진 어머니를 위한 로동시간의 단축, 산원, 탁아소와 유치원망의 확장, 그밖의 시책을 통하여 어머니와 어린이를 특별히 보호한다.

국가는 녀성들이 사회에 진출할 온갖 조건을 지어준다.

제78조: 결혼과 가정은 국가의 보호를 받는다.

국가는 사회의 기층생활단위인 가정을 공고히 하는데 깊은 관심을 돌린다.

제79조: 공민은 인신과 주택의 불가침, 서신의 비밀을 보장받는다.

법에 근거하지 않고는 공민을 구속하거나 체포할수 없으며 살림집을 수색할수 없다.

제80조: 조선민주주의인민공화국은 평화와 민주주의, 민족적독립과 사회주의를 위하여, 과학, 문화활동의 자유를 위하여 투쟁하다가 망명하여온 다른 나라 사람을 보호한다.

제81조: 공민은 인민의 정치사상적통일과 단결을 견결히 수호하여야 한다.

공민은 조직과 집단을 귀중히 여기며 사회와 인민을 위하여 몸바쳐 일하는 기풍을 높이 발휘하여야 한다.

제82조: 공민은 국가의 법과 사회주의적생활규범을 지키며 조선민주주의인민공화국의 공민된 영예와 존엄을 고수하여야 한다.

제83조: 로동은 공민의 신성한 의무이며 영예이다.

공민은 로동에 자각적으로 성실히 참가하며 로동규률과 로동시간을 엄격히 지켜야 한다.

제84조: 공민은 국가재산과 사회협동단체재산을 아끼고 사랑하며 온갖 탐오랑비현상을 반대하여 투쟁하며 나라살림살이를 주인답게 알뜰히 하여야 한다.

국가와 사회협동단체재산은 신성불가침이다.

제85조: 공민은 언제나 혁명적경각성을 높이며 국가의 안전을 위하여 몸바쳐 투쟁하여야 한다.

제86조: 조국보위는 공민의 최대의 의무이며 영예이다.

공민은 조국을 보위하여야 하며 법이 정한데 따라 군대에 복무하여야 한다.

제 6 장 국가기구

제 1 절 최고인민회의

제87조: 최고인민회의는 조선민주주의인민공화국의 최고주권기관이다.

제88조: 최고인민회의는 립법권을 행사한다.

최고인민회의 휴회중에는 최고인민회의 상임위원회도 립법권을 행사할수 있다.

제89조: 최고인민회의는 일반적, 평등적, 직접적선거원칙에 의하여 비밀투표로 선거된 대의원들로 구성한다.

제90조: 최고인민회의 임기는 5년으로 한다.

최고인민회의 새 선거는 최고인민회의 임기가 끝나기 전에 최고인민회의 상임위원회의 결정에 따라 진행한다.

불가피한 사정으로 선거를 하지 못할 경우에는 선거를 할 때까지 그 임기를 연장한다.

제91조: 최고인민회의는 다음과 같은 권한을 가진다.

헌법을 수정, 보충한다.

부문법을 제정 또는 수정, 보충한다.

최고인민회의 휴회중에 최고인민회의 상임위원회가 채택한 중요부문법을 승인한다.

국가의 대내외정책의 기본원칙을 세운다.

조선민주주의인민공화국 국방위원회 제1위원장을 선거 또는 소환한다.

최고인민회의 상임위원회 위원장을 선거 또는 소환한다.

조선민주주의인민공화국 국방위원회 제1위원장의 제의에 의하여 국방위원회 부위원장, 위원들을 선거 또는 소환한다.

최고인민회의 상임위원회 부위원장, 명예부위원장, 서기장, 위원들을 선거 또는 소환한다.

내각총리를 선거 또는 소환한다.

내각총리의 제의에 의하여 내각 부총리, 위원장, 상, 그밖의 내각성원들을 임명한다.

최고검찰소 소장을 임명 또는 해임한다.

최고재판소 소장을 선거 또는 소환한다.

최고인민회의 부문위원회 위원장, 부위원장, 위원들을 선거 또는 소환한다.

국가의 인민경제발전계획과 그 실행정형에 관한 보고를 심의하고 승인한다.

국가예산과 그 집행정형에 관한 보고를 심의하고 승인한다.

필요에 따라 내각과 중앙기관들의 사업정형을 보고받고 대책을 세운다.

최고인민회의에 제기되는 조약의 비준, 폐기를 결정한다.

제92조: 최고인민회의는 정기회의와 림시회의를 가진다.

정기회의는 1년에 1~2차 최고인민회의 상임위원회가 소집한다.

림시회의는 최고인민회의 상임위원회가 필요하다고 인정할 때 또는 대의원전원의 3분의 1이상의 요청이 있을 때에 소집한다.

제93조: 최고인민회의는 대의원전원의 3분의 2이상이 참석하여야 성립된다.

제94조: 최고인민회의는 의장과 부의장을 선거한다.

의장은 회의를 사회한다.

제95조: 최고인민회의에서 토의할 의안은 조선민주주의인민공화국 국방위원회 제1위원장, 국방위원회, 최고인민회의 상임위원회, 내각과 최고인민회의 부문위원회가 제출한다.

대의원들도 의안을 제출할수 있다.

제96조: 최고인민회의 매기 제1차회의는 대의원자격심사위원회를 선거하고 그 위원회가 제출한 보고에 근거하여 대의원자격을 확인하는 결정을 채택한다.

제97조: 최고인민회의는 법령과 결정을 낸다.

최고인민회의가 내는 법령과 결정은 거수가결의 방법으로 그 회의에 참석한 대의원의 반수이상이 찬성하여야 채택된다.

헌법은 최고인민회의 대의원전원의 3분의 2이상이 찬성하여야 수정, 보충된다.

제98조: 최고인민회의는 법제위원회, 예산위원회 같은 부문위원회를 둔다.

최고인민회의 부문위원회는 위원장, 부위원장, 위원들로 구성한다.

최고인민회의 부문위원회는 최고인민회의사업을 도와 국가의 정책안과 법안을 작성하거나 심의하며 그 집행을 위한 대책을 세운다.

최고인민회의 부문위원회는 최고인민회의 휴회중에 최고인민회의 상임위원회의 지도밑에 사업한다.

제99조: 최고인민회의 대의원은 불가침권을 보장받는다.

최고인민회의 대의원은 현행범인 경우를 제외하고는 최고인민회의, 그 휴회중에 최고인민회의 상임위원회의 승인없이 체포하거나 형사처벌을 할수 없다.

제 2 절 조선민주주의인민공화국 국방위원회 제1위원장

제100조: 조선민주주의인민공화국 국방위원회 제1위원장은 조선민주주의인민공화국의 최고령도자이다.

제101조: 조선민주주의인민공화국 국방위원회 제1위원장의 임기는 최고인민회의 임기와 같다.

제102조: 조선민주주의인민공화국 국방위원회 제1위원장은 조선민주주의인민공화국 전반적무력의 최고사령관으로 되며 국가의 일체 무력을 지휘통솔한다.

제103조: 조선민주주의인민공화국 국방위원회 제1위원장은 다음과 같은 임무와 권한을 가진다.

국가의 전반사업을 지도한다.

국방위원회사업을 직접 지도한다.

국방부문의 중요간부를 임명 또는 해임한다.

다른 나라와 맺은 중요조약을 비준 또는 페기한다.

특사권을 행사한다.

나라의 비상사태와 전시상태, 동원령을 선포한다.

제104조: 조선민주주의인민공화국 국방위원회 제1위원장은 명령을 낸다.

제105조: 조선민주주의인민공화국 국방위원회 제1위원장은 자기 사업에 대하여 최고인민회의앞에 책임진다.

제 3 절 국방위원회

제106조: 국방위원회는 국가주권의 최고국방지도기관이다.

제107조: 국방위원회는 제1위원장, 부위원장, 위원들로 구성한다.

제108조: 국방위원회 임기는 최고인민회의 임기와 같다.

제109조: 국방위원회는 다음과 같은 임무와 권한을 가진다.

선군혁명로선을 관철하기 위한 국가의 중요정책을 세운다.

국가의 전반적무력과 국방건설사업을 지도한다.

조선민주주의인민공화국 국방위원회 제1위원장 명령, 국방위원회 결정, 지시집행정형을 감독하고 대책을 세운다.

조선민주주의인민공화국 국방위원회 제1위원장 명령, 국방위원회 결정, 지시에 어긋나는 국가기관의 결정, 지시를 폐지한다.

국방부문의 중앙기관을 내오거나 없앤다.

군사칭호를 제정하며 장령이상의 군사칭호를 수여한다.

제110조: 국방위원회는 결정, 지시를 낸다.

제111조: 국방위원회는 자기 사업에 대하여 최고인민회의앞에 책임진다.

제 4 절 최고인민회의 상임위원회

제112조: 최고인민회의 상임위원회는 최고인민회의 휴회중의 최고주권기관이다.

제113조: 최고인민회의 상임위원회는 위원장, 부위원장, 서기장, 위원들로 구성한다.

제114조: 최고인민회의 상임위원회는 약간명의 명예부위원장을 둘 수 있다.

최고인민회의 상임위원회 명예부위원장은 최고인민회의 대의원가운데서 오랜 기간 국가건설사업에 참가하여 특출한 기여를 한 일군이 될 수 있다.

제115조: 최고인민회의 상임위원회 임기는 최고인민회의 임기와 같다.

최고인민회의 상임위원회는 최고인민회의 임기가 끝난 후에도 새 상임위원회가 선거될 때까지 자기 임무를 계속 수행한다.

제116조: 최고인민회의 상임위원회는 다음과 같은 임무와 권한을 가진다.

최고인민회의를 소집한다.

최고인민회의 휴회중에 제기된 새로운 부문법안과 규정안, 현행부문법과 규정의 수정, 보충안을 심의채택하며 채택실시하는 중요부문법을 다음번 최고인민회의의 승인을 받는다.

불가피한 사정으로 최고인민회의 휴회기간에 제기되는 국가의 인민경제발전계획, 국가예산과 그 조절안을 심의하고 승인한다.

헌법과 현행부문법, 규정을 해석한다.

국가기관들의 법준수집행을 감독하고 대책을 세운다.

헌법, 최고인민회의 법령, 결정, 조선민주주의인민공화국 국방위원회 제

1위원장 명령, 국방위원회 결정, 지시, 최고인민회의 상임위원회 정령, 결정, 지시에 어긋나는 국가기관의 결정, 지시를 폐지하며 지방인민회의의 그릇된 결정집행을 정지시킨다.

최고인민회의 대의원선거를 위한 사업을 하며 지방인민회의 대의원선거사업을 조직한다.

최고인민회의 대의원들과의 사업을 한다.

최고인민회의 부문위원회와의 사업을 한다.

내각 위원회, 성을 내오거나 없앤다.

최고인민회의 휴회중에 내각총리의 제의에 의하여 부총리, 위원장, 상, 그밖의 내각성원들을 임명 또는 해임한다.

최고인민회의 상임위원회 부문위원회 성원들을 임명 또는 해임한다.

최고재판소 판사, 인민참심원을 선거 또는 소환한다.

다른 나라와 맺은 조약을 비준 또는 폐기한다.

다른 나라에 주재하는 외교대표의 임명 또는 소환을 결정하고 발표한다.

훈장과 메달, 명예칭호, 외교직급을 제정하며 훈장과 메달, 명예칭호를 수여한다.

대사권을 행사한다.

행정단위와 행정구역을 내오거나 고친다.

다른 나라 국회, 국제의회기구들과의 사업을 비롯한 대외사업을 한다.

제117조: 최고인민회의 상임위원회 위원장은 상임위원회사업을 조직지도한다.

최고인민회의 상임위원회 위원장은 국가를 대표하며 다른 나라 사신의 신임장, 소환장을 접수한다.

제118조: 최고인민회의 상임위원회는 전원회의와 상무회의를 가진다.

전원회의는 위원전원으로 구성하며 상무회의는 위원장, 부위원장, 서기장들로 구성한다.

제119조: 최고인민회의 상임위원회 전원회의는 상임위원회의 임무와 권한을 실현하는데서 나서는 중요한 문제들을 토의결정한다.

상무회의는 전원회의에서 위임한 문제들을 토의결정한다.

제120조: 최고인민회의 상임위원회는 정령과 결정, 지시를 낸다.

제121조: 최고인민회의 상임위원회는 자기 사업을 돕는 부문위원회를 둘수 있다.

제122조: 최고인민회의 상임위원회는 자기 사업에 대하여 최고인민회의앞에 책임진다.

제 5 절 내 각

제123조: 내각은 최고주권의 행정적집행기관이며 전반적국가관리기관이다.

제124조: 내각은 총리, 부총리, 위원장, 상과 그밖에 필요한 성원들로 구성한다.

내각의 임기는 최고인민회의 임기와 같다.

제125조: 내각은 다음과 같은 임무와 권한을 가진다.

국가의 정책을 집행하기 위한 대책을 세운다.

헌법과 부문법에 기초하여 국가관리와 관련한 규정을 제정 또는 수정, 보충한다.

내각의 위원회, 성, 내각직속기관, 지방인민위원회의 사업을 지도한다.

내각직속기관, 중요행정경제기관, 기업소를 내오거나 없애며 국가관리기구를 개선하기 위한 대책을 세운다.

국가의 인민경제발전계획을 작성하며 그 실행대책을 세운다.

국가예산을 편성하며 그 집행대책을 세운다.

공업, 농업, 건설, 운수, 체신, 상업, 무역, 국토관리, 도시경영, 교육, 과학, 문화, 보건, 체육, 로동행정, 환경보호, 관광, 그밖의 여러 부문의 사업을 조직집행한다.

화페와 은행제도를 공고히 하기 위한 대책을 세운다.

국가관리질서를 세우기 위한 검열, 통제사업을 한다.

사회질서유지, 국가 및 사회협동단체의 소유와 리익의 보호, 공민의 권리보장을 위한 대책을 세운다.

다른 나라와 조약을 맺으며 대외사업을 한다.

내각 결정, 지시에 어긋나는 행정경제기관의 결정, 지시를 폐지한다.

제126조: 내각총리는 내각사업을 조직지도한다.

내각총리는 조선민주주의인민공화국 정부를 대표한다.

제127조: 내각은 전원회의와 상무회의를 가진다.

내각전원회의는 내각성원전원으로 구성하며 상무회의는 총리, 부총리와 그밖에 총리가 임명하는 내각성원들로 구성한다.

제128조: 내각전원회의는 행정경제사업에서 나서는 새롭고 중요한 문제들을 토의결정한다.

상무회의는 내각전원회의에서 위임한 문제들을 토의결정한다.

제129조: 내각은 결정과 지시를 낸다.

제130조: 내각은 자기 사업을 돕는 비상설부문위원회를 둘수 있다.

제131조: 내각은 자기 사업에 대하여 최고인민회의와 그 휴회중에 최고인민회의 상임위원회앞에 책임진다.

제132조: 새로 선거된 내각총리는 내각성원들을 대표하여 최고인민회의에서 선서를 한다.

제133조: 내각 위원회, 성은 내각의 부문별집행기관이며 중앙의 부문별관리기관이다.

제134조: 내각 위원회, 성은 내각의 지도밑에 해당 부문의 사업을 통일적으로 장악하고 지도관리한다.

제135조: 내각 위원회, 성은 위원회회의와 간부회의를 운영한다.

위원회, 성 위원회회의와 간부회의에서는 내각 결정, 지시집행대책과 그밖의 중요한 문제들을 토의결정한다.

제136조: 내각 위원회, 성은 지시를 낸다.

제 6 절   지방인민회의

제137조: 도(직할시), 시(구역), 군인민회의는 지방주권기관이다.

제138조: 지방인민회의는 일반적, 평등적, 직접적선거원칙에 의하여 비밀투표로 선거된 대의원들로 구성한다.

제139조: 도(직할시), 시(구역), 군인민회의 임기는 4년으로 한다.

지방인민회의 새 선거는 지방인민회의 임기가 끝나기 전에 해당 지방인민위원회의 결정에 따라 진행한다.

불가피한 사정으로 선거를 하지 못할 경우에는 선거를 할 때까지 그 임기를 연장한다.

제140조: 지방인민회의는 다음과 같은 임무와 권한을 가진다.

지방의 인민경제발전계획과 그 실행정형에 대한 보고를 심의하고 승인한다.

지방예산과 그 집행에 대한 보고를 심의하고 승인한다.

해당 지역에서 국가의 법을 집행하기 위한 대책을 세운다.

해당 인민위원회 위원장, 부위원장, 사무장, 위원들을 선거 또는 소환한다.

해당 재판소의 판사, 인민참심원을 선거 또는 소환한다.

해당 인민위원회와 하급인민회의, 인민위원회의 그릇된 결정, 지시를 폐지한다.

제141조: 지방인민회의는 정기회의와 림시회의를 가진다.

정기회의는 1년에 1～2차 해당 인민위원회가 소집한다.

림시회의는 해당 인민위원회가 필요하다고 인정할 때 또는 대의원전원의 3분의 1이상의 요청이 있을 때 소집한다.

제142조: 지방인민회의는 대의원전원의 3분의 2이상이 참석하여야 성립된다.

제143조: 지방인민회의는 의장을 선거한다. 의장은 회의를 사회한다.

제144조: 지방인민회의는 결정을 낸다.

제 7 절 지방인민위원회

제145조: 도(직할시), 시(구역), 군인민위원회는 해당 인민회의 휴회중의 지방주권기관이며 해당 지방주권의 행정적집행기관이다.

제146조: 지방인민위원회는 위원장, 부위원장, 사무장, 위원들로 구성한다.

지방인민위원회 임기는 해당 인민회의 임기와 같다.

제147조: 지방인민위원회는 다음과 같은 임무와 권한을 가진다.

인민회의를 소집한다.

인민회의 대의원선거를 위한 사업을 한다.

인민회의 대의원들과의 사업을 한다.

해당 지방인민회의, 상급인민위원회 결정, 지시와 최고인민회의 법령, 결정, 조선민주주의인민공화국 국방위원회 제1위원장 명령, 국방위원회 결정, 지시, 최고인민회의 상임위원회 정령, 결정, 지시, 내각과 내각 위원회, 성의 결정, 지시를 집행한다.

해당 지방의 모든 행정사업을 조직집행한다.

지방의 인민경제발전계획을 작성하며 그 실행대책을 세운다.

지방예산을 편성하며 그 집행대책을 세운다.

해당 지방의 사회질서유지, 국가 및 사회협동단체의 소유와 리익의 보호, 공민의 권리보장을 위한 대책을 세운다.

해당 지방에서 국가관리질서를 세우기 위한 검열, 통제사업을 한다.

하급인민위원회사업을 지도한다.

하급인민위원회의 그릇된 결정, 지시를 페지하며 하급인민회의의 그릇된 결정의 집행을 정지시킨다.

제148조: 지방인민위원회는 전원회의와 상무회의를 가진다.

지방인민위원회 전원회의는 위원전원으로 구성하며 상무회의는 위원장, 부위원장, 사무장들로 구성한다.

제149조: 지방인민위원회 전원회의는 자기의 임무와 권한을 실현하는데서 나서는 중요한 문제들을 토의결정한다.

상무회의는 전원회의가 위임한 문제들을 토의결정한다.

제150조: 지방인민위원회는 결정과 지시를 낸다.

제151조: 지방인민위원회는 자기 사업을 돕는 비상설부문위원회를 둘수 있다.

제152조: 지방인민위원회는 자기 사업에 대하여 해당 인민회의앞에 책임진다.

지방인민위원회는 상급인민위원회와 내각, 최고인민회의 상임위원회에 복종한다.

제8절 검찰소와 재판소

제153조: 검찰사업은 최고검찰소, 도(직할시), 시(구역), 군검찰소와 특별검찰소가 한다.

제154조: 최고검찰소 소장의 임기는 최고인민회의 임기와 같다.

제155조: 검사는 최고검찰소가 임명 또는 해임한다.

제156조: 검찰소는 다음과 같은 임무를 수행한다.

기관, 기업소, 단체와 공민들이 국가의 법을 정확히 지키는가를 감시한다.

국가기관의 결정, 지시가 헌법, 최고인민회의 법령, 결정, 조선민주주의인민공화국 국방위원회 제1위원장 명령, 국방위원회 결정, 지시, 최고인민회의 상임위원회 정령, 결정, 지시, 내각 결정, 지시에 어긋나지 않는가를 감시한다.

범죄자를 비롯한 법위반자를 적발하고 법적책임을 추궁하는것을 통하여 조선민주주의인민공화국의 주권과 사회주의제도, 국가와 사회협동단체재산, 인민의 헌법적권리와 생명재산을 보호한다.

제157조: 검찰사업은 최고검찰소가 통일적으로 지도하며 모든 검찰소는 상급검찰소와 최고검찰소에 복종한다.

제158조: 최고검찰소는 자기 사업에 대하여 최고인민회의와 그 휴회중에 최고인민회의 상임위원회앞에 책임진다.

제159조: 재판은 최고재판소, 도(직할시)재판소, 시(구역), 군인민재판소와 특별재판소가 한다.

판결은 조선민주주의인민공화국의 이름으로 선고한다.

제160조: 최고재판소 소장의 임기는 최고인민회의 임기와 같다.

최고재판소, 도(직할시)재판소, 시(구역), 군인민재판소의 판사, 인민참심원의 임기는 해당 인민회의 임기와 같다.

제161조: 특별재판소의 소장과 판사는 최고재판소가 임명 또는 해임한다.

특별재판소의 인민참심원은 해당 군무자회의 또는 종업원회의에서 선거한다.

제162조: 재판소는 다음과 같은 임무를 수행한다.

재판활동을 통하여 조선민주주의인민공화국의 주권과 사회주의제도, 국가와 사회협동단체재산, 인민의 헌법적권리와 생명재산을 보호한다.

모든 기관, 기업소, 단체와 공민들이 국가의 법을 정확히 지키고 계급적원쑤들과 온갖 법위반자들을 반대하여 적극 투쟁하도록 한다.

재산에 대한 판결, 판정을 집행하며 공증사업을 한다.

제163조: 재판은 판사 1명과 인민참심원 2명으로 구성된 재판소가 한다. 특별한 경우에는 판사 3명으로 구성하여 할수 있다.

제164조: 재판은 공개하며 피소자의 변호권을 보장한다.

법이 정한데 따라 재판을 공개하지 않을수 있다.

제165조: 재판은 조선말로 한다. 다른 나라 사람들은 재판에서 자기 나라 말을 할수 있다.

제166조: 재판소는 재판에서 독자적이며 재판활동을 법에 의거하여 수행한다.

제167조: 최고재판소는 조선민주주의인민공화국의 최고재판기관이다.

최고재판소는 모든 재판소의 재판사업을 감독한다.

제168조: 최고재판소는 자기 사업에 대하여 최고인민회의와 그 휴회중에 최고인민회의 상임위원회앞에 책임진다.

제 7 장   국장, 국기, 국가, 수도

제169조: 조선민주주의인민공화국의 국장은 《조선민주주의인민공화국》이라고 쓴 붉은 띠로 땋아올려 감은 벼이삭의 타원형테두리안에 웅장한 수력발전소가 있고 그우에 혁명의 성산 백두산과 찬연히 빛나는 붉은 오각별이 있다.

제170조: 조선민주주의인민공화국의 국기는 기발의 가운데에 넓은 붉은 폭이 있고 그 아래우에 가는 흰폭이 있으며 그 다음에 푸른 폭이 있고 붉은 폭의 기대달린쪽 흰 동그라미안에 붉은 오각별이 있다.

기발의 세로와 가로의 비는 1 : 2이다.

제171조: 조선민주주의인민공화국의 국가는 《애국가》이다.

제172조: 조선민주주의인민공화국의 수도는 평양이다.

북미 제네바 기본합의서

미합중국(이하 '미국'으로 호칭) 대표단과 조선민주주의인민공화국(이하 '북한'으로 호칭) 대표단은 1994년 9월 23일부터 10월 21일까지 제네바에서 한반도 핵문제의 전반적 해결을 위한 협상을 가졌다. 양측은 비핵화된 한반도의 평화와 안전을 확보하기 위해서는 1994년 8월 12일 미국과 북한간의 합의 발표문에 포함된 목표의 달성과 1993년 6월 11일 미국과 북한간 공동발표문 상의 원칙과 준수가 중요함을 재확인하였다. 양측은 핵문제 해결을 위해 다음과 같은 조치들을 취하기로 결정하였다.

1. 양측은 북한의 흑연감속 원자로 및 관련시설을 경수로 원자로발전소로 대체하기 위해 협력한다.

1) 미국 대통령의 1994년 17월 20일자 보장서한에 의거하여 미국은 2003년을 목표 시한으로

총 발전용량 약 2,000MWe의 경수로를 북한에 제공하기 위한 조치를 주선할 책임을 진다.

- 미국은 북한에 제공할 경수로의 재정조달 및 공급을 담당할 국제 컨소시엄을 미국의 주도하에 구성한다. 미국은 동 국제 컨소시엄을 대표하여 경수로 사업을 위한 북한과의 주접촉선 역할을 수행한다.

- 미국은 국제 컨소시엄을 대표하여 본 합의문 서명 후 6개월 내에 북한과 경수로 제공을 위한 공급 계약을 체결할 수 있도록 최선의 노력을 경주한다. 계약 관련 협의는 본 합의문 서명 후 가능한 한 조속한 시일 내에 개시한다.

- 필요한 경우 미국과 북한은 핵에너지의 평화적 이용 분야에 있어서의 협력을 위한 양자협정을 체결한다

2) 1994년 10월 20일자 대체에너지 제공 관련 미국의 보장서한에 의거 미국은 국제 컨소시엄을 대표하여 북한의 흑연감속원자로 동결에 따라 상실될 에너지를 첫 번째 경수로 완공시까지 보전하기 위한 조치를 주선한다.

- 대체에너지는 난방과 전력생산을 위해 중유로 공급된다.
- 중유의 공급은 본 합의문 서명 후 3개월 내에 개시되고 양측간에 합의된 공급일정에 따라 연간 50만t 규모까지 공급된다.

3) 경수로 및 대체에너지 제공에 대한 보장서한 접수 즉시 북한은 흑연감속원자로 및 관련 시설을 동결하고 궁극적으로 이를 해체한다.

- 북한의 흑연감속원자로 및 관련 시설의 동결은 본 합의문서 후 1개월 내 완전 이행된다. 동 1개월 동안 및 전체 동결기간 중 IAEA가 이러한 동결 상태를 감시하는 것이 허용되며, 이를 위해 북한은 IAEA에 대해 전적인 협력을 제공한다.

- 북한의 흑연감속원자로 및 관련 시설의 해체는 경수로 사업이 완료될 때 완료된다.

- 미국과 북한은 5MWe 실험용 원자로에서 추출된 사용 후 연료봉을 경수로 건설기간 동안 안전하게 보관하고 북한 내에서 재처리하지 않는 안전한 방법으로 동 연료가 처리될 수 있는 방안을 강구하기 위해 상호협력한다.

4) 본 합의 후 가능한 조속한 시일 내에 미국과 북한의 전문가들은 두 종류의 전문가 협의를 가진다.

- 한쪽의 협의에서 전문가들은 대체에너지와 흑연감속원자로의 경수로로의 대체와 관련된 문제를 협의한다.

- 다른 한쪽의 협의에서 전문가들은 사용 후 연료 보관 및 궁극적 처리를 위한 구체적 조치를 협의한다.

2. 양측은 정치적·경제적 관계의 완전 정상화를 추구한다.

1) 합의 후 3개월 내 양측은 통신 및 금융거래에 대한 제한을 포함한 무역 및 투자 제한을 완화시켜 나아간다.

2) 양측은 전문가급 협의를 통해 영사 및 여타 기술적 문제가 해결된 후에 쌍방의 수도에 연락 사무소를 개설한다.

3) 미국과 북한은 상호 관심사항에 대한 진전이 이뤄짐에 따라 양국관계를 대사급으로까지 격상시켜 나아간다.

3. 양측은 핵이 없는 한반도의 평화와 안전을 위해 함께 노력한다.

1) 미국은 북한에 대한 핵무기를 불위협 또는 불사용에 관한 공식 보장을 제공한다.

2) 북한은 한반도 비핵화 공동선언을 이행하기 위한 조치를 일관성 있게 취한다.

3) 본 합의문이 대화를 촉진하는 분위기를 조성해 나아가는 데 도움을 줄 것이기 때문에 북한은 남북대화에 착수한다.

4. 양측은 국제적 핵 비확산 체제 강화를 위해 함께 노력한다.

1) 북한은 핵 비확산조약(NPT) 당사국으로 잔류하며 동 조약상의 안전조치협정 이행을 허용한다.

2) 경수로 제공을 위한 계약 체결 즉시 동결 대상이 아닌 시설에 대하여 북한과 IAEA간 안전 조치 협정에 따라 임시 및 일반사찰이 재개된다 경수로 공급계약 체결시까지 안전조치의 연속성을 위해 IAEA가 요청하는 사찰은 동결 대상이 아닌 시설에서 계속된다.

3) 경수로 사업의 상당 부분이 완료될 때, 그러나 주요 핵심 부품의 인도 이전에 북한은 북한 내 모든 핵 물질에 관한 최초보고서의 정확성과 완전성을 검증하는 것과 관련하여 IAEA와의 협의를 거쳐 IAEA가 필요하다고 판단하는 모든 조치를 취하는 것을 포함하여 IAEA 안전 조치협정(INFCIRC/403)을 완전히 이행한다.

1994년 10월 21일

조선민주주의인민공화국 수석대표
외교부 제1부부장 강석주

미합중국 수석대표
본부대사 로버트 갈루치

제4차 6자회담 공동성명
(9.19공동성명)

(2005년 9월 19일 베이징)

제4차 6자회담이 베이징에서 중화인민공화국, 조선민주주의인민공화국, 일본, 대한민국, 러시아연방, 미합중국이 참석한 가운데 2005년 7월 26일부터 8월 7일까지 그리고 9월 13일부터 19일까지 개최되었다.

우다웨이 중화인민공화국 외교부 부부장, 김계관 조선민주주의인민공화국 외무성 부상, 사사에 켄이치로 일본 외무성 아시아대양주 국장, 송민순 대한민국 외교통상부 차관보, 알렉세예프 러시아 외무부 차관, 그리고 크리스토퍼 힐 미합중국 국무부 동아태 차관보가 각 대표단의 수석대표로 동 회담에 참석하였다.

우다웨이 부부장은 동 회담의 의장을 맡았다.

한반도와 동북아시아 전반의 평화와 안정이라는 대의를 위해, 6자는 상호 존중과 평등의 정신 하에, 지난 3회에 걸친 회담에서 이루어진 공동의 이해를 기반으로, 한반도의 비핵화에 대해 진지하면서도 실질적인 회담을 가졌으며, 이러한 맥락에서 다음과 같이 합의하였다.

1. 6자는 6자회담의 목표가 한반도의 검증가능한 비핵화를 평화적인 방법으로 달성하는 것임을 만장일치로 재확인하였다.

조선민주주의인민공화국은 모든 핵무기와 현존하는 핵계획을 포기할 것과, 조속한 시일 내에 핵확산금지조약(NPT)과 국제원자력기구(IAEA)의 안전조치에 복귀할 것을 공약하였다.

미합중국은 한반도에 핵무기를 갖고 있지 않으며, 핵무기 또는 재래식 무기로 조선민주주의인민공화국을 공격 또는 침공할 의사가 없다는 것을 확인하였다.

대한민국은 자국 영토 내에 핵무기가 존재하지 않는다는 것을 확인하면서, 1992년도 「한반도의 비핵화에 관한 남북공동선언」에 따라, 핵무기를 접수 또는 배비하지 않겠다는 공약을 재확인하였다.

1992년도 「한반도의 비핵화에 관한 남.북 공동선언」은 준수, 이행되어야 한다.

조선민주주의인민공화국은 핵에너지의 평화적 이용에 관한 권리를 가지고 있다고 밝혔다. 여타 당사국들은 이에 대한 존중을 표명하였고, 적절한 시기에 조선민주주의인민공화국에 대한 경수로 제공 문제에 대해 논의하는데 동의하였다.

2. 6자는 상호 관계에 있어 국제연합헌장의 목적과 원칙 및 국제관계에서 인정된 규범을 준수할 것을 약속하였다.

조선민주주의인민공화국과 미합중국은 상호 주권을 존중하고, 평화적으로 공존하며, 각자의 정책에 따라 관계정상화를 위한 조치를 취할 것을 약속하였다.

조선민주주의인민공화국과 일본은 평양선언에 따라, 불행했던 과거와 현안사항의 해결을 기초로 하여 관계 정상화를 위한 조치를 취할 것을 약속하였다.

3. 6자는 에너지, 교역 및 투자 분야에서의 경제협력을 양자 및 다자적으로 증진시킬 것을 약속하였다.

중화인민공화국, 일본, 대한민국, 러시아연방 및 미합중국은 조선민주주의인민공화국에 대해 에너지 지원을 제공할 용의를 표명하였다.

대한민국은 조선민주주의인민공화국에 대한 2백만 킬로와트의 전력공급에 관한 2005년 7월 12일자 제안을 재확인하였다.

4. 6자는 동북아시아의 항구적인 평화와 안정을 위해 공동 노력할 것을 공약하였다.

직접 관련 당사국들은 적절한 별도 포럼에서 한반도의 항구적 평화체제에 관한 협상을 가질 것이다.

6자는 동북아시아에서의 안보협력 증진을 위한 방안과 수단을 모색하기로 합의하였다.

5. 6자는 '공약 대 공약', '행동 대 행동' 원칙에 입각하여 단계적 방식으로 상기 합의의 이행을 위해 상호조율된 조치를 취할 것을 합의하였다.

6. 6자는 제5차 6자회담을 11월초 베이징에서 협의를 통해 결정되는 일자에 개최하기로 합의하였다.

찾아보기

ㅇ

ㅈ